Nanette Workman
Rock'n'Romance

De l'auteur Mario Bolduc

Romans policiers
Tsiganes, Libre Expression, Montréal, 2007.
Cachemire, Libre Expression, Montréal, 2004.

Portraits
La Saga des Expos : Brochu s'explique, en collaboration avec
Claude R. Brochu et Daniel Poulin, Libre Expression, Montréal,
2001.
Lareau sans filet, Libre Expression, Montréal, 2001.

Mario
Bolduc

Nanette
Workman
Rock'n'Romance

Libre Expression

Une compagnie de Quebecor Media

Catalogage avant publication de Bibliothèque et Archives nationales du Québec
et Bibliothèque et Archives Canada

Bolduc, Mario

    Nanette Workman : rock 'n' romance

    Comprend en grande partie du texte en français.

    ISBN 978-2-7648-0378-3

    1. Workman, Nanette, 1945- . 2. Chanteurs - Canada - Biographies. I. Workman, Nanette, 1945-
    II. Titre.

    ML420.W926B64 2008   782.42164092   C2008-941992-8

Édition : MONIQUE H. MESSIER
Révision linguistique : DENIS DESJARDINS
Correction d'épreuves : MARIE PIGEON LABRECQUE
Couverture et grille graphique intérieure : AXEL PÉREZ DE LEÓN
Mise en pages : HAMID AITTOUARES
Photo de 4e de couverture : JACQUES MIGNEAULT
Photo de couverture : NICOLAS RUEL
Recherche (droits photos) : MAUDE ST-JEAN

Tous les efforts possibles ont été déployés pour retracer les propriétaires des photographies mais, s'il y
avait des omissions, l'éditeur apprécierait toute information à cet égard. À noter que les photographies ne
portant pas de nom de photographe proviennent de la collection privée de Mme Nanette Workman.

Remerciements
Les Éditions Libre Expression reconnaissent l'aide financière du gouvernement du Canada par l'entremise
du Programme d'aide au développement de l'industrie de l'édition (PADIÉ) pour ses activités d'édition.
Nous remercions le Conseil des Arts du Canada et la Société de développement des entreprises culturelles
du Québec (SODEC) du soutien accordé à notre programme de publication. Gouvernement du Québec
– Programme de crédit d'impôt pour l'édition de livres – gestion SODEC.

Les Éditions Libre Expression
Groupe Librex inc.
Une compagnie de Quebecor Media
La Tourelle
1055, boul. René-Lévesque Est
Bureau 800
Montréal (Québec) H2L 4S5
Tél. : 514 849-5259
Téléc. : 514 849-1388

Dépôt légal – Bibliothèque et Archives nationales du Québec et Bibliothèque et Archives Canada, 2008

ISBN 978-2-7648-0378-3

Distribution au Canada
Messageries ADP
2315, rue de la Province
Longueuil (Québec) J4G 1G4
Téléphone : 450 640-1234
Sans frais : 1 800 771-3022

Diffusion hors Canada
Interforum

Note de l'auteur

Cette biographie s'appuie sur une recherche exhaustive, corroborée par des interviews réalisées par Nanette Workman et l'auteur de ce livre. Certains passages et dialogues, tout en respectant l'esprit et le sens des anecdotes relatées, peuvent être différents du souvenir qu'en ont gardé les principaux intéressés. Par ailleurs, la chronologie des événements a parfois été modifiée pour des raisons d'efficacité narrative, sans que cela n'affecte la véracité du récit.

À ma mère Beatryce, qui m'a servi de modèle et
d'inspiration, tout mon amour, toute ma reconnaissance.
You are the rock and the very foundation upon which I built my life.

À tous ceux qui ont traversé ma vie.
Because of you, I have lived an extraordinary adventure!

Forever and always...
Nanette Workman

Première partie

LES SIRÈNES
DE NEW YORK

1

Du sang. Jusque sur les draps de satin. Ça lui coule entre les jambes, sur le lit. Mais Nanette ne pense pas au mobilier de cette suite luxueuse du Hilton, non. À la douleur atroce, plutôt, qu'elle ressent alors qu'il s'agite en elle dans un va-et-vient brutal. Nanette a beau le supplier d'arrêter, ça fait mal, non, non, je ne veux pas, stop, stop, stop... le type l'ignore. Il s'enfonce dans son corps avec des halètements gutturaux. Une bête sauvage qu'on ne peut maîtriser. Raisonner, encore moins.

Tout à l'heure, il l'a serrée contre le buffet, renversant le verre de scotch qu'il venait de lui remettre. Son geste l'a surprise, c'est une blague, il s'amuse, mais devant son insistance, elle a tenté de se dégager, en vain. Compris, trop tard, ce qu'il cherchait. Le lit, comme un piège.

— *Don't... I can't... Please...*

Ses bras sont retenus fermement derrière le dos. Si elle bouge, si elle se débat, il peut lui briser le poignet. Nanette tente néanmoins de se dégager, essaie de l'écarter, ce salaud, de se glisser hors du lit, mais l'homme est plus fort qu'elle. Un colosse. Un athlète professionnel. Le premier lanceur gaucher des Angels de Los Angeles à réussir un match sans point ni coup sûr. Quelle ironie !

Son slip, il l'a arraché d'un geste brusque, comme s'il avait l'habitude des femmes qui résistent.

C'est pas possible, c'est pas vrai !

Et ce sang, maintenant. Cette douleur insupportable...

Pourquoi ce type si gentil, tout à l'heure, si affable, s'est-il transformé en une pareille brute ? Pourquoi est-elle tombée dans un traquenard aussi évident ? L'alcool qu'elle a pris au restaurant, plus tôt, l'engourdit, l'empêche de penser clairement. L'embrasser, c'est ça. Il a voulu l'embrasser dès qu'ils sont entrés dans la chambre. Nanette l'a repoussé en riant. Lui a dit, ensuite, qu'elle n'était jamais allée avec un homme auparavant. Jamais…

Bo Belinsky avait souri, puis :

— Un scotch, *sweetheart* ?

Pourquoi n'a-t-elle pas réagi à ce moment-là ?

Pourquoi n'a-t-elle pas quitté la chambre en vitesse ?

À Jackson, Nanette réussissait sans difficulté à « refroidir » des garçons entreprenants qui se méprenaient sur son sourire chaleureux, sur son regard engageant. Du *necking*, oui. Des jeunes qui l'emmenaient danser dans les boîtes du quartier noir tentaient parfois d'aller plus loin, mais Nanette n'avait aucun problème à les remettre à leur place.

Ici, au cœur de Manhattan, avec la ville à ses pieds, elle semble avoir perdu tous ses moyens.

Nanette crie et hurle sa douleur. Inutile : la chambre est insonorisée. Personne ne viendrait à son secours, de toute façon. Elle ne s'est jamais sentie aussi seule, aussi désemparée.

Belinsky éjacule, soudain, dans un râlement brutal.

Nanette sent que son bras s'est libéré. Elle en profite pour se dégager et refermer les jambes. Sa belle robe défaite, tachée de sang…

Bo Belinsky, lui tournant le dos, l'ignore complètement. Il se redresse et se dirige vers la salle de bain. Nanette, désemparée, se recroqueville dans le lit. Elle a encore mal, oui, mais pour la première fois, de nouveaux sentiments l'envahissent : la honte et la culpabilité. Et puis la mort. Celle de son insouciance. De son innocence. De sa naïveté d'enfant.

Nous sommes le 8 février 1965.

Nanette Workman a dix-neuf ans.

Ce viol, c'est sa première relation sexuelle.

La jeune femme vit à New York depuis plus d'un an. Jusqu'à maintenant, tout lui a souri. Tout a été facile. Trop facile, peut-être.

Aujourd'hui, elle en paie le prix, se dit-elle. Son aventure new-yorkaise prend son origine à l'automne 1963. Nanette étudiait alors à la faculté de musique de l'université du Southern Mississippi, à Hattiesburg, à cent cinquante kilomètres au sud-est de Jackson. Elle n'était pas encore décidée au sujet de son avenir, mais la musique en ferait partie : elle serait professeur, peut-être, comme son père Ernie. Un travail stable le jour, la tournée des hôtels et des cabarets le soir. Comme sa mère Beatryce. Ses parents maintenaient ce rythme depuis des années. Nanette se souvient que, durant son enfance, Ernie et Beatryce, rentrés de leur travail en fin d'après-midi, revêtaient leur « tenue de spectacle » et repartaient aussitôt pour leur « quart de nuit ».

Thanksgiving, 1963. En route pour Jackson, Nanette ignorait encore que sa visite chez ses parents changerait le cours de sa vie. Son humeur était sombre – comme celle de la plupart des Américains. Quelques jours plus tôt, le 22 novembre, John F. Kennedy avait été assassiné à Dallas, au Texas. Un voile de tristesse et d'incompréhension s'était abattu sur les États-Unis.

À Jackson, Nanette accompagne sa famille au temple de la congrégation Beth Israël, dirigée par le rabbin Perry Nussbaum. De confession juive, les Workman sont très actifs dans la communauté. Beatryce s'engage à fond dans plusieurs activités sociales, et Nanette chante à la synagogue depuis des années. Même si elle a quitté la ville pour poursuivre ses études, il n'est pas question de briser la tradition.

En ces moments douloureux que vivent les États-Unis, les membres de la communauté se recueillent. Parmi l'auditoire, ce jour-là, Paul Rubinstein, le fils du célèbre pianiste Arthur Rubinstein. Paul est également le gendre du rabbin Nussbaum, ce qui explique sa présence à la synagogue.

Nanette entonne un hymne, le premier, avec plus de chaleur et d'émotion que d'habitude, compte tenu de la gravité de la cérémonie. Tout comme sa femme Leslie – qui travaille pour Columbia Records à New York –, Paul est impressionné par la performance de Nanette. La jeune femme fait preuve d'une remarquable aisance à chanter devant le public. Et sa voix est exceptionnelle.

Tout au long de la cérémonie, Paul et Leslie ne la quittent pas des yeux.

Deux semaines après la visite des Rubinstein, alors que Nanette a repris ses études à Hattiesburg, Beatryce reçoit un appel du rabbin Nussbaum.

— Je viens de parler à Paul. Hier soir, Leslie et lui ont rencontré Gideon Waldrop dans une soirée.

— Gideon Waldrop?

— Le doyen de Juilliard.

La Juilliard School est le plus prestigieux conservatoire de musique, de danse et de théâtre des États-Unis. Parmi les anciens étudiants: Henry Mancini, Philip Glass, Nina Simone et plusieurs autres. Miles Davis en est l'un des plus illustres *drop-outs*!

— Paul et Leslie lui ont parlé de Nanette. Il semblait intéressé. Il a proposé de l'inscrire aux prochaines auditions, en mars.

Beatryce sent son cœur battre à tout rompre.

— Waldrop a même mentionné la possibilité d'une bourse d'études. Selon lui, Nanette y serait admissible.

Pour Beatryce, c'est une chance inouïe!

Dès qu'elle a reposé le combiné, Beatryce écrit à Nanette et lui demande de communiquer sur-le-champ avec Gideon Waldrop, et d'envoyer également une lettre de remerciement à Paul Rubinstein. «Des milliers de musiciens à travers le monde seraient prêts à tout pour participer à ces auditions», rappelle Beatryce à sa fille.

Dès ce jour-là, Beatryce prépare les choses avec soin. Il ne fait pas de doute que sa fille éblouira tout le monde. Un seul problème, par contre: où logera-t-elle pendant sa semaine à New York? De nouveau, Paul Rubinstein et sa femme viennent à la rescousse. Ils acceptent de l'héberger.

Peu de temps après l'appel du rabbin Nussbaum, Beatryce regarde *The Tonight Show* en compagnie d'Ernie. Au début de l'émission, Johnny Carson évoque sa soirée au restaurant de Hy Uchitel.

— Hy? Mon cousin Hy? s'exclame Beatryce.

— *You sure it's the same?*

— Y en a pas des centaines à New York!

La famille Uchitel, originaire d'Ukraine, a immigré en Amérique en 1917 et s'est installée à Brooklyn, le point de chute de nombreux immigrants juifs en Amérique, après avoir transité par Ellis Island, porte d'entrée officielle des États-Unis. Dans les années trente, Hy habitait dans le même immeuble que Beatryce, avec ses parents et ses deux frères aînés. Devenus adultes, ils se sont lancés dans le prêt-à-porter. Hy, lui, a choisi la restauration et l'« *entertainment* ». En 1964, Uchitel, qui possédait déjà Le Voisin, le restaurant français le plus chic de New York, est devenu également propriétaire du cabaret El Morocco, un autre lieu de rendez-vous très populaire chez les célébrités du monde du spectacle. Quelques années auparavant, il avait dirigé le Eden Rock Hotel et le restaurant Nick and Arthur's, à Miami Beach.

Malgré sa discrétion, l'oncle Hy entretient de bonnes relations auprès de la mafia juive de New York, comme l'apprendra Nanette plus tard. Parmi ses « amis », Bugsy Siegel, l'un des « créateurs » de Las Vegas.

La mère de Nanette a perdu contact avec Hy depuis des années, elle ignore même qu'il est propriétaire d'un grand restaurant, mais elle s'empresse de lui envoyer une lettre, à lui aussi. « Vous vous souvenez de moi, à Brooklyn ? Eh bien, ma fille se rend à New York pour quelques jours, elle doit passer une audition à Juilliard. » Beatryce demande si, étant donné ses liens avec le showbiz, il pourrait, en souvenir du « bon vieux temps », faire « entendre » Nanette à des « personnalités » de Broadway.

Beatryce va plus loin. Au début de la semaine, Nanette habitera chez les Rubinstein, mais ensuite, Hy pourrait-il lui trouver un hôtel pour le reste de son séjour ?

Elle ne manque pas de cran, Beatryce !

Son audace donne des résultats. « *No problem*, lui répond Uchitel. Je m'occupe de tout. »

Le dimanche 1er mars 1964, à l'aéroport John-F.-Kennedy, arrivée du vol Delta 1087 en provenance de Jackson, Mississippi. Parmi les passagers, Nanette, habillée à la mode. La mode de Jackson, bien sûr. Une jeune provinciale en visite dans la métropole ! Dans son sac à main, soixante-quinze dollars, son budget pour la semaine. Nanette n'a pas le temps de se sentir perdue. Elle reconnaît Leslie Rubinstein qui l'accueille chaleureusement, et en route pour l'appartement que le couple occupe dans la 12e rue, près de Broadway. En découvrant Manhattan, Nanette a une pensée pour sa mère, qui aurait tant voulu être à sa place. Beatryce nourrissait de grandes ambitions avant de rencontrer son mari et de fonder une famille. Nanette se sent investie d'une importante responsabilité : celle de poursuivre et de réussir la carrière que sa mère a dû mettre en veilleuse, plusieurs années plus tôt.

Le soir même, Nanette mange au Voisin, le restaurant de Hy, et, dès le lendemain, se présente aux auditions de Juilliard : piano, voix. Suivies le mardi d'autres tests destinés à déterminer son admissibilité au prestigieux conservatoire. De ces auditions, Nanette ne garde pas un souvenir impérissable, malgré l'enjeu de l'exercice. De toute façon, quelques semaines plus tard, Beatryce recevra la réponse : Nanette n'est pas acceptée. Une lettre qui aurait dû normalement décourager Nanette et ses parents. Mais entre-temps les choses se sont accélérées, grâce à l'oncle Hy.

Quelques jours après son arrivée, Nanette quitte l'immeuble des Rubinstein pour la Ritz Tower, un appartement-hôtel dans Park Avenue, au coin de la 57e rue – pas très loin du Voisin. Dès lors, l'oncle Hy prend le contrôle du séjour de Nanette à New York : auditions aux studios RCA, entrevue avec l'agent Gus Schirmer, lunch en compagnie du compositeur Lehman Engel, originaire de Jackson lui aussi. Et rencontre avec Rudy Vallée.

Client régulier du Voisin, ami très proche d'Hy Uchitel, Rudy Vallée est en vedette dans la comédie musicale *How to Succeed in Business Without Really Trying*, à l'affiche au 46th Street Theatre. Originaire du Vermont, issu d'une famille franco-américaine, Vallée est aussi musicien et acteur de cinéma : il a donné la réplique à Claudette Colbert dans *The Palm Beach Story* de Preston Sturges. Un soir, après lui avoir offert un cognac, Hy lui parle de Nanette, sa nièce « bourrée de talent ».

— *What do you know about talent ?* s'écrie Vallée en riant. T'as peut-être le sens des affaires, Hy, mais pour ce qui est de la musique…

— Donne-lui une chance.

Rudy Vallée soupire.

— *All right. But only because it's you.*

L'oncle de Nanette engage un pianiste, loue un petit studio et y convoque Vallée. Devant l'acteur, Nanette y interprète *Come Rain or Come Shine*, sa chanson préférée. Tout comme Paul et Leslie

Rubinstein, Vallée est impressionné par la voix et la performance de la jeune femme. Derrière l'acteur, Hy jubile.

— Que diriez-vous d'une audition, Miss Workman ? suggère Rudy Vallée. Demain, par exemple.

Les metteurs en scène sont à la recherche d'une nouvelle doublure pour Michelle Lee, l'une des vedettes de *How to Succeed in Business Without Really Trying*. Si Michelle Lee se blesse ou est dans l'impossibilité de tenir son rôle, la doublure prendra le relais. Le reste du temps, la remplaçante fait partie des *chorus girls*. Il faut savoir danser, chanter, jouer la comédie…

Proposition séduisante. Pourquoi pas ?

Le soir même, Nanette se précipite au théâtre pour voir le spectacle, qui triomphe sur Broadway depuis 1961. Originaire de Los Angeles, Michelle Lee incarne Rosemary Pilkington, un rôle auquel Nanette n'a aucune difficulté à s'identifier : une secrétaire rêve du grand amour, elle s'éprend d'un laveur de vitres qui veut réussir en affaires sans… faire d'efforts. Au menu : chansons entraînantes, gags désopilants, chorégraphies à l'emporte-pièce, le tout couronné par une fin heureuse, bref la comédie musicale typique.

Nanette s'imagine très bien à la place du personnage de Michelle Lee ! Une femme amoureuse, prête à tout pour permettre à son favori de se rendre au sommet. Pour Rosemary, l'amour importe plus que sa propre carrière. Une vision prémonitoire de la vie de Nanette !

Le lendemain, Nanette se présente au 46th Street Theatre. Elle n'est pas la seule à rêver. Plusieurs jeunes chanteuses sont venues tenter leur chance, elles aussi. Au bout de la file, Nanette ! Nerveuse, bien sûr. Mais le rituel de l'audition l'amuse, elle connaît déjà très bien la routine. La première fois qu'elle a chanté en public, c'était en 1949. La fillette avait à peine quatre ans. Par la suite, Nanette a multiplié les apparitions sur scène et à la télévision. Elle a joué dans plusieurs pièces et comédies musicales dans des troupes scolaires et d'amateurs. Toujours, elle était la vedette du spectacle.

— *What's your name ?* demande un monsieur à l'air jovial.
— *Nanette Workman.*
— *And where are you from, Nanette ?*
— *Jackson, Mississippi.*

Sur la scène, Nanette regarde autour d'elle. Un pianiste blasé, dans un coin. Deux ou trois employés du théâtre qui coordonnent les auditions. Dans la salle, plongée dans la pénombre, des types qu'elle ne peut distinguer, éparpillés dans les premiers rangs : les responsables des aspects créatifs de la production.

Le monsieur jovial – il s'appelle Philip Adler – remet à Nanette une partition, des paroles. Elle doit chanter à partir d'un texte et d'une musique qu'elle ne connaît pas. Ce qui ne pose pas de problème pour la jeune femme. Elle lit la musique depuis toujours. Réussissant à camoufler sa nervosité, elle interprète une première chanson, puis attaque la deuxième. Nanette s'est prise au jeu. Son objectif : prouver à tous qu'elle serait la meilleure doublure pour Michelle Lee. Le pianiste s'est animé, tout à coup. On dirait qu'il prend plaisir à son boulot pour la première fois de la journée !

Dans la salle, un type se penche vers un de ses collègues. Un troisième s'approche. Ils se parlent entre eux à voix basse, sous le regard intéressé de Philip Adler.

— *Thank you, Nanette.*

Le lendemain, la jeune femme doit se présenter de nouveau pour la suite des auditions. Cette fois, c'est au tour des chorégraphes de donner leur avis. Même disposition que la veille : sur scène, le pianiste blasé ; éparpillés dans les premières rangées, des types dans la pénombre. Parmi eux, les chorégraphes qui assistent Bob Fosse, le metteur en scène des numéros de danse.

Comme la veille, Adler coordonne l'audition.

Après la performance de Nanette, il s'écrie :

— *We'll take a short break, Willy !*

L'employé, à l'entrée de la scène, acquiesce. La jeune femme ne comprend pas ce qui se passe.

— *Follow me, Nanette.*

Les corridors, couverts de photos – des comédiens, surtout, qui ont fait la renommée du théâtre. Un escalier, une série de bureaux. Nanette accompagne Adler et le pianiste, qui marchent d'un pas rapide. Qu'est-ce que ça veut dire ?

Une dernière porte, entrouverte celle-là. Une épaisse fumée envahit le corridor.

— *Frank ? You got a minute ?*

Une cigarette à la main, un homme se lève pour accueillir le trio. C'est Frank Loesser. Gagnant d'un Grammy en 1961 avec *How to Succeed in Business Without Really Trying*, l'auteur a vu sa pièce obtenir également le prix Pulitzer deux ans plus tôt.

Derrière lui, un piano.

— Miss Workman étudie la musique à Southern Mississippi, explique Philip Adler en guise d'introduction. *She's gonna sing.*

Nouvelle performance de Nanette, sous le regard de Loesser. De toute évidence, l'auteur semble ravi de ce qu'il entend. À la fin de la chanson, Loesser se tourne vers Philip.

— Et pour la danse ?

— Les chorégraphes l'ont auditionnée, ils sont d'accord.

En souriant, Loesser se tourne vers Nanette :

— Et alors, Miss Workman ? Qu'est-ce que vous désirez ? Faire partie du show, ou retourner étudier au Mississippi ?

Cette question, Nanette se la répétera pendant des années ! Cette scène, elle ne cessera de la revivre pour le reste de ses jours. Sa décision est prise : *goodbye* Jackson, adieu l'université !

De retour à son hôtel, la jeune femme s'empresse d'appeler Beatryce.

— *I'm staying in New York, ma' !*

— *You've been accepted at Juilliard ? Already ?*

— *Better than that ! I'm gonna be on Broadway !*

Plusieurs mois plus tard…

Devant le restaurant de son oncle Hy, Nanette descend d'un taxi. Grande, brune, filiforme dans une robe étroite. Les passants se retournent. Une star dont ils cherchent à deviner l'identité ? Pour l'instant, c'est encore une inconnue. Arrivée du Mississippi l'année précédente, comédienne sur Broadway, la jeune femme s'efforce de paraître sophistiquée, rompue aux manières de la haute société. Une sorte d'Audrey Hepburn venue du sud. Mais, visiblement, elle n'est pas encore tout à fait à l'aise dans son rôle…

L'étole de vison qu'elle porte sur ses épaules, ce soir-là, c'est l'oncle Hy lui-même qui la lui a louée pour l'occasion, très spéciale : un dîner réunissant des vedettes de Broadway, comme Barbra Streisand – à vingt-deux ans à peine, elle triomphe dans *Funny Girl*, à l'affiche au Majestic Theatre – ou des célébrités de la télévision comme l'animateur Johnny Carson et le comédien Jimmy Durante. Au Voisin, le *who's who* se bouscule tous les soirs. Et ce soir, Nanette fait partie des *happy few*.

— *Good evening, Miss Workman !*

Le portier, qui la connaît déjà, la laisse entrer. Le restaurant est bondé, que des gens de la haute, et liés de près ou de loin au showbiz. Nanette s'avance au milieu de la salle à manger, encore un peu intimidée, même si, depuis son arrivée, elle a vite pris l'habitude des mondanités.

L'oncle Hy vient vers elle, heureux de la revoir.

— *You look lovely, my dear. This way…*

Une grande table ovale au milieu du restaurant. Des éclats de rire, des verres qui s'entrechoquent. Les présentations sont faites – Barbra Streisand, Johnny Carson, Robert Horton, Jimmy Durante et d'autres, dont Nanette ne parvient pas à se souvenir des noms. Elle est émerveillée, tout simplement, elle n'arrive pas à croire qu'il y a quelques mois à peine, elle complétait ses examens à Hattiesburg. Si on lui avait dit qu'elle côtoierait aujourd'hui de telles vedettes !

— *And this is Bo Belinsky*, ajoute l'oncle Hy.

2

Quand Bo Belinsky frappe doucement à la porte de la salle de bain pour savoir si tout va bien, Nanette n'ose pas répondre. Il semble inquiet de son silence, il l'interpelle de nouveau d'une voix qui trahit son malaise.

— *Are you all right, baby ?*

Qu'il se fasse du souci, celui-là ! se dit-elle. C'est bien la moindre des choses ! Nanette s'est assise sur le rebord de la baignoire. Entre ses jambes, le sang ne coule plus. Mais la jeune femme est à bout de force. Et elle a toujours mal.

Nanette ne cesse de penser à sa mère. À Beatryce, qui l'a élevée de façon traditionnelle : on ne couche pas avec un homme avant le mariage, à plus forte raison avec un homme qu'on n'aime pas, l'amour est le plus noble des sentiments, il ne faut pas le gaspiller avec n'importe qui. Et voilà qu'en un instant, tous ces conseils ont été balayés. Pourquoi l'a-t-elle suivi dans sa chambre, ce Bo Belinsky ? Comment peut-on être aussi naïve ?

Éblouie, c'est ça. Il l'a éblouie. Un costaud au regard envoûtant. Des grands yeux d'épagneul, qui ne demande qu'à être cajolé. Le genre de gars auquel elle ne peut résister ! Quand l'oncle Hy a indiqué la place libre, près du joueur de baseball, son cœur a chaviré. Nanette s'y est installée, en rejetant l'étole de vison sur le dossier de sa chaise. Aussitôt, Belinsky l'a charmée. Nanette savait déjà qu'il traînait une réputation de séducteur à la grandeur de la Ligue américaine. On lui connaît une longue et tumultueuse liaison avec le *sex symbol* Mamie Van Doren, une blonde plantureuse qui joue dans des films de série B.

Nanette s'en foutait, de ces ragots. Elle se laissait bercer par les paroles du joueur étoile, étonné lui-même par son accent du sud des États-Unis. Nanette, complètement séduite ! Carson, Streisand, Horton et Durante n'existaient plus, tout à coup.

Depuis toujours, sa mère l'a mise en garde contre ce genre de situation. Beatryce n'aurait pas été aussi naïve, elle en est convaincue. Brave, oui, audacieuse, mais pas naïve. Parfois, on dirait que leurs deux destins se rejoignent, à des années de distance. En 1941, tout comme Nanette, Beatryce Kreisman a quitté sa famille pour entreprendre une carrière de choriste avec la New York Civil Opera Company, à l'âge de dix-sept ans seulement ! Un emploi qui la mènera aux quatre coins des États-Unis. Elle-même est née à Brooklyn, où ses parents se sont installés à leur arrivée de Lituanie, en 1907. Le nom original des Kreisman : Kretschmer. À la fin du XIXe siècle, le grand-père maternel de Beatryce était comptable pour le tsar.

À Fort Wayne, en Indiana, Beatryce remarque un trompettiste pour lequel elle a aussitôt le coup de foudre. Cet homme, il me le faut, se dit-elle ! Tout comme sa fille, plus tard, la séduction chez Beatryce est d'abord un acte offensif ! Pas question de rester assise dans un coin en attendant que le type en question l'invite à danser. Ce n'est pas le genre de la famille, pas du tout. À dix-neuf ans, Beatryce est follement amoureuse.

Le lendemain, elle aborde le beau trompettiste. Il s'appelle Ernest Workman, il est issu d'une famille hollandaise immigrée aux États-Unis à la fin du XIXe siècle. Beatryce est en mode séduction : elle vante le jeu d'Ernie, l'autre acquiesce, le sourire aux lèvres. Comme s'il était habitué aux compliments. Beatryce est intriguée. Est-elle tombée sur un fanfaron qui se délecte des compliments des autres ? Sur un paon qui adore faire la roue ? Pas du tout. Après un moment, elle réalise qu'Ernie n'a rien compris de ce qu'elle lui a dit. Le jeune homme est partiellement sourd ! Il porte normalement un appareil auditif, mais pas ce jour-là.

Ernie ne tarde pas à tomber amoureux, lui aussi. Pendant un mois, c'est le bonheur total ! Mais le trompettiste doit quitter l'orchestre pour un autre engagement. Beatryce est certaine de ne jamais le revoir.

Deux jours plus tard, de Denver, au Colorado, où il se trouve avec le Tiny Hill Orchestra, Ernie téléphone à Beatryce :

— Je t'aime. Je veux qu'on se marie.

Beatryce est folle de joie !

Mais à une condition, ajoute le trompettiste : qu'elle obtienne la permission de ses parents. Ernest n'est pas juif, et il sait que la famille de Beatryce est à cheval sur les principes.

— Ne t'inquiète pas, répond Beatryce. Je m'en occupe !

Mais dès qu'elle a raccroché, la jeune femme a des doutes. Pas au sujet d'Ernie, non ! Ce mariage, c'est ce qu'elle souhaite le plus au monde. Sur le degré d'ouverture de sa famille, plutôt. Son prétendant n'est pas juif, d'accord, mais c'est un détail. Beaucoup plus grave : il a douze ans de plus que Beatryce, et il est divorcé. Bref, Ernie est loin d'être le prétendant idéal.

Craignant de susciter une réponse négative de la part des Kreisman, Beatryce choisit de ne pas leur demander la permission, mais affirme le contraire à Ernie lors de leur entretien de la semaine suivante.

— Ma famille est ravie, ils ont hâte de te rencontrer, lui lance-t-elle, faussement enthousiaste.

— Ils savent que je ne suis pas juif ? s'étonne Ernie.

— *Of course !* Ça les déçoit un peu, mais ils veulent mon bonheur avant tout.

Quand Beatryce repose le combiné, elle pousse un soupir de soulagement. Ernie a semblé croire à son mensonge.

Les amoureux ont convenu de se marier quelques semaines plus tard. Dès la fin de son engagement dans la production *Naughty Marietta*, Beatryce prend le train pour le Colorado. Le 24 janvier 1945, les fiancés se présentent devant le juge qui officialisera le mariage. Le témoin ? La femme de ménage, en pause-café ! À la question du juge, demandant s'il accepte de prendre pour épouse Beatryce Kreisman, ici présente, Ernie ne répond rien – parce qu'il n'a rien entendu ! Beatryce lui donne un coup de coude et lui crie à l'oreille :

— *Say yes, Ernie !*

Quelques semaines plus tard, Beatryce est enceinte. Son mensonge, qu'elle avait presque oublié, la tracasse de plus en plus, surtout que son nouveau mari n'est même pas au courant du subterfuge. Ses parents encore moins. Et maintenant elle attend un enfant ! Elle imagine la colère des Kreisman quand elle leur apprendra qu'elle s'est mariée secrètement avec un musicien sans le sou, divorcé et de douze ans plus âgé qu'elle ! Un type qui n'est même pas juif !

Un jour, n'en pouvant plus de son secret, incapable de trouver le sommeil, elle saisit son courage à deux mains et appelle sa mère, Lillian.

— *Yes, ma', I'm fine.* C'est juste que… je suis enceinte !

Curieusement, Beatryce ne lui révèle pas qu'elle s'est mariée quelques semaines plus tôt. Une mauvaise nouvelle à la fois ! Comme prévu, Lillian est secouée. Et furieuse, même si elle tente de camoufler sa colère.

— J'en parle à ton père, rétorque Lillian, et je te rappelle dans cinq minutes.

Les cinq minutes les plus interminables de la vie de Beatryce ! Le téléphone sonne de nouveau, enfin. D'une voix qu'elle maîtrise difficilement, la mère de Beatryce lui lance :

— Tu rentres à New York sur-le-champ.

— Mais je peux pas… J'ai des engagements, j'ai…

— *Beatryce, you come back now !*

La future maman n'ose rien répliquer.

— Mais tu ne t'installeras pas ici, tu iras chez ta tante Rose, plutôt.

— Mais…

Beatryce comprend l'astuce : pas question que la présence d'une mère célibataire dans la maison familiale vienne entacher la réputation des Kreisman ! Il ne faut pas que les voisins jasent !

Une fois à New York, la jeune femme se plie à la volonté de sa famille. Au cours des mois suivants, tous les jours, la mère de Beatryce traverse la ville pour venir voir sa fille enceinte, dans le Bronx. « Dans le sein de ma mère, les sirènes de New York me berçaient déjà… » chantera Nanette, des années plus tard.

Un soir qu'elle est seule avec Lillian, Beatryce lui avoue :

— À propos de ce bébé, j'ai oublié de te dire autre chose.

Lillian regarde sa fille avec étonnement. Qu'est-ce qu'elle cache encore, celle-là ?

— Le bébé, je l'ai pas fait toute seule.

— Évidemment. Et ce salaud a disparu, comme ils le font tous !

— C'est pas un salaud, *ma'*. C'est mon mari.

Stupeur ! La mère de Beatryce regarde sa fille avec des poignards dans les yeux.

— Tu t'es mariée ? Sans nous le dire !

Beatryce acquiesce.

— Et il est où, ce… ce… mari ?

— En tournée. C'est un musicien. Un trompettiste.

Lillian ferme les yeux. La situation empire de seconde en seconde ! La jeune femme tente de la rassurer.

— Tu vas l'adorer, il est absolument charmant !

Ernie débarque à Brooklyn et, miraculeusement, réussit à séduire toute la famille. Ce gendre, les Kreisman l'adoptent aussitôt. Il est même question que le couple s'installe tout près et qu'Ernie trouve du travail dans un orchestre local. Mais la compétition est redoutable, à New York. Ernie se rend bientôt compte qu'il ne peut faire vivre sa famille qu'en reprenant la route.

Mais cette fois, le couple ne voyage plus seul. Le 20 novembre 1945, dans un hôpital du Bronx, Beatryce a mis au monde une petite fille : Nanette Joan. Un prénom en hommage à Nanny Barren, la mère d'Ernie, décédée d'un cancer en 1933. James, le père d'Ernie, était mort deux ans plus tôt, victime d'une épidémie d'influenza. Cette Nanny Barren était d'origine écossaise et même amérindienne, de la tribu des Black Foot, installée dans le nord-ouest des États-Unis. Bref, la petite Nanette est issue d'un *melting-pot* typiquement américain.

Première étape du voyage : Stubenville, en Ohio, où Jesse Harvey, le demi-frère d'Ernie – Nanny Barren n'était pas la première épouse de son père –, travaille comme peintre. Sa spécialité : les affiches commerciales. Beatryce, Ernie et la petite s'installent chez lui. Sa boutique est au rez-de-chaussée. Ce pied-à-terre, le couple le quitte souvent pour ses engagements professionnels. Dans les hôtels où ils sont de passage, la jeune maman engage une gardienne pour s'occuper du bébé pendant le spectacle. Il n'est pas rare que l'enfant reste en coulisses, dans une loge, pendant le tour de chant de Beatryce, sous la surveillance d'une employée du théâtre ou de l'orchestre. Beatryce se souvient d'avoir fait dormir Nanette dans le tiroir ouvert d'une commode, dans une chambre d'hôtel, ou sur la banquette arrière d'une voiture.

La petite Nanette s'accommode très bien de ces voyages incessants. Mais un jour, dans un hôtel du Texas, furieuse d'être privée de ses parents, la fillette balance tous les souliers de sa mère par la fenêtre !

Pendant quelques années, la famille Workman voyage ainsi, de ville en ville, au gré des engagements d'Ernie et de Beatryce. Cette vie de nomade n'est pas étrangère à Ernie. Son père James fut propriétaire d'un petit cirque et d'un cinéma ambulant, se déplaçant d'une foire commerciale à l'autre.

Le couple sent pourtant le besoin d'acquérir une certaine stabilité. Ernie devient trompettiste dans l'orchestre de l'hôtel Buena Vista, à Biloxi, au sud du Mississippi. Beatryce se joint à un ensemble musical, elle aussi, et obtient des engagements. L'endroit leur plaît. Sur le bord du golfe du Mexique, Biloxi bénéficie d'une température clémente.

Nanette grandit. Bientôt, il faudra songer à l'envoyer à l'école. Plus question de courir les routes. Pourquoi ne pas s'établir au Mississippi en permanence ? Malheureusement, la ville de Biloxi est trop petite pour permettre à Ernie et Beatryce d'y gagner leur vie en faisant de la musique. À deux cent quatre-vingts kilomètres au nord : Jackson, la capitale de l'État. La relative proximité de Biloxi, et de l'hôtel Buena Vista, permettra à Ernie d'y poursuivre ses engagements le week-end.

Le couple s'installe dans une petite maison de West Jackson. Pour arrondir les fins de mois, Beatryce décide de créer son propre *band*. Elle fait l'acquisition d'une batterie – des *cocktail drums* qu'elle joue elle-même, debout derrière l'orchestre ! –, elle engage trois musiciens et voilà, Bebe Kaye & the K Notes se lancent à l'assaut de Jackson ! K pour Kreisman, évidemment. Ses premiers engagements : la Rôtisserie, un grand restaurant du centre de Jackson, l'hôtel Heidelberg, l'établissement chic de la capitale où descendent les *congressmen* et autres politiciens de l'État.

Depuis le début de leur relation, une chose agace Beatryce. Ernie n'a pas d'instruction. Il s'est engagé dans l'armée sans avoir complété son *high school*. À la fin de son service militaire, il s'est tout de suite mis à jouer dans divers orchestres. Beatryce le convainc de retourner à l'école. Ernie s'y applique, et poursuit même ses études jusqu'à obtenir un diplôme du Millsaps College.

Ernie deviendra professeur de musique dans plusieurs écoles secondaires, notamment au Florence High School. Un emploi qu'il occupera jusqu'à sa retraite. Il participera également, à titre de musicien professionnel, au Jerry Lane Orchestra de Jackson. Et même au Tommy Dorsey Orchestra, dont ont fait partie Frank Sinatra et Buddy Rich.

Pour l'instant, la petite famille en arrache. Tout en poursuivant ses engagements à la Rôtisserie ou à l'hôtel Heidelberg, Beatryce répond à une annonce de la succursale locale du magasin d'articles de musique Werlein's, une institution dans le sud des États-Unis. Elle obtient l'emploi et devient représentante des orgues Hammond. Pour elle aussi, c'est un emploi permanent.

Finie la bohème pour les Workman !

Beatryce a vite remarqué les aptitudes musicales de sa fille, qui s'amuse à imiter sa mère, comme tous les enfants. Au concours de jeunes talents *The Kiddie Matinee Show*, qui a lieu une fois par mois dans un théâtre de Capitol Street, Nanette apparaît pour la première fois en public. Ce jour-là, hésitante, la fillette s'avance sur scène, où elle est accueillie par l'animateur.

— *Tell us first of all what your name is…*

— *Nanette.*

— *And your last name is Workman, isn't that right ? Nanette Workman. How old are you, honey ?*

— *Four years old.*

— *This is your very first time at* Kiddie Matinee, *isn't that right ?*

— *Yes.*

Nanette sourit, gênée, timide. La foule – trois cents personnes, des enfants surtout ! – applaudit.

— *And Nanette, what do you want for Christmas ?*

— *A little doggy*, répond la fillette, avec beaucoup de ferveur.

À l'invitation de l'animateur, Nanette attaque *Slow Boat to China*, une performance qui lui permet de gagner le concours – et son premier cachet : cinq dollars ! C'est également le premier enregistrement audio de la chanteuse, un enregistrement qui existe encore aujourd'hui.

En 1951, Beatryce met au monde un petit garçon, Allen William Workman, que tout le monde appellera affectueusement Billy Boy. « Mon petit ange aux cheveux frisés, tu me suivais partout, partout… » chantera Nanette plusieurs années plus tard. Avec ses nombreuses occupations, la jeune mère est débordée. Pour s'occuper des enfants, mais aussi pour faire la cuisine – Beatryce déteste faire à manger ! –, Ernie et Beatryce engagent une gouvernante, Jessie Lee Hicks, qui vient à la maison tous les jours, s'occuper du petit Billy et accueillir Nanette à son retour de la Galloway Elementary School. Le soir, après son travail, Ernie la reconduit chez elle. Même si le Mississippi est l'État américain où le pourcentage de la population noire est le plus élevé, Jessie Lee sera la seule Noire que Nanette côtoiera de près durant sa vie à Jackson. Cette jeune femme, les parents de Nanette la garderont à leur service pendant des années. Elle fera partie de la famille. Quand une de ses amies tombera enceinte et se retrouvera dans l'impossibilité d'élever l'enfant, Jessie Lee voudra l'adopter. Ernie et Beatryce s'occuperont des démarches nécessaires.

Au retour de l'école, le midi, alors qu'elle aide Jessie Lee à faire la vaisselle, Nanette chante avec elle des refrains de la communauté noire, que la gouvernante a entendu sa propre mère fredonner. Pratiquante, Beatryce fréquente assidûment la synagogue, où Nanette chante régulièrement. Depuis qu'elle est toute jeune, la petite Nanette suit aussi des cours de musique. Ses instruments de prédilection : le piano et le violon. Bientôt, elle peut lire et écrire une partition. La musique et la chanson font donc partie de son quotidien. Musique juive, musique classique, gospel, sans parler du rock'n'roll qu'on commence à entendre à la radio. Dès son plus jeune âge, Nanette est mise en contact avec un mélange hétéroclite de chansons profanes et religieuses.

3

Nanette sort de la salle de bain. Belinsky la regarde avec ses grands yeux d'épagneul, que Nanette ne trouve plus séduisants, tout à coup.

— *Are you O.K. ?*

La jeune femme a envie de lui lancer : « *No, I'm not O.K. What do you think, idiot ?* » Mais elle ne dit rien.

— Je suis désolé, j'ignorais que t'étais encore…

— Fallait que je te le répète combien de fois ?

— *You all right ?*

— *Yeah, sure.*

Nanette s'empresse de rentrer chez elle. La jeune femme ne souhaite qu'une chose : prendre une douche, se laver de ce Bo Belinsky. Faire disparaître de son corps l'odeur de cet homme. Mettre ce cauchemar derrière elle une fois pour toutes.

Perturbée, Nanette appelle sa mère au Mississippi et lui raconte ce qui vient de se passer. Puis éclate en sanglots.

À l'autre bout du fil, Beatryce est secouée. Mais le « gérant d'artiste » en elle reprend le dessus. Pas question de céder à la panique.

— Tu vas aller voir un médecin, Nanette. Sans ameuter toute la ville sur ce qui vient d'arriver. Pas un mot à Hy, surtout.

— Tu aimerais que je rentre à Jackson ? demande Nanette, penaude.

— Toi, qu'est-ce que tu veux ?

Nanette n'y pense qu'un court instant. Sa décision est déjà prise.

— Rester à New York.

Un long silence. Nanette sent que sa mère est émue. Elle comprend très bien ce qui la déchire : le désir de retrouver sa grande fille et de la garder près d'elle, en sécurité, et le rêve de la voir réussir sa carrière professionnelle.

— *Take care, Nanette. Please. Be careful.*

— *I will. Thanks, ma'.*

Dans les mêmes circonstances, c'est ce que Beatryce aurait fait, se dit Nanette. Toutes les deux ont le même tempérament, la même détermination. Rentrer au Mississippi maintenant, ce serait avouer son échec, et l'échec de Beatryce ! C'est elle qui veut la réussite professionnelle de Nanette, encore plus que la jeune fille elle-même. Depuis des années d'ailleurs, peut-être même depuis le « triomphe » de Nanette au concours du *Kiddie Matinee Show*.

À cette époque, la situation financière des Workman s'améliore. Emplois stables, multiples engagements, revenus à la hausse, la famille peut quitter West Jackson et faire l'acquisition d'une maison au 261 Arbor Hill Drive, dans South Jackson. Le quartier est relativement prospère : classe moyenne et... blanche. Les Noirs, pauvres pour la plupart, vivent ailleurs, dans un quartier qui leur est propre où les Blancs vont rarement. C'est l'endroit où habite la gouvernante de la famille, Jessie Lee Hicks.

Cette ségrégation, les Workman la vivent comme un état de fait. Eux-mêmes issus d'une minorité, ils n'entretiennent pas de préjugés à l'égard des Noirs, mais acceptent de se fondre dans le moule de la société blanche du Mississippi. À l'école et pendant ses loisirs, Nanette vit dans un monde « séparé », qui n'est pas encore secoué par les revendications antiségrégationnistes du début des années soixante.

La maison d'Arbor Hill Drive, les Workman l'occuperont pendant plusieurs années, et elle se peuplera de plusieurs chiens – jamais de chats, Beatryce en a la phobie ! Le plus mémorable d'entre eux : Rebel, un magnifique boxer. De son côté, Ernie se paye le luxe d'une Plymouth d'occasion, sa première voiture. « Mon père n'a jamais acheté de voiture neuve ! se rappelle aujourd'hui Nanette.

J'adorais conduire la Plymouth avec lui, assise sur ses genoux. » Arbor Hill Drive est une rue large, bordée de maisons qui semblent immenses à la fillette. Mais il s'agit en vérité de modestes bungalows, construits sommairement, directement sur la terre. Néanmoins, pour les Workman qui ont vécu dans leurs valises depuis des années, l'endroit prend l'allure d'un paradis.

Le 19 décembre 1953, la station de télévision WLBT, affiliée à NBC, ouvre ses portes. Les responsables de la programmation sont à la recherche de talents locaux pour remplir la grille horaire. On approche Beatryce, qui accepte avec plaisir d'y animer une émission avec ses musiciens – ce sera *Notes & Novelties*. Tout naturellement, Nanette participe à l'aventure. Déjà, il lui arrive de monter sur scène pour chanter avec l'orchestre de sa mère. Nanette apparaît de temps en temps à l'émission de Beatryce, mais plus régulièrement à *Mr. Magic Show*, où elle agit comme assistante du magicien, interprété par Cliff Bingham. Elle y chante aussi, en compagnie de Jean Ann Bishop, sa meilleure amie. Beatryce et la mère de Jean Ann, Ruby Bishop, sont également très proches. Tout comme Beatryce, Ruby dirige un groupe musical qui se produit dans les différentes salles de Jackson. C'est d'ailleurs Beatryce qui a incité Ruby à créer son propre orchestre et à acheter ces fameux *cocktail drums*, qui deviendront leur marque de commerce. L'amitié des deux familles est telle que la mère de Jean Ann et sa famille prennent parfois leurs vacances avec les Workman.

La popularité de la fillette intéresse les commerçants locaux. En août 1956, à dix ans, Nanette participe à l'événement « retour en classe » du magasin Kennington's à titre de… mannequin. Elle y chante également la chanson *Sweet Old Fashion Girl*. Jean Ann est sur place également, le duo attire l'attention, leur réputation croît.

La même année, Nanette et Jean Ann participent à la Neshoba County Fair, pour le *Jackson Day*. Une foire incontournable pour les politiciens de la région qui cherchent à se faire réélire ! Les fillettes y chantent sous la direction de Bebe Kaye & the K Notes. Le *State Times* clame : « *Jackson Talent Captivates Fair.* » Ce ne sera pas la dernière apparition des deux amies aux foires commerciales.

À Memphis et ailleurs, Nanette et Jean Ann représenteront avec éclat la ville de Jackson et le Mississippi.

En janvier 1959, toujours en compagnie de son amie Jean Ann, Nanette participe au *Teens Style Show*. « Vous avez fait l'objet de plusieurs commentaires élogieux, nous sommes assurés que vous irez loin dans le domaine de la musique », lui écrit le président de l'événement.

Avec ses cours de piano, de violon, avec ses apparitions à la télé, il ne reste plus beaucoup de temps à Nanette pour étudier. Mais ses performances à l'école ne souffrent pas de cette hyperactivité. Élève assidue, elle n'a pas de difficulté à obtenir de bonnes notes. Pourtant, elle avouera plus tard avoir détesté l'école, tout ce qui ne concernait pas la musique, en fait. Elle avait hâte d'en sortir, elle avait l'impression d'y perdre son temps.

En 1962, Jean Ann inscrit Nanette aux *Rainbow Girls*, une organisation pour jeunes filles mise sur pied par l'Église baptiste. Qu'une adolescente de religion juive fasse partie d'un tel groupement ne semble soulever aucun problème. Il faut dire que les Workman se sont toujours efforcés de s'intégrer à la communauté qui les entoure. En décembre, Ernie installe un « Hanukkah Bush » devant la maison, tout comme ses voisins décorent un arbre de Noël. Il n'est pas rare, non plus, qu'on demande à Nanette d'interpréter le rôle de la Vierge Marie dans les diverses pièces scolaires du temps des fêtes !

Au cours de l'enfance et de la jeunesse de Nanette, la synagogue de l'avenue Woodrow-Wilson est le centre nerveux, le point de ralliement de la communauté. À Jackson, où la ségrégation est « acceptée » par tous, y compris par les Noirs – du moins, à cette époque –, les Workman sentent peut-être le besoin, plus que d'autres, de s'intégrer à la société chrétienne de Jackson, d'être acceptés à part entière dans cette ville où ils ont décidé d'élever leur famille.

Dirigés par le rabbin Nussbaum, les juifs de Jackson agissent de la même manière. Au début des affrontements pour les droits civiques, même s'ils jugent la ségrégation déplorable, ils se rangent du côté de la majorité blanche. Durant son enfance et sa jeunesse à Jackson, jamais Nanette ne sera harcelée ou même inquiétée pour son judaïsme. À Provine High School, elle est la seule juive parmi les mille cinq cents élèves ! Jamais elle ne cachera sa religion, mais elle n'en fera pas étalage non plus.

Son père est plus affirmatif. Un jour, sans le dire à Beatryce, il fait part au rabbin Nussbaum de son intention de se convertir. Le rabbin est heureux de cette décision, mais Ernie doit suivre les enseignements préalables, qu'on donne normalement aux enfants. Malgré les difficultés, Ernie y tient, à cette conversion. Il exige que le rabbin Nussbaum garde sa décision secrète. Il veut en faire la surprise à sa femme. Ce n'est qu'une fois sa conversion acceptée qu'il en parle à Beatryce, qui ne lui avait jamais demandé un tel sacrifice au départ. Beatryce est émue, bouleversée. Ce qu'Ernie vient de faire, c'est pour elle une formidable preuve d'amour.

Depuis son entrée à Provine High School, en 1958, Nanette s'est engagée à fond dans les activités musicales de l'établissement. La mode, à l'époque, c'est de faire adapter par les élèves des comédies musicales de Broadway. Dans tous les shows, c'est à Nanette qu'on donne la vedette. Parce qu'elle chante bien, oui, mais aussi parce que sa voix, très forte, porte jusque dans le fond de la salle. Les pièces se succèdent : *Flower Drum Song*, *Damn Yankees*, *Wildcat*…

Sa critique la plus sévère ? Son juge le plus exigeant ? Beatryce. Toujours Beatryce. Alors qu'Ernie se contente d'applaudir et d'être heureux pour sa fille, la mère de Nanette prend à cœur et supervise avec attention chacune de ses performances. Karen Gilfoy, qui a mis en scène les trois spectacles de Provine High School dans lesquels Nanette a tenu le premier rôle, se rappelle la présence de Beatryce aux répétitions. À la fin de chaque session, Beatryce s'avançait vers elle, un calepin et un crayon à la main, et lui lançait : « *Awright, whatcha want me to tell the kid ?* »

De toute évidence, les conseils de *ma'* portent fruit !

Au sujet de *Damn Yankees*, Jack Ryan du *Clarion Ledger*, l'un des plus importants quotidiens de Jackson, écrit : « À sa première apparition dans un rôle principal, Miss Workman a ébloui les spectateurs. » Ryan est tellement impressionné par Nanette qu'il n'hésite pas à comparer sa performance à celle des autres comédiens, à leur désavantage, évidemment !

L'été, pas question de se reposer non plus ! Nanette s'inscrit à des camps musicaux, où l'on monte, là aussi, des spectacles de Broadway. Au camp d'été de l'université du Southern Mississippi, édition 1962, elle tient le rôle principal dans *Paint Your Wagon*. Le lendemain de la première, un journaliste écrit que Nanette « a fait preuve d'une remarquable présence en scène et d'un sens aigu de la comédie musicale ».

À la fin de son cours secondaire, Nanette interprète le rôle du Feu dans *L'enfant et les sortilèges*, une fantaisie lyrique de Maurice Ravel présentée par le New Orleans Symphony Orchestra.

Ce n'est pas tout. Depuis l'âge de quinze ans, Nanette est premier violon dans le Jackson Junior Symphony Orchestra. En novembre 1962, Nanette trouve même le moyen de participer au concours Junior Miss Jackson, où elle est finaliste.

Mais c'est à la télévision que les adolescents de Jackson découvrent Nanette. Après des apparitions à *Notes & Novelties*, l'émission de Beatryce, et une participation régulière à *Mr. Magic Show*, Nanette, maintenant âgée de seize ans, est choisie pour animer avec Hagan Thompson une émission hebdomadaire d'une heure à WLBT : *Teen Tempos*. Très populaire – avec des cotes d'écoute de 200 000 auditeurs – l'émission remplace *Junior Time*, à laquelle Nanette a également participé.

Tout comme *American Bandstand* dont s'inspire *Teen Tempos*, l'émission a pour but de faire connaître de nouveaux groupes musicaux. Des jeunes de plusieurs écoles de l'État viennent danser en studio au rythme des succès de l'heure. Parmi les rubriques, *Teen Report* couvre les activités musicales des différentes écoles de Jackson. L'émission permet aussi de promouvoir les commerces locaux, notamment dans le cadre de défilés de mode, et sert également de tremplin au concours de Miss Mississippi.

Teen Tempos a marqué l'histoire de la télévision au Mississippi et fait de Nanette une célébrité locale.

Pas surprenant que dans les brochures de *Wildcat* et de *Flower Drum Song* on dise de Nanette qu'elle a été choisie, parmi les élèves de son *high school*, « *Most Talented in Who's Who for three years* ».

Nanette mène déjà la vie d'une artiste chevronnée, active aussi bien sur scène qu'à la télévision. Son adolescence apparaît comme une suite ininterrompue d'engagements semi-professionnels. Pas de doute, la jeune fille est promise à un avenir enviable dans le domaine du showbiz.

Mais les garçons dans tout ça ?

4

À l'adolescence, de peur que sa fille lui échappe, Beatryce serre la vis. Curieusement, au fil des ans, la jeune femme audacieuse, téméraire, n'ayant pas froid aux yeux, s'est transformée en une mère sévère qui impose à Nanette un carcan de plus en plus difficile à supporter, qu'elle-même n'aurait pas toléré si Lillian Kreisman le lui avait imposé.

Les deux s'entendent bien, pourtant. Mais Nanette commence à trouver lourde la présence de ce préfet de discipline qui l'empêche de s'amuser comme les autres filles de son âge. Un jour, elle demande à sa mère: «Pourquoi on ne pourrait pas être amies, toi et moi?» Et Beatryce de répondre: «*Friends, you have many. But just one mother...*»

Cette dureté, évidemment, vise à empêcher Nanette de se laisser distraire de sa future carrière de chanteuse ou de musicienne. Pour Beatryce, pas question qu'un amour d'adolescents, qu'une grossesse non désirée, par exemple, vienne compromettre les ambitions de... Beatryce elle-même. Résultat: couvre-feu, sorties encadrées, et un emploi du temps chargé, histoire d'éliminer les «tentations». Pas question de fumer, non plus, rien de pire pour abîmer la voix, ce qui obligera Nanette à cacher ses premiers paquets de cigarettes sous son matelas! Beatryce se montre également très stricte en ce qui concerne l'habillement. Jupes et chandails assortis, c'est le costume habituel de sa fille.

De toute façon, Nanette n'aime pas son corps, alors pourquoi le mettre en valeur? «J'étais très maigre, n'avais pas de poitrine, et mes jambes étaient grosses comme des allumettes, dira-t-elle. Tout le contraire de Jean Ann Bishop, bien plus attirante pour les garçons ! »

Une fille populaire, à l'école ?

Jamais de la vie ! « Ce qui faisait fantasmer les gars de ma classe : les blondes plantureuses du type Marilyn Monroe. Surtout que dans le sud des États-Unis, les filles ont le visage rond et se ressemblent toutes. Les origines russes de mon grand-père maternel et les racines amérindiennes de mon père m'ont donné des traits plus anguleux. »

Nanette n'est jamais invitée pour une danse ou une sortie en ville, comme Jean Ann et ses autres copines. À seize ans, elle ne suscite aucun intérêt chez ses compagnons de classe.

— Et alors, tu viens au football avec nous ? lui demande un jour Jean Ann.

Celle-ci sait très bien que Nanette chante à la synagogue, comme chaque vendredi soir.

— *You know I can't.*

Jean Ann s'amuse de la frustration de Nanette.

— Console-toi, tu vas pouvoir dormir dimanche matin ! rétorque Jean Ann, histoire de l'encourager.

Pour la taquiner, elle ajoute :

— *Gorgeous guys are gonna be there !*

— *I don't care*, répond Nanette, sans conviction.

Toutes les filles de sa classe ont pris l'habitude de suivre les matchs de football, sauf elle. Certaines sont mêmes devenues *cheerleaders*, mais Beatryce n'a jamais voulu. « Elle avait peur que je perde ma voix à force de crier », se rappelle Nanette.

Difficile d'intéresser les garçons si, en plus, la jeune fille ne peut les approcher !

Sa meilleure amie, à l'époque, à part Jean Ann ? Judy Warren, une brune ravissante, avec qui Nanette aime jouer au canasta tout en buvant du Dr Pepper, son soda préféré. Les Warren habitent dans Kimborough Drive, juste derrière Arbor Hill Drive. Tous les jours ou presque, depuis qu'elles sont petites, Nanette et Judy font le chemin de l'école ensemble. Fillettes, elles jouaient à la poupée devant la maison. Cette amitié se poursuit à l'adolescence, et le petit Billy Boy en tire profit. Lui qui adore les biscuits de madame Warren trouve tous les prétextes possibles pour débarquer chez elle et en faire provision.

La mère de Nanette aime Judy. Elle la trouve polie, distinguée, bien élevée, une amie idéale pour sa fille, tout comme Jean Ann. Pas question que Nanette fréquente ce qu'elle appelle les « *wild girls* ». Judy et Jean Ann n'en font pas partie, heureusement. Ce n'est pas avec elles que Nanette irait fumer en cachette ou fréquenter des garçons « dangereux ».

Pourtant, Beatryce devrait se méfier de Jean Ann ! Sous des dehors angéliques, elle entraîne parfois Nanette dans des péripéties que Beatryce ignore. Un soir, avec deux garçons recrutés par Jean Ann, les filles s'aventurent au cœur du quartier noir, dans un night-club que tous les jeunes Blancs de Jackson fréquentent. Les seuls endroits où l'on peut entendre du blues, c'est dans cette partie de la ville. Les orchestres sont aussi victimes de ségrégation : au Mississippi, pas de Blancs dans les orchestres noirs, et vice versa. Même chose à la radio. Il y a des radios blanches et des radios noires, c'est-à-dire des chaînes qui diffusent de la musique blanche standard – Frank Sinatra, Perry Como... – et d'autres consacrées à la musique soul.

À l'été 1961, en compagnie de Judy Warren, Nanette fait la connaissance de Charles Spalding lors d'une soirée dansante à Southern Mississippi. Nanette s'y trouve, comme chaque année, pour jouer dans une comédie musicale. Spalding n'est pas étudiant, un militaire, plutôt. Pour le jeune homme, la rencontre avec Nanette est un véritable coup de foudre. L'intérêt est réciproque. Très séduisant, sachant « parler » aux filles, Charles danse magnifiquement ! Nanette n'a pas besoin de plus !

Bientôt, les deux jeunes commencent à se voir et à s'écrire, une fois Nanette rentrée à Jackson. À la fin de l'été, Spalding fait escale dans la capitale avec un ami et invite Judy et Nanette à essayer sa nouvelle voiture – une Ford 1958 *hard top* qu'il vient de payer cinq cents dollars. Un peu de *necking*, des cigarettes qu'on fume en cachette et des bouteilles de Dr Pepper qu'on vide en écoutant le dernier succès d'Elvis Presley... Ces balades en voiture se répètent.

Bien entendu, Beatryce n'est pas au courant du béguin de sa fille pour le jeune militaire. Pendant qu'elle croit Nanette endormie dans sa chambre, l'adolescente récupère ses cigarettes sous le matelas et file par la fenêtre pour retrouver le beau Charles. Jamais Beatryce ne découvrira le subterfuge !

Mais Spalding n'est pas l'homme de la situation. D'autant plus qu'en janvier 1963, il est muté à la base d'entraînement de Fort Polk, en Louisiane, où seront formés les soldats d'infanterie destinés à la guerre du Vietnam.

Déjà, Nanette a jeté les yeux sur un autre parti, beaucoup plus sérieux, celui-là.

Morgan Guy.

Un gars solitaire, très beau, athlétique sans être un *jock*. Ce qui charme Nanette : ses airs de James Dean ! Elle l'a connu à Provine High School au début de 1963, juste après le départ de Charles pour la Louisiane. Issu d'une famille qui a la bougeotte – son père adoptif est chauffeur de camion –, Morgan a vécu dans plusieurs États. Dès la première rencontre, Nanette est sonnée encore une fois – ce ne sera pas la dernière ! Elle ne pense qu'à « son » Morgan, l'homme de sa vie. Charles Spalding la distrayait. Mais Morgan, c'est autre chose. Dans son journal intime, Nanette écrit des dizaines de fois « *Mrs. Nanette Guy* », histoire de s'habituer à son futur nom de femme mariée.

Beatryce est toujours réticente à ce que sa fille fréquente les garçons, mais elle n'a plus vraiment le choix. « Nanette avait dix-sept ans, expliquera-t-elle plus tard, que pouvais-je faire ? On ne peut empêcher la nature de suivre son cours. » Pourtant, Beatryce impose des balises très strictes à cette jeune relation, la première qu'elle autorise. Quand Nanette voudra voir son copain, c'est à la maison qu'elle le recevra. De cette façon, Beatryce pourra jeter un œil discret sur le prétendant, et prévenir toute inconvenance.

Ce qui n'empêche pas Nanette de débarquer souvent chez les parents de Morgan, où l'ambiance est plus décontractée que dans la maison d'Arbor Hill Drive.

Morgan est aussi amoureux que Nanette. Mais en mars 1963, un coup dur l'ébranle. Dans la cour de Provine High School, Morgan prend Nanette à part.

— Mon père a reçu la lettre, c'est officiel.

Nanette se sent défaillir. Cette mauvaise nouvelle, elle l'anticipait depuis plusieurs semaines. Le père adoptif de Morgan se cherche un autre boulot depuis des mois.

— On déménage à Decatur.

Une ville de la Géorgie, où le père de Morgan a enfin trouvé du travail dans une compagnie de transport.

— Au moins, on va passer l'été ensemble.

— On part dans deux semaines.

La jeune fille fond en larmes. Elle ne peut se résoudre à se séparer de son nouvel amoureux. Morgan la serre contre lui.

— C'est pas si loin, la Géorgie. Et puis, on va s'écrire tous les jours. Je te le promets.

Morgan respecte sa promesse. Nanette aussi. Ce qui ne l'empêche pas de maintenir également une correspondance avec Charles Spalding jusqu'en juillet! De toute évidence, Nanette a déjà choisi, mais elle garde Charles au chaud. On ne sait jamais… Le militaire se rend bien compte que le cœur de la belle bat pour un autre; il cesse de répondre aux lettres de la jeune fille.

Pour Nanette, une rupture sans émoi particulier.

En octobre 1964, de New York, elle écrira à sa mère: «J'ai appris entre les branches que Charles Spalding s'est marié.» Elle ajoute: «J'ai encore un peu de place dans mon cœur pour le premier garçon que j'ai aimé.»

Contrairement à ce qui s'est passé avec le militaire, Nanette et Morgan voient leur amour s'intensifier, même s'ils vivent maintenant dans des villes différentes. D'ailleurs, les missives de Morgan sont beaucoup plus sentimentales que celles de Charles, ce qui comble de bonheur la jeune fille. Pas de doute, Morgan, c'est le bon parti!

À plusieurs reprises, Nanette fait le voyage à Decatur pour voir son amoureux, le tenir dans ses bras, s'abandonner à ses caresses, s'imprégner de son odeur. Des contacts très chastes, quand même. Nanette est une jeune fille bien! Ils parlent mariage, évidemment, qui aura lieu dès leurs études terminées, peut-être même avant. Ils abordent la question de la famille, des enfants. Morgan en veut plusieurs. Nanette aussi. Cinq, c'est le chiffre magique! Main dans la main, ils se baladent dans les nouveaux quartiers de Decatur, en regardant les maisons à vendre.

Pendant que Nanette se laisse aller à ses élans amoureux, Beatryce demeure les pieds sur terre. Pour la « gérante » de Nanette, il faut faire des choix, de bons choix. La musique ? Ça va de soi. L'université ? Bien sûr. Beatryce s'informe auprès des collèges du Mississippi et d'ailleurs : Floride, Louisiane, Californie. Les Workman ne sont pas réfractaires à l'idée d'envoyer leur fille dans un autre État pour y poursuivre ses études, à condition qu'elle puisse obtenir une bourse. Mais Nanette ne sait pas encore ce qu'elle veut faire de sa vie. Depuis qu'elle est toute jeune, elle se laisse porter par le courant. C'est sa mère qui la guide et oriente ses choix.

Nanette adore la musique, elle ne pourrait pas vivre sans, mais elle n'a pas encore décidé d'en faire une carrière. À un moment donné, elle songe à devenir vétérinaire. Elle adore les animaux. Elle pense même très sérieusement à entrer dans les forces policières. Elle va jusqu'à s'informer des conditions d'admission, et à passer le test de sélection. Pas de problème pour la taille – Nanette fait déjà cinq pieds et huit pouces – mais sa vue est déficiente. Depuis l'âge de quinze ans, l'adolescente porte des verres de contact.

Beatryce tolère ces sursauts d'indépendance, mais elle continue de s'informer des bourses et des programmes offerts par les universités. Finalement, Southern Mississippi l'emporte. À l'automne 1963, Nanette emménage dans une chambre de la résidence Hickman, d'où elle continue à écrire régulièrement à Morgan. Les projets de mariage, de fonder une famille sont toujours au programme.

Ce mariage, Nanette y pense souvent. Elle veut en faire un événement majeur de sa vie, le moment le plus important de son existence. Romantique, elle se voit traverser de grands jardins fleuris, vêtue de blanc, au bras de son père. Un mariage typique du Sud, dans la moiteur d'un après-midi d'été.

Dans les lettres qu'elle envoie à sa mère, Nanette lui parle de la vie qui passe rapidement, trop rapidement, et de l'« urgence » de se marier. Il ne fait pas de doute dans sa tête qu'une jeune femme n'a qu'un délai de quelques années pour dénicher le bon parti, sinon… Nanette donne comme exemple sa tante Shirley, la sœur aînée de Beatryce, qui n'a jamais trouvé de mari ; elle est aujourd'hui

« vieille fille ». Un état déplorable, selon Nanette. Demeurer célibataire pour le reste de ses jours, c'est la pire chose qui pourrait lui arriver. Voilà ce qui la préoccupe, à cette époque, davantage que la carrière musicale.

Beatryce pense autrement, bien sûr.

— Un homme aussi formidable qu'Ernie, tu vas en rencontrer un, tôt ou tard.

— Je ne sais pas…

— Quand tu auras trouvé le bon, tu vas t'en rendre compte aussitôt. C'est ce qui m'est arrivé.

Beatryce souhaite pour sa fille une carrière professionnelle dans le domaine de la musique, une carrière pour laquelle elle a déjà fait des tas de sacrifices et est disposée à en faire d'autres. Cette carrière, Nanette y tient autant que Beatryce. Mais elle tient à Morgan aussi, à l'amour qu'elle éprouve pour le beau ténébreux. La carrière viendra toute seule, semble-t-elle dire, alors que pour l'amour il faut désirer, s'accrocher, se battre continuellement. La passion amoureuse, c'est ce qu'elle recherche le plus, et c'est ce que Morgan lui offre au cours de cette année 1963.

Après la *Thanksgiving*, quand sa mère la met au courant de la proposition de Paul Rubinstein, Nanette est tiraillée. Elle sait que son départ pour New York, son inscription éventuelle à Juilliard, l'éloignera encore davantage de Morgan. Mais comment résister à une telle proposition ?

Morgan comprend, et accepte. New York ou Hattiesburg, quelle différence ? De toute façon, les amoureux sont déjà éloignés l'un de l'autre.

La première chanson que Nanette écrit, et dont elle enregistre le copyright le 7 janvier 1964, est le reflet de son déchirement. « *Come to me, Morgan, come to me, please, my love is with you*, chante-t-elle de sa voix puissante, modulée par l'émotion, *those wonderful high school days I wore your ring, about to be yours always…* »

Dans les premières semaines, leur correspondance se poursuit comme auparavant. Les serments d'amour sont répétés, les promesses de mariage aussi. Mais, bientôt, le ton des missives change. Ce que vit Nanette à New York est tellement éloigné de son quotidien au Mississippi. Et pourtant, lettre après lettre, Nanette répète que

Morgan est l'amour de sa vie, qu'aucun des hommes qu'elle côtoie à New York n'arrive à la cheville de son amoureux. Elle paraît s'efforcer de se convaincre elle-même. Une certaine froideur à son égard semble prendre naissance chez Morgan.

Inquiète, Nanette mobilise Beatryce pour qu'elle donne un coup de fil à la mère de Morgan, histoire de prouver la bonne volonté des Workman au sujet de cette relation. Beatryce reste plus cool que sa fille, elle lui répète de ne pas s'en faire au sujet de Morgan.

— *You can't force love, Nanette. If he's the right one, he'll be there, always.*

— *I don't know.*

Nanette soupçonne sa mère d'être soulagée de voir les deux tourtereaux s'éloigner peu à peu l'un de l'autre.

5

Pour Nanette, Broadway, le 46th Street Theatre, c'est la suite logique de toutes les comédies musicales auxquelles elle a participé au cours de son adolescence. Bien entendu, dès l'embauche de sa fille, Beatryce s'est empressée de répandre la bonne nouvelle. Grâce à son métier, elle connaît bien Frank Hains, « *Amusement Editor* » du *Jackson Daily News*. Chaque fois qu'une nouvelle paraîtra sur Nanette, Beatryce se fera un devoir de la transmettre à Frank, avec coupures de journaux à l'appui. Au fil des ans, le journaliste deviendra le plus fidèle « partisan » de la carrière de Nanette, dont il fera la promotion à plusieurs reprises dans les pages du *Jackson Daily News*.

Cette collaboration se terminera abruptement en 1975. Homosexuel, Frank Hains doit évidemment cacher sa « condition », le Mississippi n'étant pas la région des États-Unis la plus ouverte aux pratiques sexuelles « différentes » ! Un soir, Hains fait la rencontre d'un jeune homme qu'il ramène chez lui. Il ignore qu'il s'agit d'un repris de justice, un dangereux récidiviste. Après avoir violé Hains, l'inconnu le torture à mort, puis quitte les lieux avec son argent et quelques objets. Un ami de Hains le découvre le lendemain, ligoté sur son lit, baignant dans son sang.

Triste fin pour un type formidable, que Beatryce et Nanette aimaient et appréciaient.

Le 24 mars 1964, Frank Hains apprend à ses lecteurs que Nanette Workman, déjà connue du public de Jackson grâce à *Teen Tempos*, jouera dans la comédie musicale *How to Succeed in Business*

Without Really Trying. Le 30 mars – soir de première pour Nanette –, il demande à ses lecteurs d'envoyer des télégrammes d'encouragement à la jeune femme, il donne l'adresse du théâtre, et même son adresse personnelle !

Comment se comporte Nanette au milieu de ses partenaires ? Elle n'est pas la vedette, cette fois, comme à Provine High School. Elle doit s'intégrer aux danseurs et aux autres choristes ; il lui faut, en quelque sorte, disparaître au milieu de la troupe. D'autant plus que le show est bien rodé et depuis longtemps. Quand Nanette apparaît sur scène pour la première fois devant le public, plus de mille représentations ont déjà été données. Le spectacle est à l'affiche depuis trois ans. Des habitudes de travail ont été prises, Nanette n'est qu'une choriste parmi d'autres. N'empêche, la jeune femme s'y donne à fond. Elle s'entend très bien avec les autres filles, y compris Michelle Lee, la vedette féminine. Elle adore également Rudy Vallée, celui qui lui a ouvert les portes de la production – et Rudy se prend d'affection, lui aussi, pour la jeune fille. Les autres de la troupe, par contre, ne peuvent supporter le comédien. Quand il quittera la production après quelques mois, tout le monde applaudira, sauf Nanette !

Rudy Vallée et sa femme invitent Nanette à manger à la maison, il lui donne même des références pour une maison de chambres, où elle pourrait s'installer. Mais c'est l'oncle Hy, encore une fois, qui dénichera pour sa nièce un logement plus permanent. Avant même la fin des répétitions, Nanette s'installe au Barbizon Hotel «*for women*», avenue Lexington. Montant du loyer cent cinquante dollars par mois.

Bientôt, la routine s'installe. Tous les jours, et parfois deux fois par jour, Nanette se rend au 46th Street Theatre. Dans sa loge, avant d'entrer en scène, elle profite d'un moment de répit pour écrire à ses parents, à sa mère surtout, ou encore à Morgan. Elle confie à Beatryce ses préoccupations les plus intimes, mais aussi les plus banales. Une semaine après son engagement, elle lui écrit : «*Please, ma'*, envoie-moi un rasoir ! Je ne me suis pas rasé les jambes depuis mon arrivée à New York ! » Comme s'il était impossible de trouver un rasoir à Manhattan ! Bref, même si elle joue sur Broadway, Nanette demeure une petite fille de Jackson, très attachée à sa famille, un peu perdue dans la grande ville.

Depuis son embauche au théâtre, depuis qu'il lui a trouvé où habiter, Nanette s'est éloignée de l'oncle Hy, qu'elle voit de moins en moins. Les membres de la troupe sortent ensemble, les soirs de relâche, pour aller jouer aux quilles, le sport à la mode. Le 4 avril 1964, Nanette écrit à ses parents que les comédiens et les danseurs du 46th Street Theatre se sont mesurés à ceux de *Nobody Loves an Albatros*, dont Robert Preston est la vedette. Sammy Davis Jr est également l'un des acteurs que la troupe affronte dans une partie amicale.

Lors de ces soirées, Nanette retrouve la camaraderie de son *high school*. Elle est impressionnée par la beauté des danseurs qui font partie des productions, mais se rend vite compte que la plupart d'entre eux sont gais. L'homosexualité n'existe pas à Jackson, du moins officiellement ! D'ailleurs, à l'époque, tout le pays, et le *Deep South* plus particulièrement, n'est qu'un immense… placard ! New York lui ouvre les yeux sur cette réalité. Et sur les rapports différents entre Blancs et Noirs. Ici, le racisme est moins prononcé qu'au Mississippi.

Dans le Sud, les choses commencent à bouger, pourtant. Dès l'été 1961, des Freedom Riders venus du nord veulent mettre un terme à la ségrégation. Plusieurs de ces activistes, dont certains sont juifs, sont arrêtés alors qu'ils se déploient au Mississippi. Leur objectif à court terme : inciter les Noirs à s'inscrire sur les listes électorales. Ils y parviendront après quelques années, mais au prix de mille difficultés – et de quelques morts. Le film *Mississippi Burning* d'Alan Parker raconte un épisode tragique de ces luttes raciales.

Dès le départ, la station WLBT résiste au changement et refuse de donner la parole aux Noirs. Sans cesse, des groupes antiségrégationnistes blâment la station pour sa politique réactionnaire. À l'émission *Teen Tempos*, par exemple, on n'a jamais invité d'artistes noirs ! Plus grave encore, le bulletin d'information de WLBT ignore systématiquement les nouvelles touchant la question raciale. On évoque même des ennuis techniques pour annuler la diffusion d'émissions programmées par NBC, le réseau national auquel est affiliée WLBT.

À Jackson, le rabbin Perry Nussbaum ne peut plus rester indifférent. Dès 1961, il visite les activistes juifs détenus à la Parchman State Prison. En 1964, il fait partie d'un groupe interconfessionnel – et interracial – dans le but de trouver du financement pour reconstruire les églises noires détruites par le Ku Klux Klan. Un tel engagement indispose les éléments les plus réactionnaires du Mississippi. Le 18 septembre 1967, des membres du KKK feront exploser la synagogue. Et deux mois plus tard, la résidence privée du rabbin Nussbaum. Sans faire de victimes dans les deux cas, heureusement.

Nanette a donc quitté le Mississippi au moment où s'accélérait la lutte pour les droits civiques. La jeune femme suit ces développements à distance, sans leur accorder une importance particulière. Broadway se trouve sur une autre planète ! Et Nanette rêve de grand amour, de prince charmant, de mariage somptueux. Elle tient son journal intime avec assiduité. Pour l'instant, les grands bouleversements qui transformeront bientôt les États-Unis n'ont pas encore d'impact sur ses opinions et sur sa manière de vivre.

À la fin de l'été 1964, Michelle Lee prend une semaine de vacances. Le metteur en scène juge que Nanette peut la remplacer sans problème, pour les sept ou huit shows à venir. L'heure de gloire de la jeune chanteuse de Jackson est arrivée ! Cette fois, pas question que ses parents restent loin du triomphe de leur fille.

Beatryce et Ernie, accompagnés de Billy Boy, atterrissent à New York. Avec eux, Kathryn Rankin, le professeur d'art dramatique de Nanette à Provine High School. D'autres personnalités de Jackson se joindront au petit groupe.

Beatryce découvre une Nanette transformée. Sa fille avait quitté Jackson adolescente, c'est maintenant une adulte, très à l'aise dans la jungle de Manhattan. Beatryce n'ose plus rien dire quand elle voit Nanette fumer cigarette sur cigarette ou commander des *grasshoppers* – crème de menthe et crème de cacao avec un peu de lait, le tout servi dans un verre à martini – plutôt que les Dr Pepper de son enfance.

La famille et les amis de Nanette occupent les meilleurs sièges du 46th Street Theatre, ce soir du 14 août 1964. Ils ont l'impression de vivre un moment exceptionnel. La petite fille de Jackson, ils l'ont vue grandir et prendre du métier. Beatryce se souvient de cette soirée… inoubliable ! Quand les lumières se sont éteintes, racontera-t-elle plus tard, quand une voix dans le noir a dit : « *Tonight, ladies and gentlemen, the leading role of Rosemary will be played by Miss Nanette Workman* », Beatryce, très fière, a eu l'impression de vivre le plus beau moment de sa vie. Pour la première fois, le nom de Nanette est prononcé sur une scène professionnelle. Tous les sacrifices que Beatryce a faits pour inciter sa fille à persévérer dans le domaine de la musique prennent leur sens. Beatryce a renoncé à sa propre carrière pour permettre à Nanette de se trouver aujourd'hui sur Broadway, acclamée par des centaines de spectateurs. Ce que Nanette a réussi, c'est ce que Beatryce avait rêvé pour elle-même, pendant toute sa jeunesse, avant de rencontrer Ernie et de fonder une famille.

La performance de Nanette est impeccable, elle n'a rien à envier à celle de Michelle Lee, qui dira : « C'était la meilleure candidate pour me remplacer. » À la fin de la représentation, les autres membres de la troupe applaudissent spontanément. Rudy Vallée se faufile au milieu de la petite foule et serre Nanette dans ses bras.

— *You're the best damn Rosemary we've ever had!* lui dit-il. La meilleure Rosemary que nous avons eue !

Pas de doute : Nanette a relevé le défi avec brio !

Le journaliste Jack Ryan, qui avait vanté les performances de Nanette dans les comédies musicales de Provine High School, assiste à la représentation. Maintenant reporter au *Daily News*, Ryan écrit que Nanette s'est comportée lors de la première comme si elle avait joué le rôle pendant des mois. « J'ai été surtout impressionné par la jeunesse et le sens de l'humour que Nanette a apportés au rôle. N'oublions pas qu'il y a un an à peine, Nanette était encore élève à Provine High School. »

Après le spectacle, sa famille et ses amis se retrouvent au restaurant de l'oncle Hy. Nanette est la vedette de l'heure, tout le monde semble au courant de sa performance, on vient la saluer, la féliciter.

Nanette reprendra sa place de *chorus girl* au retour de Michelle Lee, mais elle a démontré qu'elle était à la hauteur de ce qu'on peut attendre d'une comédienne professionnelle sur Broadway. La jeune femme est maintenant prête pour d'autres défis.

Mais d'ici là, New York lui réserve encore bien des surprises !

Après chaque représentation, quand elle quitte le théâtre par l'entrée des artistes, Nanette est attirée par la façade du Joey Dee Starliter Lounge : marquise aux couleurs criardes, vitrine illuminée, devant lesquelles de longues files d'attente se forment en fin de soirée. De la musique se fait entendre derrière la porte close. Du twist…

De son vrai nom Joseph DiNicola, Joey Dee et son orchestre sont à l'affiche dans un autre club, tout près, le Peppermint Lounge, le temple new-yorkais du twist. Un peu comme le Studio 54, plus tard, pour le disco, c'est au Peppermint Lounge que les adeptes de cette nouvelle danse se livrent à leurs déhanchements. Joey Dee a même créé sa fameuse chanson *Peppermint Twist* en hommage à l'établissement.

Les vedettes s'y côtoient. Jackie Kennedy vient y faire un tour en 1962, de même que John Wayne, Judy Garland et plusieurs autres. Et quand les Beatles se produisent à New York, en février 1964, c'est là qu'ils se pointent après l'une de leurs prestations.

D'ailleurs, Joey Dee les connaît déjà, les Beatles. En 1963, lors de sa tournée européenne, les Beatles assuraient la première partie de son spectacle. Mais depuis l'invasion des groupes britanniques, les *bands* du style de Joey Dee & The Starliters se trouvent confinés aux cabarets.

Pour cette raison, peut-être, le chanteur a senti le besoin de diversifier ses entreprises. En septembre 1963, il ouvre donc le Joey Dee Starliter Lounge, qui devient aussitôt l'une des boîtes les plus courues en ville.

Aux yeux de Nanette, qui sort du théâtre, l'endroit est attirant. On semble vraiment s'amuser, dans cet établissement. Et, surtout, le cabaret est fréquenté par des types élégants, aux cheveux gominés, et vêtus à la dernière mode. Nanette les aperçoit, se glissant sans scrupules devant la file d'attente. Des hommes accompagnés de femmes splendides, dont les épaules nues sont réchauffées par de luxueuses étoles de vison.

Un soir, seule, désœuvrée, à la recherche d'un peu d'action, Nanette décide de pousser la porte de l'établissement, devant laquelle il n'y a aucune file d'attente, pour faire changement. Son arrivée, à la pause de l'orchestre, ne passe pas inaperçue. À dix-huit ans, Nanette ne s'est pas encore départie de son allure provinciale. Une jeune femme coquette, mignonne, que la timidité rend encore plus désirable. Elle regarde de ses grands yeux ce monde qui lui est inconnu. Bientôt, les conversations reprennent, comme si de rien n'était. Mais les hommes l'observent discrètement, émoustillés certainement.

Sans trop savoir ce qu'elle est venue chercher dans cet endroit, Nanette se dirige vers le bar. Une serveuse l'intercepte et la regarde droit dans les yeux. Les cheveux blonds – une perruque, visiblement –, le visage basané, des yeux magnifiques. La jeune femme porte l'accoutrement « réglementaire » de l'établissement : jupe très courte et chemise décolletée. De son regard engageant, la serveuse détaille Nanette, puis demande :

— *Where are you from, honey ?*

— Jackson, Mississippi.

— C'est bien ce que je pensais.

Un long moment de silence, pendant lequel la serveuse continue de l'observer. Puis, indiquant une table, à l'écart :

— Tu vas t'asseoir là, dans ma section, et tu parles à personne. *You understand ?* Ici, c'est pas une place pour une fille comme toi.

Nanette n'a pas le temps de s'interroger sur le sens de sa réplique.

— *My name is Tootsie*, ajoute la serveuse. Inquiète-toi pas, il va rien t'arriver. Mais assieds-toi là, et bouge pas ! *What do you wanna drink ?*

— Euh… Un scotch sur glace.

Nanette n'ose pas commander un *grasshopper*, de peur de paraître ridicule. Elle sent les regards sur elle. Surtout, ne pas sourire, ne pas se montrer intimidée…

Quelques instants plus tard, après lui avoir servi son scotch, Tootsie s'approche d'une table où sont rassemblés quelques hommes, ceux-là mêmes qui ne cessent de reluquer la nouvelle venue. En quelques mots, Tootsie les met au parfum : cette fleur d'innocence, c'est une amie, donc pas touche ! Le premier qui pose ses pattes sur elle aura affaire à Joey Dee lui-même !

— *Get the message ?*

Les hommes se taisent, en acquiesçant d'un mouvement de la tête. De toute évidence, Tootsie possède des arguments convaincants ! Et de bons contacts !

Joey Dee.

Le fameux Joey Dee, le propriétaire du club.

À partir de ce soir-là, Nanette prend l'habitude de s'arrêter au bar après sa performance et de trinquer avec sa nouvelle copine. D'origine mexicaine, Tootsie a vingt-huit ans, dix de plus que Nanette. De son vrai nom Tilly Rodriguez, elle se fait officiellement appeler Connie Esposito, du nom de son mari dont elle a divorcé il y a plusieurs années. Quand Nanette fait sa connaissance, Tootsie est l'amie de cœur de Joey Dee, ou plutôt sa maîtresse – parce que Joey est marié. Et le chanteur a des relations un peu spéciales. Le Peppermint Lounge, par exemple, où il est en vedette depuis le début de l'année, appartient à Matty « The Horse » Ianniello, un caïd lié à la famille Genovese. Ianniello contrôle plusieurs autres bars et clubs de striptease à Manhattan. Ces types tirés à quatre épingles, aux cheveux gominés, qui fréquentent assidûment le Starliter Lounge, ce sont ses hommes, ses fidèles « soldats ».

Des tueurs.

Cigarette à la main, vêtue de son peignoir – elle vient de se réveiller –, Tootsie ouvre les rideaux. L'appartement est baigné de soleil, tout à coup. Elle s'approche de Nanette, encore bouleversée par l'agression de Bo Belinsky.

— *Joey's gonna send one of his buddies to whack the motherfucker!* Ils vont lui mettre les deux pieds dans le ciment et le jeter dans l'Hudson!

Elle ajoute :

— Je donne pas cher de sa peau, à celui-là.

— *No, Tootsie, no...*

— Au Hilton, tu dis? Quelle chambre?

Tootsie s'empare du téléphone. La serveuse s'est mise en mode vendetta.

— *Maybe I'll call Joe Butch!*

— *Stop it, please!*

— *He's gonna send Frankie, Nanette. Frankie's gonna break his fucking left arm, you understand?* Son bras gauche, il va le casser en deux!

Malgré la gravité du moment, Nanette ne peut s'empêcher de sourire. Tootsie et ses solutions miraculeuses, Tootsie et ses menaces!

— *What do you say?*

Au cours des derniers mois, l'amitié entre Nanette et Tootsie s'est renforcée. Rompue aux coutumes de New York, Tootsie sert de mentor à Nanette. Les deux filles ne se quittent plus. Au Starliter Lounge, la serveuse lui a présenté quelques-uns de ses «amis» : Charlie, Johnny, Buzzy, Nicky, Vinnie, qui sont loin d'être des enfants de chœur! Ils travaillent tous pour le caïd Joe Butch, qui lui-même se rapporte à Matty Ianniello.

Joe Butch, Tootsie le connaît intimement, lui aussi. C'était son amant avant Joey Dee. De son vrai nom, Joseph Corrao, il est issu d'une famille de mafieux, son père et son oncle font partie du clan Gambino. Quand Tootsie le rencontre, Joe travaille d'ailleurs dans l'ombre du paternel, Vincent Corrao, surnommé «Vinny the Blond». Joe prendra la relève de Vincent dans les années soixante-dix, deviendra propriétaire de plusieurs restaurants de Little Italy, notamment le Taormina et le Café Biondi. Devenu par la suite un lieutenant de John Gotti, Joe Butch décédera en 2001 – de causes naturelles!

En 1964, Joe Butch trempe dans le pari illégal, entre autres choses. Les affaires ayant ralenti au Starliter Lounge – le club fermera ses portes en janvier 1965 –, Tootsie cherche à varier ses sources de revenus. Joe suggère alors à Tootsie d'être son book-maker et d'utiliser une suite du Shelton Towers, un hôtel de la 49e rue, comme base d'opération, tout en conservant son appartement actuel au Knickerbocker Hotel, au coin de Broadway et de la 42e rue. Tootsie accepte.

Au même moment, Nanette cherche un logement.

— Pourquoi tu ne t'installes pas au Shelton Towers? suggère Tootsie. J'y viens juste en fin d'après-midi, pour prendre les paris. Le reste de la journée, la place est à toi.

— Je suis pas sûre.

— C'est Joe qui t'inquiète? Il n'y met jamais les pieds!

— La police...

Tootsie éclate de rire. Une descente? Jamais de la vie! Joe Butch est très bien «connecté».

Nanette accepte la proposition, finalement. Mais Tootsie doit informer Joe de la présence de sa colocataire. Pour l'amadouer, elle lui raconte qu'elle a besoin d'une copine pour l'aider dans son boulot de bookmaker.

— Avec le Starliter, je suis débordée! *I need help, darling!*

Le mafieux mord à l'hameçon. Nanette s'installe donc dans une suite du Shelton Towers Hotel. Et elle remplit le frigo de Dr Pepper. Délicieux avec du rhum ! Comme on peut s'y attendre, l'endroit devient bientôt très populaire auprès de… Charlie, Johnny, Buzzy, Nicky, Vinnie et les autres, de qui Nanette s'est entichée. Séduite par le monde interlope, elle adore ces jeunes Italiens toujours bien fringués, qui la « respectent » comme ses petits amis de Jackson. D'ailleurs, son ange gardien veille sur elle. Un soir, quand l'un d'entre eux veut se montrer trop entreprenant, Tootsie lui parle dans le blanc des yeux : « C'est une bonne fille, Nanette. *Hands off !* »

Les mafieux suivent la consigne. Ils adorent sortir au bras de Nanette – si jolie, si élégante, si distinguée ! Nanette sait bien que ces galants Italiens sont des tueurs à la solde de Joseph Corrao, Matty Ianniello ou d'un autre caïd, et ça la fascine.

Au cours de cette période, Nanette se prend d'affection pour Vinnie, qui adore la jeune femme et aimerait bien que les choses aillent plus loin avec elle. Mais il obéit au mot d'ordre de Tootsie. Ces Italiens ont le sens de l'honneur ! Nanette et lui se contentent de *necker* sur le canapé.

Un soir, tout en finissant un café cognac dans le salon, le jeune caïd se colle contre Nanette et commence à la butiner. Elle adore… Après avoir posé sa tasse sur la table basse, il enlace bientôt Nanette et bascule avec elle sur le canapé. Ils continuent de s'embrasser de plus belle lorsque Nanette, couchée sur Vinnie, se rend compte qu'il tente de défaire sa ceinture.

— *What's going on, Vinnie ? You know I don't want…*

La main dans son pantalon à moitié dézippé, il est en train de se masturber !

— *Ah, shit !*

Le visage rougi, le souffle court, le jeune homme a fermé les yeux… Oh non, se dit Nanette. Entre deux soupirs, Vinnie lance d'une voix nerveuse :

— *The cup, Nanette, the cup…*

Nanette a compris. Elle attrape la tasse de café sur la table basse, et la met en position… juste à temps !

Vinnie se redresse, un peu confus. Médusée, Nanette le regarde, la tasse à la main.

— *I'm sorry…* Je… Je voulais pas salir le canapé, balbutie le jeune homme.

— *No problem. But tonight, you do the dishes !*

Le Shelton Towers devient donc le point de chute de ces truands, attirés par la présence de Tootsie et de Nanette. Les deux filles, jolies, délurées, déménagent à quelques reprises à l'intérieur de l'immeuble, mais semblent incapables de quitter les lieux. « Tootsie et moi, on a réussi à louer une suite pour cent dollars par mois, grâce à quelques contacts », écrit Nanette à sa mère. Elle n'en dit pas plus, mais il est évident que leurs liens avec le crime organisé ne sont pas étrangers à ce traitement de faveur.

En plus du Starliter Lounge, Nanette, Tootsie et ses amis fréquentent plusieurs *after hours* dans Little Italy, des bars plus ou moins clandestins, ouverts après les heures officielles, que la police new-yorkaise tolère depuis des années. Les soirées se terminent dans la suite du Shelton Towers. Un dernier scotch, un dernier martini…

Une nuit, dans un de ces *after hours* où travaille Tootsie depuis peu, Nanette est attablée dans le fond de la salle et discute avec son amie. Soudain, autour d'elles, le silence. D'instinct, Nanette jette un regard vers l'entrée du club. Deux hommes s'y trouvent : l'un avec un revolver à la main, l'autre avec un fusil à canon tronqué. Les clients connaissent la routine. Dès qu'ils ont aperçu les deux intrus, ils se sont jetés par terre, pour se cacher sous les tables. Nanette s'apprête à faire la même chose, lorsqu'elle sent la main de Tootsie sur son bras.

— *Come with me.*

Ne perdant pas son sang-froid, Tootsie entraîne Nanette derrière un comptoir, qui sépare la salle de la cuisine.

— *What's going on ?*

Chicane de territoire, règlement de comptes ?

— *Let's get out of here !*

— Sans savoir comment ça va se terminer ?

— Viens-t'en !

Alors qu'elles s'enfuient du bar par l'entrée de service, des coups de feu se font entendre à l'intérieur. Nanette a peur, tout à coup, mais juge quand même la situation palpitante. Tootsie s'empresse de héler un taxi dans la rue et de quitter les lieux en vitesse, avec son amie.

— *What was that ?* demande Nanette, dans la voiture.

— *You don't wanna know*, répond Tootsie, qui n'a pas perdu son calme.

Pas un mot sur ces mésaventures dans les lettres que la jeune femme fait parvenir à ses parents de façon régulière. Ils connaissent l'existence de Tootsie, mais ignorent ses liens avec le monde interlope. Néanmoins, Beatryce a peur pour sa fille. Tootsie, elle s'en méfie depuis le début. Sans cesse, elle supplie Nanette de ne pas faire confiance à n'importe qui, à cette Tootsie, plus particulièrement. « New York n'est pas Jackson, Nanette ! » Mais la jeune femme remet sa mère à sa place : « Je t'en prie, arrête de dire que tu l'aimes pas. Ça me choque quand tu parles comme ça. Tootsie, je la connais bien, je lui fais entièrement confiance… »

Tootsie, protectrice. Mère substitut. Pas étonnant que Nanette lui raconte sa mésaventure avec Bo Belinsky, le lendemain de l'incident. Mais elle réussit à convaincre son amie de ne rien entreprendre contre le joueur de baseball.

— C'est en partie ma faute, dit-elle, c'est moi qui me suis mise dans cette situation…

— *Bull shit !*

— *Forget him. I need your help.*

— *Shoot…*

— Je veux pas aller chez le docteur, toute seule…

— *All right.* C'est qui, ton médecin ?

— Personne.

Élevée à la dure dans les rues de New York, fréquentant des « mauvais garçons » depuis toujours, Tootsie a subi une demi-douzaine d'avortements. Des médecins, elle en connaît plein. De toutes sortes.

À bord du taxi, elle interroge Nanette :

— *How did that fucker rape you ?*

— Je veux plus en parler, Toots'.

— Est-ce qu'il est allé jusqu'au bout ? Est-ce que…

— Tootsie, s'il te plaît !

À son bureau, le docteur Nicholas Testa, médecin respectable, celui-là, examine Nanette. L'état de santé de la jeune femme ne lui inspire aucune crainte, malgré ce qu'elle vient de subir. Dix jours plus tard, le docteur Testa répond à la lettre que Beatryce lui a fait parvenir : «Oui, j'ai examiné votre fille, elle souffre d'aménorrhée, l'absence de règles, et d'un début d'anémie. Rien de majeur. » Le médecin lui prescrit des médicaments. Quand il la revoit, deux semaines plus tard, il constate que son état s'est grandement amélioré. «Votre fille va mieux, madame Workman. »

Si l'épisode Bo Belinsky n'a pas laissé de séquelles physiques, l'agression du joueur de baseball a plus d'impact au niveau psychologique. À cause de ce que Belinsky lui a fait, les hommes deviennent pour Nanette des êtres potentiellement dangereux, dont elle n'est plus certaine de pouvoir se protéger. Plus grave encore, l'acte sexuel lui apparaît comme un moment douloureux – un «mauvais moment» à passer, en fait – loin de la «plénitude amoureuse» promise par tout le monde – sa mère la première. À la suite de sa «mésaventure» avec Bo Belinsky, Nanette n'approche plus les hommes avec autant de candeur et de désinvolture qu'auparavant.

Quelques semaines plus tard, Nanette apprend à Beatryce qu'elle est sortie, la veille, avec le nouveau chef d'orchestre de *How to Succeed in Business Without Really Trying* : «Il s'appelle Sherman Frank, et il est juif! » En réponse à l'inquiétude de sa mère, Nanette lui répond, quelques jours plus tard : «Ne t'inquiète pas au sujet de Sherman, c'est rien de sérieux. Dorénavant, je sais à quoi m'attendre avec les hommes. »

Nanette ajoute : «J'en suis venue à la conclusion que 90 % des hommes sont des salauds, 5 % des êtres instables, et l'autre 5 % des homos. » En post-scriptum, elle prend le soin de préciser : «*Daddy* n'est inclus dans aucun des trois groupes. Il est exceptionnel. »

Le 8 mars 1965, au terme de ses représentations sur Broadway, *How to Succeed in Business Without Really Trying* prend la route avec la troupe du Summer Stock Theater. Au programme, une dizaine de villes du nord et du centre des États-Unis, mais aussi un engagement de dix jours au célèbre Paper Mill Playhouse, à Millburn, au New Jersey. En janvier, quand elle a été invitée à se joindre à la tournée, Nanette a hésité. L'oncle Hy lui avait fait part de son intention d'ouvrir un restaurant à Detroit. Il aurait aimé que sa nièce y soit la chanteuse attitrée.

— Et alors, Nanette, qu'est-ce que tu décides ? lui demande le producteur du show.

— Je sais pas, j'ai d'autres projets.

— Michelle Lee aussi. Le rôle est à toi, si tu veux.

Nanette n'hésite pas davantage. D'autant plus que le salaire est bon et qu'elle a enfin la chance de voir du pays.

En avril 1965, la troupe s'arrête à Philadelphie, où est maintenant installé Bo Belinsky à la suite de son échange aux Phillies. Depuis quelque temps, Nanette a repris contact avec le joueur de baseball. Ils ont même échangé des lettres, en plus de se parler au téléphone. Nanette a longtemps hésité avant de renouer avec celui qu'elle décrit comme un « salaud ».

— *Wait a minute! You're in love with that bastard?* lui a demandé Tootsie, éberluée. Le gars qui t'a violée ?

— Je sais ce que je fais.

— Qu'est-ce que vous mangez au Mississippi pour avoir des idées pareilles ?

De Philadelphie, Nanette demande à sa mère de lui acheter un ensemble marine qu'elle portera pour la partie de baseball de dimanche. Son objectif : impressionner Mamie Van Doren, la « fiancée » de Bo Belinsky. Beatryce a la même réaction que Tootsie : à quoi ça rime, cette mise en scène ridicule ? Avec raison, Beatryce s'inquiète pour sa fille. Elle lui fait parvenir un article de journal, une entrevue avec le gérant des Phillies, Gene Mauch (qui deviendra plus tard le gérant des Expos de Montréal). L'article se termine par : « *Mauch hopes Bo collects victories like he collects chicks.* » Dans la marge, un peu plus loin, Beatryce a écrit à la main, en gros caractères : ATTENTION !

La réponse de Nanette permet à Beatryce de mieux comprendre l'état d'esprit de sa fille : « *I'll make him like me and want me, then I'll dump him like a hot potato* », écrit-elle à propos de Belinsky.

Nanette veut se venger de ce que lui a fait subir Belinsky. Toute cette opération ne vise donc qu'à lui rendre la monnaie de sa pièce !

La jeune femme ajoute : « Il regrettera pour toujours de m'avoir rencontrée. »

On croirait entendre un caïd parler d'une de ses prochaines victimes! Pas de doute, au contact de Tootsie, Nanette s'est initiée à l'argot des mafieux!

Le mardi 13 avril, comme prévu, Nanette prend rendez-vous avec Belinsky et ils conviennent de sortir à quatre, ce soir-là. Des acteurs de la troupe, des amis de Nanette, accompagneront le couple. Mais ceux-ci disparaissent rapidement au cours de la soirée. Dans un bar d'hôtel, voilà Nanette et Belinsky en tête à tête. La jeune femme est habillée chic, dans son ensemble marine. Belinsky ne la quitte pas des yeux.

La reprise de la scène du Hilton, à New York?

— On joue encore demain. Je peux t'avoir des billets.

— Je déteste le baseball.

Il sourit:

— J'avais cru remarquer. C'est pas ça qui t'intéresse, c'est certain...

Belinsky ajoute:

— *Tell me, Nanette... I'll bet you've had a lot of fun since that night...*

L'air de dire: « Tu t'es sûrement envoyée en l'air avec plein de gars depuis que t'as perdu ta virginité! »

Nanette est insultée. Sans rien répondre, elle ramasse son sac, son manteau et quitte les lieux. Bo Belinsky, elle ne le reverra plus jamais.

Le lendemain, Nanette écrit à mère: « C'est fait. J'ai finalement rompu avec Bo hier soir. » Plus loin, elle ajoute: « Je ne peux pas te dire à quel point je suis déçue à son sujet. J'ai fait une erreur, ça me servira de leçon. »

Des années plus tard, Nanette dira: « En reprenant contact avec Belinsky, je voulais effacer la tache du viol et faire disparaître le sentiment de honte et de culpabilité qui m'avait envahie. Par un curieux cheminement intellectuel, je souhaitais transformer le viol en expérience positive. Traiter Belinsky comme un amoureux me permettait d'annuler l'arrière-goût que m'avait donné l'agression du Hilton... »

Cet incident, la jeune femme ne tarde pas à l'oublier. Dans la même lettre à sa mère, elle ajoute: « Depuis le début de la tournée, j'ai déjà reçu trois propositions de mariage. Je n'apprendrai jamais. »

Pas de doute : Nanette est toujours romantique, elle rêve encore d'un mariage somptueux, au bras d'un fiancé qu'elle aime et qui l'aime… mais la réalité n'est pas si simple.

Dans plusieurs lettres à Beatryce, Nanette se montre désenchantée, elle envie à nouveau sa mère d'avoir su trouver rapidement le mari idéal, celui avec qui elle a fondé une famille et partagé toute sa vie.

Pourquoi ne parvient-elle pas au même résultat ?

Pourquoi les hommes qu'elle rencontre sont-ils toujours aussi décevants ?

La petite Nanette dans les bras de sa mère, le 4 juillet 1946. Pendant le tour de chant de Beatryce, il n'est pas rare que l'enfant reste en coulisses, sous la surveillance d'une employée du théâtre ou de l'orchestre.

Les parents de Nanette en vedette au Continental Club. Rentrés de leur travail en fin d'après-midi, Ernie et Beatryce repartent aussitôt pour leur « quart de nuit ».

Nanette, quatre ans. Musique juive, musique classique, gospel et rock'n'roll. Dès son plus jeune âge, Nanette est mise en contact avec un mélange hétéroclite de chansons profanes et religieuses.

La famille Workman, peu après leur déménagement dans la maison d'Arbor Hill Drive. Depuis 1951, Nanette a un petit frère : Allen William, qu'on appelle affectueusement Billy Boy.

Avec Jean Ann Bishop, sa meilleure amie, et Cliff Bingham, à l'émission *Mr. Magic Show*. Jean Ann entraîne parfois Nanette dans des péripéties que Beatryce ignore…

Nanette et Morgan Guy à Decatur, en Géorgie. Ce qui charme Nanette : ses airs de James Dean ! Dans son journal intime, elle écrit des dizaines de fois « Mrs. Nanette Guy », afin de s'habituer à son futur nom de femme mariée.

Teen Tempos a marqué l'histoire de la télévision au Mississippi et fait de Nanette une célébrité locale. Ici, avec le coanimateur Hagan Thompson.

À dix-huit ans, Nanette triomphe sur Broadway dans *How to Succeed in Business Without Really Trying*.

Au Copacabana, à New York, en 1965. Nanette et une amie en compagnie d'élégants mafieux, des tueurs à la solde des caïds qui règnent sur Manhattan…

Au Dudes'n'Dolls, juste avant d'aller danser dans une cage ! À Beatryce, alarmée, Ernie répond : « Tu t'inquiètes pour rien. Après avoir dansé jusqu'à quatre heures du matin, *she's gonna be too tired to get herself into trouble* ! »

Nanette et une amie en compagnie de deux membres des Young Rascals : Gene Cornish et Dino Danelli. Au Rolling Stone Night Club, Nanette n'hésite pas à monter sur scène pour chanter avec eux.

Tony Roman prend en main la carrière de Nanette. « Tu vas devenir une grande vedette, pas seulement au Québec, mais partout dans le monde ! *With me, sky's the limit !* »

La Révélation féminine 1967 du Gala des Artistes est félicitée par Pierre Péladeau, sous le regard de Tony Roman. Le jeune producteur a remporté son pari.

Nanette, photographiée par David Bailey pour les pages de *Vogue*. Poser, sourire, ça l'amuse, mais la mode, c'est trop passif pour Nanette. Il lui faut de l'action, du mouvement !

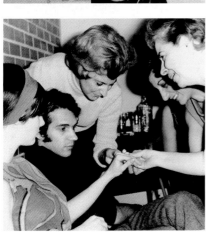

La bague de fiançailles offerte par Tony, le jour de l'anniversaire de Nanette. À droite, Noëlla D'Ambrosio.

Nanette, félicitée par Pat Boone après sa prestation à NBC, en décembre 1967. Elle vient d'interpréter *The Look of Love* et *You Know Where to Find Me*, tirées de son 45 tours enregistré à New York.

Canusa, une maison de disques en plein essor ! Patrick Zabé, Guy Cloutier, Johnny Farago, Nanette et Tony Roman : « Les compositions originales, c'est bon pour les chansonniers, les gratteux de guitare. Dans le yéyé, on est plus efficaces que ça ! »

Fleurs d'amour, fleurs d'amitié. Rythme d'enfer et look très *flower power*. Dès son entrée en ondes, à l'été 1968, l'émission animée par Tony et Nanette se révèle un franc succès.

7

L e 11 mai 1965, quelques semaines à peine après sa « rupture »
avec Bo Belinsky, Nanette écrit à sa mère pour lui dire qu'elle est
de nouveau amoureuse de Morgan. Ce qui lui est arrivé avec Belinsky
lui a fait prendre conscience de la valeur de son ami, dit-elle. L'homme
qu'elle aime, c'est lui. Personne d'autre ! Les projets de Nanette : se
marier avec le jeune homme dès que possible, dès la fin de la tournée.
Le couple s'est d'ailleurs échangé des bagues de fiançailles.

Nanette rassure ses parents : le mariage aura lieu à Jackson
et sera célébré par le rabbin Nussbaum. « Mais je ne veux pas me
marier à la synagogue. Je préfère que la cérémonie ait lieu dans un
hôtel. » Ensuite, le couple s'installera à Atlanta. Nanette se trouvera
un boulot – peut-être en tant que mannequin, ou à la télévision
locale – pour payer les études de Morgan.

Mais que ses parents se rassurent, là aussi : « Je travaillerai
quelques années, le temps de nous installer. » Elle ajoute : « J'adore
le showbiz, mais j'aime Morgan encore plus. Si je continue dans ce
milieu, je vais probablement devenir folle comme tous ceux qui y
travaillent. » Nanette demande à ses parents de ne rien dire à personne au sujet du mariage, tant et aussi longtemps que la nouvelle
n'est pas officielle. Sage précaution ! Ce ne sera pas la dernière fois
que les parents de Nanette seront mis au courant des projets matri-
moniaux de leur fille.

Pourtant, la « renaissance » de cet amour est temporaire. Au mois
d'août, il n'est déjà plus question de mariage. Nanette est déprimée.

Dans une lettre à sa mère, elle se vide le cœur au sujet des hommes et d'elle-même : « Peut-être que certaines choses ne tournent pas rond avec moi, mais je me sens très malheureuse loin des hommes. Parfois, j'ai l'impression d'être obsédée par le sexe, parce que j'y pense sans arrêt. Mais comment réagir autrement ? Je n'ai jamais eu la chance de faire l'amour. »

Et puis, ce cri du cœur : « Penses-tu qu'un jour je vais rencontrer quelqu'un que je pourrai aimer ? Je trouve toujours quelque chose de négatif chez tous les gars que je fréquente et, crois-moi, je suis sortie avec plein de monde. »

La jeune femme qui revient visiter Morgan à Decatur, à la fin de la tournée, n'est plus celle de l'année précédente. Marcher dans les rues, la main dans la main, en admirant les maisons neuves… De l'histoire ancienne ! Morgan ignore l'agression dont sa copine a été victime, et elle hésite à lui en parler. Comment va-t-il réagir en apprenant qu'elle n'est plus vierge ? Devrait-elle lui avouer maintenant, ou attendre la nuit de noces ? Dans une telle situation, sans doute que Beatryce choisirait la deuxième solution ! Mais Nanette n'est pas Beatryce. Les mensonges, même pour une bonne cause, ça l'horripile.

Plus grave encore, Nanette doit se rendre à l'évidence : sa froideur à l'égard de Morgan s'est accentuée. De son propre aveu, elle « aime » toujours Morgan, mais ne « brûle » plus d'amour pour lui. Nanette réalise – ce ne sera pas la dernière fois – qu'elle carbure à la passion davantage qu'à l'amour. Et puis, avec l'épisode Bo Belinsky, c'est comme si un dernier obstacle à sa rupture avec Morgan venait d'être enlevé. Nanette se gardait « pure et innocente » pour son « *high school sweetheart* », et voilà maintenant que cette pureté et cette innocence ne riment plus à rien.

Un soir, Nanette se confie à son copain.

— Écoute, Morgan, à New York, il m'est arrivé quelque chose.

Elle lui raconte son viol.

— Je suis désolée.

— C'est pas de ta faute, répond Morgan, l'air triste.

— Je sais, mais… Je ne suis plus vierge.

Un long moment de silence, puis :

— Je t'aime, Nanette. Le reste, c'est pas important.

Malgré sa sincérité, Nanette constate dans le ton de sa voix qu'il cherche à se convaincre que « tout est comme avant ».

Morgan prend la jeune femme dans ses bras.

— Pourquoi tu viendrais pas t'installer ici, en Géorgie ?

À Atlanta, par exemple, comme elle en a déjà exprimé l'intention. Nanette ne veut pas décevoir Morgan, mais sa vie est à New York, désormais. Après avoir connu Broadway et ses fastes, après avoir côtoyé vedettes et célébrités, difficile d'imaginer une vie de famille bien rangée dans une banlieue morne de Decatur ! Ou même d'Atlanta. Même si elle jure du contraire, ce que Nanette rejette ce n'est pas tant Morgan que l'avenir qu'il lui propose, une existence rangée, sans histoire, avec une Plymouth rutilante dans l'allée du garage et des vacances annuelles à Niagara Falls.

— Je t'aime Nanette, je veux faire ma vie avec toi.

— Moi aussi, je t'aime. Mais je ne veux pas quitter New York. Pas tout de suite.

— T'es pas obligée de me donner ta réponse ce soir.

— Ma décision est déjà prise, Morgan.

Quelques jours plus tard, le jeune homme reconduit son amoureuse à la gare routière. Avant le départ de l'autocar, ils s'embrassent passionnément, comme ils ont pris l'habitude de le faire au terme de chaque séjour. Mais, cette fois, Nanette sent que quelque chose s'est brisé entre Morgan et elle. L'aveu de son viol, sa décision de choisir Broadway plutôt qu'Atlanta…

Par la fenêtre, alors que l'autocar s'éloigne, Nanette envoie la main à son amoureux. Elle sent confusément que leur séparation est définitive. Pour la première fois, elle remet en cause sa décision de privilégier sa carrière, de refuser la vie que Morgan lui propose. Et si j'étais en train de me tromper, de faire fausse route ? songe-t-elle avec inquiétude.

À l'automne 1965, le rideau tombe sur *How to Succeed in Business Without Really Trying*. Nanette n'a plus aucun engagement. Se remettre en file et passer des auditions pour d'autres comédies musicales ? La jeune femme n'en a pas envie. Ce qu'elle a déjà fait, elle ne souhaite pas le refaire. À chaque étape de sa carrière, elle agira ainsi. Reprendre ses études à Hattiesburg? L'année qu'elle vient de passer lui a prouvé qu'elle peut envisager une carrière professionnelle, sans avoir à retourner sur les bancs d'école. New York lui a fait prendre conscience de sa valeur et de ses capacités en tant que chanteuse, pas question de rentrer au Mississippi et de tout reprendre à zéro. Non, comme elle l'a affirmé à Morgan, Nanette veut rester à New York, c'est dans cette ville qu'elle désire poursuivre sa carrière.

D'ici là, il faut gagner des sous! Manger, payer le loyer…

L'oncle Hy vient à la rescousse encore une fois, en lui trouvant quelques contrats de mannequin pour Morgenstern's, une entreprise spécialisée dans la confection de manteaux de fourrure. Mais ce n'est pas suffisant.

Tootsie lui propose de travailler avec elle au Dudes'n'Dolls, dans la 3e avenue, un cabaret où elle s'est fait engager, comme serveuse toujours, après la fermeture du Starliter Lounge. Joey Dee n'est plus son amant, mais Tootsie fraye toujours dans les milieux interlopes. Au Dudes'n'Dolls circulent les mêmes caïds aux cheveux gominés, les mêmes truands vêtus avec élégance. Ce qui n'est pas pour déplaire à la jeune chanteuse de Jackson!

L'emploi que lui propose Tootsie: danseuse à gogo. Pourquoi pas? Le cabaret est fréquenté par des personnages connus – Joe Namath, par exemple, le quart-arrière des Jets de New York, célèbre pour ses virées nocturnes. Avec un peu de chance, Nanette y rencontrera un Rudy Vallée ou un Frank Loesser, qui pourraient l'aider à relancer sa carrière.

Au Dudes'n'Dolls, la mise en scène est audacieuse: dans des cages juchées sur des mini-scènes, vêtues de shorts sexy, de jolies filles – dont Nanette – se déhanchent au son de l'orchestre, histoire d'émoustiller la clientèle. Cet aspect du spectacle plaît, les clients affluent. Le Dudes'n'Dolls devient rapidement l'un des endroits les plus branchés de Manhattan.

Un soir, Nanette revoit le mafieux Buzzy, l'une de ses connaissances de l'époque du Starliter Lounge. Ils fraternisent, deviennent bons copains. Buzzy lui donne même un chien, Yoyo, un teckel à poil long. Buzzy et Nanette sortent ensemble de plus en plus souvent, Yoyo trottine entre eux. Un couple normal, ou presque!

— *You're doing what?*

À l'autre bout de la ligne, la voix de Beatryce est stridente. La mère de Nanette peut à peine retenir sa colère. Avant que Nanette ait pu s'expliquer, Beatryce ajoute de la même voix agitée :

— Danser flambant nue jusqu'à quatre heures du matin pour une bande de…

— *I'm fully dressed, ma'.*

— *Come on !* C'est juste des pervers.

— *I'm in a cage, ma'*, ils peuvent pas me toucher.

— *IN A CAGE ? ARE YOU CRAZY ?*

De toute évidence, le nouvel emploi de Nanette ne suscite pas l'engouement de Beatryce. Mais Nanette n'a pas appelé sa mère pour lui demander la permission, plutôt pour la mettre au courant. Comme elle en a maintenant pris l'habitude.

Beatryce ne la laisse pas parler.

— Tu rentres à Jackson immédiatement, ordonne-t-elle. Ernie t'envoie l'argent pour l'avion.

— Pas question !

Sa mère insiste. Nouveau refus de Nanette, encore plus catégorique, cette fois. La jeune femme répète qu'elle va bientôt avoir vingt ans, elle n'est plus une enfant, elle n'a pas besoin de l'autorisation de papa-maman pour mener sa vie à sa guise. À New York ou ailleurs.

— Et tu crois qu'en dansant dans une cage, on va s'intéresser à toi pour tes talents de chanteuse ? Je refuse que ma fille s'exhibe nue devant…

— Je suis habillée, *ma'*. De très jolis *shorts*.

— *SHORTS ! ARE YOU OUT OF YOUR MIND ?*

Nanette raccroche, furieuse à son tour. Beatryce également. Elle se tourne vers Ernie, qui l'ignore. Pas surprenant ! Depuis le début de la conversation téléphonique, son mari a éteint son appareil auditif. Il n'a qu'à voir sa femme s'énerver pour comprendre qu'elle se dispute avec sa fille. Et les disputes, Ernie ne peut supporter.

Beatryce tente de sensibiliser son mari à ses arguments. Celui-ci hausse les épaules :

— Tu t'inquiètes pour rien. Après avoir dansé jusqu'à quatre heures du matin, *she's gonna be too tired to get herself into trouble !*

Un sourire.

Beatryce sourit à son tour. Elle sait bien que son mari a raison. Qu'elle s'en fait pour rien.

Encore une fois, l'humour d'Ernie a désamorcé la situation.

Depuis le départ de sa fille à New York, Beatryce a beaucoup de difficulté à se rendre à l'évidence. Nanette est maintenant une adulte. Les Workman l'ont bien élevée, ils lui ont inculqué des valeurs solides. Malgré sa candeur, sa naïveté, Nanette est une fille sensée et responsable. Du moins, Beatryce essaie très fort de s'en convaincre !

Ce soir-là, avant de se coucher, une fois la maison plongée dans le noir, Beatryce chuchote à Ernie :

— Pas besoin de le dire au rabbin Nussbaum, par contre. Ni à personne d'autre. Qu'est-ce que t'en penses ?

— Pas même aux Rubinstein ?

Regard effrayé de Beatryce. Elle les avait oubliés, ceux-là !

— Je ne crois pas que les Rubinstein fréquentent ce genre d'établissement, ajoute Ernie, devinant l'inquiétude de sa femme.

Nouveau sourire d'Ernie. Beatryce se colle contre lui.

— Qu'est-ce que je ferais sans toi ?

Un jour, Benny – un autre ami mafieux de la chanteuse – fait à Nanette une proposition : un voyage à Houston, au Texas, où il a des affaires à régler. Nanette est curieuse, mais ne pose pas de questions. Il ne faut pas leur demander ce genre de choses, lui répète souvent Tootsie. Nanette sait bien que ces gars-là ne sont pas des anges, loin de là, et qu'ils ont probablement plusieurs meurtres à leur actif, mais elle n'en est pas effrayée ou révoltée. Au contraire ! Peut-être grâce à Tootsie, sa mère substitut, se sent-elle en sécurité au milieu de ces truands. D'ailleurs, Tootsie agit très souvent comme Beatryce. Au sujet des caïds qui débarquent au Shelton Towers et se montrent « intéressés » par Nanette, Tootsie lui indique les types plus « fréquentables » que les autres.

— Celui-là, il est mignon, mais il a une mauvaise dentition. Quelle haleine ! Et celui-là, là-bas, il entretient déjà une maîtresse dans le Bronx. Et l'autre, là…

— Ça va, j'ai compris.

— Et lui, c'est Benny. Un Portoricain.

— Je sais. Il veut m'emmener au Texas.

Quand elle sort de sa cage, au Dudes'n'Dolls, Benny l'attend au comptoir et lui paye un scotch. Ça dure depuis quelques semaines, ce manège. Nanette le trouve à son goût, Benny. Un vrai gentleman! Il respire l'autorité, en plus. Personne ne vient enquiquiner Nanette quand elle discute avec lui!

— *Be careful*, chuchote Tootsie.

— T'as vu son berger allemand? Il le traîne partout. Il veut même l'emmener au Texas avec nous.

— *Let him go alone with his dog.*

— Trop tard. J'ai dit oui. On part demain.

Tootsie soupire. Décidément, les filles du Mississippi...

Mais Tootsie s'inquiète pour rien. Le voyage se déroule sans problème. Une fois à Houston, Benny se rend à son rendez-vous, son chien en laisse. Nanette l'accompagne. Une grande maison cossue, en banlieue. Dans le salon, seule, elle attend que la rencontre se termine. Benny sort de la pièce où il s'est enfermé avec ses hôtes il y a un moment. Il sourit à Nanette.

— *Let's go, sugarpie.*

Le couple reprend l'avion. À leur retour à New York, dans le taxi qui les ramène au Shelton Towers, Benny ne cesse de flatter son chien. Nanette ne peut plus se retenir.

— *Say, Benny...*

— Ouais.

— On est allés faire quoi, à Houston?

— Visiter le Texas.

— *Come on!*

Dès qu'ils descendent du taxi, une fois la voiture repartie, Benny se tourne vers Nanette, il indique le collier du chien. Un truc immense, garni de piquants.

— Je l'ai cachée là-dedans.

Nanette le regarde, sans comprendre.

— La coke, ajoute-t-il.

Surprise de Nanette. Pour la première fois, elle semble prendre conscience de la nature des « affaires » de Benny. Trafic de drogue?

— *You wanna try it, some day?*

— Quoi?

— La cocaïne!

L'occasion se présente quelques jours plus tard. Avec Benny et d'autres, une ligne ou deux dans la suite du Shelton Towers. Nanette n'apprécie pas l'expérience. N'en ressent aucun effet. Ne voit pas en quoi cette drogue est si formidable.

Ce n'est que partie remise.

8

Joe Butch semble avoir mis un terme, temporairement du moins, à ses activités de bookmaker, ce qui n'empêche pas Benny et ses amis de continuer de fréquenter les lieux. En plus d'agir comme passeur de drogue, Benny « opère » à l'aéroport John-F.-Kennedy. Ayant corrompu des employés d'entrepôt d'une compagnie aérienne, il peut sortir de l'endroit des objets de luxe, bijoux, manteaux de fourrure, appareils électriques et autres. La suite du Shelton Towers sert de cache, le temps que ces objets soient refilés aux receleurs. Nanette n'ignore pas le danger qu'elle court à vivre au milieu de cette marchandise volée. Mais rien ne peut m'arriver, se dit-elle, puisque le « milieu » me protège.

La jeune femme a d'autres préoccupations : depuis un moment, elle s'est remise à écrire des chansons – après *Come to Me Morgan*, elle avait délaissé cet aspect du métier. Elle s'y applique sérieusement, cette fois. D'autant plus qu'au début de février, elle a quitté son emploi au Dudes'n'Dolls. Elle a décidé de se lancer à fond et à temps plein dans cette nouvelle activité. Les résultats l'encouragent. Ses premiers essais la convainquent qu'elle possède le talent nécessaire au métier d'auteur-compositeur. Dans une lettre à sa mère, elle révèle que des professionnels de l'industrie sont intéressés par son travail, sans donner plus de détails.

Au cours de cette période, la jeune femme garde à son doigt la bague de fiançailles de Morgan. En souvenir de son ancien amoureux ? Pas du tout. La vue de cette bague empêche les prétendants éventuels de se manifester. Nanette veut être seule. Elle en a assez des hommes ! « J'ai fait le tour des célibataires en ville, mais aucun d'entre eux ne me satisfait », conclut-elle un peu hâtivement. Bref, Nanette met toute son énergie à faire démarrer sa carrière solo. Pas question qu'un homme vienne la distraire de ses projets.

Bientôt, les choses semblent vouloir se concrétiser. Pendant son court passage au Dudes'n'Dolls, Nanette a fait la connaissance de l'auteur et producteur Jeff Barry, qui a travaillé pour les Ronettes – un groupe souvent à l'affiche au Peppermint Lounge – et qui collaborera plus tard à la création des Monkeys. Barry forme équipe avec sa femme, Ellie Greenwich. Il accepte de faire passer une audition à la jeune chanteuse.

Ce n'est pas tout. Tony Butrico, le propriétaire du Dudes'n'Dolls, a ses entrées dans l'industrie du spectacle. Grâce à ses contacts au journal *Showbusiness*, on y publie un court article sur Nanette, avec photo.

La chanteuse rencontre aussi Scott Muni, l'un des disc-jockeys les plus influents de l'époque, le numéro un à New York, qui dirige depuis peu le Rolling Stone Night Club, situé dans le Upper West Side – un autre cabaret à la mode, cette saison-là. Nanette fréquente l'endroit régulièrement. Spécialiste du rock'n'roll, Muni a fait connaître la nouvelle musique britannique aux adolescents new-yorkais. Lui aussi est intéressé à promouvoir la carrière de Nanette.

Autre contact prometteur : Sandy Gillin. Le futur producteur de films (*Buffy the Vampire Slayer* et *Father of the Bride*, notamment) s'occupe de la carrière de Barbra Streisand. Bientôt, il deviendra le gérant de Neil Diamond, Whoopi Goldberg et Dolly Parton, avec qui il vivra pendant une dizaine d'années. Gillin présente Nanette à quelques-unes de ses relations, dont l'agent Al Vermut, qui veut bien s'occuper de la carrière de la jeune femme.

Rencontre encourageante, aussi : celle de George « Shadow » Morton. Ami de Jeff Barry et d'Ellie Greenwich, il est l'auteur du tube *Remember (Walking in the Sand)*, qu'il a fait interpréter par les Shangri-Las, un trio de jeunes chanteuses – avec Billy Joel, alors inconnu, au piano. Plus tard, Morton fera la découverte du groupe The Pidgeons, qui deviendra Vanilla Fudge. Il produira leurs deux premiers albums.

Lorsque Nanette fait la connaissance de Shadow Morton, celui-ci cherche à développer ce qu'il appelle un « *girl group sound* », c'est-à-dire une sonorité propre aux *bands* formés par des filles, comme les Shangri-Las. Musicalement, il favorise un mélange de pop et de rythm'n'blues, sur des paroles typiquement *teenagers*. Bref, Morton est intéressé par Nanette, qu'il a rencontrée grâce à Jeff Barry. Shadow fréquente assidûment le Rolling Stone, lui aussi.

Hélas, toutes ces relations entraînent peu de résultats concrets. De belles promesses qui ne mèneront nulle part. Même si elle essaie de se convaincre du contraire, Nanette est découragée par l'effort et l'énergie qu'exigent ces démarches qui n'aboutissent jamais. Jusqu'à présent, tout semble avoir été facile pour elle, bien qu'elle ait beaucoup travaillé. De sa participation à *The Kiddie Matinee Show* jusqu'à *How to Succeed in Business Without Really Trying*, sa carrière s'est mise en place naturellement, sans délai, sans complications. La rapidité avec laquelle elle a obtenu son rôle sur Broadway, par exemple, n'est-elle que le fruit du hasard ? Un coup de chance qui ne se reproduira plus ?

Pourtant, on lui a proposé de participer à la nouvelle tournée de *How to Succeed in Business Without Really Trying*, qui doit débuter en avril. Des arrêts en Iowa et au Minnesota, notamment. Mais Nanette hésite. Elle a l'impression, si elle accepte l'offre, de revenir en arrière, de s'encroûter dans un travail pour lequel, tout compte fait, elle n'a plus beaucoup d'intérêt. De toute façon, la tournée prévue ne verra jamais le jour.

La jeune chanteuse est maintenant en chômage, ce qui désole Beatryce. Celle-ci a l'impression que sa fille est en train de perdre son temps à New York. Ce qui a d'abord été une expérience formidable s'est transformé en… rien du tout. Pour Beatryce, Nanette n'est qu'une autre *drifter* en attente d'une ouverture qui ne se manifeste pas. Par bonheur, Beatryce n'est pas au courant des fréquentations de la jeune femme au Shelton Towers !

La mère de Nanette commence à avoir des doutes sur la détermination de sa fille à vouloir faire carrière. Si elle l'encourage à participer à la nouvelle tournée, c'est pour qu'elle gagne des sous, visite la Californie, « et jette un coup d'œil dans les alentours, avant de revenir se marier ». Avec qui, ce mariage ? Morgan, bien entendu. Qui obsède encore la jeune femme.

La tournée? Non merci! Nanette regarde ailleurs, à l'extérieur de showbiz. Elle fait même une demande d'emploi dans une agence d'embauche. « N'aie pas peur de leur dire ce que tu es capable ou incapable de faire en ce qui concerne le travail de bureau », lui écrit Beatryce. Elle ajoute plus loin: « À propos, tu peux également rentrer à la maison et t'inscrire dans une école commerciale, afin d'être formée pour ce genre de métier. »

Nanette a pris une décision. À la fin mars, comme le suggère sa mère, si rien ne débloque du point de vue professionnel, elle rentrera à Jackson, tout simplement. Et elle avisera à partir de là.

— Pourquoi tu ne viens pas au Rolling Stone, ce soir? lui propose Scott Muni. Un nouveau groupe, tu vas les aimer.

Le disc-jockey parle du chanteur Eddie Brigati, du guitariste Gene Cornish et du batteur Dino Danelli. Brigati et Cornish ont déjà joué pour Joey Dee & the Starliters, au Peppermint Lounge, entre autres. Leur *band*, les Young Rascals, est encore peu connu. Mais accumulera les succès au cours des années suivantes.

Muni a raison: Eddie Brigati est le leader d'un groupe formidable. Au Rolling Stone, Nanette n'hésite pas à monter sur scène pour chanter du rock'n'roll avec eux. C'est la première fois qu'elle interprète ce genre de musique devant le public. Et elle adore! Finies les ballades et les chansons sirupeuses des comédies musicales! Sa voix est prête pour autre chose.

Le Rolling Stone devient son point de chute tous les soirs. Et chanter avec les Young Rascals, son occupation préférée.

Un matin, Nanette descend au rez-de-chaussée du Shelton Towers pour acheter des cigarettes – elle fume maintenant jusqu'à deux paquets par jour! Bigoudis sur la tête, pantoufles aux pieds, elle file vers le restaurant en espérant ne rencontrer personne. Pas de chance! Le relationniste Bobby Michaels l'interpelle. Il est installé à une table, un peu plus loin.

— *Hi, Nanette, how are you doin'?*

— *Fine.*

Avec lui, un type petit, nerveux, portant veston, mais avec des cheveux longs. Un client ou un copain de Bobby, peut-être, se dit Nanette. Elle le voit pour la première fois.

— *This is* Tony Roman. *He's from Canada.* Tony, je te présente Nanette Workman.

Pendant son enfance à Montréal, dans la Petite-Italie – ses parents ont longtemps habité au-dessus de l'épicerie Milano, boulevard Saint-Laurent –, Antonio D'Ambrosio étudie le piano et monte sur scène pour la première fois à l'âge de douze ans. Il poursuit ses études au Royal Conservatory of Music, à Toronto, mais n'entend pas faire carrière en musique classique. N'empêche, le piano lui sert de porte d'entrée dans le showbiz. En 1959, Antonio crée les Tip Tops, qu'il dirige sous son nouveau nom d'emprunt : Tony Roman. Bientôt, le groupe est en demande dans plusieurs cabarets et salles de danse du Québec. Au début des années soixante, au moment où le yéyé commence à s'imposer, le jeune pianiste accompagne Tony Massarelli, Donald Lautrec et les Baronets. Mais il rêve de se retrouver en haut de l'affiche.

Après avoir travaillé avec Pierre Nolès, auprès de qui il s'initie au métier de producteur, Tony crée un nouveau groupe à l'été 1964, les Dauphins. Et il se met à la recherche de matériel. Jeff Barry – que Nanette rencontrera au Dudes'n'Dolls, en janvier 1966 – et Ellie Greenwich ont écrit *Sha La La*, qu'on entend sur toutes les radios cet été-là, interprété par le groupe Manfred Mann. Le duo Barry-Greenwich a écrit un autre tube, d'abord pour les Exciters, repris ensuite par Manfred Mann, qui en a fait un succès : *Doo Wha Diddy*.

Tony traduit les deux chansons et s'empresse de les faire enregistrer chez Jupiter, du producteur Yvan Dufresne, qui n'est pas impressionné par le résultat. Mais il accepte quand même de lancer le *single*. Succès immédiat, à la grande surprise de Dufresne ! Plus de 130 000 exemplaires du 45 tours *Doo Wha Diddy* seront vendus. Le chanteur apparaît à *Jeunesse oblige* et à *Jeunesse d'aujourd'hui* – les *Teen Tempos* du Québec. Les fans sont en délire. Du jour au lendemain, Tony Roman est devenu le roi du yéyé !

Grisé par ce succès, Tony Roman débarque à New York au cours de l'année 1965. Il a formé un troisième groupe, les Tony Roman Cinq – ou *Five*, selon le marché visé –, avec les musiciens américains Larry Duncan, Mike Nelson, Fred Georges et Charly

Cazalet. Tony s'installe au dixième étage du Shelton Towers, ce qui explique sa présence dans le restaurant de l'hôtel avec Bobby Michaels.

— Pourquoi tu viens pas voir mon show ? suggère Nanette.

— Ton show ? demande Tony.

— *I sing with a band, at the Rolling Stone.*

Intrigué – et déjà séduit ! – par la jeune femme, Tony se rend au Rolling Stone, ce soir-là, en compagnie de Shadow Morton et Mike Nelson. La performance de Nanette impressionne Tony – « *You were dynamite* », lui confiera-t-il plus tard. Après le show, Nanette prend un verre avec le jeune Canadien. Tony lui parle de ses projets, de son groupe, les Five, avec qui il compte percer sur le marché américain. Une entreprise sérieuse. Depuis dix-huit mois, Tony frappe à la porte des producteurs.

Nanette n'est pas indifférente à Tony, qu'elle trouve énergique, rempli d'idées et de projets et, surtout, très attirant ! Au cours des semaines suivantes, ils passent beaucoup de temps ensemble, discutent pendant des heures, se racontent mutuellement leur vie et parlent de leurs familles respectives. Celle de Tony est originaire d'Italie. Après avoir quitté le boulevard Saint-Laurent, les D'Ambrosio se sont installés à Chomedey, pour y recréer, là aussi, une petite communauté italienne – plusieurs parents de Tony habitent dans la même rue. Nanette ignore tout du Canada, et plus particulièrement du Québec, dont parle sans cesse Tony. Elle est convaincue que l'endroit est enseveli sous la neige à longueur d'année et que les habitants grelottent dans des igloos. Elle ignore également qu'on y parle français. Mais ce Tony Roman lui est tombé dans l'œil. Il viendrait de la planète Mars, ça ne ferait pas de différence !

Un soir, alors qu'ils rentrent au Shelton Towers, Tony et Nanette commencent à s'embrasser dans le corridor. La jeune femme se doute bien que Tony est sur le point de lui demander : « *My room or your room ?* » Nanette se dégage et devance la question.

— Écoute, Tony… Je voulais te dire…

Un grand sourire sur son visage, il lui coupe la parole :

— Ma chambre est plus grande !

— Non, attends…

Tony la regarde droit dans les yeux. Il attend la suite.

— J'ai jamais couché avec un gars, lui dit-elle, avec le plus de conviction possible.

— Ça peut s'arranger.

— *No, no, listen…*

Nanette a l'air sincèrement désolée.

— Le mariage, c'est très important pour moi. Je veux pas coucher à gauche et à droite avant de…

Tony acquiesce.

— Je comprends ça.

— *No hard feelings ?*

— *I love you, sweetheart.*

Nanette ne serait pas surprise si Tony la laissait tomber pour une fille « plus facile ». Mais non. Il l'aime vraiment. Il ne peut plus se passer d'elle. Un matin, entre le café et les *pancakes* du Howard Johnson où ils se sont donné rendez-vous, Tony précise ses intentions :

— Je rentre au Canada pour une série de shows avec mon orchestre. *Wanna join us ?*

— *I never sang in French.*

— *Not a problem.*

Tony lui décrit la tournée qui les mènera jusqu'en Abitibi, en passant par la ville de Québec et le Saguenay. Ces endroits, bien sûr, ne disent rien à Nanette. Mais elle est intéressée par la proposition. Une tournée, pourquoi pas ? D'autant plus qu'à New York, sa carrière de chanteuse piétine. Elle a rencontré des tas de gens, des « décideurs », participé à plusieurs auditions, mais les résultats se font attendre. Ce que lui suggère Tony Roman est concret. De toutes les propositions reçues jusqu'à maintenant, la sienne est la plus sérieuse.

— D'accord.

Nanette est rassurée par le fait que les Five sont des Américains. Elle se sentira moins seule dans ce pays étranger.

Le 9 février 1966, la jeune femme écrit à sa famille : « Enfin, de bonnes nouvelles ! Dans deux semaines, je pars en tournée au Canada. » Nanette ne parle pas de Tony Roman, mais mentionne plutôt que sa participation à cette tournée est rendue possible grâce à « un ami » de Shadow Morton.

Beatryce n'est pas rassurée. Comment faire confiance à un type dont le surnom est *Shadow* – « ombre » en anglais ? Elle met sa fille en garde contre Morton, et lui recommande de reprendre plutôt contact avec l'agent Gus Schirmer et le compositeur Lehman Engel, deux professionnels de Broadway que Nanette a rencontrés lors de sa première semaine à New York, en mars 1964.

Les appels à la prudence de Beatryce restent vains. Maintenant qu'elle s'est produite – bénévolement, mais tout de même ! – sur les planches du Rolling Stone, Nanette ne veut pas retourner perdre son temps à jouer la choriste dans une comédie musicale. Elle désire faire carrière en tant qu'interprète. Monter sur scène et chanter pour le public. Et c'est exactement ce que Tony Roman lui propose.

Dans une autre lettre à sa mère, Nanette donne plus de détails. La tournée commencera le 3 mars. Nanette chantera un classique, *Fever*, et la version française d'*Anyone Who Had a Heart* de Dionne Warkwick. De ne pas connaître un seul mot de français ne semble pas l'inquiéter !

« *We're travelling Monday to* Jon Quierre *for the first concert,* ajoute Nanette, visiblement emballée, *then to Drummondville, Friday, to Thetford Mines, Saturday, at the Coliseum in Quebec City.* » Par la suite, Nanette et les Cinq se produiront à La Sarre, Amos, Rouyn et… « Valdor ». À sa mère qui pourrait se demander où se trouvent tous ces lieux étranges, Nanette ajoute : « Je suis certaine que t'as jamais entendu parler de ces endroits, mais c'est pas grave. » L'air de dire : *ma'*, essaye pas de comprendre !

Bref, au fur et à mesure que les jours passent, Nanette se laisse bercer par les promesses du beau Montréalais. D'autant plus qu'il a « mis le paquet », comme on dit. Dans une autre lettre, Nanette informe sa mère : « Dès la fin de la tournée, je ferai un disque. »

Nanette ne révèle pas à Beatryce qu'elle est tombée amoureuse. Un amour entier, sans compromis, qui inquiète Tootsie, la « mère substitut ». Un jour, elle accoste Tony Roman dans le corridor du Shelton Towers.

— Nanette, c'est mon amie. *Don't play games with her !*

— Euh… J'ai pas l'intention de…

Tootsie le pousse contre le mur.

— *If you do, I'm gonna hurt you and hurt you bad !*

Tony reprend son souffle.

— Je l'aime, balbutie le jeune homme. Elle m'aime aussi.

Tootsie le regarde un long moment, puis :

— T'as de la chance, Tony, j'ai un faible pour les Italiens. *But watch yourself!*

9

Dans le train qui l'emmène à Montréal en compagnie de Tony Roman et de ses musiciens, Nanette, amoureuse, vit un grand moment de bonheur. Pas de doute, Tony est convaincu de la valeur de sa nouvelle recrue. Depuis le départ de New York, le producteur est intarissable.

— Aux États, je peux encore me promener incognito, lance-t-il, mais à Montréal, tu vas voir, je suis une grande vedette.

— Ça fait rien, Tony, c'est toi que j'aime…

— Non, non, tu vas voir. L'année passée, à *Jeunesse d'aujourd'hui*…

Nanette ignore de quoi il parle.

— C'est une émission pour les jeunes, avec de la musique, des orchestres.

— Comme *Teen Tempos*.

— Ouain. En tout cas, une fille m'a sauté dessus pendant que je chantais. Elle a grimpé sur le *stage* et m'a jeté par terre…

Quel drôle d'endroit! se dit Nanette. Jamais son coanimateur à *Teen Tempos* n'aurait accepté un tel comportement de la part du public en studio.

Tony montre son groupe, assis un peu plus loin.

— Dans une couple de mois, ils vont être connus partout en Amérique, ceux-là. Grâce à moi.

Nanette se fout des Tony Roman Five – qui s'apprêtent à devenir les Cinq. Elle aimerait que son nouvel amoureux se taise, cinq minutes, afin qu'elle puisse profiter de son bonheur. Mais Tony enchaîne :

— Et toi, tu vas devenir une grande vedette, pas seulement au Québec, mais partout dans le monde ! Je t'ai choisie parce que tu possèdes les qualités et le talent pour réussir. T'as de la chance d'être tombée sur moi. *You understand ? With me, sky's the limit !*

La jeune femme s'amuse de l'assurance de Tony, de sa confiance en l'avenir. Pour Nanette, le Québec n'est alors qu'une pause, qu'une parenthèse dans sa carrière. Elle croit aux promesses et aux ambitions de Tony, tourné davantage vers les États-Unis. Après la série de spectacles, de retour à New York, Tony et moi... Nanette ferme les yeux, s'appuie sur l'épaule de Tony, elle n'a jamais été aussi comblée. Elle a enfin trouvé l'homme de sa vie.

Morgan n'existe plus...

À la gare Windsor, personne pour accueillir le chanteur. Nanette commence à se poser des questions. Si Tony est une star comme il le prétend, la gare devrait être remplie de *teenagers* en délire ! Le taxi les emmène, tous les deux, du côté de Laval, où habitent les parents de Tony, Noëlla et Sylvestre D'Ambrosio. C'est là qu'ils logeront avant le départ en tournée. Nanette ne trouve pas étrange que la vedette de l'heure habite encore chez ses parents – Tony est un enfant unique. Elle est habituée de côtoyer des Italiens, elle sait qu'ils sont attachés à leur famille, et à leur maman en particulier.

Dans la voiture, Nanette observe cette ville qu'elle ne connaît pas encore. Beaucoup d'affiches en français même si l'anglais est bien présent. Il fait froid, de la neige sale, noircie par la pollution, est encore visible au coin des rues. Alors que le printemps est déjà arrivé à New York, ici c'est toujours l'hiver. Après la frénésie de Manhattan, Montréal lui apparaît comme un endroit paisible. « Un pays rempli d'enfants qui n'ont pas besoin d'aller à la guerre... » chantera Nanette des années plus tard.

Noëlla et Sylvestre D'Ambrosio accueillent Nanette avec chaleur dans leur bungalow de la rue Saint-Gilles. Aussitôt, la jeune Américaine s'y sent comme chez elle. Après des mois à vivre à l'hôtel ou dans un appartement avec une copine, elle retrouve chez les D'Ambrosio une ambiance familiale. Les oncles et les tantes de

Tony débarquent à tout moment chez les D'Ambrosio pour saluer le retour de leur neveu. Un véritable clan entoure Nanette et l'accepte avec plaisir. Bref, la jeune femme se retrouve au milieu d'une famille unie, « tricotée serré », et s'y sent à l'aise et rassurée.

Plus tard, Nanette écrira à sa mère que le père de Tony ressemble à Ernie. « Un homme tranquille, très gentil et à l'esprit vif. » Noëlla est également adorable : « *A real doll…* » Plus loin : « Une famille formidable, tout le monde est bon pour moi. »

Bien entendu, le couple fait chambre à part, ordre de Noëlla, ce qui convient très bien à Nanette. L'amour, oui, mais pas question de brusquer les choses. De toute façon, Tony est convaincu que Nanette est encore vierge – elle n'a pas osé lui parler de sa fameuse soirée avec Bo Belinsky. Cette jeune femme, a-t-il dit à sa mère, c'est une fille bien, du genre de fille qu'on épouse, une fille qui reste « pure » jusqu'au jour du mariage.

— Ça va faire changement des petites énervées qui te tournent autour.

— C'est juste du show.

— T'as pas l'air d'haïr ça !

— Nanette est différente, je t'assure.

Tous les matins, Nanette aide Noëlla à préparer le petit-déjeuner. Et elle l'aide aussi pour la préparation des autres repas. Noëlla la met à contribution également pour la corvée du ménage, à laquelle doit prendre part Tony ! Comme Beatryce, à Jackson, c'est maman qui dirige la maisonnée. Le fait que son fils soit une grande vedette ne change rien : il doit faire son lit tous les matins et sortir les ordures quand on le lui demande. D'ailleurs, Noëlla n'est pas folle de la musique de son fils. Son chanteur favori, c'est Fernand Gignac.

La famille partage le repas du soir. Au menu, spaghetti, macaronis et steaks… saignants, le plat préféré de Tony.

Cette vie familiale est de courte durée. Tony et les Cinq prennent la route, accompagnés de Nanette. Pour transporter le *band* et son équipement, un vieux camion que Tony a emprunté à un de ses oncles. Au cours de ces déplacements, Nanette, songeuse, observe le paysage. Elle s'inquiète de la réaction du public. À Montréal, elle a pu s'exprimer en anglais sans problème – Tony et ses parents parlent l'anglais, le français et l'italien, bien sûr –, mais le reste de la province, lui a dit Tony, est entièrement francophone. Comment ces gens réagiront-ils à la présence d'une Américaine dans le sillon de leur vedette adorée ?

À Jonquière, la foule se déchaîne lorsque Tony apparaît sur scène, appuyé par les Cinq. C'est la première fois que Nanette le voit en spectacle. De toute évidence, Tony sait captiver son public. Ce n'est pas le meilleur chanteur au monde – loin de là ! –, mais il bouge bien, et il a beaucoup de présence. En coulisses, Nanette attend son heure. Après la première chanson de Tony, alors que les fans continuent de crier et d'applaudir, il annonce d'une voix essoufflée :

— Et maintenant, j'ai une surprise pour vous autres, la gang de Jonquière ! Une chanteuse formidable qui arrive des États-Unis : Nanette !

Nanette surgit sur scène et attaque *Fever*. Aussitôt, son style plaît. Nanette s'est fait du souci pour rien. Les fans de Tony l'acclament, surtout quand il la retrouve pour finir la chanson. La voix de Nanette, sa complicité naturelle avec Tony électrisent les spectateurs.

Bref, la glace est brisée avec le public québécois, Nanette peut respirer !

Après le show, ravie, étonnée, Nanette demande à Tony :

— *When you introduced me, honey, you forgot my last name.*

— *I did it on purpose.*

— *My name is Workman. Why not…*

— Le Québec, c'est une grande famille, tout le monde se connaît par son petit nom. Et puis, c'est la mode d'appeler les chanteuses par leur prénom. *Don't worry about it.*

Nanette reçoit le même accueil dans les autres villes de la tournée. Les deux ou trois chansons qu'elle interprète suscitent toujours la surprise, mais aussi – et surtout ! – des applaudissements nourris. Et son style se marie bien à celui de Tony et les Cinq, comme si Nanette faisait partie du groupe depuis toujours.

Le 1er avril 1966, Nanette confie aux journaux qu'elle trouve le public québécois « plus sympathique, plus chaleureux ».

Pourtant, la tournée n'est pas de tout repos. Sans le sou, les deux artistes doivent se contenter de chambres miteuses dans des hôtels ou des motels minables. Mais, toujours, les deux amoureux font chambre à part. Tony a promis de « respecter » Nanette, il tient sa promesse.

Dans les écoles, les salles de spectacle et les arénas, le son est souvent déficient. Sans parler des pépins avec le camion de l'oncle de Tony. Un jour, dans le parc des Laurentides, au nord de Québec, ils perdent leurs instruments, faute d'avoir bien refermé la porte arrière du véhicule. Tony, Nanette et les musiciens doivent rebrousser chemin pour les récupérer sur la route !

Nanette écrit à sa famille : « On est en tournée depuis sept semaines, maintenant. » Deux semaines encore, avant la fin de la série de spectacles. Au total, Nanette aura gagné mille trois cent cinquante dollars. « Je suis contente que Tony ait gardé l'argent, parce que s'il m'avait payée à chaque semaine, j'aurais déjà tout dépensé », avoue-t-elle candidement à ses parents.

— Alors, comment tu trouves ça, le Québec ? demande Tony, un soir.

— *I love it.*

— *Great* ! Quand on va revenir à Montréal, je vais te faire enregistrer un disque.

— *What about New York ?*

— Plus tard. L'important c'est de profiter du marché québécois. Comme j'avais prévu, les jeunes t'ont adoptée. Faut pas niaiser avec le public. Quand il veut quelque chose, faut lui donner.

Nanette acquiesce. Elle a une confiance aveugle en Tony. Amoureuse plus que jamais, elle voit s'ouvrir devant elle une carrière qui ne lui semblait plus possible aux États-Unis. Alors qu'à New York elle n'était qu'une chanteuse en attente de reconnaissance – une chanteuse parmi tant d'autres ! –, elle est déjà considérée ici comme une artiste accomplie. Pour la première fois depuis son arrivée, elle envisage de prolonger son séjour au Québec, d'autant plus que la situation s'est corsée à New York.

Peu de temps avant le départ de Nanette pour Montréal, Tootsie et elle ont quitté le Shelton Towers pour un autre appartement, où le va-et-vient des mafieux s'est poursuivi. Comme au Shelton Towers, ce nouveau logement est vite devenu un entrepôt pour les marchandises volées à l'aéroport ou ailleurs.

Lorsque Nanette rentre chez les parents de Tony, un soir, Noëlla lui dit :

— Une femme de New York a laissé plusieurs messages. Tootsie, qu'elle s'appelle. Elle veut te parler absolument.

Craignant le pire, Nanette s'empresse de téléphoner à son amie. C'est un numéro qu'elle ne connaît pas. Qu'est-ce que ça veut dire ?

— *Tootsie ! What's up ?*

— *I've got to run, sweetie, I'll call you back.*

Nanette a compris. Tootsie a peur que la ligne soit sous écoute. Quelques instants plus tard, d'une cabine téléphonique, Tootsie rappelle Nanette.

— *How you doin', honey ?*

Nanette lui raconte la tournée qu'elle vient de terminer. Elle lui parle des projets de Tony, du disque qu'elle va enregistrer. Ensuite, elle rentrera à New York.

— *You stay where you are, don't come back !*

— *What's going on ?*

La semaine d'avant, la police a fait une descente dans leur nouvel appartement et y a confisqué toute la marchandise volée qui s'y trouvait, en plus des effets personnels de Nanette et de Tootsie. Celle-ci ne se trouvait pas sur les lieux, heureusement.

— *They took everything !*

— *What about the sweaters, the ones my mom knitted !*

— *Gone, baby, gone…*

Heureusement, rien dans ces objets ne permet d'identifier la chanteuse.

— *They arrested the boys ?* demande Nanette, inquiète.

Benny, Charlie, Johnny, Buzzy, Nicky, Vinnie et les autres se terrent ou ont quitté la ville, lui apprend Tootsie. Joe Butch se fait discret à l'Andrea Doria Social Club, rue Mulberry, à quelques portes du Ravenite Social Club, le « siège social » de la famille Gambino. Depuis le 28 décembre 1965, le Peppermint Lounge est fermé à la suite d'une plainte de la State Liquor Authority. Les propriétaires du cabaret seront accusés d'avoir corrompu des fonctionnaires de la ville.

— *Forget your sweaters, Nanette ! Forget New York !*

Voilà qui conforte la jeune femme dans sa décision de rester au Québec. Il est évident qu'une offre professionnelle sérieuse venant des États-Unis et un climat plus décontracté à New York feraient hésiter Nanette davantage. Tony Roman est arrivé au bon moment, et la tournée au Québec – déjà en préparation – lui a confirmé le sérieux de l'entreprise.

Plus tard, Nanette se demandera souvent ce qui serait arrivé à sa carrière si elle avait résisté à l'invitation. Au cours des années suivantes, Jeff Barry, Shadow Morton, Scott Muni, Sandy Gillin, Al Vermut – tous des habitués du Rolling Stone – deviendront des personnalités en vue du showbiz américain, et lanceront des artistes qui connaîtront un rayonnement international. A-t-elle manqué de patience ? se dira-t-elle. Aurait-elle pu attendre encore un peu, sonder le terrain davantage, au lieu de suivre Tony dans l'aventure qu'il lui proposait ?

Impossible pour Nanette, bien sûr, de connaître les réponses à ces questions. Il est évident, par contre, que son séjour au Québec devait être de courte durée. C'est la réaction du public et la détermination de Tony qui ont modifié ses plans initiaux.

— *Is Tony treating you well ?* demande Tootsie avant de raccrocher.

— *He's great, I'm in love.*

— *I miss you, Nanette, stay in touch.*

— *I will. Thank you, Tootsie. I miss you too.*

10

Dans les bureaux des Disques Jupiter, dirigés par Yvan Dufresne, Tony Roman tente de vendre sa salade. Il marche de long en large à toute vitesse, nerveusement, sans laisser au producteur l'occasion de placer un mot. Dufresne n'est pas le dernier venu dans l'industrie québécoise de la musique. En 1957, alors qu'il était directeur artistique à la maison de disques Apex, il a découvert et lancé Michel Louvain, et celui qui fut brièvement le garde du corps de Louvain : Donald Lautrec. Devenu producteur indépendant, Dufresne a permis à Tony de connaître son plus grand succès : *Doo Wha Diddy*. Normal que Tony veuille lui « confier » Nanette.

— Elle est belle comme un cœur, et elle a une voix à tout casser. Une chanteuse comme il n'y en a pas encore ici.

— Tony…

— Elle et moi sur disque… Les Sonny & Cher du Québec !

— *Come on…*

— T'es sûr de frapper le jackpot.

— Elle parle même pas français !

— *So what ?* Avant la tournée, elle a fait deux semaines chez Berlitz.

Sourire d'Yvan Dufresne.

— C'est pas sérieux, Tony.

— Une nouvelle Petula Clark. Partout au Québec, les foules l'ont acclamée !

— Les *foules* ? Un public de clubs, voyons donc…

— On a chanté au Colisée de Québec !

Yvan Dufresne soupire. Ce n'est pas la première fois que Tony débarque dans son bureau pour faire son show. Mais la stratégie marche de moins en moins. *Crier crier crier*, le dernier 45 tours de Tony, a connu des ventes décevantes. Depuis *Doo Wha Diddy*, le chanteur plafonne. Son séjour aux États-Unis n'a donné aucun résultat – à part Nanette et les Cinq.

— À propos, ils sont où, les Tony Roman Cinq ?

— Eux autres aussi, ils vont aller loin.

— C'est le *band* de Nanette ?

— Pour la tournée, oui, mais je lui ai trouvé un autre groupe : les Bops.

Une formation yéyé de Victoriaville. Ils jouent dans les cabarets, eux aussi.

Yvan Dufresne hoche la tête. Après les Cinq, Nanette, voilà les Bops, sortis de nulle part… Non, décidément, Tony Roman est devenu une aventure trop risquée. Pas question d'y investir un sou de plus !

— T'es amoureux, Tony. T'es complètement aveuglé par cette Américaine.

— C'est toi qui vois rien !

Quand Tony rentre à Chomedey, Nanette le trouve furieux, frustré, le visage fermé. Il n'arrête pas de s'en prendre à Yvan Dufresne. À l'industrie au grand complet !

— *What are you gonna do ?*

Tony sourit, cette fois. Son idée est toute faite.

— Partir à mon compte !

Dès le lendemain, Tony prend rendez-vous avec un petit distributeur qu'il connaît bien, Mike Choma, de Laval Records, et lui fait part de son intention de créer une compagnie de disques, qu'il appellera Canusa, comme dans Canada-USA. Il veut faire enregistrer Nanette, mais aussi d'autres jeunes chanteurs yéyé. Ainsi que le nom de la nouvelle entreprise l'indique, il souhaite également percer sur le marché américain.

Choma, séduit par la détermination de Tony, accepte de distribuer les produits de la nouvelle étiquette. Et de lui avancer un peu d'argent. Plus tard, la compagnie de disques Trans-Canada prendra la relève de Laval Records.

De retour à la maison, Tony jubile :

— On est en business !

Même si Nanette exprime des réserves quant aux perspectives de succès de l'entreprise, elle se laisse vite gagner par la ferveur de Tony. Depuis qu'elle est arrivée à Montréal, il n'arrête pas de parler de ses projets, de conquérir le Québec, les États-Unis, le monde…

Quelques jours plus tard, Tony et Nanette débarquent au 990 de la rue Jean-Talon Ouest. Au bout d'un escalier, à droite, le local 202. L'endroit est un véritable chantier. Tony rayonne :

— *Welcome to Canusa, Nanette !*

Nanette regarde autour d'elle.

— *It's kind of small, don't you think ?*

— Ça va devenir *big*, tu vas voir !

Des bruits de pas, derrière eux. Une jeune femme s'approche.

— Ah, Denise ! *Nanette, meet Denise Paquin.* Ma secrétaire. Pendant qu'on sera en tournée, c'est elle qui va tenir le fort.

— *Nice to meet you.*

— Denise, je suis dans mon bureau, lance Tony, qui se comporte déjà comme un producteur. Nanette et moi, on est en réunion. Faut pas nous déranger sous aucun prétexte, même si c'est New York ou Las Vegas qui appelle.

Alors qu'ils sont installés sur des boîtes de déménagement, Nanette ne peut s'empêcher de sourire à la précarité des lieux. Mais Tony n'a jamais été aussi sérieux.

— *We've got to find songs, Nanette.* Pour ton premier 45 tours.

— *I can write them.*

— Non, non, on n'a pas le temps. On entre en studio après-demain. Et puis, les compositions originales, c'est bon pour les chansonniers, les gratteux de guitare. Dans le yéyé, on est plus efficaces que ça.

Depuis le succès planétaire des Beatles, lui explique Tony, les producteurs québécois se sont empressés de se lancer à la chasse aux tubes, afin de les traduire en français pour le public local. Des groupes nouvellement créés interprètent ces chansons devant un public jeune et exalté. Les Baronets, Gendarmes, Classels et autres Habits jaunes, par exemple. Suffit de se servir, le répertoire est riche.

— *Are we allowed to do that ?*

— On n'a pas le temps de s'occuper des droits. On sort le disque, on verra après !

Tony choisit deux chansons : *Et maintenant* de Gilbert Bécaud, dans la version qu'en ont tirée Sonny & Cher, aux États-Unis – le jeune producteur a de la suite dans les idées ! Sur la face B, *Chez moi*, la traduction française de *Call Me*, écrite en 1965 par Tony Hatch pour Petula Clark.

Toutefois, comme le producteur s'en rendra compte plus tard, *Et maintenant* intéresse également les Classels. Les deux versions seront lancées au même moment, ce qui est tout à fait normal dans le contexte de l'époque.

— Ah oui, j'ai préparé un contrat.

— *No need for a contract, Tony. I trust you.*

— Faut faire les choses en règle. Cinq pour cent, c'est-à-dire cinq cents du disque – il va se vendre quatre-vingt-dix-neuf cents.

— *Whatever.*

— Dans l'industrie, c'est le maximum qu'on donne à l'artiste. Les autres conditions, ben… C'est standard.

— *Where do I sign ?*

Ce contrat, Nanette aurait dû le lire en détail, notamment en ce qui concerne la durée de l'entente : vingt ans d'exclusivité chez Canusa ! Nanette est amoureuse de Tony, c'est l'homme qu'elle attendait depuis toujours. S'il lui avait demandé cinquante ans, elle aurait signé les yeux fermés !

Le 45 tours est gravé en quatrième vitesse. Une session de quelques heures. Nanette chante « au son » les paroles des chansons en français, dont elle ne comprend même pas le sens ! Mais elle s'en tire avec succès. « Elle conserve bien sûr un petit accent, note *Photo Vedettes* à la sortie du disque, mais la prononciation est excellente pour une Américaine. On ne perd aucune parole, aucun mot. »

Le samedi 23 avril 1966, Nanette apparaît pour la première fois à la télévision québécoise, à l'émission *Jeunesse oblige*. Ce magazine traite de divers sujets susceptibles d'intéresser les jeunes : les vedettes du yéyé, notamment. Ce soir-là, l'émission est entièrement consacrée à Tony et Nanette, qui recevra un cachet de deux cents dollars pour sa participation.

Nanette y interprète *Fever*, qu'elle a chantée en tournée, puis *Et maintenant*, en duo avec Tony. Elle enchaîne avec *Chez moi*. Les critiques sont élogieuses. « Tony a tout simplement été sensationnel, constate un journaliste. Le roi du yéyé a dansé, chanté, joué du piano et mangé Nanette des yeux... jusqu'à épuisement. » De Nanette, on ajoute : « ... une voix forte, un physique plus qu'agréable et un talent qui ferait honte à plusieurs de nos chanteuses. »

Nanette elle-même est impressionnée par le résultat. À sa famille, elle écrit : « Hier soir, j'ai regardé l'émission que nous avons enregistrée mardi, et c'était vraiment bien. *I hate to say this, but I photographed beautifully!* » Nanette ajoute que son disque joue déjà à la radio, mais la compagnie de distribution ignore encore laquelle des deux versions sera un hit, la sienne ou celle des Classels.

L'émission a des répercussions concrètes. Tout de suite après la diffusion, Tony reçoit un appel de Joseph Di Maulo, qui dirige le cabaret le plus important de Montréal, la Casa Loma, rue Sainte-Catherine. Di Maulo est un proche de la famille Cotroni. « Il veut que je chante dans son club. Tony n'a pas encore décidé si c'est le bon moment ou non », écrit Nanette.

Les journaux spécialisés s'entichent de la jeune femme. Plusieurs articles sont publiés, racontant dans le menu détail les origines de la chanteuse, sa prestation sur Broadway, sa fameuse rencontre avec Tony Roman. Les journalistes sont tous séduits par sa fraîcheur, son ouverture, sa gentillesse : « Son charme et son joli minois sont des atouts qu'elle ne néglige pas. » Dès le départ, Nanette sait mettre les gens à l'aise, les journalistes en particulier. Une interview avec Nanette n'est jamais une corvée, au contraire ! Et elle trouve vite le moyen de séduire les Québécois. Sur une photo, par exemple, on la voit souriante, en train de manger des May West, ses gâteaux « préférés », dit-elle.

Bref, Nanette donne l'image d'une jeune femme ouverte, sympathique, pas snob pour deux sous. Normal qu'un premier fan club voie le jour. Jean-Marc Pineau, de la 2ᵉ avenue à Rosemont, le met sur pied. Coût d'inscription : cinquante cents.

À un journaliste qui lui demande si elle tente sa chance au Québec parce qu'elle n'avait pas de travail à New York, Nanette parle de ses performances au Rolling Stone, des projets sur le point de se concrétiser avec Shadow Morton et des propositions de disque de la part de Jeff Barry. Si elle est venue à Montréal, ajoute-t-elle, ce n'est pas par manque de boulot, au contraire. C'est parce qu'elle a cru en Tony !

Nanette n'a pas le temps de savourer son succès à la télé. Dès le lundi, elle reprend la route des cabarets. Elle donne maintenant des shows d'une heure et demie, y interprète vingt-quatre chansons et s'efforce de dire quelques mots de français entre les numéros – des phrases qu'elle a apprises par cœur.

Mais cette nouvelle tournée lui pèse. Comme Tony est souvent accaparé par son travail de producteur, Nanette reste seule. Une solitude accentuée par le fait qu'elle ne comprend pas le français. À Montréal et sur la route, quand Denise Paquin et les autres rigolent, Nanette reste dans son coin, sans pouvoir participer à leurs blagues ou à leurs conversations. De temps en temps, elle tente de placer un appel à New York, mais le plus souvent, elle ne parvient pas à rejoindre Tootsie. Elle a plus de chance avec Jackson.

— *Hi, ma' !*

— *Nanette ! You sound so far away !*

— *I am…*

— *How are you ? Still on the road ?*

— *Yes… Did you receive my record ?*

Non, pas encore. Nanette soupire. L'accent de sa mère la rend nostalgique du Mississippi. Elle aimerait, ce soir, se retrouver à Jackson avec sa famille, avec ses amies Jean Ann et Judy Warren. Beatryce s'ennuie également de sa grande fille. Même si Nanette la tient informée en lui écrivant régulièrement et en lui faisant parvenir des coupures de journaux, Beatryce se sent un peu dépassée par la situation. Elle a mobilisé sa sœur Shirley – une linguiste qui parle trois langues – pour traduire en anglais les articles de *Photo Vedettes* et autres journaux « artistiques ». À Frank Hains, du *Jackson Daily News*, Beatryce s'écrie, un jour : « *I dunno what that crazy kid of mine is doing.* »

— *Did you hear anything from Morgan ?* ajoute Nanette.

La jeune femme ne cesse de penser à lui, même s'ils ne se sont pas parlé depuis plusieurs mois.

— *No, no, nothing… I'm sorry.*

— It's all right. I've got to go, ma'. Say hello to daddy, to Billy… How's Rebel?

— Running all over the place, as usual.

— Give him a big hug, would you?

— I will. Take care, darling. We're proud of you.

En mai 1966, les premières rumeurs d'une idylle entre Tony et Nanette sont colportées. Des rumeurs que les principaux intéressés s'empressent de démentir, même s'ils sont effectivement amoureux. Les journaux insistent : « Là où la présence de Tony est requise, vous rencontrerez Nanette, toujours à l'écart, modeste et réservée », écrit Jacques Bélair du *Petit Journal*. Il ajoute : « Tony Roman et Nanette ont quelque chose en commun : leur fureur de vivre. »

En présence de Nanette, le chanteur explique au journaliste le drame « déchirant » auquel il est confronté : aimer Nanette et risquer ainsi de décevoir ses admiratrices. Ou alors renoncer à l'amour de Nanette pour mieux embrasser son public. Ce dilemme… cornélien empêche même Tony de dormir la nuit !

Mais sa décision est prise, finalement : son public est plus important que son amour pour la jeune Américaine. Le journaliste conclut : « C'est au courage d'un homme qu'on peut mesurer sa fougue, sa grandeur et beaucoup d'autres choses encore. »

Bref, un charabia qui ne convainc personne ! D'autant plus que Nanette ne cache pas ses sentiments pour le bel Italien. Dans *Photo Vedettes*, elle affirme que son prénom préféré est « Anthony », qu'elle aime les hommes « courts au teint foncé » et qu'elle adore les mets italiens. Quelle coupe de cheveux préfère-t-elle pour un homme ? La nouvelle coupe de Tony Roman, bien entendu.

Chaque année, l'industrie québécoise de la musique fête ses succès au Gala des Artistes – l'ancêtre du Gala de l'ADISQ. Noëlla D'Ambrosio profite de l'occasion pour rassurer Beatryce : « Je m'occupe de votre fille comme si c'était la mienne, nous l'aimons beaucoup, mon mari et moi, et Tony aussi, je pense. » Noëlla raconte à Beatryce qu'elle trouve la maison bien vide quand Tony et Nanette partent en tournée. Noëlla lui apprend que Nanette sera en vedette dans un cabaret de Montréal – Tony a accepté l'offre de Di Maulo de faire chanter Nanette à la Casa Loma.

La mère de Tony donne quelques détails supplémentaires : présentement, la jeune chanteuse gagne quatre cents dollars par semaine, ce qui n'est pas si mal, « … et je suis certaine que c'est juste le début ».

En prévision du Gala des Artistes, Noëlla a pris une initiative, qu'elle veut faire approuver par Beatryce. « J'ai suggéré à Nanette d'acheter une magnifique robe de soirée pour l'événement. »

Bonne idée ! Ce soir-là, Nanette fait une entrée remarquée au bras de Tony. Les regards sont tournés vers la jeune Américaine, dont toute la « colonie artistique » parle. En effet ! Depuis son arrivée, il y a quatre mois à peine, Nanette est apparue à huit émissions de télévision ! Et il est même prévu qu'elle se produise à la CBC, « *coast to coast* » !

Tony et Nanette parlent déjà d'un deuxième 45 tours qui devrait, cette fois, installer Nanette au sommet du palmarès Méritas, l'un des barèmes de l'époque, dont les résultats sont diffusés entre autres à l'émission *Jeunesse d'aujourd'hui* de CFTM-TV. Avec une certaine déception, Nanette a constaté que le disque des Classels se vendait mieux que le sien. Mais Tony la rassure :

— On va les avoir, ceux-là. Inquiète-toi pas !

La création de Canusa a suscité l'intérêt d'autres artistes impressionnés par l'audace de Tony, mais pour l'instant, aucun chanteur n'a quitté sa compagnie de disques pour faire confiance au nouveau venu. Et à part Nanette, les artistes mis sous contrat par Tony ont déçu. Le disque des Tony Roman Cinq – avant que Tony ne mette fin au groupe – n'a rien donné. Celui de Robert Arcand non plus. Même chose avec Les Fléaux – moyenne d'âge des membres du *band* : onze ans ! Pour l'instant, l'avenir de Canusa repose entièrement sur les épaules de Tony et Nanette. Le nouveau disque doit absolument cartonner !

Cette fois, Tony arrête son choix sur *La merveille de tout ça*, une traduction de la chanson écrite par Teddy Randazzo, et sur *Paint it Black* des Rolling Stones, qui devient *Peint en noir*. Nanette n'a pas donné son avis. Elle fait entièrement confiance à Tony. « Tout ce qui concernait la business, se rappelle-t-elle, je lui laissais ça entre les mains. »

Nanette se prépare aussi pour la revue Ex-Go 1967, que Tony Roman a montée, et qui fera le tour du Québec à l'automne après avoir été présentée à la Casa Loma. En vedette, en plus de Nanette et Tony – le « bondissant jeune homme », comme le décrit *Télé-Radio-monde* –, Dominique Michel, Daniel Giraud et Marthe Fleurant.

Chansons, danses, imitations, c'est le retour de Nanette à la comédie musicale. Et elle s'y débrouille fort bien, d'après les journaux.

Déception, par contre, pour le *single*. Les deux chansons végètent longtemps aux alentours de la quarantième position du palmarès Méritas. *Peint en noir* se hissera brièvement en sixième position, ce qui n'est quand même pas si mal. Mais *La merveille de tout ça* est en rupture avec la mode de l'époque.

Tony ne se contente pas de ce demi-succès.

— On va faire un troisième *record* ! Et celui-là, il va marcher encore plus que les deux autres !

Nanette ne demande qu'à y croire. L'enthousiasme de Tony est contagieux. De passage à Jackson pour visiter ses parents à la fin de l'été 1966, Nanette fait part à Frank Hains de ses projets. On croirait entendre Tony : une carrière en France, ensuite le marché américain, et le cinéma, bien sûr !

De retour en studio, avec une adaptation encore une fois : *Guantanamera*, le poème du Cubain José Marti, interprété entre autres par Pete Seeger. Sur la face B : *J'y parviens avec toi*.

Tony et Nanette sont convaincus de frapper dans le mille mais, cette fois, la compétition est plus corsée. La chanson *Et maintenant*, Nanette ne la partageait qu'avec les Classels. Or, *Guantanamera* a été enregistrée par Claude Sorel chez Jupiter, Robert Demontigny chez Télédisc, Los Tres Capadres chez RCA Victor et Nana Mouskouri chez Fontana. Rien n'est gagné pour Nanette !

Rapidement, la chanson grimpe en quinzième position, puis se hisse en première place. Et, cette fois, c'est la version de Nanette qui l'emporte ! Trente mille 45 tours sont vendus dans les premières semaines de la sortie. Le 25 mars 1967, plus de soixante-dix mille disques auront été écoulés.

Tony décide alors de réunir toutes les chansons des premiers simples, d'y ajouter quelques titres inédits, et d'en tirer un microsillon. Une douzaine de chansons en tout. Sur la pochette, une photo du visage de Nanette, avec son prénom en grosses lettres.

La jeune Américaine ne se contente pas de chanter. Pour *Love is a Long Journey*, par exemple, elle joue de tous les instruments.

Le producteur a vu juste : cet album, on se l'arrache. Avant même sa sortie, il est déjà *sold-out* ! Le disque prend la tête du palmarès dès sa mise en vente et s'y maintiendra pendant plusieurs semaines.

Pas surprenant que Nanette soit considérée comme une sérieuse candidate au trophée de Révélation féminine 1967, remis au prochain Gala des Artistes. D'après les votes recueillis à ce jour, elle se trouve déjà en deuxième position, derrière Dany Aubé, mais devant Chantal Pary, Shirley Théroux et Chantal Renaud. Et le concours est loin d'être terminé ! Du côté des garçons, Tony a pris la tête, devançant plusieurs chanteurs, dont Pierre Perpall, Guy Boucher et Robert Demontigny.

Nanette triomphera de ses concurrentes, l'emportant finalement sur Dany Aubé. Au théâtre Saint-Denis, devant deux millions de téléspectateurs – affirment les médias –, elle sera sacrée Révélation féminine de l'année. Du côté des garçons, par contre, Tony se fera coiffer au final par le jeune chanteur Éric – Éric Saint-Pierre, le futur créateur de la fondation Mira. Ravissante dans une robe de type tunique, Nanette recevra son trophée des mains de Jenny Rock.

Pas de doute : Tony Roman a remporté son pari !

11

Dans la cuisine de la rue Saint-Gilles, furieux, Tony brandit le journal. À la une : « NANETTE EST UN HOMME ! » Depuis que la nouvelle est sortie, le producteur est dans tous ses états.

— C'est un coup monté ! Ils ont peur de Canusa ! Ils voient bien qu'on est partis pour la gloire.

— Tony, *please*, soupire Nanette. Arrête de tourner en rond. *You make me dizzy.*

— Yvan Dufresne est derrière ça, j'en suis certain.

— Un malentendu, peut-être...

— *Fucking Dufresne !*

Noëlla intervient. Un seul regard. Pas de gros mots dans la maison, Tony.

Son fils détourne la tête. Nanette s'approche, se colle contre lui.

— C'est pas important ce que les autres pensent.

— Faut faire quelque chose !

Il a raison d'être inquiet, Tony. Depuis une semaine, la rumeur n'a cessé de s'amplifier. Les journaux et les stations de radio reçoivent des appels « alarmés » des fans de la chanteuse. Chez Canusa, Denise passe la journée au téléphone à tenter de nier la nouvelle. Il paraît que Nanette est en réalité un travesti ! Le pot aux roses aurait été découvert à la suite d'un accident de voiture, où a été impliquée la jeune Américaine. La vérité est toute simple... C'est un travesti affublé du surnom de Nanette qui a été victime d'un accident, et non pas la « véritable » Nanette ! Mais qui a relié ce fait divers à la chanteuse ? Qui a ébruité ce bobard, et dans quel but ?

— Pourquoi tu l'appelles pas, Dufresne, pour en avoir le cœur net ?

— Je l'ai fait. Qu'est-ce que tu veux qu'il dise ? Il joue à l'innocent.

D'après Tony, si ce n'est pas Dufresne, un autre compétiteur a lancé cette rumeur. Quelqu'un qui voit d'un mauvais œil Canusa lui rafler ses poulains. Les Baronets, par exemple. Le trio, qui a enregistré ses huit derniers 45 tours chez Trans-Canada, passera chez Canusa au cours de l'été, à la suite de l'opération charme entreprise par Tony auprès de Pierre Labelle.

Pas de doute, Canusa en mène large depuis quelque temps. Le 28 avril, Tony et Nanette sont en vedette au spectacle d'ouverture d'Expo 67, en compagnie de Ginette Reno, de Donald Lautrec et des Hou-Lops. La chanson de Nanette, *Petit homme* – qu'elle chante en duo avec Tony –, une adaptation de *Little Man* de Sonny & Cher, triomphe en deuxième position du « palmarès du grand Québec » publié par *Échos Vedettes*. *Guantanamera*, de son côté, continue de cartonner. Le distributeur s'attend à ce que *Petit homme* atteigne la marque des 100 000 exemplaires.

Nanette retourne en studio pour enregistrer *Hey Joe*, encore en duo avec Tony. Une chanson qui se hisse bientôt dans les premières place du palmarès. Suivront *The Look of Love*, *Je me rétracte*, *Mercy, Mercy, Mercy* – en duo avec Tony. La chanson *Je me rétracte* ne tarde pas, elle aussi, tout comme *Alfie*, sur la face B du 45 tours, à faire bonne figure au palmarès Méritas. Mais les critiques ne sont pas emballés par la qualité sonore de ces enregistrements.

Peu importe, Tony est déjà rendu ailleurs. Il a mis la main sur Johnny Farago – « *a sort of French Elvis Presley* » comme le décrit Nanette à Frank Hains –, représenté alors par Guy Cloutier. Le 45 tours de Farago sur Canusa, *Je t'aime, je te veux*, remporte un très grand succès. En 1967, le chanteur enregistrera cinq *singles* pour Canusa ! Tony a signé également avec Jean Rusk, devenu Patrick Zabé à la suggestion de Guy Cloutier, qui s'est lui-même joint à l'équipe Canusa à titre de représentant des ventes.

Guy Cloutier accompagne Nanette dans tout le Québec, pour faire la promotion de ses disques. Dans l'auto, silence total : le représentant de Canusa ne parle pas anglais, et Nanette est incapable de comprendre le français. Les deux s'expriment par gestes !

Nanette s'achète une auto, sa première, une Mercury bleue, qu'elle photographie avec soin devant la maison de la rue Saint-Gilles. L'extérieur mais aussi… l'intérieur. Des photos destinées à sa famille. Et pour huit cent cinquante dollars, Nanette fait l'acquisition d'un cheval – un ancien cheval de cirque ! – déjà baptisé Ringo, qu'elle met en pension aux Écuries Cousineau, à Laval. Moins porté sur les animaux, Tony se contentera d'une rutilante Cadillac pour témoigner de ses succès.

« Nanette est un homme ! »

Tony décide de prendre les grands moyens pour rétablir la vérité. D'abord, il fait venir de Jackson le certificat de naissance de Nanette, prouvant qu'elle est de sexe féminin. Ensuite, il fait photographier Nanette en bikini, à Québec, entre deux spectacles, à la suggestion du journaliste Pierre Trudel, afin que Tony ne soit pas lui-même « qualifié d'homosexuel ». Les photos ne laissent planer aucun doute : Nanette est bien une femme ! Mais Tony, toujours insulté, va plus loin : il offre une récompense de mille dollars à qui lui fournira des informations quant à l'origine du canular. On ne remet pas en cause impunément la virilité du jeune chanteur italien !

À la une du journal *Échos Vedettes* du 6 mai 1967 : « Nanette est formelle : "Je suis une femme !" » Plus loin, sous la signature de Pierre Trudel, un dossier complet intitulé : « Non, Nanette n'est pas un homme ! » « Grande, svelte, fort jolie, d'une gentillesse à toute épreuve, elle représente tout ce qu'il y a de plus féminin chez la femme », écrit Trudel. Celui-ci mentionne également que pour obtenir son permis de résidence au Canada, en mars dernier, Nanette a dû passer un examen médical complet. La lettre de l'officier d'immigration est adressée à *Miss* Nanette Workman. Trudel ajoute qu'à cause de cet imbroglio, « Nanette a beaucoup pleuré et passé de nombreuses nuits d'insomnie, n'étant pas endurcie aux coups bas ».

L'affaire est vite oubliée. Personne ne se présentera pour réclamer la récompense ! Étonnant…

Ou peut-être pas !

Certains affirment que Tony lui-même pourrait être à l'origine de la rumeur. Le producteur de Nanette serait prêt à tout pour susciter l'intérêt des journaux « artistiques ».

Depuis quelques mois, Tony Roman s'est mis en mode international. Fin décembre 1966, alors que *Guantanamera* triomphait, Tony et Nanette se sont envolés pour Paris. Un voyage décidé sur un coup de tête, mais qui n'est pas passé inaperçu ! À l'aéroport de Dorval, journalistes, photographes et cameramen de la télé les attendaient. Même Air France y avait délégué son photographe !

À Paris, Tony signe une entente de distribution en France avec Roger Marouani, des Disques Festival. Dans son catalogue, entre autres, Marie Laforêt et un jeune artiste du nom de Michel Fugain. En échange, Tony s'engage à distribuer au Canada les disques de son partenaire. *Shadows on a Foggy Day*, le 45 tours enregistré par Tony à New York, sera effectivement lancé en France par Festival. Et Michel Fugain apparaîtra sur étiquette Canusa pour le marché nord-américain.

À son retour à Montréal, Tony évoquera également la possibilité que Nanette participe à une tournée de Mireille Mathieu, à la demande de son gérant, Johnny Stark. Mais la tournée ne se concrétisera pas.

Ce voyage, c'est aussi une occasion pour le couple de se retrouver. Depuis leur installation à Montréal, Nanette et Tony n'ont pas passé beaucoup de temps ensemble. Voilà le moment de se reprendre ! L'Europe, c'est une première pour Nanette, pour Tony aussi. Ils descendent sous le nom D'Ambrosio à l'hôtel Saint-James, rue Saint-Honoré, où ils ont chacun leur chambre. Émerveillés, les amoureux empruntent le circuit touristique habituel : visite de la tour Eiffel, balade le long de la Seine, shopping sur les Champs-Élysées et pèlerinage aux Invalides, où Tony se prosterne devant le tombeau de Napoléon ! Depuis qu'il est tout jeune, il voue une admiration à l'empereur. « J'ai lu toutes ses biographies. Pour moi, c'est presque un dieu », confiera-t-il à un journaliste. Devant les cendres du petit caporal, Tony l'admet : « J'ai pleuré comme un enfant, sans honte aucune. »

Le premier de l'an, Tony loue une limousine, le couple y circule dans Paris, puis aboutit dans une discothèque pour y faire la fête. « *Boy, did I get drunk !* » écrit Nanette à sa mère.

Pourtant, le Paris nocturne les déçoit, tous les deux. Dans les cabarets, les orchestres jouent sans passion. Les artistes donnent jusqu'à cinq numéros par soir dans cinq établissements différents ! Le couple est également étonné par l'engouement du public pour les chanteurs anglophones. On comprend que les chanteurs français viennent tenter leur chance au Québec, conclut Tony.

Dans un petit restaurant de la rive gauche, Nanette fait la connaissance de Jean-Pierre Ferland, qui leur parle, à Tony et elle, de son expérience parisienne. Difficile au début, gratifiante par la suite. Pour percer le marché français, il faut venir s'installer ici, leur conseille-t-il.

Vacances, oui, mais Tony Roman ne néglige pas son travail de gérant d'artiste. Des photos professionnelles de Nanette, destinées aux journaux montréalais, sont prises devant des sites « typiquement » parisiens.

Pour Nanette, cependant, ce voyage est décevant du point de vue sentimental. Le 3 janvier, elle écrit à Beatryce pour se vider le cœur. Elle vient de se disputer avec Tony – encore une fois, ajoute-t-elle. Quand elle veut être seule avec lui, Tony se défile toujours. Il invente des tas de prétextes pour sortir avec des amis, ou avec d'autres couples, comme s'il craignait de se retrouver en tête-à-tête avec la jeune femme. À Montréal, c'est la même chose. Il travaille trop, il n'a jamais aucun moment à lui accorder. « Qu'ils aillent tous en enfer, lui, ses amis et sa maudite business ! » écrit-elle, visiblement dépitée par son attitude.

Les amoureux n'ont pas cessé de se quereller depuis leur arrivée en Europe. Un matin, pour lui faire une surprise, Nanette se précipite chez le coiffeur et revient en blonde ! Depuis quelques jours, elle avait remarqué que Tony semblait attiré par toutes les blondes qu'ils croisaient dans la rue. « Mon nouveau look », lui dit-elle, remplie de fierté. Tony se met en colère.

— Qu'est-ce qui t'as pris ? Pourquoi t'as fait ça sans m'en parler ?

— Je voulais te faire une surprise.

— Pas question que tu rentres à Montréal avec une tête pareille !

— Je la trouve très bien, ma tête.

— T'as rien compris. Le marché québécois de la musique est rempli de blondes ! Je veux pas que t'en sois une de plus, perdue au milieu des autres !

— *You're completely ridiculous !*

En blonde, Nanette se trouve magnifique. « Ça me donne un plus beau visage », écrira-t-elle à ses parents.

Tony continue de bouder.

— *All right, I'll change it again.*

Ce retour en brune ne se fera pas sans péril. Le coiffeur brûlera la moitié de la chevelure de Nanette, qui devra rentrer au pays affublée d'une perruque, le temps que ses cheveux repoussent !

Pas surprenant, dans un tel contexte, que le court séjour à Londres, avant de revenir à Montréal, soit un désastre. « Cette ville m'ennuie », confiera Nanette à un journaliste, à son retour.

Le couple reprend la route en février 1967, cette fois pour l'Italie, via Paris. À l'aéroport d'Orly, le grand couturier Pierre Cardin aperçoit Nanette, est séduit par son « allure expressive, garçonne et photogénique », l'aborde et lui propose aussitôt de l'engager comme mannequin. Tous les deux doivent en discuter lors du prochain séjour de Nanette à Paris, mais le projet sera abandonné. Avec Paco Rabanne, par contre, Nanette aura plus de chance : lors de son passage à Montréal, elle lui servira de modèle pour sa collection d'automne 1967.

Tony veut maintenant que Nanette enregistre un disque en anglais, afin de percer le marché américain. Il a signé une entente avec Bell Records, une compagnie de New York, qui compte distribuer *Shadows on a Foggy Day*. Fondée en 1954, Bell Records a déjà sous contrat le Français Dick Rivers, et signera bientôt avec Quincy Jones.

Fin mai, au Walsh's Steakhouse de New York, une conférence de presse. Nanette – « *The Canusa star* », comme la décrit le magazine *Billboard* – pose fièrement aux côtés de Tony Roman. Du voyage également, le journaliste Pierre Trudel.

Quelques jours plus tard, le trio débarque à Jackson. De passage au *Jackson Daily News* en compagnie de Nanette, Tony raconte à Frank Hains qu'en plus de lancer sa protégée aux USA, il s'apprête à signer des « grands noms de la musique pop américaine », dont il ne peut, pour l'instant, préciser l'identité. Il est prévu qu'une fois le *single* de Nanette sorti, celle-ci fera une tournée de promotion sur la côte Ouest, puis se rendra à Chicago et à New York.

Des projets, oui. Mais ce qui est encore plus déterminant pour Nanette : la rencontre de Tony avec Ernie et Beatryce. Ce voyage à Jackson est très important pour elle. Depuis Morgan, Nanette n'a présenté aucun de ses amoureux à ses parents, et surtout pas les mafieux dont elle s'est entichée à New York ! Avec Tony, les choses sont sérieuses. Les coupures de journaux qu'elle a envoyées régulièrement à sa famille traitent souvent de l'amour entre les deux vedettes, et même de leur mariage prochain. Nanette a eu beau répéter qu'il s'agit essentiellement d'une opération publicitaire, Beatryce n'est pas dupe. Elle connaît bien sa fille et a vite perçu qu'elle était très amoureuse du jeune Italien, malgré leurs disputes fréquentes.

Dès qu'ils le rencontrent, les Workman sont séduits par Tony. Eux aussi tombent sous le charme ! Ils trouvent le jeune homme sympathique et amusant. Billy, maintenant âgé de seize ans, s'entend particulièrement bien avec Tony. Veston à la mode, des « *Beatle boots* » aux pieds, c'est un gars cool.

Oui, Billy adore le nouveau copain de sa grande sœur. D'autant plus que le visiteur semble intéressé par sa petite moto Honda.

— Je peux l'essayer ? demande Tony.

— Tu connais ça, les motos ? s'inquiète Billy.

Tony éclate de rire. De la moto, il en a fait des « centaines de fois ». Et sur autre chose qu'une mini Honda, *buddy* !

— *You've heard of Harley-Davidson ?*

— *I don't know, Tony. I'd better give you a few…*

L'interrompant, Tony lui arrache le guidon des mains, grimpe sur l'engin, qu'il fait démarrer aussitôt. Et le voilà qui dévale l'allée jusqu'à la rue à pleine vitesse ! Billy sent que quelque chose ne tourne pas rond. Tony s'agite, s'énerve, il semble chercher… les freins !

— *Shit… Tony ! Careful !*

Mais Tony n'entend pas ! Il a toutes les peines du monde à conserver la maîtrise de la moto. Billy ferme les yeux, convaincu que Tony va s'écraser contre une clôture. Mais il l'évite, revient sur son chemin, zigzague, contourne une voiture qui klaxonne. Tony est incapable d'arrêter cette foutue moto ! Alarmées, Nanette et Beatryce sont sorties dans la cour, à leur tour.

Ernie apparaît à la fenêtre du salon.

— *He's gonna kill himself !*

Tony disparaît derrière la maison du voisin, en face. Soudain, le moteur étouffe.

— TONY !

Aucune réponse !

Billy se précipite pour secourir le chanteur, qu'il imagine gravement blessé. La réalité est tout autre. Appuyé contre la maison, tremblant dans ses « *Beatle boots* », la vedette yéyé est en nage. Et son visage, de couleur vert pâle.

— C'est quoi le problème avec ton *bike*, Billy ? marmonne-t-il.

— *You !*

Pour Billy, plus question que Tony s'approche de sa moto !

Tout au long du séjour, des photos sont prises, qui paraîtront dans l'édition du 3 juin d'*Échos Vedettes* : Nanette au milieu de sa famille, Nanette et Tony prenant un bain de soleil, Nanette donnant une conférence devant des élèves de Provine High School, son alma mater. Partout, on est « impressionné » par l'apparence et l'accoutrement des visiteurs. « Plusieurs jeunes nous demandent si nous arrivons d'Angleterre. Probablement à cause des cheveux longs et de la coupe de nos vestons, coupe très européenne. » Mais la vie nocturne de Jackson déçoit Trudel : « Tout ferme très tôt. C'est Toronto... en pire ! » Un soir, la famille de Nanette et ses invités sont refusés à la porte d'un restaurant de la capitale : Tony a les cheveux trop longs !

Pour le 45 tours en anglais de Nanette, Tony choisit *I'm Going Out* et *The Look of Love*, une chanson tirée de *Casino Royale* – un film de la série des *James Bond*. L'enregistrement a lieu à la mi-juin dans un important studio de New York, où le couple fera la connaissance du producteur français Eddie Barclay.

Tony révèle à un journaliste qu'il ne lésine pas sur les dépenses : l'enregistrement coûte deux mille cinq cents dollars, avec un budget de promotion de douze mille dollars. Tony le confirme : le marché américain pour Nanette, c'est du sérieux !

Mais qu'on se le dise : même si son disque a du succès aux États-Unis, Nanette n'entend pas quitter le Québec. « Je veux vivre à Montréal pour toujours », confie-t-elle à *Photo Vedettes*.

Dix jours après l'enregistrement, *The Look of Love* est lancé sur le marché américain. Le 27 juin, Nanette atterrit à Detroit. S'ajouteront quatorze villes, dont Chicago, Los Angeles et San Francisco, en plus de New York. Deux semaines de promotion qui obligent Nanette à un rythme d'enfer : elle doit prendre deux avions par jour. Des spectacles sont même prévus au Nevada et en Californie, il ne reste que les contrats à signer.

Un jour, en fin d'avant-midi, Tony frappe à la porte de la chambre de Nanette. Ils sont sortis en ville, la veille, Nanette se réveille à peine. Quand elle lui ouvre, Tony est radieux. Dans son visage, le petit air taquin qu'il affiche quand il a une bonne nouvelle à annoncer.

— Tu connais David Bailey ? dit-il, en entrant dans la pièce.

— Le photographe ?

Tony acquiesce. Bailey est la star de l'heure dans le domaine de la photo de mode. Au point où Michelangelo Antonioni s'est inspiré de lui pour le personnage principal de son film *Blow-Up*.

— J'ai passé l'avant-midi à discuter avec la gang, chez *Vogue*. Ils vont faire une entrevue avec toi, ils parlent de six pages, avec une dizaine de clichés de Bailey.

— *It's wonderful !*

Nanette se jette dans les bras de son producteur.

— *I love you, Tony.*

— Ça va sortir au mois d'octobre. Mais c'est pas tout. Le magazine *Lui*, en France...

— Connais pas.

— L'équivalent français de *Playboy*...

— Je veux rien savoir de ça, Tony !

— Attends, ils veulent faire un numéro sur les « filles libres du Québec ». Pas obligé de te déshabiller. En minijupe, ça va faire la job...

À Los Angeles, la publication des photos de Nanette dans *Vogue* suscite l'intérêt des producteurs du *Pat Boone Show*, qui l'invitent à l'enregistrement de l'émission. Le 19 décembre 1967, accompagnée de Tony, rayonnant, Nanette pénètre dans les studios de la NBC. La jeune femme a maintenant l'habitude de Radio-Canada et de Télé-Métropole – après avoir « régné » sur WLBT, à Jackson –, mais apparaître à une émission diffusée dans la plupart des États américains, c'est autre chose. Un mois et demi plus tôt, *The Pat Boone Show* a accueilli le nouveau groupe britannique Pink Floyd. Nanette est consciente qu'il s'agit d'un moment important pour la suite de sa carrière.

— Ça va bien aller, tu vas voir, lance Tony pour la rassurer.

Nanette ne partage pas l'optimisme du producteur, mais tout se déroule très bien. Introduite par Pat Boone, qu'elle trouve charmant, Nanette est présentée aux autres invités, Pat Paulsen, Errol Garner et Jack Palance, le « méchant » des westerns de son enfance, aussi « terrifiant » en vrai qu'au cinéma ! Elle interprète ensuite *The Look of Love* et *You Know Where to Find Me*, tirées du 45 tours qu'elle vient d'enregistrer à New York.

Applaudissements nourris, de la part de Pat Boone, plus particulièrement. Tony rayonne encore plus. Pas de doute, il a eu raison de miser sur la jeune Américaine.

Il est cependant impossible de syntoniser *The Pat Boone Show* au Mississippi. Le 16 janvier 1968, Beatryce prendra l'avion pour Houston, au Texas, afin de pouvoir regarder l'émission.

Au cours de leur séjour à Los Angeles, Tony et Nanette logent au Beverly Hills Hotel. Pendant que Nanette se repose dans sa chambre, Tony rencontre au bar deux agents d'artistes, parmi les plus importants de Californie. Les deux types ont assisté à sa prestation au *Pat Boone Show*, ils sont séduits par la chanteuse, ils veulent la promouvoir à la grandeur des États-Unis. Il est question, entre autres, d'immenses panneaux publicitaires mettant Nanette en vedette, dans plusieurs grandes villes du pays. Et d'autres apparitions à la télé et dans les médias américains, bien entendu.

Tony est emballé – « *Where do I sign ?* » –, mais les agents posent une condition :

— Faut qu'elle fasse quelques changements.

— Dans son répertoire, vous voulez dire ?

— Non, non… Son look.

— *What's wrong ? She's a knock-out.*

— Peut-être, mais…

— Mais quoi ?

Tony attend la suite.

— *Well… First, capped teeth.*

Les dents de Nanette sont très belles, très droites, mais un peu trop espacées au goût des deux agents.

— Et, bien sûr, des plus gros seins.

Nanette est grande, mince, mais son tour de poitrine n'a rien à voir avec celui de Jayne Mansfield ou de… Mamie Van Doren !

— C'est pas une actrice, c'est une chanteuse.

— Pas grave.

— Les dents, peut-être. Mais les seins, oubliez ça.

— C'est toi le gérant. Fais ta job.

Tony hoche la tête. Pas sûr qu'il réussisse à convaincre sa protégée !

De retour à la chambre, il fait part à la chanteuse des exigences des agents. La réaction de Nanette ne se fait pas attendre. Elle pique une colère virulente, engueule Tony, le traite de tous les noms.

— Et tu les as pas envoyés au diable, ces deux idiots ?

— C'est ta décision, je voulais d'abord voir si…

— *NO WAY !*

— Ils sont prêts à mettre beaucoup d'argent.

— Je m'en fous ! C'est *mon* corps. C'est moi qui décide ce que je fais avec !

Tony se tait. Un peu déçu.

— Appelle les deux bozos et dis-leur que le *deal* est *off.*

— Tu veux peut-être y penser, dormir là-dessus.

Nanette saisit le téléphone et le lance violemment vers Tony, qui l'attrape de justesse.

— *Call them NOW !*

12

' année 1967 s'achève. En quelques mois à peine, Nanette est
devenue une vedette de la chanson québécoise. Ses relations
amoureuses avec Tony ont défrayé la manchette. On a même
annoncé la date de leur mariage : le 4 mai 1968. L'endroit est déjà
choisi : l'église Notre-Dame-de-la-Défense, dans la Petite-Italie, là
où Tony a été baptisé. Un mariage typiquement italien ! Le couple
a l'intention de se faire construire une maison, en banlieue de
Montréal. Une *grande* maison, au bord de l'eau. « Vingt pièces,
trois étages. » Nanette souhaite avoir six enfants… « et tous des
garçons ! » confie-t-elle à *Photo Vedettes*, le 14 octobre. « Le premier un an après mon mariage, puis un tous les deux ans. » Elle
a hâte de devenir « madame » Tony Roman.

Professionnellement, la jeune femme de vingt-deux ans n'a
jamais été aussi occupée. Au cours de l'année, les tournées se
sont multipliées, avec ou sans Tony, devant des foules de plus
en plus nombreuses. En juillet, à Kamouraska, Tony et Nanette
ont attiré 5 400 spectateurs en deux soirs de spectacle. À l'aréna
d'Alma, au Lac-Saint-Jean, plus de 4 000 personnes. Et au théâtre
de Verdure du parc Lafontaine, à Montréal, 1 800 jeunes ont
vu leurs idoles interpréter seuls et en duo leurs grands succès.
Au Café de l'Est, Nanette a fait un triomphe, dont ont parlé
tous les journaux. On n'hésite pas à dire que la jeune Américaine
s'apprête à détrôner Michèle Richard comme chanteuse la plus
populaire du Québec !

Entre deux séries de spectacles, Nanette a trouvé le temps d'enregistrer un spécial de Noël en duo avec Tony : *Le bonhomme hiver* – son neuvième 45 tours depuis son arrivée au Québec.

Pas surprenant que la chanteuse soit à bout de forces ! À Joliette, lors d'un spectacle solo, elle ne peut monter sur scène – épuisement complet, selon le médecin qu'on a appelé à son chevet. Risque de dépression nerveuse ! *Burn-out*, dirait-on aujourd'hui.

Nanette est furieuse de se défoncer sur la route, alors que Tony se la coule douce à Montréal.

— *Tell Tony to bring his ass over here right now !* lance-t-elle au responsable de la tournée, après le départ du médecin. *But tell him I don't want to see him !* ajoute-t-elle.

Alerté alors qu'il regarde la télé avec ses parents, Tony saute dans sa Cadillac et file à Joliette pour s'enquérir de l'état de santé de la chanteuse. Mais aussi pour la calmer, même si elle refuse de le voir !

Bon prince, Tony remplace Nanette au pied levé afin de ne pas gâcher la soirée de ses admirateurs, qui attendent patiemment dans la salle !

Quelques jours plus tard, après s'être réconciliée avec Tony, Nanette pourra reprendre sa tournée, mais le message est clair : il lui faut du repos, des vacances, elle doit absolument réduire ses activités. D'autant plus qu'en janvier Nanette doit participer, à Cannes, à la première édition du Marché international de l'édition musicale, le MIDEM, le plus grand rassemblement mondial des entreprises de l'industrie de la musique. Les deux amoureux confient aux journaux qu'ils prendront des vacances en Égypte, une fois le marché terminé.

Mais sa relation avec Tony préoccupe Nanette davantage que sa santé. Depuis qu'ils sortent ensemble – depuis le premier jour, en fait, à New York – Nanette est convaincue d'avoir rencontré l'homme de sa vie, même si leur liaison a parfois été houleuse. Ce mariage du mois de mai, il est prévu depuis longtemps. S'ils ont joué au chat et à la souris avec les médias, c'est uniquement pour des raisons de marketing. Chaque fois qu'un journaliste laissait entendre que Tony et Nanette songeaient à se séparer, ou à renoncer à leur mariage, des admirateurs écrivaient aux journaux pour « en savoir plus » et « exiger des explications ». Les deux amoureux se sont amusés avec leurs fans, ils ont fait semblant d'hésiter, de tergiverser, mais on dirait, aujourd'hui, qu'ils se sont fait prendre au jeu.

Des épisodes moins drôles ponctuent à présent leur vie de couple. De retour du Saguenay dans la Cadillac de Tony, après une série de spectacles, les amoureux en viennent à discuter de l'éducation de leurs futurs enfants. Pour Nanette, il est évident qu'ils seront élevés dans la religion juive. Tony n'est pas d'accord : les enfants vont grandir en bons petits catholiques, un point c'est tout.

— Mon père s'est converti par amour pour Beatryce.

— *Come on*, Nanette ! Penses-y deux secondes ! Tu me vois, moi, Tony Roman, devenir juif ? Avec la petite calotte…

— Si tu m'aimais vraiment…

— Je t'aime, Nanette ! Mais il n'en est pas question !

Il éclate de rire.

— T'imagines la tête de ma mère ? *Shalom, mamma.*

— C'est à cause de Noëlla, c'est ça ?

— Pas du tout ! Notre mariage va être catholique. Et nos enfants seront baptisés comme tout le monde ! *That's it, that's all !*

Nanette se renfrogne. Refuse de dire un mot de plus. Pour détendre l'atmosphère, Tony a décidé de faire escale à Québec. Au Château Frontenac, plus précisément. Une suite luxueuse, où ils ont chacun leur pièce. Mais Nanette est trop furieuse pour se laisser amadouer par les gâteries de son amoureux. Le lendemain, le reste du voyage jusqu'à Montréal se déroule dans un silence de plomb.

Pour la première fois, la jeune femme prend conscience de la distance qui la sépare de Tony. Au point de vue de la musique, ils sont sur la même longueur d'onde. Deux jeunes qui vivent au diapason de leur époque. Mais, foncièrement, Nanette est restée une petite fille du Mississippi, très attachée à sa famille, respectueuse de la manière de vivre et des coutumes de son pays d'origine. Bien qu'elle soit sortie du Mississippi, bien qu'elle ait vécu à New York et voyagé partout aux États-Unis, Nanette est demeurée une jeune femme du Sud, malgré son look moderne, yéyé et « à la page ».

Depuis le début leur relation, Nanette a constaté que Tony était entouré de groupies prêtes à faire n'importe quoi pour leur idole. Tony a rassuré Nanette : de ces jeunes filles en chaleur, il ne veut rien savoir. Il n'aime qu'une femme : Nanette. Une femme qu'il respecte et qu'il ne trompera avec personne. Une femme qu'il a l'intention d'épouser. La future mère de ses six enfants !

Nanette ne demande qu'à le croire, mais cette confiance aveugle exige d'elle beaucoup d'effort – ou de naïveté ! Chaque fois qu'elle a des doutes, Tony la réconforte : « Je n'aime que toi, c'est avec toi que je veux faire ma vie. »

Un jour, en spectacle à Victoriaville, Nanette et une amie – Ginette, la copine de Jocelyn, le comptable de Canusa – décident de faire une surprise à leurs chums, restés à Laval. Elles sautent dans la Mercury de Nanette et filent en direction de Montréal. Chez les parents de Tony, Noëlla raconte aux filles que son fils passe la soirée à l'appartement de Jocelyn, à regarder le hockey. Elles s'y précipitent, bien décidées à y surprendre les deux gars.

— Ils vont être ben contents de nous voir, ils nous attendent pas pantoute, lance Nanette, le regard taquin.

— Maudit hockey !

Tony a garé sa Cadillac derrière l'immeuble à logements, mais la voiture est tellement longue que les deux amies aperçoivent le capot de l'auto, derrière le coin de l'édifice.

— *You know what we'll do ?* suggère Nanette. Toi, tu prends l'ascenseur. Moi, je monte par l'escalier. On se rejoint en haut. *Let's go !*

Drôle d'idée, mais les deux filles s'exécutent. Quand Nanette arrive à l'étage, elle découvre sa copine en larmes, devant la porte ouverte de l'appartement.

— *What's going on ?* Qu'est-ce qui se passe ?

Nanette a bientôt la réponse. Dans l'appartement de Jocelyn, les deux gars sont en caleçon ! Derrière eux, deux jeunes filles en soutien-gorge et petite culotte tentent de récupérer leurs vêtements à toute vitesse. Une scène classique, aussi vieille que l'humanité, mais cette fois en version yéyé !

Nanette fusille Tony du regard. Au lieu de balbutier la phrase habituelle (« Faut que je t'explique, c'est pas ce que tu penses… »), Tony montre son comptable d'un doigt accusateur :

— C'est pas mon idée, c'est la sienne. C'est de sa faute !

Furieuse, Nanette s'avance dans l'appartement et flanque à Tony une gifle mémorable.

Tony – toujours en caleçon ! – tente de calmer Nanette, en vain. L'infidélité de son chum l'enrage, mais ce qui la choque encore plus, c'est son mensonge. Elle ne le lui pardonnera jamais !

Deux minutes plus tard, Nanette, au volant de sa Mercury, se met en chasse des pauvres groupies qui détalent dans la rue, leurs vêtements à la main !

Nanette et son amie débarquent ensuite chez Noëlla, à qui elles racontent ce qui vient d'arriver. La mère de Tony se met en colère à son tour. Nanette sort une bouteille de scotch et en verse à sa copine. Bientôt, les deux filles sont ivres. Noëlla, elle, attend de pied ferme son fils, ce mauvais garçon. Mais Tony a peur, il se terre…

À la fin de la soirée, croyant que la situation s'est calmée, Tony revient à Chomedey, la tête basse. Dès qu'il a mis le pied dans la maison, Noëlla l'accable d'injures – en italien, c'est plus dramatique ! Elle le traite de tous les noms ! Tony tente de s'expliquer avec Nanette, mais celle-ci ne veut rien entendre.

Dès lors, leurs relations se détériorent rapidement. Dans les journaux, à la télé, Tony et Nanette apparaissent toujours comme un couple idéal, éperdument amoureux. Mais, en réalité, ils s'éloignent de plus en plus l'un de l'autre.

Histoire de réparer sa bévue, Tony se rend chez Lucas, rue Sainte-Catherine Ouest – un bijoutier prestigieux de Montréal – et achète une bague ornée d'un magnifique diamant. Il l'offre ensuite à Nanette comme bague de fiançailles, le jour de son anniversaire, le 20 novembre. Nanette fait semblant d'être ravie, de lui pardonner son infidélité, mais elle ne l'aime plus autant qu'avant. Quand ils se sépareront une fois pour toutes, Nanette remettra la bague à Tony, qui la donnera finalement à sa mère.

Fin décembre, juste avant leur départ pour le MIDEM, Nanette envoie à sa famille une lettre de cinq pages. Mais, dès la page deux, elle écrit : « Si je suis encore amoureuse de Tony, pourquoi je n'arrête pas de penser à Morgan ? » Le reste de la lettre est une lamentation sur son amour perdu, sa passion d'adolescente. Nanette regrette d'avoir quitté Morgan, elle avoue même pleurer en se rappelant leurs moments passés ensemble.

En revanche, son opinion de Tony est sévère : « C'est un enfant gâté qui a toujours eu ce qu'il voulait. Se consacrer à une seule fille ? Impossible. »

Au sujet de Morgan, Nanette demande à Beatryce d'écrire à sa mère, à Decatur, pour prendre des nouvelles de son fils.

La prestation de Nanette au MIDEM, sa première sur une scène européenne, est accueillie poliment, sans plus. « Quand je ne suis pas amoureuse, dira-t-elle plus tard, mes performances s'en ressentent. » Dans la salle, des producteurs québécois – en plus de Tony, Denis Pantis et Yvan Dufresne – mais aussi les chanteurs Johnny Farago, Marc Gélinas et plusieurs autres. Au Majestic, où le couple est descendu, lui dans une suite, elle dans une chambre, Nanette et Tony ne se parlent plus, ils se voient à peine.

Au casino, Nanette fait la connaissance d'un joueur, un Britannique. Rien ne résultera de cette rencontre, chaste elle aussi, mais, pendant que Tony brasse des affaires, Nanette et son nouveau copain se baladent en ville et sur la plage. Une provocation : elle veut que Tony et les connaissances de son chum la surprennent avec cet inconnu. Le producteur feint de ne pas être jaloux. Même s'il s'est rendu compte que sa relation avec Nanette ne rime plus à rien, il continue de l'aimer.

À la fin du MIDEM, Tony se trouve mêlé à un imbroglio. Nanette s'attend à recevoir le prix décerné à l'artiste ayant vendu le plus de disques au Québec au cours de l'année. Mais, à la dernière minute, après vérification, Michèle Richard remporte le prix chez les femmes. Johnny Farago chez les hommes.

On accuse Tony d'avoir falsifié les chiffres de vente des disques de Nanette, ce dont se défend le principal intéressé : « S'il y en a qui m'accusent, qu'ils viennent me voir et me le disent en pleine face ! »

Plus tard, dans la salle à manger du Majestic, alors que Tony est encore sous le coup de la colère, Nanette prend les devants.

— On peut pas continuer comme ça, Tony. On se fait du mal à tous les deux.

— *I know.*

— En rentrant à Montréal, on va annoncer la nouvelle.

Tony se tait. Nanette, triste, déçue, trouve dommage d'en être rendue là avec lui.

— Pour ce qui est des vacances en Égypte… ajoute Tony.

Nanette sourit.

— J'avais fait une croix là-dessus, moi aussi.

Tony et Nanette conviennent de continuer de travailler ensemble. Nanette est satisfaite de ce que Tony a fait pour elle – il y a deux ans, à peine, elle faisait des *jams* au Rolling Stone ! Et puis, elle a signé un contrat de vingt ans.

À deux heures du matin, Yvan Dufresne, qui termine la soirée au casino, se fait demander au téléphone. Au bout la ligne, Tony, ivre, l'appelle de son hôtel.

— Je veux que tu me prêtes de l'argent. J'ai besoin de cinq cents piastres !

— Qu'est-ce qui se passe, Tony ?

— Je suis cassé. J'ai besoin d'argent pour rentrer à Montréal.

— Mais Nanette…

— Elle me trompe avec un Anglais !

Yvan Dufresne accourt au Majestic, dans la suite de Tony, où il trouve le producteur – son compétiteur ! – complètement soûl. Le chanteur Dick Rivers lui tient compagnie. Depuis le début de la soirée, ils n'ont pas cessé de faire monter des bouteilles de champagne, qu'ils ont enfilées à toute vitesse. Tony se pend au cou de Dufresne.

— Elle est dans sa chambre, je vais aller la chercher, viens avec moi.

— Va te coucher, Tony, fais pas de folies…

— Je l'aime !

Tony s'échappe de Dufresne, qui tente de le retenir, et titube vers l'escalier. Mais il ne se rendra pas bien loin. Dès les premières marches, Tony s'effondre. Dufresne le ramène à sa chambre.

Le lendemain, dessoûlé, Dick Rivers aura la surprise de sa vie : Tony a quitté l'hôtel sans payer la facture de champagne. Le rocker devra régler la note !

Début février 1968, la journaliste Catherine Benrubi, de *Photo Vedettes*, rencontre Tony et Nanette à Chomedey dans le but de faire le bilan de cette relation qui se termine : « Sous les espiègleries de Nanette, il y avait un regard plus posé, plus profond que d'habitude, et chez Tony, deux yeux vagues qui vous regardaient sans trop bien vous voir, absorbés par autre chose, lointains. »

Nanette s'explique sur sa décision : « Je veux passer en premier dans la vie d'un homme, avant son travail. » Ses projets ? « Vivre seule, pour l'instant, et me débrouiller par moi-même. » Sa carrière internationale ? « Si dans trois ans je n'ai pas réussi, j'arrête tout, je me marie et je vis la vie d'une femme normale, avec des enfants. »

À Tony, ensuite, de donner sa version des faits : « Chez certaines femmes, le manque de maturité est une qualité. J'aimais le naturel, la spontanéité de Nanette. Je ne comprends pas sa décision… » Lorsqu'on lui demande s'il est triste, Tony répond : « Je suis vide. »

Refusant l'inéluctable, une autre journaliste lance ce cri du cœur : « Mais tout peut-il vraiment finir entre Tony et Nanette, entre le créateur et le chef-d'œuvre ? »

Les médias s'interrogent sur les raisons véritables de cette rupture étonnante. On évoque les rumeurs faisant état d'« idylles entre Tony et d'autres jolies personnes ».

Tony et Nanette refusent d'en révéler davantage. « On ne commente pas une histoire de cœur, encore moins quand c'est la sienne », réplique le chanteur.

Nanette se met à la recherche d'un logement, pendant que Beatryce arrive à Montréal pour appuyer moralement sa fille, qui vit une des périodes les plus difficiles de sa vie. Beatryce et Noëlla tenteront de réparer les pots cassés, essaieront de réconcilier leurs enfants. En vain ! Cette fois, la rupture est définitive.

Nanette arrête son choix sur un appartement des immeubles Rockhill, chemin de la Côte-des-Neiges. Tony choisit ce moment pour quitter ses parents, lui aussi. Surprise ! Il s'installe au Rockhill à son tour, mais au dernier étage. Histoire de ne pas perdre de vue Nanette et de veiller sur elle. Du moins, c'est l'excuse qu'il donne à son ancienne flamme pour justifier une telle proximité.

Du point de vue professionnel, l'année 1968 débute lentement pour Nanette, sur le marché local notamment. Dans les palmarès, ses 45 tours – avec et sans Tony – se hissent difficilement dans les premières places. Nanette enregistre *Je rentre chez nous*, qui grimpe jusqu'en douzième position, mais la chanson ne parvient pas à atteindre les scores de Ginette Reno, des Classels ou des Sultans. Un nouveau venu fait également parler de lui : Michel Pagliaro. À la mi-mai, *Comme d'habitude* se hissera en deuxième position du palmarès Méritas.

Mais la plus grande rivale de Nanette, c'est Renée Martel, dont la chanson *Liverpool* occupe la deuxième place, en février, juste derrière *Une larme aux nuages*, interprétée par Adamo. *Je vais à Londres* atteindra la troisième position en juin. Au Gala des Artistes, Renée Martel sera d'ailleurs choisie Révélation féminine de 1968 – le trophée que Nanette avait gagné l'année précédente. Fin mai, la chanteuse américaine glisse en trente-septième position avec *Je t'aimerai toujours*.

Malgré ses apparitions à la télé – *Jeunesse d'aujourd'hui*, *Chansons à vendre* et *Terre des jeunes* –, malgré de nombreux spectacles – le 11 mars, Nanette est de retour à la Casa Loma pour une semaine, avec un orchestre de treize musiciens –, et malgré sa présence régulière dans les journaux à potins, un certain essoufflement est perceptible au plan professionnel.

En ce qui concerne les États-Unis, les efforts de l'année précédente n'ont rien donné : sa carrière américaine est au point mort. Nanette donne quelques spectacles à Memphis, au Tennessee. En juin, elle retourne au Mississippi pour chanter avec le Jackson Symphony Orchestra « *as a guest performer* ». Mais le concert est une initiative locale, sans répercussions nationales.

Non, décidément, l'intérêt n'y est plus ! Ni pour Tony, qui ne cherche plus à mousser la carrière de sa protégée aux États-Unis. Ni pour Nanette, qui ne semble plus vouloir à tout prix percer sur le marché américain.

Une seule nouvelle encourageante, ce printemps-là : la décision de Radio-Canada de confier à Tony et Nanette l'animation de la nouvelle émission *Fleurs d'amour, fleurs d'amitié*, qui sera diffusée tout l'été à partir de Terre des Hommes, le site d'Expo 67.

Nanette est emballée par le projet. En plus de chanter, elle veut signer la chorégraphie des numéros de variétés qui y seront présentés !

L'émission d'une demi-heure, diffusée en direct, exige une préparation minutieuse. De nombreuses répétitions, plusieurs essais de caméra, dans un décor typiquement *flower power* : immenses miroirs et fleurs géantes multicolores – la mode hippie fait rage, cet été-là.

Par rapport à *Jeunesse d'aujourd'hui* et d'autres émissions du même genre, *Fleurs d'amour, fleurs d'amitié* marque un progrès immense. Rythme d'enfer, présentations écourtées, pas de verbiage inutile. On passe d'une chanson à l'autre à une vitesse accélérée. Résultat : dès son entrée en ondes, *Fleurs d'amour, fleurs d'amitié* se révèle un franc succès.

Tony et Nanette agissent comme des crieurs de foule – qui elle-même hurle à perdre haleine ! Cheveux longs, col Mao, médaillon au cou, Tony descend parmi le public pour chanter au milieu de ses fans en délire. Autour de lui, de « pétillantes » danseuses à gogo vêtues de mini-robes ornées de la photo de leur idole. Une atmosphère « in », un climat « *way out* », pour reprendre les termes de l'époque. Pas surprenant qu'à chaque semaine le site de Terre des Hommes soit envahi par les jeunes !

Début juin, au moment où l'émission est mise en ondes, Nanette enregistre en duo avec Tony *Fleurs d'amour, fleurs d'amitié*, la chanson thème de leur show, et *Les petites choses*, une autre adaptation de Sonny & Cher.

À la même époque, elle troque sa Mercury – qu'elle trouve un peu trop « matante » à son goût – contre une rutilante Corvette de couleur vert bouteille. Coût de l'opération : huit mille cinq cents dollars. Même si le bolide est équipé pour faire de la vitesse, Nanette promet d'être « raisonnable » et de ne jamais dépasser cent vingt milles à l'heure !

Au Gala des Artistes, fin juin, changement de style – et d'époque ! Une Nanette « romantique », portant une robe longue style « Far West » et coiffée de boudins à la Scarlett O'Hara, apparaît au bras d'André Rhéaume, du groupe les Bel-Air. Guy David de *Télé-Radiomonde* affirme que le nouveau couple a été aperçu à plusieurs reprises « main dans la main ». Chez Zouzou, la nouvelle boîte de Dominique Michel, où se poursuit la fête, le couple est inséparable. Tony, sur place également, se contente d'admirer les *bunnies* du Club Playboy, invitées par la comédienne.

La vie privée et professionnelle de Nanette se replace peu à peu. La faveur du public, une émission qui marche, un nouvel amoureux… Que demander de plus ?

Un jour, en arrivant à Terre des Hommes pour l'enregistrement de *Fleurs d'amour, fleurs d'amitié*, Nanette est abordée par Tony.

— J'aimerais te présenter quelqu'un.

Un homme d'une quarantaine d'années les attend près de la scène. Un type élégant, en veston-cravate, qui ne semble pas à sa place au milieu des *flower power*.

Tony explique :

— Il s'appelle Richard Armitage, c'est un Anglais. Il veut absolument te rencontrer.

Les présentations sont faites. Armitage explique qu'il est venu à Montréal pour affaires. Il a entendu une chanson dans le taxi qui le ramenait à Dorval. La voix, rauque, puissante mais sensuelle de l'interprète lui a plu. « Qui c'est ? » a-t-il demandé au chauffeur. « Vous ne connaissez pas Nanette ? » lui a répondu le type. Armitage a annulé son départ et s'est mis aussitôt à la recherche de la chanteuse.

Nanette sourit. De ces manies de fans, elle commence à être habituée ! Mais Richard Armitage n'est pas un admirateur comme les autres : le grand patron de Noel Gay Organisation, plutôt, l'une des agences d'artistes les plus importantes de Grande-Bretagne.

La carrière de Nanette Workman est sur le point de prendre un autre tournant.

Deuxième partie

THE DEVIL IN THE VALLEY

13

Dès l'arrivée de Richard Armitage dans sa vie professionnelle, le Québec cesse d'être une priorité pour la chanteuse. *Fleurs d'amour, fleurs d'amitié* sera la dernière apparition de Nanette à la télévision québécoise avant plusieurs années. Bien sûr, elle continue d'enregistrer des disques chez Canusa. *Tu t'en iras* sera suivi, en 1969, de quatre autres simples, dont *Reviens*, en duo avec Tony Roman. Succès mitigé… En juin 1969, *Boom Bang-a-Bang* atteindra la vingt-huitième position du palmarès.

Au total, en trois ans, Nanette aura enregistré dix-huit 45 tours chez Canusa, dont deux en anglais. S'ajoutent trois albums originaux et quatre compilations.

Nanette a l'impression d'avoir exploré toutes les avenues possibles pour une chanteuse yéyé. Elle n'est plus amoureuse de Tony, et maintenant que sa carrière locale commence à plafonner, malgré le succès de *Fleurs d'amour, fleurs d'amitié*, elle est disposée à aller voir ailleurs. Richard Armitage arrive donc au bon moment.

L'entreprise qu'il dirige a été fondée en 1938 par le compositeur Reginald Armitage, le père de Richard, dont le pseudonyme était Noel Gay. Toujours active aujourd'hui dans le domaine du cinéma et des médias, l'agence représente des artistes majeurs, britanniques et étrangers.

En 1968, Richard Armitage, qui a pris la relève de Reginald en 1950, est à la recherche de nouveaux talents, entre autres pour interpréter les chansons composées par son père.

Pour Tony Roman, Armitage est aussi un cadeau tombé du ciel! Il a renoncé au marché américain pour Nanette, et voilà Armitage prêt à lancer la jeune femme à l'étranger. Une entente est rapidement signée. Nanette demeure sous contrat avec Tony, mais celui-ci accorde à la Noel Gay Organisation la permission de produire l'artiste en Grande-Bretagne et en Europe. Un premier 45 tours est déjà prévu pour Capitol Records.

À la fin de l'été, une fois l'émission *Fleurs d'amour, fleurs d'amitié* terminée, Nanette s'envole pour Londres y honorer son nouveau contrat. Tony accompagne la chanteuse pour superviser l'opération, conformément à son entente avec Richard Armitage. Les sessions d'enregistrement ont lieu à Olympic Studios, l'un des plus populaires auprès des groupes britanniques. C'est ici que les Rolling Stones ont enregistré en mai 1963 leur premier 45 tours, *Come On*, une reprise d'une chanson de Chuck Berry. Les Beatles ont utilisé les lieux pour *Baby You're a Rich Man*, les Who pour plusieurs microsillons – y compris *Who's Next* – et Led Zeppelin pour tous leurs albums, jusqu'en 1975. Les maisons de disques Decca, EMI et Phillips, par exemple, sont des clients réguliers.

Ce premier 45 tours réalisé en Grande-Bretagne marque les débuts de Nanette à titre d'auteur-compositeur : *Once Upon a Time*, une pièce coécrite avec John Cameron, bien connu pour son travail avec Donovan sur *Jennifer Juniper*, notamment. Pour la première fois, Nanette chante ses propres paroles, et non pas des traductions ou des adaptations des succès du jour. Sur la face B, *Rebecca*, une chanson écrite par un certain Reggie Dwight, qui s'apprête à changer son nom pour Elton John.

Bref, une percée importante pour Nanette.

Après l'enregistrement du simple, au moment de rentrer à Montréal, Nanette met les choses au point avec Tony.

— J'aimerais rester, pendant un bout de temps. Juste pour voir si ma carrière peut décoller.

— Mais j'ai besoin de toi au Québec.

Nanette lui promet de revenir faire l'enregistrement et la promotion de nouveaux disques. Une promesse faite sans conviction. Elle n'a plus envie de chanter *Tu t'en iras* ou *Parce que je t'aime* et de faire le tour de la province pour promouvoir des chansons qu'elle trouve insipides. L'aventure de *Once Upon a Time* lui a donné envie de mettre à profit d'autres facettes de son talent. D'autant plus que Londres, à la fin des années soixante, est un endroit excitant, dont elle veut profiter au maximum.

— Deux mois. Si ça débloque pas…

— T'as raison. C'est le temps de foncer.

— J'ai besoin d'argent, par contre.

— Inquiète-toi pas. Je vais t'envoyer du *cash* à chaque semaine.

Tony promet également de s'occuper de sa Corvette. C'est Sylvestre, le père de Tony, qui en prendra un soin jaloux. Il lui promet aussi de payer son logement au Rockhill jusqu'à ce qu'elle déniche un autre locataire.

— *Thank you, Tony.*

Pendant l'enregistrement de *Once Upon a Time*, Nanette s'est rendu compte à quel point la technologie utilisée par Olympic Studios est en avance sur ce qui se fait à Montréal. Elle comprend pourquoi Olympic – un ancien cinéma, avec une excellente acoustique – suscite tant d'intérêt de la part des producteurs de disques. Fascinée par le travail d'ingénieur du son, Nanette se lie d'amitié avec un jeune technicien, Vic Smith, qui accepte de l'initier à son métier. Smith a travaillé avec Joe Cocker, notamment. Pendant plusieurs semaines, chaque jour, Nanette se rend au studio, où elle observe le travail de Vic et lui sert parfois d'assistante. Durant les sessions, par exemple, Nanette agit comme *tape jockey*, c'est elle qui transporte et installe les rubans d'enregistrement. Vic Smith apprécie sa nouvelle collaboratrice. Dans leurs temps libres, ils écrivent même des chansons ensemble, qu'ils jouent au piano. Mais, surtout, en compagnie de l'ingénieur, Nanette se familiarise avec la technologie de l'heure. C'est ici qu'elle comprend à quel point certains des disques qu'elle a enregistrés pour Tony ont été faits à la va-vite, en y investissant le minimum d'argent.

Après avoir écouté *Once Upon a Time*, Richard Armitage est impressionné par les talents d'auteur-compositeur de Nanette. Il encourage la jeune femme à continuer d'écrire ses propres chansons, mais aussi des chansons pour d'autres artistes, ce que Tony n'avait jamais songé à lui proposer. Certaines de ces compositions seront enregistrées par des groupes représentés par Armitage, et susciteront l'intérêt de quelques interprètes. En tout, Nanette écrira une vingtaine de chansons en moins d'un an.

Christopher Lee, l'acteur qui joue Dracula dans plusieurs films et qu'on a pu voir dans la série de longs métrages *Le Seigneur des anneaux*, interprétera l'une d'entre elles. Nanette se souvient d'avoir vu entrer au studio un « monsieur très distingué, très élégant », et surtout très grand – il mesure six pieds et cinq pouces ! De plus, Christopher Lee est doté d'une magnifique voix de baryton. Nanette est touchée d'entendre ses paroles, sa musique, chantées par un artiste aussi remarquable.

Solomon King enregistre également *This Beautiful Day*, une chanson écrite par Nanette, dont la musique et les arrangements sont de Nick Welsh. Premier Blanc à avoir accompagné Billie Holiday en tournée, King compte déjà de nombreux succès à son actif, notamment *She Wears My Ring* – cinquième position au palmarès britannique en 1967. *This Beautiful Day*, enregistrée sur étiquette Columbia, est considérée aujourd'hui comme un *minor classic* de la musique soul.

Pour chacune de ces chansons, Richard Armitage donne à Nanette une avance de vingt livres sterling (environ cinquante dollars à l'époque). Quand elle n'aide pas Vic Smith à Olympic Studios, Nanette monte dans les bureaux de la Noel Gay Organisation, où se trouvent également des studios, et s'installe au piano pour composer.

De toute évidence, Richard Armitage ne s'attend pas à ce que Nanette abandonne l'interprétation et se mette à écrire pour les autres. Ce qu'il veut, c'est l'aider financièrement, en lui donnant l'occasion de s'initier à un nouveau métier. Sa carrière de chanteuse est toujours la priorité. D'ailleurs, Armitage a plusieurs projets pour elle, y compris un autre disque. Mais aussi des spectacles et des apparitions à la télévision.

Au fur et à mesure que son séjour à Londres se prolonge, Nanette est séduite par le degré de professionnalisme de son organisation. Elle écrira plus tard à sa mère : « Tony n'a pas suffisamment d'expérience ou de savoir-faire pour s'occuper de ma carrière à l'extérieur du Canada, même s'il pense le contraire. Depuis que je suis arrivée à Londres, j'ai découvert comment travaillent les professionnels, et Tony ne leur va pas à la cheville. » Une référence évidente à l'échec des efforts américains de son manager québécois.

Malgré l'appui de la Noel Gay Organisation, malgré l'argent que lui envoie Tony périodiquement, la situation financière de la jeune femme est précaire.

Un jour, le téléphone sonne.

— *Nanette, this is Tony... When are you coming back?*

— *Don't know. Things are moving, here.*

— *You said two months.*

Un long silence, au bout de la ligne.

— Comment ça se passe chez Canusa?

— *Number one.* Johnny Farago marche au maximum. Un gros vendeur.

— *Good.*

— *I miss you, Nanette.*

— *Thanks for the money.*

— *You can always count on me.*

Avec ses maigres bagages – y compris une vieille guitare acoustique sur laquelle elle compose des mélodies –, Nanette s'installe à l'Atlantic Gardens, un petit hôtel du quartier Sussex Gardens. C'est davantage une maison de chambres qu'un hôtel, en fait. L'établissement est dirigé par une famille irlandaise qui se prend d'affection pour la jeune pensionnaire. Cette atmosphère lui convient très bien. Nanette vit modestement, après avoir connu la gloire au Québec, mais elle ne s'en plaint pas. À sa mère, en mars 1969, elle lance ce cri du cœur : «J'ai été plus heureuse ici à Londres depuis les six derniers mois qu'au cours des trois années précédentes, et ça, pour moi, c'est plus important que l'argent et la célébrité. »

Inconnue, libre, personne sur ses talons, Nanette profite à fond de la vie nocturne de la capitale. Elle sort tous les soirs, ou presque, ce qui lui coûte une fortune ! Elle fréquente le Bag of Nails, The Revolution Club – le plus sélect de Londres –, le Speakeasy et d'autres boîtes à la mode.

Au Revolution Club, Nanette trouve même un emploi temporaire au vestiaire, ce qui lui permet de faire une rencontre déterminante. Un jeune Chinois, un habitué du club, lui remet son manteau. Nanette l'a déjà vu à plusieurs reprises, il se balade toujours avec de jolies filles à son bras, des mannequins, probablement. Sa voiture? Une Rolls toute blanche. Bref, un fils de riche qui s'amuse à étaler sa fortune. Mais le jeune homme est très séduisant, tellement que Nanette en perd tous ses moyens, se mêle dans les manteaux, donne celui d'une dame à une autre, et ainsi de suite. Nanette est mise à la porte sur-le-champ, mais elle a au moins eu le temps de décrocher un rendez-vous avec l'inconnu à la Rolls.

Elle ne saura jamais son nom, mais elle s'en fout. Si elle s'intéresse au jeune homme, c'est pour une seule chose : coucher avec lui ! Depuis sa douloureuse expérience avec Bo Belinsky, Nanette n'a fait l'amour avec personne – y compris Tony Roman. Leurs relations sont restées chastes, en prévision de leur mariage éventuel, qui ne s'est pas matérialisé. Elle a eu d'autres relations avec des hommes mais elles sont restées, elles aussi, très pudiques. Cette fois, Nanette a bien l'intention d'aller jusqu'au bout. De briser la glace, comme on dit. Faire l'amour, une fois pour toutes !

Pourquoi ce jeune Chinois? Tout simplement parce que Nanette a entendu dire que les Asiatiques avaient de petits pénis ! Après la douleur provoquée par Bo Belinsky, Nanette a envie de quelque chose d'un peu plus… gérable, qui ne l'obligera pas à courir chez le médecin, comme la dernière fois. Avec un Chinois, juge-t-elle, elle met toutes les chances de son côté.

Le jeune homme vient la chercher à l'Atlantic Gardens dans sa Rolls. Dîner d'amoureux dans un restaurant chic. Le tour des cabarets, ensuite, jusqu'à tôt le matin. Nanette joue à la femme désirable – facile ! –, se love contre lui, lui chuchote des mots doux à l'oreille. Bref, l'opération séduction est menée tambour battant. Étape suivante, l'invitation à sa chambre. À ce stade de leurs « fréquentations », de toute façon, le jeune Chinois est à la merci de la belle Américaine. Ils iraient se baigner nus dans la Tamise, si elle lui en suggérait l'idée ! Mais les projets de Nanette sont plus conventionnels.

Une fois dans la chambre, Nanette est gênée de se déshabiller devant son compagnon d'un soir. Elle songe même à remettre l'« expérience » à une autre fois. Et pourtant, elle se trouve belle, pas de doute là-dessus. Grande, mince, sexy. N'empêche, ce serait peut-être mieux de… Et puis non ! Le jeune Chinois est si séduisant, et elle a tellement envie de lui ! Et c'est réciproque, visiblement.

Let's go !

Nanette se fait une idée très romantique de l'amour et, surtout, de l'acte sexuel comme tel – une notion que lui a inculquée Beatryce, d'ailleurs. Après l'épisode Bo Belinsky, quand Nanette l'a appelée pour lui dire ce qui s'était passé, Beatryce a rassuré sa fille. Faire l'amour, ce n'est pas ce que tu viens de subir. Ce devrait être un moment magnifique. Oublie ce mauvais rêve. Dis-toi une chose : tu es encore vierge dans ta tête.

Malheureusement, si l'expérience avec le jeune Chinois est moins douloureuse qu'avec le joueur de baseball, Nanette reste sur son appétit. Après avoir fait l'amour – enfin ! –, elle se dit : c'est pour *ça* que j'ai attendu si longtemps ? Pour *juste ça* ? Elle n'a pas eu mal, non, mais elle ne se sent pas terriblement bien non plus.

On est loin du nirvana promis par *ma'* !

Le lendemain, Nanette s'empresse d'appeler Beatryce. Lui fait part sinon de son désenchantement, du moins de sa déception. Oublie le « paradis » avec un type rencontré par hasard et pour lequel tu n'as aucune affection, rétorque Beatryce. Le moment parfait, le bonheur total, l'extase ultime, c'est quand on est amoureux, ajoute-t-elle. Faire l'amour sans aimer l'autre personne, c'est un acte vide, sans aucune signification.

— Ce que tu dois trouver, Nanette, c'est un homme qui t'aime et que tu aimes en retour. À ce moment-là, et pas avant, tu connaîtras la plénitude amoureuse.

Facile à dire ! Mais où trouver le bon parti ? Sa mère a eu de la chance, elle est tombée sur une perle rare. Mais où dénicher un Ernie Workman qui l'aimera et la protégera toute sa vie ?

À vingt-trois ans, Nanette commence à se trouver… vieille. Sa copine Jean Ann s'est mariée, au Mississippi, avec un jeune ingénieur du Texas. Toutes ses autres amies – comme Judy Warren – sont sur le point de s'engager sur la même route : mari, enfants, bungalow…

Nanette se voit tranquillement basculer dans le pays des tantes Shirley, le pays des vieilles filles. Une contrée sans relief, remplie de grisaille et de solitude, ennuyeuse à mourir.

Pourtant, Nanette essaie de se convaincre qu'elle a encore du temps devant elle. « De toute façon, ici, c'est différent du Mississippi, confie-t-elle à ses parents. Une fille de mon âge n'est pas considérée comme âgée. D'ailleurs, la plupart des Européennes se marient à la fin de la vingtaine. Alors, j'ai encore le temps. »

Un jour qu'elle prend un café avec une copine au Chelsea Drugstore, une dame s'approche de Nanette et lui demande si elle est intéressée à faire des photos de mode. La dame en question s'appelle Judith Finkelstein. Installée à Londres depuis six ans, cette Américaine de La Nouvelle-Orléans est à la tête d'une importante agence de mannequins.

Nanette lui parle des photos prises par David Bailey pour le magazine *Vogue*, à New York. Finkelstein est intéressée à les voir.

Après avoir retrouvé les photos en question dans les archives de *Vogue*, Finkelstein donne rendez-vous à Nanette. La dame est au téléphone quand Nanette pénètre dans son bureau.

— Elle est ici, devant moi. Elle vient du Mississippi. *Nice sophisticated southern look*. Pour la collection d'automne.

Dès le lendemain, Nanette fait l'objet de trois sessions de photos. Les clichés paraîtront dans *Flair* et dans l'édition anglaise du *Harper's Bazaar*. D'autres photos suivront. Judith Finkelstein promet à Nanette une carrière florissante dans le domaine de la mode, si ça l'intéresse, évidemment.

Pendant six mois, Nanette se transforme en mannequin britannique. Ses photos se retrouvent dans les journaux et les magazines, et même sur les murs des stations de métro. « J'étais l'un des premiers mannequins à porter les fameux *hot pants*, très *fashion* à l'époque ! » raconte Nanette.

Celle-ci voit ce boulot comme un jeu. Poser devant des photographes l'amuse, en plus de lui permettre de faire un peu d'argent. Le seul hic : se lever à cinq heures du matin pour un *shooting*. Ce n'est pas l'horaire idéal pour une noctambule habituée à courir les clubs jusque tard dans la nuit.

Des photos de mode, d'accord, pour faire du fric, mais pas plus
– d'ailleurs, ses honoraires sont peu élevés. « Je fais en moyenne cinq
cents dollars par mois », écrit-elle à ses parents. Et puis, le métier
l'ennuie. Toujours attendre, toujours faire la même chose. Poser,
sourire, ça l'amuse mais elle s'en lasse rapidement. La mode, c'est
trop passif pour Nanette. Il lui faut de l'action, du mouvement !

Elle sera bientôt servie…

14

À Olympic Studios, Vic Smith repose le combiné, l'air hagard. Il a travaillé toute la journée pour préparer la session d'enregistrement de ce soir, et voilà que l'une des choristes – Liza Strike – vient de lui annoncer qu'elle est malade. Vilaine grippe, sa voix est en morceaux. Inutile pour elle de venir en studio. Smith est désemparé. Doris Troy et Madeline Bell, les deux autres choristes, vont arriver sous peu. Le *band* aussi. Smith pourrait essayer de trouver quelqu'un d'autre, mais il est très tard. Annuler la session ? Non, pas question.

Nanette fait du rangement de bandes sonores dans la pièce voisine. Vic Smith l'entend fredonner une chanson d'Aretha Franklin.

Pourquoi pas ?

Depuis qu'elle s'intéresse à la prise de son et aux techniques d'enregistrement, Vic et Nanette sont devenus de bons amis. Rien de sentimental. Une camaraderie, tout simplement, entre deux personnes qui s'apprécient mutuellement. Smith connaît bien la voix de la chanteuse, puisqu'il a travaillé à l'enregistrement de *Once Upon a Time*.

— *Listen*, Nanette. T'as quelque chose de prévu, ce soir ?

Nanette se tourne vers Vic. Elle attend la suite.

— *I'm in a terrible fix. Liza can't make it. I need a third voice. For the back vocals, you know.*

— Ce soir ?

— Le groupe va être ici dans une minute.

137

Ça tombe mal. Nanette a prévu de manger avec une copine. Et de faire la tournée des clubs, ensuite.

— *I don't know, Vic.*

— Pas grave. *I just thought... Never mind!*

— *Who is it, exactly? What band?*

— *Oh... I forgot to say. The Rolling Stones.*

Vic Smith sourit, fier de son effet.

— *I'll cancel my date!* s'écrie Nanette, avec joie.

Après leur premier numéro un sur le palmarès international – *(I Can't Get No) Satisfaction*, enregistré en mai 1965 –, les Stones ont accumulé les succès. Avec les Beatles, le groupe est l'un des plus populaires de la musique rock, non seulement en Grande-Bretagne mais partout dans le monde. À la fin de 1968, une certaine tension est palpable à l'intérieur de la formation. Au cours des derniers mois, Brian Jones – l'un des fondateurs des Stones avec Jagger – s'est isolé de plus en plus. Aux prises avec des problèmes psychologiques empirés par sa dépendance à la drogue, Jones ne participe presque plus à la vie créative du groupe.

Le 16 novembre, les Rolling Stones entrent en studio pour enregistrer la première chanson – *You Can't Always Get What You Want* – qui fera partie de l'album *Let It Bleed*. À la batterie, le producteur Jimmy Miller, qui remplace Charlie Watts ce jour-là.

À cette époque, les Stones travaillent avec trois choristes. À Liza Strike s'ajoutent Madeline Bell et Doris Troy, deux Noires américaines nourries au gospel depuis leur enfance.

Née à Newark, en banlieue de New York, en 1942, installée en Grande-Bretagne depuis 1962, Madeline a été choriste pour Dusty Springfield. Elle a écrit avec John Paul Jones de Led Zeppelin et chanté avec Roger Cook du groupe Blue Mink, mais aussi avec Joe Cocker. Dans la pièce de Lennon et McCartney *With a Little Help from My Friends*, interprétée par Cocker en 1968, c'est Madeline Bell qui est responsable des arrangements des voix.

Surnommée « Mama Soul », Doris Troy a une carrière tout aussi remarquable. Née dans le Bronx en 1937 – son père est un pasteur pentecôtiste –, elle est ou sera choriste non seulement pour les Rolling Stones, mais aussi pour Humble Pie, Pink Floyd – sur *Dark Side of the Moon* –, George Harrison et Carly Simon, entre autres. En 1963, elle a enregistré *Just One Look*, qui s'est hissé dans le *Top Ten* du palmarès américain.

Bref, Nanette se joint à un duo particulièrement relevé !

Ce soir-là, les Stones arrivent en retard, comme à leur habitude. Même si le studio est réservé à partir de sept heures, il n'est pas rare qu'ils s'y pointent à minuit et travaillent jusqu'à quatre heures du matin. Nanette a déjà été présentée à Doris et Madeline, lorsque Mick Jagger – « *a really sweet guy* », se rappelle Nanette – entre au studio, accompagné du producteur Jimmy Miller et des autres membres du groupe. Jagger accepte sans faire de problème la nouvelle choriste. Bientôt, tout le monde se met à l'œuvre, sans Brian Jones.

Les Stones sont déjà de vieux routiers du travail en studio, les choses avancent rondement. Pourtant, Nanette ne cesse d'être intriguée par l'attitude de Keith Richards. Depuis le début de la session, il semble un peu distant, il manque de concentration. Pendant les pauses, Richards tombe endormi subitement. Il se réveille, marmonne une phrase ou deux, puis referme les yeux et somnole jusqu'à la prochaine prise. Nanette se dit : il a sûrement passé une nuit blanche, celui-là ! Richards – Nanette l'apprendra plus tard – est sous l'effet de l'héroïne. La jeune femme ignore tout des drogues à l'époque, à part la ligne de coke offerte par Benny à New York. La marijuana et le haschisch, elle n'a jamais essayé, ou alors du bout des lèvres, pour « faire comme les autres ».

La voix de Nanette se marie bien à celle de Doris et de Madeline. Mick Jagger est séduit par son accent du sud des États-Unis, alors que Doris et Madeline sonnent plus « New York ».

L'atmosphère est relax, très cool. Madeline Bell se rappelle que cette première session s'est prolongée tard dans la nuit. À un moment donné, Jagger s'est tourné vers les choristes :

— *You girls hungry ?*

Quelques minutes plus tard, Nanette, Doris et Madeline sont installées dans la salle de contrôle avec les Stones, avec qui elles partagent leur repas.

À la fin de la session, Mick Jagger s'approche de Nanette :

— *Great work, Nanette ! I love your voice. You'll join us for some other songs ?*

Celles de l'album qui ne s'appelle pas encore *Let It Bleed*. L'enregistrement aura lieu au début de la prochaine année. Si Nanette se trouve encore à Londres à ce moment-là.

— *Of course !*

Pour Nanette, travailler avec l'un des groupes les plus hot de l'heure est une expérience extraordinaire. Mais elle n'est pas groupie, ne l'a jamais été. Pour elle, les Rolling Stones sont des artistes, tout simplement. Exigeants, pointilleux, parfois, mais dont le talent et l'énergie créatrice ne font aucun doute. Quoi qu'on en dise – et malgré l'impression contraire donnée par Keith Richards ! – les Stones prennent leur métier au sérieux.

« La nuit dernière, j'ai chanté sur le nouvel album des Rolling Stones, écrit Nanette à sa famille. Mick Jagger et toute la gang étaient là. Des types charmants, des bons gars. »

Au cours des sessions suivantes, Nanette entend parler du décrochage progressif de Brian Jones. Le musicien vient rarement à Olympic Studios, et quand il s'y pointe il n'y reste pas très longtemps – Nanette ne le rencontrera d'ailleurs jamais. Jones semble isolé dans une sorte de bulle, dont il ne sort à peu près plus, selon ceux qui le côtoient. Il ne jouera que sur deux pièces du microsillon, finalement : *You Got the Silver* et *Midnight Rambler*, des enregistrements auxquels Nanette ne participera pas.

Fin mars, Brian Jones quitte la Grande-Bretagne pour un court séjour au Maroc, ce qui n'empêche pas les Stones de poursuivre l'enregistrement de leur nouvel album à Olympic Studios.

À son retour, au cours d'une session, Jones, perplexe, demande à Mick Jagger :

— *What can I play ?*

Et Mick de lui répondre :

— *I don't know, Brian. What can you play ?*

De toute évidence, une décision doit être prise – la presse commence à spéculer sur les « problèmes » des Stones. Surtout qu'avec la prochaine tournée américaine, il est probable que Jones n'obtiendra pas de permis de travail, à cause de ses démêlés avec la justice – il a été arrêté à deux reprises pour possession de drogue. Mick Jagger et les autres décident alors de le remplacer. Le 8 juin, Jagger, Richards et Watts le rencontreront pour lui demander de quitter le groupe, ce que Jones acceptera. Le 3 juillet 1969, la veille de la sortie du 45 tours *Honky Tonk Women* en Grande-Bretagne, on retrouvera son corps dans la piscine de sa maison du Sussex. Cause officielle de la mort : abus d'alcool et d'un médicament lié à ses problèmes d'asthme.

En mai 1969, Nanette a quitté l'Atlantic Gardens pour un grand appartement dans Kensington, un quartier huppé de Londres. Cet appartement, elle le partage avec une jeune Française qui étudie en arts plastiques. Au début de juin, le frère de Nanette atterrit en Grande-Bretagne. Billy a maintenant dix-huit ans, il en a marre de l'école et rêve de créer son propre groupe – au fil des ans, il est devenu un formidable guitariste. Depuis que sa grande sœur lui a écrit qu'elle travaille avec les Stones, Billy n'a plus qu'un seul désir : assister à l'enregistrement de *Let It Bleed*. Nanette demande la permission à Jagger, qui accepte avec plaisir.

Billy se souvient de son arrivée au studio, son sac en bandoulière, façon hippie. Si Nanette ne se sent pas groupie en présence des Stones, on ne peut en dire autant de Billy ! Et avec raison. Le voilà, tout jeune, musicien en plus, au milieu de ce groupe mythique. Quand Mick Jagger embrasse Nanette en arrivant au studio, Billy n'a qu'un souhait : qu'il devienne le nouveau chum de sa grande sœur !

Un jour, Vic Smith dit à Nanette :

— Sur cette nouvelle prise, Mick aimerait que tu chantes avec lui. *You'll be the only one on the track with him.*

Nanette, ravie, s'approche de Jagger.

— *We'll do this one together.* C'est une chanson que Keith et moi on a composée pendant nos vacances en Amérique du Sud.

Richards éclate de rire.

— On s'est retrouvés dans un coin qui faisait « western ». Ça nous a donné l'idée d'une pièce à la manière de Hank Williams.

— *We would like to give it a blues sound.*

— *You don't want to sing on it, Keith ?* demande Nanette.

— *No, no, you go ahead.*

Nanette met les écouteurs. S'approche de Mick pour partager le micro. Jimmy Miller s'empare d'une clochette à bestiaux et s'installe près de Charlie Watts. Le but de l'opération : obtenir un son qui soit le plus près possible d'une performance *live*. Les Stones sont très perfectionnistes en ce qui concerne, entre autres, la qualité sonore de leurs enregistrements. « Ils étaient toujours à la recherche de l'*ultimate recording* », se rappelle Vic Smith.

— *Let's do it !* s'écrie l'ingénieur.

— *I met a gin-soaked, barroom queen in Memphis*, chante Jagger.

Sur le refrain, la voix rauque et chaude de Nanette se mêle à celle de Jagger. « *It's the honky tonk women. Gimme, gimme, gimme the honky tonk blues…* »

Honky Tonk Women sortira en format 45 tours et deviendra un classique de la musique rock. À la fin de la session, les Stones décident d'enregistrer la version originale de *Honky Tonk Women*, telle que Jagger et Richards l'ont composée. Avant de débuter, Mick Jagger se tourne vers la jeune Américaine.

— *Eh, Nanette, where are you from ?*

— *Jackson, Mississippi.*

— *You got any western-style barrooms in Jackson ?*

— *We sure do !*

Sourire de Mick Jagger.

— *Fine… Let's change the words, then.*

L'enregistrement reprend. *I met a gin-soaked, barroom queen in… Jackson* chante Jagger, et c'est cette version – sous le titre de *Country Honk* – qui se retrouve sur l'album *Let It Bleed*. Plus tard, l'enregistrement de la chanson sera complété au studio Elektra, à Los Angeles, pour y ajouter le violon de Byron Berline, notamment. À la suggestion du producteur Glyn Johns, et dans le but d'ajouter de l'ambiance à la chanson, Berline enregistrera sa performance sur le trottoir à l'extérieur du studio ! Ce qui explique le klaxon de voiture et le bruit de moteur au tout début de la pièce.

Au cours d'une de ces sessions à Olympic Studios, Nanette fait la rencontre d'un nouveau venu : Mick Taylor. Quelques semaines plus tôt, pour remplacer Brian Jones, Mick Jagger a arrêté son choix sur ce jeune guitariste d'à peine vingt ans, chaudement recommandé par John Mayall avec qui il travaille depuis déjà trois ans. Taylor croit qu'on fait appel à lui pour une session seulement, dans le but d'appuyer la performance de Keith Richards. Mais c'est une audition, en fait. Tout au long de la session, Nanette voit bien que Mick Jagger et ses musiciens se jettent des regards satisfaits. De toute évidence, le jeune guitariste les impressionne. À la fin de la journée, devant Nanette et les autres choristes, Mick Jagger invite Taylor à poursuivre l'enregistrement et même sa carrière avec le groupe.

— *See you tomorrow*, lance Jagger au guitariste.

Ces sessions d'enregistrement avec les Rolling Stones sont des moments déterminants de la carrière de Nanette. Du point de vue financier, par contre, ce n'est pas le pactole. Les choristes reçoivent un forfait pour chaque session, comme c'est l'usage dans l'industrie. Nanette n'a donc pas droit aux revenus ultérieurs de la vente du disque. N'empêche, pendant plusieurs mois, elle côtoie l'un des groupes rock les plus importants, elle le voit à l'œuvre et s'émerveille de sa puissance créatrice, tout en y participant à part entière.

Mais la jeune femme ne travaille pas l'esprit en paix. Depuis quelques semaines, sa situation contractuelle avec Tony Roman s'est détériorée. La chanteuse réalise qu'elle ne peut travailler librement et à sa guise, l'entente de Canusa avec Richard Armitage est très restrictive. D'autant plus que la Noel Gay Organisation est disposée à s'occuper de sa carrière au niveau international. Des offres fermes ont été faites, qui se matérialiseront si Nanette est libérée de ses engagements envers Canusa.

La chanteuse communique avec Tony. Elle lui propose de continuer de s'occuper de sa carrière au Canada, mais Armitage aura les coudées franches pour le reste du monde.

— T'es folle ! T'as signé un contrat, tu peux pas l'annuler comme ça !

— Je veux pas l'annuler. Juste le modifier.

— À New York, t'étais rien. C'est moi qui ai fait de toi une vedette.

— Je suis passée à autre chose, Tony.

— Tu me prends pour qui, à la fin ? J'arrête pas de t'envoyer de l'argent.

— Mélange pas les choses, veux-tu.

— Je sors des disques, mais tu te déplaces même pas pour en faire la promotion. Faut que tu rentres à Montréal, faut que tu partes en tournée. Deux mois de clubs…

— *Stop it, Tony !*

— J'ai des projets pour toi.

— *I want out, Tony. Just out.*

— *No fucking way !*

Tony raccroche violemment. Les autres tentatives ne sont pas plus fructueuses. Tony cesse de lui envoyer du fric. Le message est clair : rentre à Montréal ! Obéir à ce qu'il demande ? Pas question ! Nanette ne veut plus rien savoir d'une tournée québécoise. Ni de travailler avec Tony Roman, plus particulièrement.

Au fil des semaines, les rapports s'enveniment entre eux. À la fin de ses sessions d'enregistrement avec les Rolling Stones, quand *Let It Bleed* est sur le point de sortir, Nanette doit se résigner à y figurer sous le nom de Nanette *Newman*, afin d'éviter que Tony ne se serve de cet exemple pour lui créer des problèmes, ou pour en créer à la compagnie Decca, l'étiquette des Stones en Grande-Bretagne.

Devant l'obstination de son ancien amoureux, Nanette songe à le traîner en justice pour se libérer de son fameux contrat. Les avocats de la Noel Gay Organisation confirment à la chanteuse qu'elle a de bonnes chances d'obtenir gain de cause. Pour le matériel enregistré chez Canusa, Nanette n'a jamais perçu un sou de redevances ! Tout l'argent que Tony lui doit a été réinvesti dans Canusa – à l'exception d'avances parcimonieuses, qui représentent une fraction de ce qui revient à l'artiste. Selon le contentieux de la Noel Gay Organisation, le contrat n'a pas été respecté par Tony et peut donc être annulé sans pénalité pour Nanette.

De Jackson, Beatryce décide de se mêler du litige. À l'insu de sa fille, elle communique avec Noëlla D'Ambrosio pour essayer d'arranger les choses, mais la mère de Tony est aussi inflexible que son fils. Elle n'a jamais pardonné à Nanette d'avoir laissé tomber Tony, qui ne s'en est pas encore remis, selon elle. Nanette a fait de la « grosse peine » à son fils unique, c'est inexcusable ! Nanette doit supplier sa mère de ne plus entrer en contact avec les D'Ambrosio. « J'ai fait la plus grande erreur de ma vie quand j'ai signé ce contrat. Mais c'est ma responsabilité, et je m'en sortirai par moi-même », écrit-elle à sa mère. De Tony, elle dit aussi : « Je le déteste comme jamais j'ai détesté quelqu'un. »

À l'exception des revenus obtenus grâce à ses contrats londoniens, Nanette n'a pas un sou. « Après trois ans de travail ardu et de frustration de la part de ce salaud, je me retrouve sans rien… », écrit-elle à ses parents.

Tony refuse de signer la nouvelle entente que lui propose Nanette. « Il ne veut rien céder. Il veut que je revienne vers lui en rampant et en lui demandant pardon. »

Dans un tel contexte, les avocats de la Noel Gay Organisation ont décidé d'aller de l'avant avec la poursuite judiciaire. Cette fois, on exige que Canusa libère Nanette complètement. On accuse Tony d'avoir retenu « illégalement » des sommes dues à Nanette. On l'accuse aussi de « négligence » envers l'artiste qu'il est censé représenter. Le menacer d'aller en cour sera suffisant pour obliger Tony à céder, selon le contentieux – il sait très bien qu'il n'a aucune chance de gagner. D'autant plus que Tony a déjà sur les bras cinq autres poursuites judiciaires, dont deux de la part de ses propres artistes !

Mais Tony s'acharne :

— Tu veux aller en cour ? répond-il à Nanette. On va y aller !

15

De retour brièvement à Montréal au cours de l'année 1969, Nanette n'a qu'un objectif : régler à l'amiable son différend avec Tony. Elle ne veut rien savoir d'un procès, malgré ses chances de le remporter. Toutefois, Nanette ne peut compter sur l'appui de Noëlla D'Ambrosio. Intraitable, la mère de Tony est toujours en colère contre l'ancienne fiancée de son fils. Elle ne parvient pas à se faire à l'idée que Tony et Nanette ne se marieront jamais. À son départ pour Londres, Noëlla avait proposé à Nanette d'entreposer chez elle, à Chomedey, les meubles de son appartement du Rockhill, notamment son mobilier de salon Marie-Antoinette. En arrivant à Montréal, Nanette découvre qu'il n'en est plus question ! Nanette doit vider son logement en vitesse. N'ayant pas les moyens d'envoyer ses meubles au Mississippi, elle est obligée de les céder au nouveau locataire, qui est en fait l'avocat de Tony Roman !

Depuis quelques mois, les journaux spécialisés se sont désintéressés de la chanteuse. De temps en temps, un entrefilet a rappelé aux lecteurs que Nanette se débrouillait bien à Londres, mais sans plus. Les abonnés du *Jackson Daily News* en savent davantage sur la jeune artiste, grâce aux coupures de presse que Beatryce envoie régulièrement à Frank Hains.

Pourtant, Nanette n'a pas oublié le Québec, même si les derniers 45 tours de Canusa sortis à cette époque se vendent moins que les années précédentes. L'absence de Nanette y est peut-être pour quelque chose, mais les ennuis financiers de Tony en sont également responsables. « Tony est au bord de la faillite, écrit Nanette à ses parents. Il a perdu beaucoup d'argent et il ne peut même plus payer ses employés. » Plus tard, Tony devra même quitter son appartement du Rockhill.

Quand elle le rencontre pour la première fois depuis qu'ils se sont quittés, à Londres, Nanette est surprise par son allure. Il a l'air troublé, un peu perdu. Il est toujours aussi énergique, énervé et rempli de projets, mais son énergie semble tourner à vide.

— Je comprends pas qu'on en soit rendus là, Tony. Ce que je te demande, c'est pas la fin du monde. Pas besoin d'aller en cour pour régler ça.

— Tu t'es servie de moi, t'as profité de Canusa pour devenir une vedette.

— *Stop it, you're ridiculous !*

Nanette sent qu'au-delà de leur conflit professionnel, c'est leur rupture amoureuse qui est en cause. De toute évidence, Tony n'a pas encore pardonné à Nanette de l'avoir laissé tomber. Pour lui, la blessure est toujours aussi douloureuse.

— Je te demande un effort, Tony.

— *Forget it.*

— *Tony, please…*

— *You'll never get anything from me. Do you understand ? Never.*

Ce soir-là, découragée, désemparée, Nanette se réfugie dans un bar du centre-ville. Elle y a donné rendez-vous à un ami, un chanteur qu'elle connaît depuis l'année précédente et chez qui elle habite pendant son séjour au Québec. Quelques minutes plus tard, quand il passe la porte du bar, la rejoint à sa table et l'embrasse passionnément, Nanette a l'impression de changer de vie. Ses ennuis, qui paraissaient insurmontables il y a quelques instants, semblent avoir disparu par enchantement. La jeune femme qui broyait du noir se remet à sourire. De toute évidence, elle est amoureuse. L'objet de sa passion : Michel Pagliaro. Ses grands yeux bruns, ses lèvres sensuelles, elle l'adore.

D'origine italienne tout comme Tony Roman – mais sa mère est francophone –, Michel Pagliaro s'est joint aux Chanceliers en 1966, à titre de guitariste et chanteur. Le groupe n'est pas parvenu à séduire le public, même s'il a participé aux émissions habituelles de l'époque, comme *Jeunesse d'aujourd'hui*. Leur producteur : Yves Martin, qui travaillait alors pour Denis Pantis. C'est sur l'étiquette de ce dernier – Citation – que paraît *Le p'tit Poppy*, version française de *I'm Your Puppet*, le succès du duo James & Bobby Purify. Ce disque prend bientôt la tête du palmarès.

Le groupe, qui portera brièvement le nom Michel et les Chanceliers, enregistrera d'autres 45 tours, mais sans répéter ce succès initial. En février 1968, Pagliaro quitte la formation pour faire une carrière solo. Il reprend le tube de Claude François *Comme d'habitude*, qu'il enregistre sur étiquette DSP. La chanson cartonne au palmarès Méritas.

Un an plus tôt, une tournée de promotion avait entraîné Michel du côté de Trois-Rivières. Sachant que Nanette se produisait dans un cabaret en ville, il s'y était rendu pour faire connaissance avec la jeune chanteuse. Ils avaient pris un verre ensemble après le show. Et s'étaient promis de garder contact. Michel savait déjà – par les journaux à potins ! – que Tony et Nanette s'étaient séparés. Mais, au départ, il n'était pas question de relation amoureuse entre eux. D'amitié, plutôt.

Quand Nanette a informé Michel de sa venue à Montréal, il l'a invitée à venir rester chez lui. Au cours des derniers jours, leurs sentiments se sont précisés.

— Comment ça s'est passé avec Tony ? demande Pagliaro.
— Mal.

Michel se rembrunit. Nanette tente de le rassurer.

— Ça va s'arranger, j'en suis sûre. Je veux pas que ça gâche notre soirée.

— Il est au courant pour nous deux ?
— Je lui ai dit que je restais chez toi.

Pagliaro n'est pas à l'aise avec la situation. Avec Nanette, même si elle s'est séparée de Tony, Michel a l'impression de devoir se cacher, comme s'il était en faute. Pour mettre les choses au clair avec lui, Michel se rend à son *penthouse* du Rockhill.

Tony ne semble pas surpris de le voir arriver. Comme s'il attendait sa visite. Les deux hommes se connaissent bien même s'ils n'ont jamais travaillé ensemble. Michel va droit au but :

— Ça te choque pas que je sorte avec Nanette ? demande Pagliaro. T'es certain ?

— Pourquoi tu dis ça ? répond Tony. Elle fait ce qu'elle veut.

— Je sais, mais…

— Mais quoi ?

— On raconte que t'as l'intention de reprendre avec elle. Je voudrais pas…

Tony hausse les épaules.

— Faut pas croire ce qu'on lit dans les journaux. C'est moi qui leur dis quoi écrire, la plupart du temps.

— Je sais bien, mais…

— C'est fini, Mike. Pour moi aussi.

La relation entre Nanette et Michel s'amorce de façon complètement différente de celle avec Tony. D'abord, Nanette ne doit rien à Michel du point de vue professionnel. Nanette est déjà une vedette, et Pagliaro est relativement connu, lui aussi. En plus, ils sont liés à des compagnies de disques distinctes. Mais très vite, il est question de mariage, d'avoir des enfants, d'élever une famille. Une chose est sûre : depuis Tony Roman, Michel Pagliaro est le seul candidat sérieux au poste de mari et de… papa éventuel !

Plus important encore, Michel est le premier homme avec qui Nanette ressent la « plénitude amoureuse » dont parle sans cesse sa mère. Entre elle et lui, c'est l'entente parfaite, non seulement au point de vue physique, mais aussi sur le plan affectif.

Le retour de Nanette à Londres est une déchirure pour le couple, pour Nanette, surtout, qui revit avec Michel la situation qui l'avait éloignée de Morgan, quelques années plus tôt. Est-elle en train de répéter la même erreur ? Préférer sa carrière à sa vie amoureuse ? Cette fois, elle est bien décidée à ne pas rompre avec son nouveau chum, malgré l'éloignement.

Jour après jour, le couple s'échange de longues lettres passionnées. De la part de Michel, d'abord, qui s'ennuie à mourir. Nanette est follement amoureuse, elle aussi. À sa famille, elle annonce son mariage pour septembre. « C'est un chanteur qui deviendra un jour quelqu'un d'important. Il est très talentueux, très intelligent, et il m'aime. » Elle ajoute : « Nous avons tout en commun. »

Cependant, la distance n'aide pas les choses. Les lettres de Nanette se font plus rares. Michel en met d'abord la responsabilité sur l'horaire chargé de la chanteuse, mais un soir, il rencontre Tony dans un bar.

— Alors, les amoureux, comment ça va ? raille Tony.

Michel n'aime pas le ton de sa voix. D'autant plus que Tony lui apprend que Nanette lui a écrit plusieurs lettres.

— Des lettres de menace, mais elle ne me fait pas peur ! s'écrie Tony. Des téléphones aussi.

Tony éclate de rire.

— Si elle pense m'intimider, elle se trompe !

Tony hoche la tête, silencieux, cette fois. De toute évidence, il est encore amoureux. Il suffirait que Nanette lui dise : « Je regrette de t'avoir quitté, je rentre pour de bon, on reprend ensemble tous les deux » et Tony s'empresserait de lui ouvrir grand les bras.

Michel commence à se poser des questions. Nanette a le temps de communiquer régulièrement avec Tony, mais ne prend même plus la peine de répondre à ses propres lettres. Que se passe-t-il ?

La réponse est toute simple : Nanette s'est déjà entichée de quelqu'un d'autre !

« C'est un garçon très gentil, *ma'*. Il vient d'Afrique du Sud, c'est une star, là-bas, un peu comme Tony et moi à Montréal. » C'est ainsi que Nanette décrit Zayn Adams à sa mère. Originaire de Cape Town, Zayn chante dans un groupe sud-africain, The Flames, venu tenter sa chance à Londres, où habitent plusieurs de ses cousins. D'origine malaisienne, le chanteur a une voix magnifique. Dès qu'elle fait sa connaissance, après son spectacle, Nanette tombe amoureuse du séduisant jeune homme. Zayn se trouve à Londres depuis six mois, il se sent seul, il s'ennuie de sa famille, comme Nanette. « En fait, il ne parle que de ça », révèle Nanette à sa mère.

Malgré leurs différences culturelles, les deux déracinés s'adorent. Zayn incite sa nouvelle copine à s'ouvrir culturellement. Jusqu'à maintenant, même pendant son séjour au Québec, Nanette est restée une Américaine pure et dure, du point de vue culinaire, surtout. Zayn l'introduit à la nourriture malaisienne, lui fait apprécier le cari et d'autres types de cuisine exotique. Bientôt, Nanette craque pour les tandooris, les pappadums et les parathas. Résultat : la chanteuse prend du poids. Vingt livres au moins, ce qui soulève l'inquiétude des journaux à potins du Québec! Pour la première fois de sa vie, Nanette doit se mettre au régime, sinon elle risque de perdre les contrats de mannequin qu'elle continue d'accepter de temps en temps.

En plus de l'éveiller à la cuisine asiatique, Zayn apporte à Nanette une aide précieuse dans un autre domaine. Depuis qu'ils sont ensemble, le jeune homme est témoin des nombreux appels téléphoniques de Nanette à ses parents, à Jackson, et à Tony Roman, à Montréal. Des appels qui tournent toujours autour du même sujet : le refus catégorique de Tony de libérer Nanette de ses engagements contractuels. Zayn voit bien que Nanette est perturbée par cette histoire.

— *You know, Nanette...* Si on demandait à mon père de t'aider?

— *Your father? In Cape Town?*

— Je te l'ai pas dit mais... mon père est sorcier.

Nanette ouvre grand les yeux.

— Il pratique la magie blanche.

Le type de magie « positive », dans le but de faire le bien, par rapport à la magie noire, motivée par la vengeance ou le ressentiment.

— Utiliser la magie pour me libérer de Canusa?

— Pourquoi pas?

— Jeter un sort à Tony Roman?

— Non, non. Te libérer de lui, c'est tout.

Nanette ne croit pas à la magie, elle trouve la suggestion un peu ridicule, mais elle n'a plus rien à perdre. Sa situation avec Canusa est tellement complexe, et Tony est si buté, qu'elle ne voit pas de solution à son problème. La justice, oui. Mais l'affaire risque de traîner des mois et de lui coûter une petite fortune, même si les avocats de Richard Armitage s'occupent du dossier.

Bref, Nanette est tentée par la proposition de Zayn.

— *All right. Let's try it!*

Zayn communique avec son père, à Cape Town, qui renvoie à Nanette, par la poste, douze feuilles de papier. Des grandes feuilles avec une drôle de texture, comme si c'était du parchemin.

Dans une lettre à part, le père de Zayn demande à Nanette d'écrire sur ces feuilles ce qu'elle désire obtenir de Tony. Toujours aussi sceptique, Nanette se met au travail. Longuement, elle explique à Tony qu'elle veut être libérée de ses engagements envers Canusa, qu'elle souhaite prendre ses propres décisions en ce qui concerne sa carrière. Elle lui dit aussi qu'elle n'a aucunement l'intention de rentrer au Québec, surtout pour faire la tournée des cabarets et des salles de spectacle comme il le lui demande.

Nanette n'a pas beaucoup d'espoir. Depuis des mois, elle a répété les mêmes demandes, sans succès.

Après avoir mis l'enveloppe à la poste, Nanette attend. Le père de Zayn lui a ordonné de ne pas communiquer avec Tony par téléphone ou autrement. Il faut laisser la magie suivre son cours.

Quelques semaines plus tard, quand Nanette rentre à l'appartement, elle aperçoit Zayn, debout dans la cuisine. Sur la table, devant lui, une grande enveloppe dont l'origine ne fait pas de doute : Canusa. Pendant un moment, Nanette n'ose pas bouger.

— *Come on, open it !* lance Zayn.

Nerveusement, Nanette ouvre l'enveloppe. Il s'agit d'un document, une sorte de contrat. Nanette le lit rapidement. Au fur et à mesure de sa lecture, elle ne peut croire ce qu'elle découvre. Même s'il n'accepte pas les torts qu'on lui reproche, Tony se résigne à libérer Nanette de ses engagements contractuels. Pour toujours, dans tous les territoires.

Nanette sent qu'un poids énorme vient de lui être enlevé des épaules.

C'est la première fois que la jeune femme a recours au paranormal. Ce ne sera pas la dernière.

16

Le 1ᵉʳ septembre 1969, Michel Pagliaro arrive en Grande-Bretagne pour un mois. Il a l'habitude de faire le voyage tous les ans ou à peu près, pour divers enregistrements dans des studios londoniens. Cette fois, il veut clarifier la situation avec Nanette. Comment expliquer à Michel qu'elle a maintenant un nouveau copain? Voilà le défi de Nanette, qui se retrouve en terrain connu. Quelques années plus tôt, elle avait caché à Charles Spalding ses projets de mariage avec Morgan.

Mais les circonstances se chargent de régler le problème de la jeune femme. Au moment où Michel atterrit à Heathrow, Zayn a déjà quitté la Grande-Bretagne pour l'Afrique du Sud – il n'en pouvait plus d'être loin de sa famille et de son pays, il s'ennuyait trop!

Sous le ciel de Londres, la relation entre Nanette et Michel se réchauffe. Après le retour de Michel à Montréal, Nanette écrit à sa famille: «Je suis très amoureuse de Michel et j'espère que vous le rencontrerez bientôt. C'est un type formidable qui fera un excellent mari.» Plus tard, Nanette révèle à sa mère: «Je suis encore amoureuse de Michel et, ce qui me surprend moi-même, je lui suis fidèle.»

Il est de nouveau question de mariage. «J'essaie d'économiser en prévision des noces, en décembre.» Une «double cérémonie», l'une à Montréal, l'autre à Jackson, c'est ce que le couple préfère, mais «le rabbin Nussbaum refusera certainement de célébrer notre mariage à la synagogue. Dommage qu'il soit si démodé».

Lors de son passage à Londres, Billy fait la connaissance de Michel. Les deux musiciens s'entendent à merveille, ce qui donne une idée à Nanette. Billy refuse de rentrer aux États-Unis. Il veut faire du rock, créer un groupe, alors que ses parents souhaitent qu'il poursuive ses études. Depuis quelques semaines, Nanette tente de trouver un compromis. Billy pourrait étudier en Californie et, pendant ses temps libres, suivre des cours de guitare. Beatryce a une meilleure idée : un petit séjour à l'armée, histoire de lui mettre un peu de plomb dans la tête, à ce fils rebelle ! Le timing de *ma'* n'est pas très fort : nous sommes en pleine guerre du Vietnam !

Voyant que Michel et son frère s'entendent si bien, Nanette se dit : pourquoi Billy n'irait-il pas le rejoindre à Montréal ? La proposition satisfait les principaux intéressés. Beatryce et Ernie sont d'accord, à condition que Billy donne une « dernière chance » à ses études. Après une session à Hinds Junior College, Billy s'installe chez Michel, à la fin de l'année 1969, et devient même un membre à part entière de son groupe. Les deux gars partagent un appartement à Laval. Au cours des semaines suivantes, Michel tient Nanette au courant de la situation avec Billy, qui travaille sérieusement en studio avec lui.

Nanette est encore amoureuse de Michel mais, comme la dernière fois avec Zayn Adams, elle cède vite aux tentations de la vie londonienne, surtout qu'elle s'y retrouve seule de nouveau. Nanette a pris l'habitude de fumer de la marijuana et parfois du haschisch, offerts à toutes les sessions d'enregistrement. Bientôt, Nanette ne peut plus se passer de ces drogues douces, qui la calment et l'aident à soulager le stress de son travail. Nanette ne se déplace plus sans sa réserve personnelle. Rien d'inhabituel dans ce comportement. À la fin des années soixante, Londres est l'une des destinations les plus populaires des hippies européens, avec Amsterdam. Venus de partout, des jeunes aux cheveux longs ont envahi la ville, ils dorment à la belle étoile dans les parcs. Dans ce milieu, comme dans le milieu où évolue Nanette, la drogue circule librement.

Sa consommation régulière de pot et de hasch fait perdre à Nanette ses inhibitions. Elle peut enfin vivre la vie libre et insouciante d'une jeune femme de son époque. Après des années de

« retenue », elle se laisse aller, enfin. Un jour, Nanette s'amourache d'un joueur de rugby, s'intéresse à ce sport, puis abandonne et le joueur et son intérêt pour le sport en question, juste avant une nouvelle visite surprise de Michel, qui ne remarque rien de son manège !

Un soir, après une session d'enregistrement à Olympic Studios avec Madeline Bell et John Paul Jones de Led Zeppelin, Nanette devient amie avec le *road manager* de Pink Floyd, qui se trouve sur les lieux. Elle décide de le suivre en Allemagne, où le groupe doit donner deux ou trois spectacles. Là-bas, engouement pour David Gilmour, le guitariste du *band*. Elle se met en chasse pour le beau Dave.

De retour à Londres, elle l'invite à souper à son nouvel appartement, dans Harley Street. Depuis longtemps, Nanette admire Gilmour comme guitariste mais aussi comme chanteur. Elle est convaincue qu'entre elle et lui, ça va cliquer.

La soirée démarre de belle façon. Nanette, qui déteste faire la cuisine, s'est mise en frais d'impressionner son invité : un spaghetti, qu'elle réussit à ne pas rater – une prouesse !

Gilmour, galant, se charge du vin.

Le repas se déroule rondement. Ils fument un joint, discutent de leurs préférences musicales, de ce qui les fait tripper.. Peu à peu, ils se rapprochent. S'embrassent. La chambre, ensuite, où Gilmour s'attend, évidemment, à une nuit d'amour torride. Tout à coup, Nanette a des doutes. Elle ne veut pas passer pour une fille facile ! Ils continuent de s'embrasser, mais ils ne vont pas plus loin. Et le lendemain matin, Gilmour, étonné par le changement d'attitude de la jeune Américaine, disparaît une fois pour toutes ! *Oh, well…*

Un jour, Nanette annonce en grande pompe à sa famille : « Attention, tout le monde : je me marie le mois prochain… » Avec Michel Pagliaro ? Zayn Adams ? David Gilmour ? Pas du tout ! Un inconnu, un autre. Ces fiançailles qui ne durent que le temps d'une lettre à la poste, Nanette semble les collectionner, obsédée par le projet de trouver un homme, le bon parti, et de se marier, enfin !

« J'étais incapable de me brancher », avouera-t-elle plus tard.

Laissé en rade, Michel Pagliaro plonge dans le travail. De passage au Québec, Nanette enregistre avec lui *Na Na Na Hey Hey Goodbye* et *Delta Lady*. Michel remarque l'attitude de plus en plus détachée de Nanette, mais ne dit rien. Il a encore espoir de sauver leur relation. Pourtant, Nanette ne lui donne pas beaucoup de raisons d'être optimiste. Au cours des semaines suivantes, accaparée par sa carrière londonienne, Nanette revient rarement au Québec, et ses voyages ne sont plus que des escales en route vers Jackson. Michel semble lui aussi perdre intérêt dans cette relation qui ne mène nulle part.

Le 4 juin 1970, la rupture entre Nanette et Michel paraît définitive.

— Pour que ça marche, Mike, faudrait que je rentre à Montréal.

— Ou que je déménage à Londres.

— Impossible. Ta carrière va bien au Québec. Au Canada anglais aussi.

— Je t'aime, Nanette. Je t'aimerai toujours.

— Moi aussi, je t'aime.

Quelques semaines plus tard, Nanette écrit à Beatryce. À propos de Michel, elle dit : « Quand viendra le temps, quand nous aurons tous les deux suffisamment d'argent, quand nous aurons atteint les objectifs que nous nous sommes fixés dans nos carrières respectives, à ce moment-là nous nous marierons et nous fonderons une famille, mais pas avant. »

Lors de son voyage en Allemagne pour assister aux shows de Pink Floyd, Nanette s'est liée d'amitié avec le bassiste Roger Waters et sa femme Judy. À Londres, elle fréquente le couple régulièrement. Un soir, dans son appartement, Roger lance, à brûle-pourpoint :

— Vous voulez dropper de l'acide, les filles ?

En ce qui concerne les drogues, Nanette ne consomme rien d'autre que de la marijuana et du haschisch. Bien entendu, elle a entendu parler du LSD qui fait rage à Londres, mais n'a jamais essayé cette drogue. Quand Waters lance l'idée de prendre de l'acide, Nanette hausse les épaules. Pourquoi pas ? Ça ne peut pas être plus *weird* que le pot ou le hasch. Ou même que la ligne de coke de Benny, à l'époque.

Mauvaise réponse !

Après quelques minutes, l'effet est foudroyant. Autour de Nanette, bientôt, Judy et Roger prennent une allure bizarre. Elle commence à avoir peur mais se rassure en les voyant, eux, tout à fait relax. L'appartement se transforme sous ses yeux, les murs se colorent de teintes étranges, changeantes, que Nanette observe avec étonnement. Après un moment, il lui vient l'idée saugrenue d'appeler à Jackson et de parler à sa mère ! Beatryce remarque-t-elle la condition étrange dans laquelle se trouve sa fille ? Sûrement, se rappelle Nanette, mais elle ne lui dira rien à ce sujet par la suite. Quand elle raccroche le combiné, Judy Waters la regarde avec un grand sourire.

— *Hey, Nanette ! Let's go shopping !*

Drôle d'idée ! Il est tard la nuit, tous les commerces sont fermés, sauf un magasin à rayons ouvert en permanence. Soudain, ce projet de s'y rendre devient une entreprise majeure, incontournable, qu'il faut réaliser à tout prix séance tenante.

Le trio sort de l'appartement. Dans la rue, les maisons et les immeubles prennent, eux aussi, une forme particulière, tout en courbes et avec jeux de couleur. Nanette marche sur le trottoir et elle a l'impression d'être à bord d'un bateau : la rue tangue, le paysage aussi.

— Nanette !

Roger Waters se tient près d'une voiture, la sienne. Il a l'intention de conduire ! Mais pourquoi faut-il absolument s'y rendre, à ce foutu magasin, et à cette heure tardive, en plus ? Pourquoi est-ce si important, tout à coup ?

Des questions que Nanette ne se pose pas !

Quand elle saisit la poignée de la portière, Nanette a l'impression qu'elle va lui rester dans la main. La jeune femme ne peut plus bouger. Elle reste figée, là, debout sur le trottoir. Judy remarque son malaise. Son sourire est exagérément charmeur puis, soudain, sinistre à souhait. Entre les dents de son amie, Nanette voit de petits vers se frayer un chemin dans sa bouche. Elle veut l'alerter mais ne trouve pas les mots, elle recommence à avoir peur, et pourtant elle se laisse tout doucement guider dans la voiture.

Ce n'est pas la première fois que le bassiste de Pink Floyd conduit sous l'effet du LSD. Du moins, c'est ce qu'il affirme. Nanette a l'impression que l'auto n'avance pas, mais elle file à toute vitesse sur les grands boulevards. Par la fenêtre de la voiture, les images fixes, ou presque, d'un film au ralenti. La peur s'installe de nouveau, quand Nanette voit les vers qui avaient trouvé refuge dans la bouche de Judy monter sur sa main, d'abord, puis sur son bras ! Une peur déraisonnée, une sorte de paranoïa ne la quitte plus.

Dans le grand magasin, la balade en ascenseur les fait freaker tous les trois, mais c'est au rayon des meubles que leur délire s'accentue. Apercevant un lit d'eau en démonstration, Judy veut absolument l'essayer. Elle s'y étend de tout son long mais se met soudain à crier, en panique, en essayant de se relever :

— *Get me out of here, Nanette ! Get me out of this bed !* Je suis en train de me noyer !

Alarmée, Nanette cherche Roger des yeux : il a disparu. Judy lui tend la main, elle donne vraiment l'impression de disparaître dans le fond du... lit, mais Nanette n'ose pas la saisir. Elle a peur d'être entraînée à son tour ! La panique s'empare d'elle, de nouveau. Que faire pour sauver Judy ? Elle se met à crier, très fort :

— *HELP ! HELP ! SOMEONE'S DROWNING !*

Des clients se retournent, se demandant ce qui se passe. Un vendeur s'approche, intrigué. Mais Roger, alerté par les cris, réussit à sortir Judy de ce mauvais pas. Le trio quitte le magasin sous le regard étonné des curieux.

Ce *bad trip*, Nanette le revivra pendant des années. Parfois, à propos de rien, un sentiment de panique s'emparera d'elle. Une peur déraisonnée comme celle dont elle a été la proie, cette nuit-là, reviendra la perturber dans des moments où elle s'y attendra le moins. Quand elle fumera un joint de marijuana, par exemple, il lui viendra parfois des réminiscences de son *bad trip*.

Nanette vient d'entrer dans le long tunnel de l'alcool et des drogues dures, d'où elle ne sortira pas avant plusieurs années.

17

La réputation de Nanette en tant que choriste avec les Rolling Stones s'est répandue rapidement auprès des autres groupes rock de Londres, d'autant plus que Doris Troy et Madeline Bell lui ont fait une promotion exceptionnelle. Madeline est vite devenue sa meilleure amie. En quelques sessions à peine, Nanette a trouvé sa place avec les deux autres choristes, comme si elle avait chanté avec elles pendant des années. Nanette adore travailler en équipe, et en plus elle connaît bien la musique – elle peut lire une partition au premier coup d'œil.

Depuis février 1969, Nanette et ses deux collègues ne cessent de travailler : trois sessions par jour, parfois, et ce, sept jours par semaine. On dirait que tous les groupes en ville, tous les chanteurs, se sont donné le mot. Tom Jones, Billy Preston, Engelbert Humperdinck et plusieurs autres.

Doris Troy, voulant renouveler le succès de *Just One Look*, vient de signer avec Apple Records, et c'est George Harrison qui produit son nouveau 45 tours, *Ain't That Cute*. L'enregistrement a lieu aux studios EMI – qui deviendront les studios Abbey Road en 1970, après la sortie de l'album des Beatles.

Nanette est engagée comme choriste, avec Madeline Bell. Participent également à l'enregistrement Ringo Starr et George Harrison, qui joue de la guitare en plus de produire le disque. Par la suite, le batteur des Beatles engagera Nanette comme choriste sur son 45 tours *It Don't Come Easy*. Suivra quelques mois plus tard une participation – à titre de choriste toujours – à l'album du groupe Badfinger, produit par Ringo. Nanette y chante sur *Day After Day*.

George Harrison fera de nouveau appel à Nanette pour le disque des Edwin Hawkins Singers, un groupe gospel, surtout connu pour le tube *Oh Happy Day*, devenu un succès international en 1969.

Le travail de Nanette chez EMI Studios pour les disques Apple suscite l'intérêt de John Lennon. Nanette se joint à Doris Troy, Madeline Bell et une douzaine d'autres choristes, et les accompagne en autobus à Tittenhurst Park, la résidence privée de Lennon, où on les a convoqués. Le trajet jusqu'à Ascot, à l'extérieur de Londres, se fait en pleine heure de pointe, ce qui leur prend une éternité. Une fois sur place, John Lennon leur apprend que l'enregistrement n'aura pas lieu comme prévu aux Ascot Sound Studios, qu'il a fait construire sur sa propriété, mais aux studios Apple, 3 Savile Row.

Avant qu'ils repartent, on leur présente une table couverte de victuailles. Affamés, les choristes en profitent.

Nanette ouvre le frigo. Une rangée complète de Dr Pepper, sa boisson préférée !

— Où t'as pris ça ? demande-t-elle à Lennon, surprise.

— Le Dr Pepper ? Oh, j'en fais venir des États-Unis. Par pleines caisses. *I love that drink.*

— *You have good taste !*

Retour en ville, et nouvelle attente : des ennuis techniques ! Lennon vient s'excuser.

— *I'm sorry it's taking so long.*

Il demande aux trois choristes si elles ont besoin de quelque chose.

— Fumer un joint, répond Doris Troy. *It's been an exhausting day !*

Lennon sourit et revient quelques instants plus tard avec un gros bloc de hasch. Il le remet aux trois filles.

— *Just relax, now.*

Plusieurs minutes plus tard, retour de Lennon, qui leur dit :

— *This is what I want you to sing.*

La chanson s'appelle *Power to the People*. Un classique…

Et un moment inoubliable pour Nanette, qui se retrouve en compagnie du Plastic Ono Band – Klaus Voormann, Jim Gordon et Yoko Ono. Phil Spector participe également à l'enregistrement, en plus de coproduire le disque avec John Lennon et Yoko Ono.

Après une première prise, Lennon lance :

— *Can you do it a little more agressive ?*

Le groupe s'exécute de nouveau.

— *Now, put your arms up in the air, like this…*

Tout le monde reprend en agitant les bras sous la direction de Lennon ! Et en battant la mesure avec les pieds, dans une joyeuse harmonie.

Nanette, Madeline et les autres interprètes sont payés rubis sur l'ongle dès le lendemain, ce qui est rare chez les producteurs de disques.

À chacune de ces occasions, Nanette a apprécié le professionnalisme et la gentillesse de John, George et Ringo – Paul McCartney est le seul ex-Beatle avec lequel elle n'a pas travaillé. « George ? Très cool, toujours décontracté, c'était facile de parler avec lui. Il savait ce qu'il voulait, jamais de stress dans le studio. Ringo ? Fidèle à sa réputation de boute-en-train. Il racontait toujours des blagues pour détendre l'atmosphère. On a eu beaucoup de plaisir avec lui. Tout en étant gentil et agréable, John restait sérieux. Mais c'était – et c'est toujours ! – mon Beatle favori. Je n'ai pas été déçue quand je l'ai côtoyé. »

Grâce à Vic Smith et, par la suite, à Doris Troy et Madeline Bell, Nanette devient partie intégrante de l'univers rock londonien de la fin des années soixante. Mais elle veut persévérer dans sa carrière individuelle. Pas question qu'elle demeure choriste pour le reste de ses jours. D'ailleurs, Richard Armitage voit d'un œil critique le travail de Nanette pour les Stones et d'autres groupes. Selon lui, si Nanette est trop identifiée au métier de choriste, sa carrière solo pourrait en souffrir.

— *Do you know Norman Newell ?* lui demande un jour son manager.

Bien sûr ! Auteur, producteur, il a travaillé avec les plus grandes : Judy Garland, Petula Clark, notamment. Et Shirley Bassey, que le tube *Goldfinger* – la chanson thème du film – a propulsée aux premières places du hit-parade mondial en 1965. Norman Newell, tout le monde veut travailler avec lui !

— Vous allez faire votre prochain disque avec lui, reprend Armitage. Norman en sera le producteur.

— Et les chansons ? Qui va les écrire ?

— *You. It'll be your record, Nanette.*

Richard Armitage lui explique son « plan de match », son objectif à long terme : sortir Nanette de la *pop music* pour *teenagers*, dans laquelle, selon lui, elle a « gaspillé » son talent jusqu'à maintenant. Il souhaite pour elle un autre public, plus vieux, celui qui s'est entiché de Bobbie Gentry, par exemple, une chanteuse qui vient du Mississippi, comme Nanette. En 1967, son *Ode to Billie Joe* s'est vendue à trois millions d'exemplaires !

C'est ce genre de matériel qu'Armitage lui demande d'écrire. Plus *main stream* qu'auparavant, et avec davantage d'émotion. Des chansons qui mettront en évidence la puissance et la sensualité de sa voix.

À la demande de son gérant britannique, Nanette change donc de style. Finie l'adolescente attardée en minijupe ! Robes longues, maquillage discret, allure classique. Sur la pochette du nouvel album que réalisera Norman Newell – intitulé tout simplement *Nanette*, sur étiquette EMI –, le visage de Nanette apparaît dans une atmosphère feutrée, romantique, à des années-lumière de son look *Fleurs d'amour, fleurs d'amitié*. Un croisement entre Bobbie Gentry, Barbra Streisand et Petula Clark !

Nanette entre en studio sous la direction de Norman Newell à l'automne 1969, pour l'enregistrement de son album. Elle est l'auteur de sept des chansons qu'elle propose, dont *Flying Machine* et *You're Wasting Your Time*, qui sortiront en format 45 tours.

Pour la chanson *Poetry*, Nanette est accompagnée du guitariste Jim Sullivan, qui a travaillé avec tous les grands noms de la musique populaire – Bing Crosby et Ella Fitzgerald, entre autres. C'est l'un des guitaristes de studios les plus en demande dans les années soixante et soixante-dix.

La commercialisation du disque en Grande-Bretagne est prévue pour le début de la nouvelle année. On parle aussi d'une sortie nord-américaine en mars. Et d'une traduction, destinée au marché français.

Fin janvier, il est prévu que Nanette participera au MIDEM, à Cannes, avec ses nouvelles chansons. D'ici là, Armitage l'envoie sur la route. À l'automne 1969, Nanette parcourt l'Écosse, l'Irlande, le pays de Galles.

Changement d'auditoire pour la jeune artiste!

La chanteuse «dans le vent» se produit maintenant avec des orchestres de jazz composés de plusieurs musiciens. Après avoir été, au Québec, l'icône des adolescents, des *teenagers*, la voilà qui chante maintenant pour leurs… parents, dans des clubs sélects. Nanette n'est pas convaincue que cette approche soit la meilleure, d'autant plus qu'au contact des Rolling Stones et d'autres chanteurs elle a pris goût à la musique rock.

Mais Nanette fait confiance à son imprésario. Il connaît bien le public britannique, il sait sûrement ce qui est préférable pour sa carrière. Elle suit donc ses conseils à la lettre.

Début 1970, Nanette est en vedette au Saint-James Suite. Le magazine *Nightbeat* la décrit comme ayant «un remarquable talent de chanteuse». Pour le journaliste, la jeune Américaine est «destinée à des choses plus importantes que la télé et les spectacles de cabaret. Elle a la voix, le look et le style requis pour être remarquée».

Après la scène et les photos de mode, le petit écran!

À la BBC, *Not Only… But Also* est le show humoristique le plus populaire de la télé britannique. En vedette, Peter Cook et Dudley Moore. Satiriste très en demande, Cook a fait la connaissance de Moore sur *Beyond the Fringe*, une émission de variétés qui a connu un énorme succès. Tournée en studio devant un auditoire, *Not Only… But Also* fait appel régulièrement à des invités spéciaux – Peter Sellers et John Lennon, par exemple.

Grâce à Richard Armitage, Nanette passe des auditions. Peter Cook et Dudley Moore adorent la jeune Américaine, ils décident d'en faire une «régulière» du show. Pendant quinze semaines, Nanette participe à chaque émission. Elle y interprète des chansons, souvent en duo avec Dudley Moore, mais joue aussi dans les sketches des deux humoristes. C'est la première fois qu'une chanteuse participe à la série de façon permanente.

Nanette adore travailler avec Peter Cook et Dudley Moore, qu'elle trouve hilarant. « Parfois, pendant l'enregistrement, je ne pouvais plus m'arrêter de rire tellement Dudley était drôle. » Mais, en privé, Nanette est étonnée de constater à quel point, tout en étant très gentil, Moore est un type timide, comme plusieurs autres « comiques » qu'elle a rencontrés, Sammy Davis Jr et Peter Sellers notamment.

Le premier soir de l'apparition de Nanette à l'émission, le 18 février, la plupart des quotidiens britanniques vantent sa performance. Dès le lendemain, elle est invitée à l'émission *Top of the Pops* pour y interpréter l'une des chansons de son *single, Flying Machine* – qui vient d'être mis en vente. L'émission de variétés est l'une des plus importantes en Europe, et une véritable institution en Grande-Bretagne. S'y sont produits les Beatles, les Rolling Stones, Jimi Hendrix, Aretha Franklin et plusieurs autres – y compris Serge Gainsbourg et Jane Birkin. Ici aussi, les commentaires sont élogieux : « ... la nouvelle et formidable chanteuse américaine que nous ne voyons pas assez souvent », écrit un journaliste du *London Times*.

Jim Carter-Fey, le propriétaire du Revolution Club, a organisé le soir même un party pour l'interprète, auquel ont été conviées des personnalités en vue du showbiz britannique. Devant la « télécouleur » du cabaret, elles ont pu apprécier la performance de la chanteuse.

À la suite de sa participation à *Not Only... But Also*, l'intérêt des médias pour Nanette croît davantage. Elle est invitée au *Val Doonican Show*, peu après ses débuts à l'émission de Peter Cook et Dudley Moore. Puis, le 21 mars, les téléspectateurs la découvrent au *Cliff Richard Show*.

Il est question aussi d'une participation à la télévision française, de même qu'un spectacle de 45 minutes à la télé hollandaise. Un projet issu du passage de Nanette au MIDEM, en janvier.

Un journaliste écrit : « Dix-sept apparitions à la télé sont déjà prévues à son agenda. » Dans une lettre à ses parents, Nanette précise : « J'ai eu beaucoup de publicité récemment, ce qui est normalement très difficile à obtenir de la part des journaux britanniques. » Les relations publiques de la Noel Gay Organisation s'appuient sur cet engouement pour intensifier leur mise en marché de l'artiste. Des photos « sexy » de Nanette apparaissent dans divers quotidiens, avec des sous-titres évocateurs, du genre : « *Easy on the eyes !* » Nanette explique à ses parents : « Je n'étais pas d'accord pour ce genre de publicité. Mais pour autant que je n'aie pas à me montrer en bikini, ça me convient. »

Parmi les autres clients de Richard Armitage : David Frost. D'origine britannique, Frost a animé plusieurs émissions d'affaires publiques, interviewant des personnalités internationales du monde de la politique, des arts et de l'économie. Auteur d'une quinzaine de bouquins, il obtiendra au cours de sa carrière la plupart des récompenses dans le domaine de la télé, en plus d'être anobli par la Couronne britannique.

Depuis quelques mois, le futur Lord David Frost est l'animateur d'une très populaire émission à la télévision américaine, le *David Frost Show*, diffusée à partir de New York. Au programme : des entrevues avec des célébrités, de John Wayne à Joan Baez, en passant par Duke Ellington et Truman Capote. Ce qui n'empêche pas Frost de revenir à Londres chaque semaine pour participer à l'émission *London Weekend Television*.

Armitage réussit à faire inviter Nanette à son show du 1er janvier 1970. L'imprésario l'accompagne même à New York pour l'émission. Nanette et lui descendent au Waldorf-Astoria, l'un des hôtels les plus chics de Manhattan. David Frost les rejoint pour le souper, où ils parlent, notamment, du contenu de l'émission à venir. Nanette y interprétera *This Is My Life*, écrit entre autres par Norman Newell, le réalisateur de son album.

Après le départ de Frost, dans l'ascenseur, Armitage se tourne vers la jeune femme :

— *Nanette, can you come to my room ?* Il y a deux ou trois choses dont je voudrais vous parler.

Une invitation galante ?

Ça ne lui traverse même pas l'esprit ! Pour Nanette, Richard Armitage est un « monsieur » très distingué, au style « british », une sorte de papa gâteau – il a à peine quarante-trois ans, pourtant ! – qui a passé l'âge de s'intéresser aux jeunes femmes. D'ailleurs, Nanette l'appelle toujours – encore aujourd'hui – *Mister* Armitage. Elle le respecte comme gérant d'artiste, admire son sens du showbiz, mais n'a jamais eu aucune attirance physique à son égard.

Quelques instants plus tard, Nanette frappe à la porte qui sépare sa propre chambre de celle d'Armitage – une suite, plutôt, avec petit salon et bureau. Armitage ouvre. Surprise : il a déjà enfilé son pyjama ! Chaussé des pantoufles ! Nanette a un moment de recul, mais se ressaisit.

— *You care for a drink, darling ?*

L'imprésario sert un scotch à Nanette et vient la rejoindre sur le canapé, dans le petit salon. L'allure décontractée d'Armitage la perturbe, mais Nanette se fait une raison. Les Britanniques agissent peut-être ainsi, à la fin de la journée. On se met à l'aise, on prend un verre, on discute...

Armitage lui porte un toast.

— À votre carrière, *my dear !*

En quelques mots, Armitage fait le sommaire à Nanette de ce qu'il a réalisé pour elle au cours des derniers mois : un *single* et un album, qui sortira bientôt, produit dans des conditions optimales, avec les meilleurs collaborateurs ; des chansons originales écrites par Nanette, qu'il a commandées et « placées » chez quelques-uns de ses clients ; la tournée britannique, la participation prochaine de Nanette à l'émission de Peter Cook et Dudley Moore ; son apparition à plusieurs shows de variétés, sa présence régulière dans les médias britanniques...

— *Not bad, isn't it ?*

Nanette doit se rendre à l'évidence. Il y a à peine un an et demi, elle recommençait à zéro, après avoir connu la gloire à Montréal.

Et ce n'est que le début, ajoute Armitage. Grâce à ses relations, à ses contacts, la carrière de Nanette ira encore plus loin.

— *You know what ?* ajoute l'imprésario. Ce serait encore mieux si vous et moi nous formions un couple.

Un couple ? Qu'est-ce qu'il raconte, celui-là ?

— *But... you are married, Mister Armitage.*

Et Nanette sait qu'Armitage entretient également une maîtresse !

L'imprésario éclate de rire.

— *Not a* visual *couple, of course* ! Disons, ma maîtresse…

— Mais vous avez déjà une maîtresse !

— *Then, you'd be my* second *mistress.* Qu'est-ce que vous en pensez ?

Nanette est confuse. Elle s'attendait à tout, mais pas à ça. Bo Belinsky s'était jeté sur elle sans cérémonie, alors qu'Armitage met des gants blancs. Pourtant, au bout du compte, c'est la même chose. En un éclair, Nanette voit tout ce qu'elle risque. Si elle refuse la proposition de son manager, elle est convaincue qu'il mettra ses projets en sourdine, qu'elle devra même rentrer à Montréal dans la dèche ! Si elle accepte, par contre, jamais elle ne pourra se regarder dans le miroir. Nanette ne ressent absolument rien pour cet homme. Elle ne se voit pas en train de coucher avec lui – il a presque deux fois son âge, en plus ! – uniquement pour assurer le succès de sa carrière.

Pendant un moment, Nanette reste là, sans bouger. Encore secouée par la proposition d'Armitage. D'un instant à l'autre, elle s'attend à ce que le Britannique lui saute dessus, façon Belinsky, mais Armitage reste très digne.

Il se lève, s'approche lentement du bureau. Ouvre le tiroir et en ressort un chéquier. Sans se retourner, son stylo à la main, il dit à Nanette :

— *I'll write here an important sum of money.*

Armitage se redresse. Il place le chèque sur la tablette du foyer, de l'autre côté de la pièce. Puis se tourne vers la jeune femme, tout en indiquant le chèque.

— *Just the beginning, of course.*

Nanette est toujours sous le choc.

— Alors ? Que pensez-vous de ma proposition ?

— *I don't know, Mister Armitage. I just…*

Armitage s'assoit sur le lit, rajuste le col de son pyjama. D'un geste de la main, il lui montre la place libre, près de lui. L'air de dire : venez donc vous asseoir ici, ma chérie, on sera mieux pour discuter !

Nanette hésite, puis se lève et prend place à côté d'Armitage. Elle se sent complètement ridicule !

— *More comfortable, isn't it ?*

La jeune femme regarde droit devant elle, sans savoir quoi faire. Elle a l'impression que toute sa carrière – toute sa vie! – se joue à cet instant même. Armitage semble percevoir son malaise.

— Pourquoi on ne s'étendrait pas un moment, histoire de voir comment on se sent, tous les deux?

Alarmée, Nanette regarde Armitage, qui lui sourit.

— Allons, allons…

Elle hésite encore, mais s'étend sur le lit, finalement!

Armitage enlève ses pantoufles et s'y étend à son tour. Sans perdre de temps, il se colle contre elle et se met à la butiner, le nez dans ses cheveux. Il lui murmure des mots doux à l'oreille. Il lui fait des câlins d'amoureux. Soudain, Nanette éclate en sanglots! Elle ne peut supporter l'idée d'être touchée par cet homme. Ne peut supporter l'idée d'être ici, dans cette chambre, et de faire une chose pareille. De plus en plus forts, les pleurs! Nanette est incapable de s'arrêter, ce qui refroidit évidemment les ardeurs de l'imprésario.

Après un moment, Armitage se redresse. Et lui dit, calmement:

— *I think you should go back to your room.*

Nanette se précipite dans sa chambre. Une nuit blanche l'attend. Les yeux grands ouverts dans le noir, elle ne cesse de se répéter: je viens de ruiner ma carrière!

Mais le lendemain, surprise: Armitage ne fait aucune allusion à leur petite mésaventure de la veille. Comme s'il ne s'était rien passé. Les jours suivants non plus. Armitage est redevenu un gentleman! Jamais il ne reparlera de cette histoire avec Nanette, et les projets qu'il a pour elle ne seront pas remis en cause à la suite de son refus de devenir sa *second mistress*.

En juin 1970, en route vers Memphis, au Tennessee, où une série d'enregistrements l'attend, Nanette s'arrête à New York où elle participe de nouveau au *David Frost Show* – cette fois, elle fait le voyage seule. Nanette partage sa chambre d'hôtel avec Karen Carpenter. Karen et son frère Richard, invités eux aussi à l'émission, viennent d'enregistrer un tube *(They Long to Be) Close to You*.

Au *David Frost Show*, Nanette fait la promotion de son nouvel album. Après l'enregistrement, l'animateur l'invite à manger au restaurant. Puis à venir à sa chambre pour un *nightcap*. Croyant que Lord Frost ne s'intéresse à elle que d'un point de vue professionnel, Nanette accepte l'invitation sans se méfier. D'autant plus que, durant le repas, l'animateur s'est montré froid et distant à son égard. Aucune allusion à ses intentions véritables, aucune remarque déplacée. Et puis, Nanette sait que Frost fréquente sérieusement la comédienne Diahann Carroll. Raison de plus pour ne pas flairer le danger.

Dans sa chambre, après lui avoir servi à boire, David Frost demande à Nanette de l'excuser un moment. Il entre dans la salle de bain et en ressort, quelques instants plus tard, vêtu d'une robe de chambre en soie, sous laquelle – Nanette s'en rend compte rapidement ! – il est complètement nu… Sans qu'elle ait le temps de réagir, Lord Frost s'assoit tout près de Nanette, sur le canapé, et l'attire contre lui. Cette fois, pas besoin de crise de larmes ! Nanette se relève d'un coup sec, balbutie :

— *Well, I think I'd better go…*
— *So soon ?*
— *Thank you for the terrific evening !*

Et, sans attendre sa réaction, Nanette se précipite hors de la chambre. Le lendemain, elle quitte l'hôtel en vitesse, sans revoir David Frost. Décidément, les hommes ne cessent d'intriguer Nanette. En particulier, les Britanniques d'un « certain âge ». D'accord, ils ont des manières plus élégantes et plus raffinées que les joueurs de baseball américains, mais quand même. Ils ne pensent qu'à ça !

À Memphis, Nanette est accueillie par Arthur Mogul, l'un des directeurs des disques Capitol. Le petit groupe se met en route vers le studio, où les attendent Tommy Cogbill et Chips Morman, deux producteurs qui ont travaillé avec Elvis Presley, Petula Clark et Neil Diamond. Objectif : enregistrer un album destiné éventuellement au marché américain, composé d'adaptations mais aussi de matériel original. Des ballades soul-rock. Par la suite, Nanette s'envolera pour la Californie, afin d'y rencontrer des représentants de Capitol Records.

De toute évidence, on ne lésine pas sur les moyens pour lancer Nanette sur le marché américain. David Wilkinson, de la Noel

Gay Organisation, écrit à Beatryce : « Tout le monde au bureau partage votre confiance dans le talent de votre fille. Nous sommes tous convaincus qu'elle deviendra une grande star internationale, comme elle le mérite. »

Le 45 tours *To Be Loved* – une composition de Nanette – est lancé le 14 septembre 1970 sur le marché américain, sur étiquette Capitol. En Grande-Bretagne, *To Be Loved* devient la face B de *Let Me Be the One*, sur étiquette Columbia, cette fois. Les disques sont bien accueillis dans leur marché respectif, les ventes correspondent aux attentes des distributeurs, mais sans susciter d'engouement particulier.

Richard Armitage a d'autres projets pour la chanteuse américaine. En janvier 1971, Nanette tient l'affiche du Savoy Club, de l'hôtel du même nom, le plus prestigieux de Londres. Elle s'y produit pendant deux semaines, accompagnée d'un orchestre de quinze musiciens. Robe longue, répertoire conventionnel – succès pop et classiques de Broadway. Carol Burnett, qui a beaucoup apprécié le spectacle, vient la féliciter, un soir, et lui dit qu'elle possède le talent nécessaire pour aller loin dans le métier.

Quelques semaines plus tard, Richard Armitage la fait venir à son bureau.

— *I've got bad news for you.*

Nanette s'attend au pire. Armitage lui montre la lettre qu'il vient de recevoir du gouvernement britannique.

— Ils refusent de renouveler votre permis de travail.

La chanteuse est dévastée.

— Faut quitter le pays.

— Pour toujours ?

— Non, non. Trois mois, ça suffit.

— Il n'y a pas d'autres solutions ?

Armitage toussote.

— Évidemment, si vous vous mariez avec un Britannique…

Nanette soupire. Découragée.

— *Don't worry. We'll find a solution.*

Le mariage… Pourquoi pas ? Un ami gai employé d'Apple Records, au courant du problème de Nanette, l'aborde quelques jours plus tard. Il rêve d'aller s'installer aux États-Unis. Il lui propose de l'épouser afin qu'elle puisse obtenir sa citoyenneté britannique. Mais la mère de l'ami en question refuse catégoriquement !

Richard Armitage a une meilleure idée. Quelques spectacles en Allemagne sont déjà prévus pour Nanette. Après cette série de shows, elle filera sur Paris. Hubert Giraud, l'auteur-compositeur de *Sous le ciel de Paris*, la chanson thème du film de Julien Duvivier, est disposé à accueillir chez lui la jeune chanteuse. Giraud est un incontournable de la scène musicale française : Édith Piaf, Yves Montand, Dalida et Luis Mariano ont fait appel à ses services à titre de parolier. Richard Armitage et Hubert Giraud se connaissent parce que le Britannique édite certaines chansons du parolier français.

Le 19 mars 1971, quand elle quitte la Grande-Bretagne, Nanette voyage léger : une valise de vêtements, rien de plus. Son appartement, dans Harley Street, elle l'abandonne pour de bon. Goliath, le yorkshire terrier qu'elle avait acquis quelques mois plus tôt, elle l'offre à une amie. Son lit en cuivre, son piano – un cadeau de Richard Armitage –, ses objets personnels – disques, photos, œuvres d'art – sont consignés chez une compagnie d'entreposage. Laquelle s'empressera de filer avec le matériel peu après le départ de Nanette ! Une escroquerie, évidemment. Plus tard, Nanette demandera l'aide de Scotland Yard, en vain. Cette valise, c'est tout ce qu'elle possède dorénavant.

Les médias britanniques assistent à son départ. Le *National Insider* publie une photo de Nanette à l'aéroport de Heathrow, avec la légende : *Too Much For British*. « *No, no, Nanette, the British will never learn that the way to keep a woman is to be nice to her.* » L'expiration de son permis de travail ? Pas du tout : « *She was too much competition for the girls of London, who just don't have her kind of leggy good looks* », précise le journaliste.

Il ajoute : « Nanette est montée à bord de l'avion vêtue de *hotpants* aux couleurs du drapeau des États-Unis. »

Américaine jusqu'au dernier instant !

Le bilan de son séjour en Grande-Bretagne ? Cinq *singles*, un album. De nombreux spectacles. Une tournée aux quatre coins du pays. Plusieurs sessions d'enregistrement comme choriste. La rencontre avec des vedettes du rock britannique. Quelques liaisons amoureuses, rapidement évacuées. Du point de vue de la carrière personnelle de Nanette, de ses ambitions de chanteuse, le résultat est cependant mitigé. À vingt-cinq ans, Nanette quitte la Grande-Bretagne avec l'impression d'avoir fait beaucoup, mais pas encore assez. Ce délai de trois mois avant de pouvoir revenir à Londres l'inquiète. Elle a peur que le public britannique, qu'elle a mis tant d'effort à charmer, l'oublie pour de bon.

Plus tard, Nanette dira : « À Londres, j'ai vécu les meilleurs moments de ma carrière. J'ai eu la chance de m'y trouver alors que le rock'n'roll était à son apogée : Pink Floyd, Led Zeppelin, les Rolling Stones, sans parler de John Lennon, Ringo Starr et George Harrison. Au contact de ces formidables musiciens, j'ai appris beaucoup. C'était une expérience exceptionnelle. »

18

En janvier 1960, lors de la sortie de son premier 45 tours, le jeune chanteur Jean-Philippe Smet se cherche un pseudonyme à consonnance américaine. Pourquoi ne pas adopter celui du mari de sa cousine, Lee Hallyday? Originaire de l'Oklahoma, Lee (de son vrai nom Lee Ketcham) est le meilleur ami du chanteur, son conseiller le plus fidèle. À partir de son deuxième *single*, au mois de juin, Johnny Hallyday devient une star. Mariage avec la chanteuse d'origine bulgare Sylvie Vartan en 1965. Mésentente, rupture tapageuse... Tentative de suicide de Johnny, fin 1966. Réconciliation... En février 1970, le couple est victime d'un terrible accident de voiture: Sylvie, gravement blessée, doit subir plusieurs interventions chirurgicales. Au début de 1971, à vingt-huit ans, Johnny vit toujours en couple avec Sylvie – dont il a eu un fils, David, en 1966 – mais leur relation est tumultueuse.

Du point de vue professionnel, Hallyday amorce sa collaboration avec Michel Mallory, l'auteur-compositeur d'origine corse qui a travaillé, entre autres, avec Joe Dassin, Claude François et Mireille Mathieu. Et il est sur le point d'entreprendre le tournage de *L'aventure c'est l'aventure* de Claude Lelouch, avec Lino Ventura et Jacques Brel, notamment.

Mais c'est toujours Lee qui s'occupe de la carrière du chanteur.

En mars 1971, au moment où Nanette quitte la Grande-Bretagne, Hallyday s'apprête à enregistrer un nouveau disque, *Flagrant délit*. Un album composé de chansons écrites par

Philippe Labro, le prédécesseur de Michel Mallory. Johnny veut un son américain, des chœurs américains. Il a arrêté son choix sur Olympic Studios, à Londres. Le studio préféré des Stones. Un endroit qu'il connaît déjà : en 1969, il y a enregistré l'album *Je suis né dans la rue*.

— Seul problème, Lee : les choristes. Elles ne peuvent pas chanter en français.

— Attends, j'ai parlé à Chris hier.

Chris Kimsey, l'ingénieur du son. Celui qui doit s'occuper du prochain microsillon de Hallyday.

— Il m'a parlé d'une nana. Elle s'appelle Nanette Workman, elle vient du Mississippi. Mais elle a appris le français à Montréal.

— *All right.*

— Et elle a une voix formidable.

— *Call her.*

Nanette habite chez Hubert Giraud et sa femme depuis deux semaines à peine lorsque Lee Hallyday entre en contact avec elle – il a obtenu son numéro de téléphone par l'entremise de Vic Smith, à Olympic Studios. Lee lui propose un contrat sur le prochain album de Johnny. Le permis de travail expiré ? Aucun problème : Nanette ira à Londres avec un visa de touriste. Et elle sera payée cash par l'équipe Hallyday. Les Britanniques n'y verront que du feu ! De toute façon, le contrat ne doit durer que deux semaines.

L'idée de rentrer à Londres plaît à Nanette. Elle commençait d'ailleurs à s'ennuyer à Paris, où elle ne connaît personne à part le couple Giraud. De plus, Nanette apprécie Chris Kimsey, qui travaillait avec Vic Smith quand elle a chanté pour les Stones.

— C'est d'accord !

Nanette raccroche le combiné. Apprend la nouvelle à madame Giraud, qui tombe des nues.

— Tu vas travailler avec *Djeuni*, c'est formidable !

— Djeuni ? Vous croyez ? Je sais pas… C'est un Américain ? Il est connu ?

— Tu n'as jamais entendu parler de Djeuni Hallyday ?

— Euh… Non.

La réputation du rocker numéro un en France ne se rend pas dans les pays anglo-saxons, visiblement. Mais Nanette s'en fout. Un contrat, c'est un contrat.

Aussitôt, elle refait ses bagages.

À Londres, Nanette s'installe temporairement chez son amie Madeline Bell, engagée à titre de choriste, elle aussi, tout comme Doris Troy. Bref, les trois filles sont réunies de nouveau. Une quatrième chanteuse se joint au trio : Liza Strike, que Nanette avait remplacée sur *Let It Bleed*.

C'est la première journée, le travail commence à peine. Nanette répète une chanson avec Doris et Madeline lorsqu'elle aperçoit un beau grand gars entrer dans la salle de contrôle. Tout le monde l'entoure : le voilà, le fameux Johnny, ou plutôt Djeuni comme disent les Français. Il redresse la tête et sourit aux choristes. Quand le regard du rocker croise le sien, Nanette se sent défaillir.

Coup de foudre !

Jamais un homme ne lui a fait un tel effet !

Tout le temps de la répétition, Nanette ne peut le quitter des yeux, mais Johnny ne semble pas s'en rendre compte, ou fait mine de ne rien voir.

« J'ai utilisé tous les trucs possibles pour le séduire, avouera Nanette. Je voulais cet homme et il n'y avait rien ni personne au monde qui pouvait m'empêcher de lui mettre le grappin dessus ! »

Comme prévu, Johnny succombe. Il ne faut pas plus de deux jours à Nanette pour lui régler son sort, à celui-là. La chambre d'hôtel de la star devient son pied-à-terre, elle s'y retrouve tous les soirs, dans les bras de son nouvel amant. Les nuits de Londres n'ont jamais été aussi agréables pour la chanteuse américaine !

Auprès de Nanette, Johnny se vide le cœur. Il lui parle de la relation agitée qu'il entretient avec Sylvie Vartan. Johnny est loin d'être un mari fidèle, au contraire, même si le public français s'efforce d'y croire. Des groupies le suivent partout, il ne se gêne pas pour en profiter. « Johnny allait d'amour fugace en amour fugace et j'ai vu toutes les pétasses de Paris défiler chez lui », se rappellera Michel Mallory, des années plus tard. Nanette se sent un peu moins responsable de briser son ménage, tout à coup, même si son niveau de culpabilité n'était pas très élevé au départ !

L'enregistrement comme tel est une partie de plaisir. Hallyday y grave des tubes qui deviendront des classiques de son répertoire, dont *Oh ! Ma jolie Sarah*. En juin, à la sortie du microsillon, les critiques seront élogieuses : d'excellentes chansons signées Philippe Labro, du rythm'n'blues solide, appuyé par le travail de musiciens exceptionnels, dont Jim Price et Gary Wright, du groupe Spooky Tooth. Le public suivra : l'album remportera beaucoup de succès.

Un matin, après avoir fait l'amour, Johnny s'allume un joint et sourit à Nanette. Elle lui pince la joue. Cheveux blonds, longs, les yeux bleus, il est si mignon ! Johnny l'embrasse.

— Je ne peux plus me passer de toi, tu sais.

C'est réciproque.

— Je pars en Afrique. Tu viens avec moi.

Nanette lui sourit. Le beau Johnny, elle le suivrait n'importe où !

Début mai, Johnny et Nanette, qui est devenue blonde comme sa rivale Sylvie, atterrissent au Maroc, première étape d'une tournée qui se conclura trois semaines plus tard au Sénégal. Nanette assure la première partie du spectacle – trente-cinq minutes minimum, pour un cachet de cinq cents francs par représentation, environ cent dollars.

L'histoire d'amour amorcée à Londres se poursuit de plus belle. La passion les dévore, tous les deux. Mais Nanette appréhende leur retour à Paris, quand Johnny retrouvera Sylvie.

Un soir, elle lui demande :

— Comment on va s'arranger, là-bas ? C'est mal parti, notre affaire !

Johnny grimace. Depuis quelques jours, chaque fois qu'elle lui parle, Johnny fronce les sourcils.

— Écoute, Nanette. Tu veux me faire plaisir ?

— N'importe quoi, Johnny. Envoye, *shoot* !

— On va se parler en anglais, toi et moi. Ton accent, tu vois…

— Qu'est-ce qu'il a mon accent ?

— Je te préfère en Américaine plutôt qu'en Québécoise.

Nanette éclate de rire.

— *All right, Djeuni ! Whatever you say !*

— À Paris, je vais louer un appartement pour toi.

Hallyday installe Nanette dans le chic 16e arrondissement. La chanteuse fait alors la connaissance de Josette Sureau, la responsable du fan club de la star – c'est elle qui signe l'autographe de Johnny sur les cartes qu'il envoie à ses admirateurs ! Bientôt, les deux filles deviennent de grandes amies. À cause de Sylvie, Johnny et Nanette ne peuvent être vus ensemble officiellement, du moins pour le moment. Une relation cachée de tout le monde, sauf de l'entourage immédiat du chanteur. Josette devient donc la confidente de Nanette, chaque fois que Johnny doit s'absenter pour des raisons familiales.

Aux yeux des médias, Nanette est l'artiste américaine « découverte » par Hallyday à Londres. Il n'est pas question de l'amour qui les unit déjà. Pourtant, on se doute de quelque chose. Suffit de voir l'étincelle dans le regard de la vedette. Nanette sent l'agressivité du public, qui adore Sylvie Vartan. Pour les fans du couple, Nanette cherche à détruire la famille de Johnny. Sylvie et Johnny, c'est sacré, pour les Français. Depuis leur rencontre, ils se sont aimés, se sont séparés, sont revenus ensemble. La « diabolique » Nanette empêche le couple mythique de vivre et d'être heureux, d'autant plus que Johnny a un fils de cinq ans.

Mais Nanette n'est pas la seule fautive. Johnny est amoureux par-dessus la tête, lui aussi. Nanette est comme lui, dit-il, une sorte de version féminine de ce qu'il est. Pas de doute, ils ont la *rock'n'roll attitude*, tous les deux. Au-delà de l'amour, une amitié profonde les unit. Et une grande complicité au niveau artistique. Depuis Londres et l'Afrique, leurs contacts sont plus secrets, mais aussi plus épisodiques. Son amour, Nanette doit le partager avec les nombreuses personnes qui gravitent autour de la vedette. Sa relation avec Johnny est une série de courtes vignettes, dont il faut profiter au maximum chaque fois.

Ses moments préférés ? Leurs week-ends d'amoureux à la maison de campagne de Johnny, à Grosrouvre, à une trentaine de kilomètres de Versailles. Quelques jours, trop courts, d'une solitude durement acquise. Et encore ! Sacha Rhoul, son garde du corps – ceinture noire au karaté –, suit le couple pas à pas, même pour leurs rendez-vous galants. Il reste loin, discret, respectueux, mais sa présence est toujours évidente. Quand Johnny et Nanette font l'amour dans une chambre, ou fument un joint dans la cuisine, Sacha lit le journal dans le living-room ou lave la Rolls du chanteur dans le parking. Au restaurant, il prend son repas à l'écart, observant les allées et venues des autres clients dans l'établissement. Au cinéma, il s'assoit derrière le couple, prêt à intervenir en cas de besoin. D'ailleurs, Hallyday et sa suite ne pénètrent dans les cinémas qu'une fois les lumières éteintes, afin de ne pas provoquer d'émeute !

Même si elle s'entend bien avec Sacha, la difficulté pour Nanette d'être seule avec Johnny l'indispose. Et puis l'hypocrisie de leur relation commence à lui peser. Un jour, Johnny lui présente Sylvie, en lui assurant qu'elle n'est pas au courant de leur liaison. Même si la femme de Johnny reste toujours correcte à l'égard de Nanette, celle-ci est convaincue qu'elle se doute de quelque chose. Ce qui n'empêche pas Nanette de lui proposer ses chansons. Quelques mois plus tard, Sylvie enregistrera à Londres *L'heure la plus douce de ma vie*, l'adaptation d'*Every Night When I Cry Myself to Sleep*, une chanson écrite et composée par Nanette.

Les vacances sont toujours de courte durée pour Johnny. Début juillet, une tournée, une autre, se met en branle, entrecoupée de spectacles en France. Au programme : Genève, Belgrade, Athènes, notamment, où Johnny participe à un festival de la chanson. Ce rythme d'enfer se poursuit au mois d'août, avec un crochet par l'Italie : quatre spectacles en autant de soirs. Au final, à Arras, fin août, Johnny et son groupe auront donné quarante-cinq shows en soixante jours !

Du tourisme, Nanette n'a pas le temps d'en faire. D'être seule avec Johnny, encore moins. À chaque escale, la star est prise d'assaut par les médias, puis par les admirateurs. Cette sollicitation incessante, c'est une première pour Nanette. À Londres, elle a côtoyé des membres des Stones, des Beatles et de Pink Floyd, par exemple, sans avoir été incommodée par la présence des fans. Elle n'a pas eu de contacts avec ces vedettes dans un contexte de shows, comme c'est le cas avec Johnny. « En Angleterre, dira plus tard Nanette, il n'y avait pas de trip de star. Tout le monde travaillait ensemble. » Devant Olympic Studios ou les studios Abbey Road, jamais de groupies ou alors rarement. Roger Waters, Mick Jagger, George Harrison et les autres se baladent en ville sans garde du corps, contrairement à Johnny, qui semble se valoriser par la présence de Sacha Rhoul à ses côtés.

Ces foules qui se jettent sur lui, surtout en province, incommodent Nanette au possible. Ça n'a plus rien à voir avec la musique! Dans une lettre postée d'Athènes, elle confie à Beatryce : «Je suis un peu déprimée. Je pense sérieusement à rentrer à la maison pour de bon.» Elle aimerait travailler à Memphis, par exemple, dans un de ces studios où ses dernières chansons ont été enregistrées. Être embauchée à titre de choriste, comme à Londres. Et puis, Nanette avoue, pour la première fois : «J'ai décidé que ce n'était plus si important d'être une vedette.»

La carrière que mène Hallyday lui inspire des sentiments contradictoires. Cette vie entièrement publique, consacrée à des admirateurs toujours plus exigeants, lui semble destructrice à long terme. D'un autre côté, l'engouement des fans pour Johnny, leur amour et leur fascination pour lui impressionnent Nanette.

«Mais à quoi sert toute cette gloire, cette célébrité, si je ne peux les partager avec un homme que j'aime?» se dit la jeune femme, déçue. Le «statut» de Johnny, sa «stature», handicapent leur relation amoureuse depuis le début. Et puis, la dope complique les choses. «On était tout le temps *stoned*, se rappelle Nanette. On fumait et on buvait tous les soirs, jusqu'à ce qu'on tombe endormis. Je ne me souviens pas d'avoir fait l'amour avec Johnny sans avoir été complètement gelée!»

Même en se promenant dans les rues de Paris avec Sacha, Johnny et Nanette ne peuvent résister à un joint. «En fait, nous fumions sans arrêt. Ça faisait partie de la routine quotidienne.» Une atmosphère que Nanette recréera plus tard dans *Les années Woodstock* : «On vivait dans les nuages, on faisait des voyages sans même sortir de notre lit...»

Avec Johnny, Nanette s'essaie de nouveau à la cocaïne, à laquelle elle avait été initiée à New York. Cette fois, elle a l'occasion d'en mesurer pleinement les effets : stimulation du système nerveux, sensation d'euphorie...

«Sur une table, dans sa roulotte de tournée, une pyramide de coke, se souvient Nanette. Johnny et moi, et les autres de la gang, on passait la soirée à sniffer.»

Un soir, raconte le journaliste Sam Bernett, Madeline Bell apporte au groupe un gâteau de trente kilos, dont vingt-neuf de hasch...

La drogue est devenue essentielle pour Nanette. Elle la libère de ses complexes, de son insécurité, de sa gêne par rapport à son corps, qu'elle juge maintenant trop maigre et peu attirant.

Du point de vue professionnel, depuis sa rencontre avec Hallyday, Nanette a mis sa carrière solo en veilleuse. Elle n'est pas certaine de vouloir renouer avec Richard Armitage une fois la tournée terminée. Les efforts de l'année précédente n'ont pas donné les résultats escomptés, elle ne se sent pas le courage de tout reprendre à zéro encore une fois. D'ailleurs, le style de chansons que lui impose Armitage lui déplaît. À vingt-cinq ans, Nanette a envie de chanter des « choses de son âge », du rock'n'roll en particulier. Ou alors d'abandonner la carrière complètement.

La chanteuse est fatiguée de se battre pour des résultats médiocres. « J'en ai assez de me buter contre un mur... » Elle veut faire une pause, mais cette sortie de piste l'inquiète. « J'ai fait tellement de choses depuis huit ans, revenir à une vie normale m'effraie un peu. » Si jamais elle rentre au Mississippi, comme elle en exprime de nouveau le désir, ce sera pour quitter la chanson. Après tout ce qu'elle a vécu, elle ne se voit pas en train de mener une carrière locale – du *small time singing*, comme elle le dit dans sa lettre.

Nanette est en période de questionnement profond. Sa carrière internationale – que tout le monde ne cesse de lui prédire depuis plusieurs mois, depuis l'époque du Québec même – ne décolle pas. Qu'est-ce qui se passe ? Sera-t-elle condamnée à jouer les seconds violons toute sa vie ? À être la choriste de toutes les vedettes de la planète ? « J'ai eu de la chance, oui, mais pas suffisamment », juge-t-elle.

19

Au cours des répétitions pour le spectacle du Palais des Sports, en septembre 1971, Hallyday aperçoit Nanette, seule sur scène, en train d'improviser avec des musiciens. Un peu plus tard, il lui propose :

— La première partie du show, comme en Afrique.

— Sérieux ?

— Je t'ai entendue, là. *You were dynamite !*

Nanette sourit. C'était les paroles de Tony après l'avoir vue sur scène au Rolling Stone, à New York.

— C'est formidable, Johnny, mais…

— Mais quoi ?

— Je veux pas faire d'histoires avec tes fans. Ils en ont gros sur le cœur.

Johnny lui fait un clin d'œil : « Tu t'inquiètes pour rien. »

Le 24 septembre, Johnny accueille le public au Palais des Sports de Paris dans un méga-spectacle intitulé *Pollution*. Comme pour la tournée européenne, les tubes de *Flagrant délit* forment la base du show : *Fils de personne, Oh ! Ma jolie Sarah, Il faut boire à la source*, notamment. En première partie, après une chorégraphie de Joseph Lazzini, Nanette interprète trois chansons avec l'orchestre de Tommy Brown et galvanise la foule !

Si les fans ne pardonnent pas à Nanette d'avoir éloigné Johnny de Sylvie, ce soir ils mettent de côté leur rancœur à l'égard de la jeune Américaine.

Après l'entracte, Hallyday brûle les planches, comme on dit. À la guitare, Jean-Pierre « Rolling » Azoulay. Nanette revient sur scène, cette fois comme choriste, avec Doris Troy et Madeline Bell. Celle-ci est aussi étonnée que Nanette de voir à quel point les fans de Johnny sont déchaînés. En rappel, Michel Polnareff – surprise, il n'est pas officiellement au programme ! – accompagne Johnny au piano pour un *medley* rock'n'roll : *My Blue Suede Shoes* et *Whole Lotta Shakin' Goin' On*, entre autres. Une prestation pour laquelle Polnareff n'exige pas de cachet, tellement il est fier de jouer pour Johnny. « Le seul mec à vivre une existence plus folle que la mienne », dira Hallyday du chanteur. Bref, les fans sont comblés !

Malgré la qualité du spectacle, malgré l'accueil positif des critiques – « L'une de ses meilleures prestations sur scène », clame un journaliste –, la série de shows s'avère un demi-succès pour Hallyday, du moins au niveau créatif. Il veut aller plus loin, offrir au public une « expérience totale ».

Cette expérience, Nanette en fera partie.

Début janvier 1972, pendant que Johnny se repose à Avoriaz avec Sylvie et David, Nanette accueille son frère Billy dans le nouvel appartement – rue Parent-du-Rosan, dans le 16e toujours – qu'elle partage maintenant avec Jean-Pierre « Rolling » Azoulay. Une nouvelle idylle, provoquée par les absences répétées de Johnny auprès de Sylvie pour cause de « réunification familiale ». Le guitariste de Hallyday n'a pas tardé, lui non plus, à se faire prendre dans les filets de l'insatiable Américaine, et ce, presque sous les yeux de Johnny lui-même !

Billy donne à sa sœur des nouvelles de Michel Pagliaro, qui triomphe en anglais, tout en continuant de chanter en français. Il vient de faire la première partie de Ten Years After et de Procol Harum au Forum de Montréal.

Le frère de Nanette s'attendait à trouver du travail à Paris, mais rien ne bouge pour elle et lui. Billy écrit des chansons, il cherche des contrats, en vain. Nanette planifie un voyage à Londres, pour décrocher un boulot et payer ses dettes. Cinq mille dollars… La jeune femme envisage même de se remettre aux photos de mode, faute de contrat dans le domaine musical. À Paris, entre deux spectacles avec Johnny, elle a présenté la collection du couturier Ted Lapidus. Mais cet univers ne l'emballe pas. Encore une fois, Nanette évoque la possibilité de mettre un terme à sa carrière.

Un matin, Nanette découvre qu'elle est enceinte de Jean-Pierre Azoulay. La panique s'empare d'elle. Avoir un enfant maintenant l'obligerait à rentrer au Mississippi. Cependant, l'idée d'une interruption de grossesse ne lui plaît pas.

Pendant quelques jours, Nanette hésite. Elle ne révèle rien de sa condition à Azoulay. La décision de garder l'enfant ou non, elle veut la prendre elle-même, sans être influencée.

Finalement, un matin, elle se fait une idée définitive : l'avortement. À l'époque, l'interruption de grossesse est illégale en France – la dépénalisation de l'avortement ne sera votée qu'en 1975. Les Françaises doivent se rendre en Grande-Bretagne, où des cliniques sont disponibles.

Nanette prend l'avion pour Londres, sans le dire à personne, pas même à son frère Billy. Dans l'appareil, elle se sent envahie par la tristesse. Elle croyait que cet avortement ne serait qu'une formalité, mais elle ne cesse de penser à cet enfant qui n'existe pas, qui n'existera jamais.

À Londres, Nanette file directement à la clinique, après avoir laissé ses bagages à l'hôtel. L'endroit est bien tenu, très propre. Et fonctionne rondement. Dans la salle d'attente, plusieurs Françaises, mais aussi des Italiennes et des Espagnoles. Après l'opération, alors qu'elle récupère avec ces femmes dans la salle prévue à cet effet, le chagrin submerge Nanette. Elle reprend l'avion tôt le lendemain, comme on se réveille d'un mauvais rêve.

Au cours des jours suivants, Nanette s'efforce d'oublier cet épisode malheureux. Elle a fait un choix, elle doit maintenant l'assumer. De toute façon, entre Azoulay et elle, c'est déjà fini. « Encore une fois, ce n'était pas le véritable amour », écrit-elle à sa mère, sans lui parler de son avortement.

Nanette continue de chercher le partenaire amoureux idéal. Elle s'éprend de Mike Brant, un crooner israélien découvert par Sylvie Vartan, bien connu pour son succès *Laisse-moi t'aimer*. Mais cette relation est de courte durée, elle aussi. En 1975, dépressif, Brant se suicidera en se jetant du haut du sixième étage de son immeuble.

Nanette est approchée par Francis Lai – le compositeur attitré de Claude Lelouch, qui a aussi signé la musique de *Love Story*. Il lui demande de chanter sur les trames musicales de *L'odeur des fauves*, le long métrage de Richard Balducci avec Maurice Ronet, et d'*Il était une fois un flic*, de Georges Lautner, avec Michel Constantin et Mireille Darc. Pour ce dernier long métrage, Nanette collabore avec Eddie Vartan, le grand frère de Sylvie. Avec Eddie, Nanette participera aussi à la trame sonore de *Profession : aventuriers*, réalisé par Claude Mulot.

Nanette est ensuite recrutée par le compositeur Michel Colombier, le coauteur de *Messe pour le temps présent* avec Pierre Henry. Elle collabore avec Colombier sur quelques films pour lesquels il compose la musique. Avec Colombier toujours, Nanette participe à une œuvre en trois volets, qu'elle interprétera et qui formera la trame sonore de *Tarot*, un film de José María Forqué.

Son travail avec Francis Lai permet à Nanette de faire la connaissance de Dagmar, sa femme. Mais aussi de Claude Lelouch et de sa sœur, Martine. Au cours des mois suivants, Dagmar et Martine deviendront des amies proches de Nanette. Rue Franklin, où elle habite, Dagmar initiera Nanette aux *hasch brownies*, sa spécialité culinaire. « On fumait tellement de haschisch à ce moment-là, se rappelle Nanette. Francis Lai et Claude Lelouch, par contre, ne touchaient à rien. Ils étaient tout le temps *straight* ! »

En février 1972, le ciel se dégage. Hallyday, rentré à Paris, renoue avec Nanette. Celle-ci l'accompagne à Londres pour l'enregistrement de l'album *Country-folk-rock*. Un jour, en studio, deux rockers abordent Nanette. À leur accent, la chanteuse comprend aussitôt qu'elle a affaire à des Québécois : Richard Tate et Angelo Finaldi, du groupe La Révolution Française avec François Guy, surtout connu pour le tube *Québécois* – le plus grand succès de 1969 –, une chanson « séparatiste ». C'est d'ailleurs l'une des raisons pour lesquelles Tate et Finaldi se trouvent en Europe. Quelques semaines plus tôt, la GRC a fait une descente chez la mère de Richard, à Rosemont – à cinq heures du matin ! –, soupçonnant Richard et son groupe d'affinités avec le FLQ ou d'autres mouvements extrémistes ! Prenant peur, Finaldi a aussitôt réservé deux billets d'avion pour l'Espagne.

Après avoir fait la fête à Ibiza, où la sœur de Richard Tate est propriétaire d'un bar, les deux « routards » atterrissent à Londres, à Olympic Studios plus précisément, dans le but d'enregistrer un 45 tours pour Peter Grant et Mickie Most, qui a découvert le groupe The Animals. Ce contact, les deux gars l'ont obtenu grâce à Lou Reizner, producteur chez Mercury Records, qu'ils ont rencontré à Ibiza.

Tate et Finaldi flottent sur un nuage : pour l'enregistrement, Most leur a promis les bassistes Tim Bogert (de Vanilla Fudge) ou encore Klaus Voormann, longtemps associé aux Beatles, mais aussi John Lennon à la guitare. Comme batteurs, Carmine Appice (de Vanilla Fudge également), Alan White (de Yes) ou même Ringo Starr !

Nanette est séduite par l'enthousiasme des deux Québécois. Elle leur présente Hallyday puis leur confie :

— Johnny est justement à la recherche de nouveau matériel. Quand vous aurez fini ici, pourquoi vous ne venez pas en France lui montrer ce que vous avez ?

Sur un carton d'allumettes, Nanette leur donne son numéro de téléphone à Paris.

Après Londres, la Polynésie. Johnny a invité Nanette à l'accompagner. Celle-ci jubile : trois semaines en amoureuse avec Johnny, loin de Sylvie Vartan. Bref, le bonheur… D'autant plus que le rocker intègre Billy à son *band*. Vingt-six heures d'avion, deux jours de voyage. Ils sont une quinzaine à atterrir à Nouméa, en Nouvelle-Calédonie, où la star participe à trois galas. Des salles bondées. Johnny est appuyé par l'orchestre de Tommy Brown, comme au Palais des sports, l'automne précédent. Nanette assure encore une fois la première partie du show.

Des spectacles, oui, mais aussi des vacances ! Visite des îles en avion, pêche sous-marine, repas gastronomique sur la plage, préparé par la « tribu indigène » de l'endroit. Hallyday et sa suite sont considérés comme des invités de marque. « En guise de remerciements, Johnny a pris sa guitare. Ce fut un bœuf (*jam session*, en argot) étrange et beau », écrit le journaliste de *Salut les copains* qui accompagne la tournée.

Pas surprenant que la chanteuse écrive à ses parents : « *What a paradise ! Even the hotel is native !* »

Quand Nanette se retrouve seule avec Johnny, ils reprennent leurs habitudes : de la dope, encore de la dope…

À Tahiti, on attend Hallyday de pied ferme. À six heures du matin, l'aéroport de Papeete est bondé : trois mille fans accueillent leur idole.

Deux autres concerts, deux immenses succès.

Et puis c'est le retour vers la France, via Los Angeles, où se trouve Sylvie Vartan. Escale d'une journée pour permettre à Johnny de l'embrasser. « Elle l'a trouvé superbe, inouï, divin », raconte le journaliste de *Salut les copains*. Sylvie ne se doute pas qu'il doit sa mine radieuse autant à la présence de Nanette qu'au soleil de Nouméa !

La vérité ? Johnny est de plus en plus amoureux de la jeune Américaine, il ne peut se passer de sa présence. Mais l'avenir de Nanette le préoccupe. Elle lui a fait part de sa déception par rapport à sa carrière, de l'impression qu'elle a de piétiner, de n'aboutir à rien, de tourner en rond. Johnny est sensible à sa frustration.

— Ça me fout le cafard de te voir dans un état pareil…

— Désolée, j'y peux rien.

Un long silence, puis :

— Écoute, j'y pense depuis un moment. J'ai l'intention de produire ton prochain disque.

Surprise de Nanette. Johnny ne possède pas de compagnie de production. Et il n'a pas la réputation de pistonner qui que ce soit, y compris ses copines. Mais Hallyday aime Nanette, il est prêt à tout pour elle.

— J'ai déjà trouvé le nom : Les Disques H.

— Pour Hallyday, évidemment.

Il éclate de rire.

— Ou haschisch. Tu serais la première à enregistrer sur la nouvelle étiquette.

Une offre qui ressemble drôlement à celle de Tony Roman, qui a créé Canusa pour la jeune chanteuse.

— T'es sérieux ?

— *Very serious.*

Johnny lui sourit. Nanette se jette à son cou.

— Je t'aime, Johnny !

— Moi aussi, je t'aime. C'est ma façon de te le prouver.

20

Le 13 mars 1972, à l'Olympia, Johnny Hallyday participe à un gala de bienfaisance au profit de la lutte contre l'anti-sémitisme, en compagnie de Michel Delpech, Michel Polnareff et Julien Clerc. Nanette ne fait pas partie du show, cette fois, mais y assiste en coulisses, avec Richard Tate et Angelo Finaldi. Les deux rockers ont décidé d'oublier leur « rêve britannique » – qui ne s'est pas matérialisé – et de tenter leur chance en France, comme leur a suggéré Nanette. Quelques jours plus tard, dans un bar, Nanette les rencontrera avec Johnny, pour discuter de leur collaboration éventuelle. Ensuite, une séance de cinéma sur les Champs-Élysées. « À l'entracte, se rappelle Richard Tate, il fallait cacher Johnny dans les toilettes pour le soustraire à ses fans. »

Pendant plusieurs semaines, les deux Québécois gravitent autour du chanteur, ils se rendent à quelques reprises à la maison de Grosrouvre, où ils lui composent des chansons. En 1973, sur l'album *Insolitudes*, Hallyday enregistrera la pièce *Le sorcier, le maudit*, composée par Tate et Finaldi, sur laquelle Michel Mallory a écrit des paroles.

Nanette est bientôt de retour à Londres. Avec Johnny, encore une fois – qui n'a pas oublié la promesse qu'il lui a faite au retour de Polynésie. À Olympic Studios a lieu l'enregistrement des chansons de ce qui deviendra l'album *Grits and Cornbread*, réalisé par Lee Hallyday et Chris Kimsey. Avec Nanette, d'excellents musiciens :

Gary Wright, Andy Bown, Bobby Keyes, Jim Price et Mike Kellie, un ancien de Spooky Tooth. Billy participe également à l'enregistrement, de même que les choristes Liza Strike, Doris Troy et Madeline Bell. Producteur et directeur artistique : Johnny lui-même, qui supervise de près toutes les sessions.

— Il nous manque un guitariste ! s'écrie Nanette.

Chris Kimsey s'approche.

— J'ai quelqu'un pour vous. Un talent exceptionnel : Peter Frampton.

Son album *Frampton Comes Alive!*, incluant *Show Me the Way* et *Baby, I Love Your Way*, fera un véritable tabac en 1976 : seize millions d'exemplaires vendus à travers le monde. À l'époque, l'album *live* le plus vendu de tous les temps !

Nanette et Johnny n'ont jamais travaillé avec lui, mais ils acceptent la suggestion de Kimsey. Dès qu'elle le rencontre, Nanette est certaine de bien s'entendre avec le musicien. Calme, discret, il se révèle un excellent guitariste. Et en plus, avec ses cheveux bouclés, il est mignon comme tout !

Sur *Grits and Cornbread*, Nanette est l'auteur de quatre des neuf chansons. Frampton, Bown, Wright, Billy, mais aussi Keith Richards fournissent les autres pièces, notamment *Loving Cup*. Nanette l'adapte à sa façon : *I'm the maid on the mountain, come on up, I'm the devil in the valley with a face full of mud...*

Par la même occasion, on procède à l'enregistrement d'*Apprendre à vivre ensemble*, l'adaptation française de *Space Captain* de Joe Cocker, que Johnny et Nanette interprètent en duo.

« C'est la première fois que je rencontre quelqu'un qui, avec un talent si évident et une aussi parfaite maîtrise professionnelle, ne soit pas une vedette », déclare Hallyday aux médias. Il ajoute : « J'ai eu un choc en découvrant Nanette. C'était une musicienne, une vraie, pas une simple chanteuse. Elle possède un fantastique instinct musical, et une voix rare... Une voix telle qu'on n'en trouve généralement que chez les chanteuses noires. »

Un simple en français tiré de ces enregistrements est mis en vente le 10 mai 1972. *Fleur déracinée* – version française de la chanson *Billy* – est bien accueillie. « À l'écoute de cet excellent disque, on ne peut qu'être enclin à attendre avec impatience un 33 tours.

Nanette tient désormais une place à part entière dans le monde des vedettes », écrit un critique. Un autre ajoute : « Une voix fortement chargée de soul, presque une voix de Noire, sans une faille dans le rythme. » Johnny participe à la campagne de mise en marché. « Le disque a beaucoup joué à la radio, et je commence à le présenter à la télé », écrit Nanette à ses parents.

Au cours de la promotion du 45 tours, l'apparition de Johnny à ses côtés soulève de nouvelles questions de la part des médias : Johnny s'apprête-t-il à quitter Sylvie et à abandonner sa famille ?

Le 11 mars, *Paris Match* avait, pour la première fois, publié une photo de Nanette avec Hallyday. Trois semaines plus tard, *Ici Paris* fait la une avec Johnny et Nanette, que le chanteur tient tendrement par le cou. « Une nouvelle fille, annonce le magazine. Johnny a toujours le sang chaud… Il ne changera jamais ! »

Dans une entrevue à Gérard Renaudin, Hallyday remet les pendules à l'heure. Il affirme que son coup de foudre pour la chanteuse américaine est d'ordre professionnel uniquement. Mais le journaliste n'est pas dupe : « À côté de lui, lui chuchotant à l'oreille, riant en même temps que lui, il y a aujourd'hui une grande fille blonde qui n'est pas Sylvie. C'est une drôle de fille qui ressemble étrangement à Johnny. » Il ajoute : « Elle lui ressemble même physiquement. Elle a un corps mince de garçon, tout en muscles, l'œil mi-clos d'un chat, la bouche tendre et un peu déçue. C'est le contraire exact de la femme-femme qu'est Sylvie. »

Et puis, le cri du cœur, faussement naïf, de Renaudin : « Qu'est-ce que tout cela peut bien signifier ? »

Ces insinuations irritent Johnny. « Son œil bleu a viré au violet de la colère. » Mais Nanette, bien calme, « a le sourire énigmatique d'un petit sphinx ».

Conclusion de l'article : « Nanette, un nom léger qui fait l'effet d'une bombe : va-t-elle éclater ? »

Décidément, la prose poétique des journalistes français n'a rien à envier à celle de leurs collègues québécois !

À d'autres reporters, Johnny parle de ses projets personnels, qui incluent forcément Nanette. Il déclare à la presse qu'il veut créer tout près de Paris le « Village H », une sorte de Cinecitta français, où seront regroupés bureaux de production et studios d'enregistrement. Un théâtre sera construit également, pour donner la chance à des nouveaux venus de se faire connaître.

À une journaliste qui lui demande ce qui l'incite à se lancer dans une telle aventure, Hallyday répond : « C'est Nanette Workman, la vedette américaine de mon spectacle. Elle est formidable, elle est belle, mais elle a surtout un talent fou. C'est la première chanteuse de ma future écurie. » Il ajoute, enflammé : « Énergie… Puissance… Elle sait tout faire… Elle joue de tous les instruments. Professionnellement, les artistes que j'aime se comptent sur les doigts des deux mains. Pour l'admiration, c'est une autre paire de manches. Pour que j'admire quelqu'un, il faut vraiment m'en mettre plein la gueule. Nanette, c'est un génie musical à l'état brut, un mélange de Piaf et de Tina Turner. »

En juin, difficile de passer à côté de la chanteuse américaine ! À la une de Mlle *Âge Tendre*, le magazine préféré des adolescentes françaises, Johnny déclare : « Je vous présente Nanette ! » À l'intérieur du magazine, des confidences de la jeune femme : « Nous aimons la nuit, la sincérité, les voyages, écouter des disques, les westerns et l'amitié. » Les défauts de Johnny ? demande la journaliste : « Aucun. Quand j'aime quelqu'un, je ne remarque que ses qualités. » Plus loin, Nanette pose avec son amoureux pour le lancement de sa collection de vêtements signée Johnny Hallyday, dessinée par Charles Glen et diffusée par Diane Bis.

La rupture de Johnny avec Sylvie est donc consommée officiellement, du moins dans les médias.

Le voyage en Polynésie a donné le goût à Johnny d'un « grand village de loisirs itinérant avec un chapiteau géant pour chanter le soir, et des tas de manèges forains pour se défoncer l'après-midi ». C'est le *Johnny Hallyday Circus*, qui sillonnera les routes de France jusqu'en septembre. Johnny s'attend à attirer jusqu'à 500 000 spectateurs ! Une entreprise démentielle : 285 tonnes de matériel, un immense cirque de 5 000 places, 160 *roadies*, 85 spectacles ! On parle aussi de 54 véhicules qui « consommeront 100 000 litres d'essence pour l'ensemble de la tournée ».

Le 16 juin 1972, la caravane se met en branle derrière Hallyday, au volant de sa fameuse Rolls blanche conduite par Franco, son chauffeur italien. Première étape, Chantilly. En « vedette américaine », pour réchauffer les spectateurs, Ange – un groupe « progressif » –, puis Nanette avec l'orchestre de Tommy Brown. Après l'entracte, Johnny apparaît « tout de daim vêtu », hurlant *Je suis né dans la rue*. Suivent ses succès de l'heure : *Fils de personne, Que je t'aime, Boire à la source* et autres tubes. Comme d'habitude, Nanette et Madeline Bell agissent comme choristes. Billy Workman, à la guitare, accompagne Jean-Pierre « Rolling » Azoulay.

Nanette s'absente parfois de la tournée. Elle file à Londres pour compléter, à Olympic Studios, les enregistrements de chansons inédites qui seront incluses dans l'album *Grits and Cornbread*.

Cette fois, pour cause de tournée, Johnny ne peut rester à Londres auprès de Nanette. Loin de son amoureux, Nanette se prend d'amitié pour Peter Frampton, qui devient son confident et son complice musical. Une amitié qui évolue rapidement. Une liaison naît peu à peu. À l'insu de Johnny, Nanette se console de sa solitude dans les bras de son guitariste !

Cette relation amoureuse, Nanette la mène de front avec celle qui l'unit à Johnny – lui-même ne se gêne pas pour retourner souvent dans le giron de la « féminine » Sylvie. Johnny n'est pas au courant de l'aventure de sa protégée, mais il se doute de quelque chose. Billy raconte qu'un jour, Johnny lui a demandé d'accompagner sa grande sœur en Angleterre et de jeter un œil discret sur ses fréquentations.

Billy, espion de Johnny !

Pourtant, Hallyday fonde toujours beaucoup d'espoir sur le duo Nanette-Frampton. Il entraîne même Nanette à New York pour lui faire rencontrer le gérant de Frampton, l'Américain Dee Anthony, qui s'était occupé de Humble Pie, le groupe auquel appartenait Frampton avant de faire une carrière solo. L'objectif de Johnny : demander à Anthony de gérer la carrière de Nanette, en parallèle avec celle de Frampton.

Nanette et Johnny – totalement inconnu à New York ! – peuvent se balader en ville comme un « couple normal », sans risquer qu'une horde de fans en délire leur tombent dessus. Il est même question d'un détour au Mississippi, afin que le rocker français puisse rencontrer les parents de Nanette. Mais ce projet est annulé : Johnny doit rentrer en Europe. Sylvie *calling…*

Dès qu'il en a l'occasion, entre les shows, les apparitions à la télé et les visites à sa femme et à son fils, Hallyday prend la route de Londres, où l'attend Nanette, dans l'hôtel-appartement qu'il a loué à son intention. Ils fument, prennent de la coke, s'éclatent. Bien entendu, Peter Frampton n'est jamais très loin. Même en présence de Johnny, Nanette continue de voir le guitariste britannique. « J'étais complètement mêlée à ce moment-là », se souvient Nanette. Le soir, dès que Johnny s'est endormi, ivre et *stoned*, elle file rejoindre Frampton dans une autre chambre du même hôtel !

Lorsque Johnny découvre la liaison de Nanette avec le jeune guitariste, il est froissé, blessé aussi. Très déçu, forcément. Mais encore amoureux. Il n'a pas l'habitude qu'on lui résiste et, surtout, qu'on lui préfère quelqu'un d'autre.

— Je pars pour le Maroc. Tu viens avec moi.

— Je peux pas, Johnny. Mon album.

— *And Peter, of course.*

— T'as pas de leçon à donner à personne ! Tant que tu changeras pas d'idée au sujet de Sylvie, je vois pas pourquoi je me gênerais !

Meurtri, Hallyday quitte Londres la tête basse. Après son départ, Nanette emménage chez Peter Frampton, sans rompre avec Johnny. Mais la cohabitation ne dure pas – un mois, tout au plus. « On n'avait rien en commun, lui et moi, sauf la musique. » En outre, la vie quotidienne avec Frampton est compliquée : c'est un végétarien pur et dur, tendance macrobiotique. Une véritable religion chez lui. « *And I was meat and potatoes* », raconte Nanette.

Retour à l'hôtel, dans la chambre payée par Hallyday. Les deux amants se parlent au téléphone tous les jours.

— Peter et moi, c'est fini, lance Nanette. Je t'aime, Johnny.

— *I wish you were here.*

— Tu ne m'en veux pas ?

— *I miss you, honey.*

En juillet, Nanette est victime d'une gastro-entérite aiguë, on doit l'hospitaliser. Elle appelle Johnny, qui donne à ce moment-là un spectacle en Provence. Aussitôt, il envoie son avion privé à Londres, pour ramener la jeune femme près de lui. Pas question de laisser Nanette malade chez les British !

Dès que la chanteuse est rétablie, Johnny la réintègre dans son show, mais Nanette le trouve froid et distant. Comme s'il avait attendu son retour pour la blâmer de son incartade avec Peter Frampton. Nanette dort dans une chambre à part, il ne s'occupe plus d'elle. À certains moments, par contre, lassé de ce petit jeu, il redevient prévenant et chaleureux. Mais pour Nanette, le cœur n'y est plus. Elle en a marre de la valse-hésitation de Johnny avec Sylvie. Le rocker est incapable de se brancher. Même s'il ne s'entend plus avec sa femme, il sait qu'une rupture, une autre, déplairait à ses fans. Alors, il joue sur les deux tableaux.

Dure, dure, la vie de star !

D'autant plus que le rythme effréné de la tournée et l'énergie folle dépensée par le chanteur font du *Johnny Circus* une entreprise éprouvante. « Après les shows, Sacha, son garde du corps, lui jette un peignoir sur le dos et l'emporte, titubant, vidé, vers sa caravane de baladin… » raconte un journaliste. Lors de certaines représentations, Johnny s'écrase sur scène – tout est arrangé, bien sûr ! – afin de semer le désarroi chez les spectateurs. Pendant un long moment, sous le regard stupéfait des fans, le chanteur reste ainsi, sans bouger. Puis se relève péniblement, salue la foule, se remet à chanter, il est sauvé !

Malgré ces effets de mise en scène, plusieurs critiques mitigées ternissent la fête que la star avait voulu offrir à ses admirateurs. « Une idole fatiguée », titre *L'Indépendant* de Perpignan : « Ni les efforts désespérés de ses chœurs, ni les virtuosités de haute voltige de son orchestre n'ont réussi à le faire sortir de sa torpeur. »

Au sujet de Nanette, les mêmes réserves : « Ni son interprétation de chansons connues, ni ses ondulations de hanches, ni ses vocalises couvertes par un accompagnement assourdissant ne suffiront à déchaîner l'enthousiasme… »

À plusieurs endroits, l'accueil du public est décevant, comme si Johnny avait perdu le contact avec ses admirateurs. Les organisateurs de la tournée éprouvent également des problèmes avec certains promoteurs locaux, ce qui oblige Johnny à chanter loin des centres urbains. Il arrive même que la star se produise devant des salles presque vides. Des bagarres surviennent parfois.

À Dijon, Nanette est atteinte au front par une bouteille vide lancée par un spectateur. Assommée, la chanteuse s'écrase sur scène – et cette fois, ce n'est pas de la rigolade. Aussitôt, Johnny se précipite vers elle pour tenter de la ranimer.

— Nanette, Nanette…

Debout, la foule crie, hurle.

Des préposés à la sécurité accourent pour s'occuper de la jeune femme, qui tarde à reprendre conscience.

— Une ambulance ! s'écrie Johnny.

Le reste du spectacle est annulé, pendant qu'on transporte Nanette à l'hôpital. Johnny et Madeline Bell ont pris place dans le véhicule du service d'aide médicale. À un moment donné, quand Madeline lève les yeux, elle s'aperçoit que l'ambulancier ne cesse de fixer Johnny, comme s'il ne pouvait croire sa bonne fortune de se trouver si près de son idole.

À l'hôpital, c'est le délire. Parmi les patients, d'abord, qui attendent aux urgences.

— T'as vu, c'est Djeuni !

— Djeuni est blessé ?

— Qu'est-ce qu'il a, Djeuni ?

— Un accident de moto ?

— Il s'est encore bagarré ?

Le chanteur n'a pas eu le temps de se débarrasser de sa tenue de scène. Vêtu en « rebelle », son blouson de daim sur le dos, des bottes de cow-boy aux pieds, il impressionne !

Le personnel n'est pas en reste. Tout à coup, des infirmières et des préposés surgissent de nulle part pour entourer la star, ignorant complètement Nanette, couchée sur une civière !

— Djeuni ! Djeuni ! Djeuni !

— Par ici, Djeuni !

— T'inquiète pas, Djeuni, tout est cool.

Pour Madeline Bell, qui observe la scène, la situation est surréaliste. Heureusement, Nanette s'en tire sans dommage, sauf pour quelques points de suture. Juste un peu sonnée, c'est tout.

Quand elle reprend conscience, Johnny est à ses côtés, avec Madeline. Il prend Nanette par la main.

— *How you doin', baby ?*

— *Fine.*
Ils échangent un sourire.
— *That's rock'n'roll*, ajoute la star.

21

Lors des dernières étapes du *Johnny Circus*, la situation tourne au vinaigre entre les organisateurs de la tournée et certains « employés », dont Madeline Bell. Jean Pons, le producteur, lui doit beaucoup d'argent qu'il ne peut lui payer. Madeline, furieuse, quitte le navire et rentre en Grande-Bretagne. Bref, ce qui a commencé comme une fête se termine dans la bisbille. À la fin de la tournée, Hallyday déclare : « *Johnny Circus* m'a laissé moralement, physiquement et financièrement détruit. » Le chanteur ne pourra financer une scène aussi immense avant plusieurs années. Bien entendu, le « Village H », le Cinecitta français, ne verra jamais le jour.

En l'absence de Johnny – chez Sylvie ou en tournée –, la maison de Grosrouvre se transforme les week-ends en une sorte de refuge pour les amis trippeux de Nanette. Même chose avec l'appartement de l'avenue Bugeaud, dans le 16e arrondissement, où habite maintenant Nanette – avec Cookie, son petit chien pékinois. S'y retrouvent régulièrement Dagmar Lai et Martine Lelouch. Mais aussi son frère Billy, Richard Tate, Angelo Finaldi et plusieurs autres. Les deux Québécois écrivent toujours pour Hallyday, mais leur production ne semble plus convaincre le chanteur français. Tout ce beau monde a une chose en commun : la dope. Sauf Finaldi, échaudé par un *bad trip* d'acide, quelques années auparavant. Le seul qui reste *straight* dans toute la bande.

En plus de sa consommation régulière de cocaïne avec Johnny, Nanette s'est laissée séduire par d'autres drogues dures qui circulent dans le milieu de la musique, comme le méthaqualone, mieux connu sous le nom de mandrax ou quaalude, un anxiolytique dont l'effet est semblable à celui des barbituriques : relaxation, euphorie. À fortes doses, par contre, l'utilisation du méthaqualone peut avoir des effets dévastateurs : délire, coma, arrêt cardiaque.

Les amphétamines font également partie du cocktail chimique ingurgité par les habitués des soirées organisées par Nanette et ses chums. À Grosrouvre ou à Paris.

« Tous les jours, se souvient Nanette, Richard et moi on se retrouvait dans le café en face de l'appartement de l'avenue Bugeaud, pour boire du vin et bouffer des quaaludes. » Ou encore prendre de la coke.

Nanette chantera plus tard, dans *Shotgun* : « Je tire une autre ligne, je respire à fond, j'ai un arrière-goût de dynamite... »

La chanteuse connaît une deuxième expérience de LSD, pendant un week-end où elle a invité à Grosrouvre Martine et son copain Stéphane. Billy est sur place également. En mangeant le repas de spaghetti que Nanette a préparé – sa spécialité ! –, Stéphane lance :

— Un trip d'acide, ça vous tente ?

Nanette se rappelle encore le sourire de Roger Waters quand il lui avait fait la même proposition. Un trip, oui, mais qui avait rapidement dégénéré. Pas de lits d'eau dans la maison, cette fois. Pas de grands magasins à des lieux à la ronde. Ça ne peut pas être pire qu'à Londres.

Mauvaise réponse !

Stéphane pose sur la table des buvards de LSD. Tous les quatre les regardent un long moment.

— Un chacun, ça va ?

Et comment !

Nanette ne se rappelle pas avoir terminé le repas. Personne non plus, d'ailleurs. Ce dont elle se souvient, en fait : pas grand-chose. Dans la salle de bain, les murs bougent, oscillent, *respirent*, comme si une sorte de monstre s'était dissimulé dans la tapisserie. C'est pas vrai, ça n'existe pas, c'est l'effet de la drogue, ne cesse de se répéter Nanette. Vacillante, elle sort de la pièce et découvre Stéphane, accroupi, en train de démantibuler pièce par pièce le billard électrique de collection que Johnny a payé un prix fou. Un objet unique, ce flipper! Une œuvre d'art!

— *Oh my God, Stéphane! Are you crazy?* Johnny va me tuer quand il va découvrir ce que t'as fait!

Alors que les monstres cachés dans les murs continuent de lui respirer dans le cou, Nanette se lance à la recherche de Martine, afin qu'elle vienne raisonner son copain. Assise près du foyer, la jeune femme pleure à chaudes larmes sans raison apparente, pendant que Billy chante à la guitare: «*Did you ever see your mother naked in the pool?*»

Pour une raison que Nanette n'arrive pas à comprendre, la chanteuse est toujours vue comme responsable de ces abus, de ces orgies de dope. Quand Claude Lelouch décide d'envoyer sa sœur en clinique de désintox, il blâme Nanette de l'avoir mise dans cet état, alors que Martine était déjà sous l'emprise des drogues quand les deux filles se sont rencontrées.

«J'étais toujours la *bad girl*, se rappelle Nanette. Si Johnny prenait de la drogue, si Johnny mettait son mariage en péril, si Johnny se bagarrait avec des vauriens...»

Dans son autobiographie intitulée *Destroy*, parue en 1996, Hallyday raconte que Nanette et lui se sont retrouvés à jouer à la roulette russe, un soir de dérive. Nanette ne se souvient pas de cet épisode, mais elle doute d'avoir été *stoned* au point de faire une chose aussi stupide. «Les armes à feu, je connais depuis toujours. Jamais je m'amuse avec un *gun*, chargé ou non, jamais!»

Dans son bouquin, Hallyday explique: «Ma relation avec Nanette fut autodestructrice. Nous étions comme envoûtés: amants et rivaux. Des rivaux impitoyables: à qui irait le plus loin. Dans la musique, l'alcool, la drogue, les déchirures... Il fallait un vainqueur. Et personne ne voulait baisser les bras.»

En faisant de la drogue un élément essentiel de sa vie, Nanette joue avec le feu. Un jour qu'elle doit rejoindre Johnny en Afrique où il donne une série de spectacles, Nanette prend l'avion avec Lee Hallyday. Escale à Rome, en route vers Abidjan, en Côte-d'Ivoire. Alors que Nanette et Lee attendent en file pour montrer leur passeport à un contrôle de sécurité, Nanette découvre qu'elle a glissé entre les pages du document un sachet de marijuana!

Nanette est envahie par la panique. Trop tard, maintenant, pour filer aux toilettes se débarrasser du sachet. Le douanier feuillette les passeports des passagers, juste devant elle. Elle n'ose rien dire à Lee. Elle croise les doigts et espère pour le mieux. Le douanier saisit son passeport, le feuillette, tombe aussitôt sur la photo de Nanette, vérifie qu'elle correspond bien à la passagère, puis lui rend le document. Il n'a pas remarqué la dope !

Dans l'avion, Nanette raconte à Lee sa frayeur. Il est furieux !

— *Why did you do that ? You could've ruined your career !*

— *I'll hide it better next time,* dit-elle ironiquement.

— *You're completely crazy !*

Johnny n'est pas un ange non plus. Sobre, c'est un type amusant, avec qui on peut avoir beaucoup de plaisir. Mais quand il se met à boire, son attitude change complètement. Il se transforme en une personne méchante, cruelle, sans respect pour quoi que ce soit. L'alcool fait remonter ses problèmes à la surface. Il devient ombrageux, d'un caractère exécrable. Vaut mieux ne pas l'approcher, dans ces moments-là ! Dans un bar, il peut très bien décider de se bagarrer comme un vulgaire voyou, malgré sa stature de star. La presse rapporte régulièrement des rixes auxquelles prend part la vedette. Mais, toujours, Sacha est sur place pour intervenir et sortir Johnny du guêpier dans lequel il s'est foutu.

Un soir, au cours de cette tournée africaine, justement, Johnny, Nanette et Sacha se retrouvent dans un bar d'Abidjan. Dès qu'elle y met les pieds, Nanette ne se sent pas à l'aise. Ils sont les seuls Blancs dans l'établissement, et Nanette, la seule femme.

— *Let's get out of here, Johnny. Let's go somewhere else.*

Mais Johnny aime l'endroit. Accoudé au comptoir, il se met à boire, trop, comme d'habitude et, bientôt, il insulte tout le monde autour de lui. Au départ, les clients sourient de voir Djeuni perdre le contrôle mais, après un moment, ils ne peuvent ignorer ses invectives.

— Allons, Johnny, c'est assez, on fout le camp, lance Sacha.

— Toi, ta gueule ! C'est pas une bande de nègres qui va m'empêcher de faire la fête…

Autour du trio, des costauds au regard enragé.

— Johnny, ça suffit !

— *Sacha is right, let's go.*

Mais Johnny les ignore, tous les deux. Sacha saisit Nanette par le bras et lui dit, doucement :

— Viens avec moi.

Nanette se laisse entraîner à l'extérieur du bar, dans le parking. Sacha ouvre la portière de la voiture et ordonne à Nanette de se coucher à l'arrière, par terre. Et de bien verrouiller.

— Qu'est-ce que tu vas faire ?

— Comme d'habitude. Le sortir du pétrin.

Quelques instants plus tard, recroquevillée dans le fond de l'auto, Nanette entend des bruits de course et des insultes criées à tue-tête. Les portières de la voiture claquent.

Sacha et Johnny s'y sont glissés juste à temps.

L'auto démarre au moment où les clients du bar sont sur le point de les rattraper.

Après quelques instants, encore secouée par ce qui vient de se passer, Nanette voit Johnny se tourner vers elle, relax, un grand sourire aux lèvres.

— *You should've stayed. It was so much fun !*

À l'automne 1972, les relations entre Johnny Hallyday et Sylvie Vartan sont au plus bas. Il est évident que la chanteuse ne peut plus fermer les yeux sur la liaison de son mari avec Nanette. Johnny passe plus de temps et consacre plus d'énergie à Nanette qu'à sa femme et à sa famille. Ce qui le ramène chez Sylvie, c'est son fils David. Rien d'autre. Entre Sylvie et lui, c'est terminé à tout jamais, du moins c'est ce qu'il raconte à Nanette.

Pendant quelques semaines, pourtant, Johnny continue son va-et-vient entre les deux femmes, même s'il est follement amoureux de la chanteuse américaine.

Un jour, Johnny se précipite chez Nanette. Étonnamment, il est à jeun. Et sérieux.

— J'ai pris une décision. Je quitte Sylvie, je veux vivre avec toi.

Comme preuve de sa détermination, il lui offre une bague de fiançailles qu'il vient d'acheter en Suisse. Il lui a déjà procuré une Mini Austin qui a rendu l'âme dans un accident au cours de la tournée *Johnny Circus*. Alors qu'Angelo Finaldi était assis à l'arrière de la voiture, le pékinois de Nanette dans les mains, celle-ci a fait une mauvaise manœuvre, distraite par sa conversation avec Richard Tate. Une auto venant en sens inverse a embouti la voiture, sans faire de blessés, heureusement.

La déclaration d'amour de Johnny, Nanette l'attend depuis des semaines. Elle est folle de joie ! Hallyday lui explique qu'à leur retour de Londres, où il doit se rendre de nouveau pour un enregistrement, Nanette videra son appartement de l'avenue Bugeaud et s'installera avec lui dans la maison de campagne de Grosrouvre.

— *I love you, baby.*

Amoureuse plus que jamais, elle aussi, Nanette suit Johnny en Grande-Bretagne. Ils font des projets. Une nouvelle vie commence pour les deux amants. Cette semaine en est une de bonheur intense pour Nanette.

Pour la chanteuse, la décision de Johnny de rompre définitivement avec Sylvie met un terme à une longue période d'incertitude. Par rapport à sa carrière, mais aussi par rapport à sa vie. Johnny est l'homme avec qui elle s'entend le mieux au niveau professionnel, et au niveau amoureux également. C'est avec lui qu'elle se mariera, avec lui qu'elle fondera une famille, enfin.

L'avion se pose à l'aéroport d'Orly. Discrètement, un employé s'approche de Johnny, à la sortie des passagers de première classe. Il y a un message téléphonique pour lui, il doit rappeler à la maison.

— Nous avons un bureau à votre disposition, monsieur Hallyday.

Quand Johnny sort de la pièce, quelques instants plus tard, il paraît troublé. Il s'approche de Nanette.

— David est malade. Très malade. Je dois faire un saut à Loconville.

Chez Sylvie.

— Je comprends, c'est normal. J'espère qu'il va aller mieux.

— Dès que je peux, je t'appelle.

Nanette rentre seule à l'appartement de l'avenue Bugeaud et prépare son déménagement à Grosrouvre. Elle attend l'appel de Johnny, inutilement. Une semaine de silence. Quand le téléphone sonne, enfin – la jeune femme est à bout de nerfs ! –, elle entend la voix de Lee au bout du fil.

— *Lee ? How's Johnny ? How's David ?*

— *Fine.*

— Qu'est-ce qui se passe ?

— Il y a eu un petit changement...

Nanette se crispe. Le ton douceâtre de Lee n'augure rien de bon.

— Johnny a décidé de rester avec Sylvie.

Le monde s'écroule !

— *That can't be ! He just told me...*

— *Calm down, Nanette. Please...*

— *I wanna talk to him !*

— En ce qui concerne le boulot, rassure-toi. Pour la suite de l'enregistrement de son album, à Olympic Studios, la semaine prochaine, Johnny compte sur toi.

Et pour d'autres albums aussi. Les siens comme ceux de Nanette. Les projets professionnels de Hallyday à l'égard de la jeune Américaine n'ont pas changé.

N'empêche, Nanette est blessée, insultée aussi. La moindre des choses, ça aurait été que Johnny lui apprenne la mauvaise nouvelle directement.

— *All right, Lee, I understand*, s'efforce-t-elle de dire, même si elle ne comprend rien à la situation. *Say hello to Johnny. Tell him to call me.*

— *I will. I'm sorry, Nanette.*

Que peut-elle faire, réellement ? Dans cette histoire tordue, c'est elle l'intruse. C'est elle qui brise une famille... D'autant plus qu'elle n'a pas hésité à lui faire des petites entourloupettes amoureuses, au beau Johnny !

Nanette se console : au moins, Hallyday demeure fidèle à ses engagements professionnels. Elle va enregistrer d'autres disques avec lui, et pour lui.

Deux jours avant son départ pour Londres, où elle doit s'installer pour un mois, nouveau téléphone de Lee.

— *Listen*, Nanette. Les choses ont encore changé.

Nanette se braque. Qu'est-ce qui se passe, maintenant ?

— Sylvie accepte de revenir avec Johnny à une seule condition : qu'il n'ait plus rien à faire avec toi. Professionnellement, je veux dire.

— *What ?*

— Ton séjour à Londres est annulé. Je sais, j'y peux rien.

— Et Johnny a dit oui ?

— Il n'avait pas le choix. S'il refuse, elle va l'empêcher de revoir David.

Un long silence.

— Nanette…

Mais la jeune femme est trop secouée pour répondre. Elle laisse tomber le combiné et se met à pleurer, tout simplement. Cette nouvelle, c'est comme un coup de poignard dans le dos. Depuis deux ans, Nanette a fait confiance à Johnny, elle a cru en lui, à ce qu'il lui a promis – du moins sur le plan professionnel. Elle était sûre qu'il se préoccupait de sa carrière, comme il le disait. Mais tout ça, elle s'en rend compte maintenant, c'était de la frime. Johnny n'est qu'un menteur comme les autres !

Nanette est d'autant plus furieuse qu'à cause des promesses de Johnny, pour pouvoir être choriste sur son prochain album – *Insolitudes* – elle a dû refuser de travailler avec un groupe américain qui l'avait approchée plus tôt durant l'année. « En une seule journée, il a balayé du revers de la main des mois de travail et d'espoir », écrira-t-elle à ses parents.

Dévastée par la nouvelle, blessée par la trahison de Johnny, par son insensibilité à son égard, Nanette pique une violente crise de nerfs !

Elle brise tout ce qui se trouve dans l'appartement ! Ce qui lui tombe sous la main se retrouve en morceaux sur le plancher ! Sentant qu'elle est en train de perdre le contrôle, elle avale des cachets pour se calmer. Des barbituriques, qu'elle a l'imprudence de mélanger avec de l'alcool. Parce qu'elle a l'intention de prendre une cuite, une solide, pour oublier ce que Johnny lui fait subir !

Mais le mélange d'alcool et de barbituriques a un effet dévastateur.

Nanette s'affaisse, inconsciente.

22

Richard Tate sait que, de la dope, on en trouve toujours chez Nanette, avenue Bugeaud. Grâce à ses amis, la chanteuse est bien approvisionnée. Le voilà qui sonne à sa porte, en début de soirée. Pas de réponse.

— Nanette ! C'est moi, Richard. Ouvre !

Aucune réponse, encore une fois.

Étrange. De la rue, il a vu de la lumière aux fenêtres, l'appartement est occupé, visiblement.

Richard fait ouvrir par la concierge. Dans la chambre, Nanette, couchée sur le lit, ne bouge pas. Ne bouge plus, on dirait.

Agité, Cookie, le pékinois de Nanette, tourne autour de la pièce.

— *What the fuck...*

Quand il voit les flacons de barbituriques et les bouteilles d'alcool, Richard comprend aussitôt ce qui se passe. Mélange quaaludes et scotch ! Une tentative de suicide, de toute évidence. Il se jette sur le téléphone et appelle une ambulance. Puis il donne un coup de fil à Lee Hallyday pour lui expliquer la situation.

Deuxième expérience de Nanette avec le service d'aide médicale d'urgence ! Dans le véhicule qui file dans les rues de Paris, on tente de ranimer la chanteuse, en vain. Le pouls de Nanette est faible, très faible.

Après ce qui semble une éternité, l'ambulance s'immobilise à l'Hôpital américain, à Neuilly. Aussitôt, Nanette est prise en charge par l'équipe d'urgence. Lavage d'estomac, perfusions. La patiente reste inconsciente pendant six heures !

Mais elle se réveille, enfin. Elle est sauvée.

Sa tête lui fait un mal atroce. Sa vue est embrouillée. Nanette ignore où elle se trouve. Elle tente de se tourner dans le lit, mais découvre qu'elle est solidement attachée aux montants. Qu'est-ce que ça veut dire ? Qu'est-ce qui se passe ? Où suis-je ?

Lee Hallyday entre dans la pièce, suivi de Richard Tate.

— *Lee ! Thank God !* Qu'est-ce que je fais ici ?

Lee soupire.

— Tu as tenté de te suicider. Si Richard n'était pas arrivé à temps…

Me suicider ? Qu'est-ce qu'ils racontent, ces deux-là ?

Nanette a toutes les peines du monde à les convaincre – et à convaincre les médecins, surtout ! – qu'elle n'a pas tenté de mettre fin à ses jours. Elle y est allée un peu fort sur l'alcool et les barbituriques, mais ce n'était pas dans le but d'en finir.

— Lee m'a raconté au sujet de Johnny, ajoute Richard. C'est normal que t'aies eu envie de…

— Mais puisque je te dis que c'est pas volontaire. Je voulais pas me tuer !

À moitié convaincu, Lee Hallyday fait sortir Nanette de l'hôpital l'après-midi même et l'accompagne chez son propre médecin. Celui-ci prescrit à la jeune femme des cachets pour régulariser sa pression sanguine et des vitamines pour la remettre d'aplomb. Mais ce dont Nanette a surtout besoin, c'est de repos. De retour avenue Bugeaud, elle tente de reprendre des forces. De retrouver le calme.

Billy est furieux contre Johnny, mais Nanette est résignée. D'ailleurs, Johnny est-il au courant de ce qui vient de lui arriver ? Sans doute, Lee a dû tout lui raconter. Mais Johnny n'appelle pas Nanette. Il lui fera parvenir une lettre d'« excuses » et d'« explications », quelques semaines plus tard. Sur le coup, il ne donne pas l'impression de s'inquiéter pour la femme qu'il aimait tellement, il n'y a pas si longtemps. Cruauté ? Inconscience ? Pour Nanette, Hallyday a peur de Sylvie, tout simplement. De ne plus avoir accès à son fils. La star respecte scrupuleusement la promesse de rester loin de son ancienne flamme.

Le 4 novembre 1972, deux ou trois jours à peine après son *overdose*, Nanette écrit une lettre à ses parents. Une lettre difficile, dont l'écriture, hachurée, maladroite – celle d'un petit enfant, on dirait –, témoigne de la détresse de la jeune femme. « Mentalement, je ne vais pas très bien, avoue Nanette. J'ai eu quelques problèmes psychologiques et, malheureusement, je n'ai personne ici à qui me confier. » Même pas Billy, qu'elle juge « trop jeune » pour comprendre ce qui lui arrive. « *He's just a kid.* »

Nanette promet à ses parents une missive plus longue, plus explicative. Par son écriture mieux contrôlée, celle du 8 novembre, adressée uniquement à sa mère, montre que Nanette reprend du mieux. Elle revient sur sa rupture avec Johnny, n'épargnant aucun détail. On peut imaginer l'inquiétude de Beatryce quand elle lit : « On m'a transportée à l'hôpital où je suis restée dans le coma pendant six heures. » Puis elle lance ce cri du cœur : « J'ai toujours fait confiance aux gens, mais chaque fois j'ai été déçue. Je songe sérieusement à tout quitter et à rentrer à la maison. J'aimerais n'avoir jamais appris à chanter et oublier tout ce que je sais en musique. J'aimerais recommencer ma vie autrement. J'ai toujours voulu devenir une grande artiste, mais je ne suis plus certaine aujourd'hui que ça en vaut la peine. »

Plus loin, dans un effort supplémentaire pour rassurer sa mère, elle écrit : « Je ne prends plus de pilules ni de drogues maintenant, à l'exception d'un peu de marijuana. Mon médecin me dit que ce n'est pas dangereux. »

Nanette sort très blessée de sa relation avec Hallyday. L'impact de cette rupture sur sa carrière sera dévastateur. Tous les beaux projets que la star avait échafaudés pour la chanteuse disparaissent en fumée, y compris ceux avec Dee Anthony, à New York. Nanette est une artiste déçue, meurtrie, laissée en plan par l'homme qu'elle aimait – qu'elle aime encore – et qui avait promis d'en faire une vedette, comme lui. Une artiste qui a l'impression, à vingt-sept ans, d'avoir atteint le fond du baril. De ne pas avoir répondu aux attentes qu'elle s'était elle-même fixées, des années plus tôt, dans le Mississippi de son adolescence.

Pour Nanette, la volte-face de Johnny à son égard est une véritable gifle, personnelle et professionnelle. Dans une lettre à ses parents, elle dit : « C'est un autre Tony Roman, mais en pire. *What a lyer !* »

« J'espère qu'à l'avenir Nanette sera assez prudente pour ne pas se laisser abuser par des égoïstes comme lui », écrit Billy à son tour.

Du point de vue professionnel, l'avenir de Nanette est complètement fermé. Depuis ses premiers rôles, à Jackson, depuis ses premières performances, sa carrière a suivi une courbe ascendante, à peu près sans fausse note. Bien entendu, la chanteuse a travaillé fort. Elle a tout sacrifié à cette carrière, y compris Morgan, son amour de jeunesse. Elle a eu des moments de doute, de remise en question mais, toujours, elle a rencontré les bonnes personnes – de Rudy Vallée à Johnny Hallyday, en passant par Tony Roman et Richard Armitage – qui ont cru en elle et lui ont donné la possibilité de mettre ses talents en évidence.

Pour la première fois, à l'automne 1972, Nanette se retrouve devant un immense vide.

À la fin novembre, pourtant, les choses semblent s'améliorer pour Nanette. Du moins, elle essaie de s'en convaincre. La chanteuse explique à sa mère qu'elle va beaucoup mieux mais, surtout, qu'elle a rencontré deux « extraordinaires » musiciens québécois – Richard Tate et Angelo Finaldi – et qu'ils ont l'intention de former un groupe rock. Seul problème : ils sont sans le sou, tous les trois, ils cherchent un commanditaire. Nanette a déjà revendu la bague de fiançailles que Johnny lui avait offerte. Mais c'est loin d'être suffisant pour financer leur projet. Entre Nanette et Richard, les choses se sont précisées. L'homme qui lui a sauvé la vie, elle en est maintenant amoureuse ! « À l'époque, quand tout allait mal, c'était un véritable *sparkle* ! » dira-t-elle plus tard. Richard la fait rire, la distrait de ses problèmes, ils s'entendent à merveille tous les deux. Et du point de vue musical, ils ont les mêmes ambitions : faire du rock, sans aucun compromis commercial.

Nanette ne peut compter sur Billy, cette fois. Évincé de l'entourage de Johnny, tout comme sa grande sœur, il a pris l'avion pour Montréal, où il a renoué avec Michel Pagliaro. Billy s'est même installé chez lui, à l'Île-des-Sœurs. Les deux musiciens reprendront leur collaboration : Billy jouera pendant plus de dix ans dans l'orchestre de Pagliaro. Avec lui, Billy écrira *What the Hell I Got*, qui deviendra un immense succès au Canada anglais en 1975.

Michel est encore très amoureux de Nanette, à qui il écrit de longues lettres. Nanette et lui se parlent parfois au téléphone. Michel ne s'est pas remis de leur rupture, il veut absolument reprendre avec la chanteuse. Celle-ci est touchée par son insistance, même si elle n'a pas l'intention de rentrer à Montréal. Michel, c'est fini pour de bon. Mais à Beatryce, elle avoue dans une lettre : « Je pense que j'ai fait une grave erreur en le quittant. »

En janvier 1973, le projet de groupe – Richard à la guitare, Angelo Finaldi à la basse – semble se concrétiser, malgré des difficultés de financement. Nanette et ses deux collaborateurs, après un voyage infructueux à Londres, ont réussi à intéresser le producteur Alain Nègre à leur projet. Il leur avance des fonds et leur permet même de s'installer dans une de ses maisons, à cinquante kilomètres de Paris.

Le 9 mars, Nanette écrit de nouveau à sa mère et lui apprend qu'elle chantera en anglais, dorénavant : « Le genre de musique que je veux faire ne se chante pas en français. » Le nom du *band* a été trouvé : Big Mouth. De Londres, le trio a ramené un musicien, un batteur. Mais, surtout, Nanette informe Beatryce qu'elle changera de nom ! « Je vais maintenant m'appeler Jessie Lee Hicks. » Le nom de la gouvernante qui a travaillé pour la famille Workman pendant des années. Parmi ses projets, également, un disque, une tournée… Pas de doute, Nanette veut vraiment tirer un trait sur sa carrière antérieure. La chanteuse est remplie d'espoir pour cette nouvelle aventure, même si elle avoue : « Je recommence encore une fois au bas de l'échelle. » Nanette ajoute qu'elle est prête à tous les sacrifices pour réussir dans le type de musique qu'elle a choisi. Du hard rock – par rapport à la musique pop, qu'elle a privilégiée jusqu'à maintenant.

Toutefois, les projets de Nanette et de ses amis ne parviennent pas à se concrétiser. La tournée prévue pour l'été est annulée, l'équipement qu'Alain Nègre devait leur procurer tarde à arriver. Et quand il arrive, enfin, Nanette, Richard et les autres le laissent s'empoussiérer dans un coin du salon. Ils sont bien trop occupés à se « geler la face », comme on dit. À défaut de local de répétition, la maison de campagne d'Alain Nègre devient une sorte de commune, où se retrouvent plusieurs musiciens – en plus de Martine Lelouch et Dagmar Lai, les amies de Nanette. L'auteur-compositeur Jacques Higelin devient un habitué de l'endroit. Sa roulotte reste parquée sur le terrain pendant tout l'été. C'est Grosrouvre, encore une fois, avec la même dope, les mêmes soirées qui s'éternisent jusqu'au petit matin.

Dans cette brume perpétuelle, Nanette laisse filer des occasions uniques. « Claude Lelouch est venu m'offrir de passer une audition pour le personnage joué par Marthe Keller dans *Toute une vie*, se rappelle Nanette. Je ne savais pas s'il était sérieux ou si c'était juste une façon de me… courtiser. Je me sentais mal à l'aise, j'ai refusé. »

Du point de vue musical, ce séjour à la campagne est également un désastre. Angelo, très introverti, passe son temps à jouer de la basse dans un coin, sans s'occuper des autres, pendant que Nanette et Richard ingurgitent tout ce qui leur tombe sous la main en matière de drogue : quaaludes, amphétamines et autres stimulants, sans parler de la coke – en plus du pot et du hasch. La maison se transforme en une véritable pharmacie. En une fumerie permanente. Nanette et ses amis – sauf Finaldi – sont gelés du matin au soir. « *Nine months on pills !* » résumera Richard Tate, par la suite. Neuf mois à tripper, neuf mois gaspillés. Big Mouth, oui, mais surtout pour avaler toute cette dope !

Un jour, Dagmar présente à Nanette une copine, Angela, une prostituée allemande. « *A high class escort* », se souvient Nanette, une femme superbe. Quelques jours plus tard, lorsque Nanette et Richard lui rendent visite dans son chic et immense appartement du 16e arrondissement, Nanette sent tout de suite sur elle les regards de la belle Allemande. Pendant tout le repas, Angela ne la quitte pas des yeux. Normalement, Nanette serait mal à l'aise de la situation, mais le vin et la drogue qu'ils ont pris, tous les trois, contribuent à faire disparaître sa gêne.

À un moment donné, Richard se réfugie au salon pour ingurgiter son cocktail habituel de mandrax et autres stupéfiants. Angela entraîne Nanette dans un petit boudoir, près de l'entrée, elle semble se réjouir d'être seule avec elle.

— C'est ici que tu reçois tes clients… dans cet appartement ? demande Nanette, intimidée.

— Non, non, jamais, réplique Angela, en souriant.

Nanette est fascinée par son métier – ces prostituées de luxe ne côtoient que les plus grands, les plus riches : émirs, banquiers, ministres…

— Parmi mes clients, des femmes, parfois…

La belle Allemande s'approche de Nanette pour l'embrasser. Celle-ci, surprise de son geste, est d'abord hésitante, mais elle se laisse faire et y prend plaisir. Bientôt, les deux femmes sont enlacées et commencent à se dévêtir. Nanette est émoustillée, et curieuse aussi. Elle s'abandonne…

Sa compagne s'écarte doucement.

— Pas ici, chuchote Angela, d'une voix sensuelle. Viens…

Angela prend Nanette par la main et l'entraîne dans une autre pièce, la salle de bain – immense, comme on n'en voit jamais à Paris. Avec un sourire enjôleur, Angela fait couler l'eau de la baignoire. Sort une bouteille de champagne d'une armoire. En riant comme des adolescentes, les deux femmes se déshabillent mutuellement et glissent dans l'eau chaude et parfumée. Angela la caresse doucement, langoureusement, n'épargnant aucun endroit de son corps. Nanette se sent envahie par un bien-être coupable, mais tellement délicieux…

Plus tard, le champagne terminé, Angela entraîne Nanette dans son lit et lui fait l'amour ou, plutôt, continue de lui faire l'amour. Pendant ce qui lui semble des heures, Nanette s'abandonne aux caresses de l'Allemande, avant de s'endormir dans ses bras.

Au petit matin, un Richard Tate ahuri, un peu perdu, apparaît à l'entrée de la chambre. Complètement ivre et *stoned*, il s'est endormi dans le salon, sans se rendre compte des ébats de Nanette et Angela. Devant lui, deux femmes magnifiques. Il se dirige vers le lit en savourant déjà la suite des choses, mais Nanette, réveillée à son tour, le ramène à l'ordre :

— *Nothing happened*, dit-elle, embarrassée, en se dirigeant vers les toilettes.

Quand elle en ressort, Richard affiche le plus grand des sourires. De toute évidence, il a appris la vérité de la part d'Angela.

— *Well, well, well… You had a good time, I heard…*

— *Fuck you, Richard !*

Nanette et ses amis s'éclatent mais, sur le plan financier, la situation se détériore rapidement. Alain Nègre commence à comprendre que Big Mouth ne verra jamais le jour, que le disque qu'on lui a promis n'est qu'un fantasme de trippeux. L'argent qui doit servir à mettre sur pied le *band* est surtout utilisé pour regarnir la pharmacie.

Bientôt, Nanette, Richard et Angelo Finaldi sont de nouveau sans le sou, et sans espoir. Dans la maison, il fait tellement froid, maintenant, que le trio se résigne à brûler quelques meubles pour se chauffer! La situation ne peut plus durer. Quand Alain Nègre récupère la maison dégarnie et les instruments de musique inutilisés, Richard et Nanette font face à un cul-de-sac.

C'est Richard qui lance l'idée:

— Eh, Nanette! Si on rentrait au Québec?

Le Québec, pour Richard, c'est l'appartement de sa mère, dans la 26ᵉ avenue, à Rosemont, au coin de Bélanger. C'est là que Nanette et son chum atterrissent, à l'été 1973 – avec Cookie. « *I was fucked up and I looked fucked up* », se rappelle Nanette. Angelo Finaldi, lui, a décidé de rester en France et de donner une autre chance à sa carrière de musicien. Pour Nanette, ce retour à Montréal, c'est une défaite. Un échec. Toutes ces expériences formidables en Europe, pour finir ici, dans ce quartier anonyme de Montréal. Vivre avec la mère de Richard, c'est comme habiter chez les D'Ambrosio à l'époque de Tony Roman.

Que de chemin parcouru depuis le printemps 1966 quand Nanette s'est installée à Chomedey avec son mentor et amoureux! Sept ans de hauts et de bas, de succès incroyables mais aussi d'espoirs déçus, qui se terminent par la plus grande déception de toutes, l'échec de sa carrière professionnelle.

Tous ses rêves, tous ses espoirs, anéantis. Remplacés par son besoin insatiable de s'évader par les drogues, et d'oublier la triste réalité qui l'entoure.

Nanette a bouclé la boucle, le voyage fantastique est bel et bien terminé.

Le conte de fées également.

Troisième partie

NUITS MAGIQUES

23

L' industrie québécoise de la musique s'est considérablement transformée pendant le séjour de Nanette en Europe. Au début des années soixante-dix, la mode yéyé s'est essoufflée, la plupart des groupes ont disparu. L'émission *Jeunesse d'aujourd'hui* – devenue *Jeunesse* en 1971 – est sur le point de quitter l'antenne de Télé-Métropole.

Robert Charlebois, connu du grand public depuis *L'Osstidcho*, est devenu le nouveau porte-étendard de la chanson québécoise. C'est le premier, de l'avis même de Tony Roman, qui a réussi la fusion entre rock'n'roll et chansons à textes.

Michel Pagliaro roule aussi très fort, dans le reste du Canada également. En 1972, *J'entends frapper* est devenu le 45 tours le plus vendu dans l'histoire de la musique au Québec. Pag est le premier chanteur canadien à remporter des disques d'or en anglais et en français.

À l'été 1973, malgré quelques articles de journaux, de rares apparitions à la télé, Nanette est considérée comme une *has been*, au même titre que les Baronets, les Bel Canto, les Gendarmes et autres vedettes du yéyé. Sa carrière européenne, on l'a suivie à distance mais sans vraiment s'y intéresser. Résultat : Nanette a perdu ses entrées dans le monde du showbiz québécois. Elle veut continuer de faire du rock, auquel elle a pris goût en Europe, mais ignore comment, avec qui et dans quelles conditions. De toute évidence, sa collaboration avec Richard Tate n'a pas donné les résultats escomptés. Et la vie chez la maman de Richard n'est pas particulièrement rigolote. À vingt ans, chez les D'Ambrosio, elle retrouvait une famille. Mais aujourd'hui, à vingt-sept ans, elle n'a plus envie de vivre comme une adolescente.

Nanette se trouve à Montréal depuis deux semaines à peine quand elle revoit Michel Pagliaro au Thursday's, rue Crescent. Son ancien chum vient de terminer une longue tournée. Ce soir-là, la nouvelle idole du rock est ivre. Et toujours amoureux de Nanette. La présence de Richard en compagnie de la chanteuse ne modère pas ses ardeurs, au contraire ! Richard et Michel se connaissent depuis l'époque du yéyé. À la fin des années soixante, Pagliaro a collaboré à quelques disques des Mersey's, le groupe dont faisait alors partie Richard Tate.

Dès qu'il voit les regards que s'échangent Michel et Nanette, Richard doit se rendre à l'évidence : ces deux-là sont encore amoureux ! Michel invite le couple à finir la soirée chez lui, à l'Île-des-Sœurs. Le trio s'engouffre dans la Cadillac de Pagliaro – il est encore plus soûl que tout à l'heure ! – et les voilà qui filent à toute vitesse sur l'autoroute Bonaventure. Une fausse manœuvre, Michel perd le contrôle de l'auto, qui heurte le terre-plein, mais il réussit à redresser la voiture et à continuer sa route !

À l'appartement, Richard réalise rapidement qu'il est de trop et qu'il gâche les retrouvailles des deux anciens amants. Nanette, ivre, elle aussi, n'a d'yeux que pour le beau Michel. Profitant du fait qu'ils sont en train de jouer au backgammon, Richard fouille discrètement dans le sac à main de Nanette et lui vole quelques dollars, histoire de pouvoir se payer le taxi jusqu'à Rosemont. Vaut mieux laisser les amoureux seuls au monde !

Le lendemain, Pagliaro reconduit Nanette chez la mère de Richard. Il l'attend patiemment dans l'auto, pendant que Nanette emballe ses effets personnels. Le jour même, Nanette s'installe à l'Île-des-Sœurs.

Michel Pagliaro est un chanteur très en demande. À part quelques rares contrats de publicité, Nanette se contente d'être la compagne du rocker. Et celui-ci est aux petits soins pour elle, pas question que l'Américaine le largue encore une fois !

En février 1974, Nanette écrit à Beatryce : « J'ai vraiment de la chance qu'un homme aussi merveilleux soit amoureux de moi. Il me donne tout ce que je veux et ce dont j'ai besoin. » Y compris un deuxième pékinois, Kiki, pour que Cookie se sente moins seul. Puis un « *little portable dishwasher* ». Il est même question d'une maison où ils pourront élever leur future famille, tous les deux…

Nanette, ménagère !

Michel lui paie des vacances de rêve pendant un mois en Jamaïque. Villa, cuisinier, servante, bref, le luxe !

Parfois, Nanette accompagne Michel en tournée. Elle participe à quelques-uns de ses shows, mais sans se mettre en évidence. « Michel travaille fort et j'ai recommencé à chanter, mais très peu », écrit-elle à ses parents. Pour le reste, c'est le calme plat. Des projets de disque avec le producteur Yvan Dufresne sont annoncés, sans résultat. Nanette retourne deux fois en France pour travailler à des trames musicales avec Michel Colombier, mais s'empresse de revenir à Montréal dès les contrats terminés. Il est également question d'un disque sur étiquette A&M du producteur Herb Alpert, qui a entendu chanter Nanette pendant une session d'enregistrement avec Colombier. Nanette doit se rendre à Los Angeles pour en discuter avec lui mais ce projet, comme les autres, n'aboutira pas. De toute évidence, Nanette n'a pas envie de replonger dans la jungle du showbiz. Humble, elle déclare à ses parents : « Je veux juste aider Michel et oublier ma carrière. »

Bref, Nanette donne l'impression d'être une épouse comblée, qui s'efface derrière son mari.

Ce bonheur tranquille ne dure pas.

Bientôt, Nanette sent sa condition de « femme parfaite » lui peser. Avec Michel, les choses se détériorent. Ils s'éloignent peu à peu l'un de l'autre. Nanette fréquente le Nelson, un bar à la mode, place Jacques-Cartier. Elle boit beaucoup et n'a pas renoncé à la drogue, au contraire. Parmi la clientèle, une connaissance : Angelo Finaldi, rentré de France, finalement. Lui non plus n'a pu y faire décoller sa carrière.

Au Québec, Angelo vient de former un groupe avec le guitariste Walter Rossi et Bobby Fisher, originaire de Halifax. Il trouve que Nanette a l'air malheureuse de ne pas chanter.

— C'est comme ça, Angelo. Je veux plus rien savoir de la musique.

— T'es pas correcte. Donne-toi une chance.

— Pour frapper un mur, encore une fois ? Je suis juste bonne à être choriste, et encore !

En l'absence de Michel pour cause de tournée, Nanette voit Angelo de plus en plus. Avec lui et d'autres, dans des bars et ailleurs, des soirées copieusement arrosées, des virées qui, parfois, se terminent au petit matin. Un soir, dans un club, Nanette et Angelo, pour s'amuser, improvisent une chanson. Quand ils ont terminé, Nanette se tourne vers son ami.

— *You know something, Angelo ?* Si j'étais pas en amour avec Michel, je serais amoureuse de toi.

Nanette fréquente le Speakeasy, un bar du Vieux-Montréal. Un soir qu'elle s'y trouve avec Michel, et qu'Angelo est également sur place, Nanette sert à Michel le numéro qu'elle avait fait subir à Richard, quelques mois plus tôt : elle ne quitte pas Angelo des yeux. Pagliaro doit se rendre à l'évidence : rien ne va plus entre Nanette et lui.

La scène se reproduit quelques jours plus tard, lors d'un party chez Tony Roman. Cette fois, écœuré, Pagliaro se tourne vers Nanette :

— Viens-t'en, on rentre.

— Vas-y, toi. Moi je reste ici.

— Envoye, Nanette...

— Rentre, je te dis. Moi j'ai envie de m'amuser !

Michel n'insiste pas. Il file – seul, triste – à son appartement de l'Île-des-Sœurs.

Ce soir-là, Nanette et Angelo font l'amour pour la première fois – chez Tony, qui les héberge pour la nuit. Le lendemain, Nanette se réveille dans un lit vide : Angelo a disparu ! Elle le joint par téléphone au cours de la journée – depuis son retour de France, il habite chez sa maman, lui aussi.

— Qu'est-ce qui t'a pris ?

— Je sais pas, Nanette. Je suis pas sûr de...

— Moi, oui. Je veux qu'on reste ensemble, toi et moi. On va se trouver un logement.

— Et Mike là-dedans ?

— Je l'aime plus, c'est fini.

Après Tony, Johnny, Peter, Richard et Michel, un autre musicien.

« Je suis une femme à musiciens, je suis faite comme ça, je n'y suis pour rien… », chantera-t-elle plus tard.

En attendant de trouver l'appartement qui leur convient et qu'ils peuvent se payer, Nanette et Angelo s'installent chez Walter Rossi, qui habite un sous-sol à Ville Saint-Laurent. Un jour, la voisine leur parle d'un rez-de-chaussée qui se libère bientôt, boulevard de l'Acadie, dans le nord de la ville. Pourquoi pas ?

Le couple s'y installe au mois d'août.

À l'Île-des-Sœurs, Michel Pagliaro est dévasté. La situation le dépasse.

— Qu'est-ce que je t'ai fait, Nanette ?

— On ne peut pas forcer l'amour.

— Moi, je t'aime encore. Je veux que tu changes d'idée.

— *I can't.*

Michel ne comprend pas comment leur couple a pu se désintégrer aussi rapidement. Dans un accès de colère, dès que Nanette a quitté son appartement, il détruit toutes les lettres qu'ils se sont échangées depuis son départ pour l'Europe.

À Beatryce, Nanette écrit : « J'habite maintenant avec un gars que je désire depuis un bon moment. Je l'ai rencontré en France mais il vient de Montréal. » Elle ajoute : « … il est complètement à l'opposé de Michel. C'est un vrai *wop*, avec tout un tempérament, mais je dois aimer ça, sinon je ne serais pas avec lui. » Puis : « Je pense que je suis un peu folle et difficile à contenter. »

Michel ne semble pas s'être encore remis de cette dernière rupture, par contre. « J'ai vu Michel l'autre jour, il était très déprimé, il voulait que je revienne », confie Nanette à sa mère. Pour justifier son départ, elle écrit qu'avec Michel c'était devenu trop compliqué. Elle conclut en disant : « Peut-être que c'est moi, finalement, qui suis toujours insatisfaite. »

Pendant des années, Nanette regrettera de ne pas avoir été plus persévérante dans sa relation avec Michel Pagliaro. De toute évidence, son amour pour elle était sincère. Nanette est une femme de passion, qui ne se lasse pas de tomber amoureuse, mais qui a toutes les peines du monde à le rester. Comme si les efforts et les compromis que lui demandait la vie de couple étaient trop lourds en regard du bonheur et de la satisfaction qu'elle peut en retirer.

« J'étais amoureuse de l'idée d'être en amour, se rappelle Nanette. Quand les choses se détérioraient avec un gars, je m'empressais de passer à un autre, pour revivre la même passion. »

Dans les pires moments, au lieu de mettre les choses au clair directement avec son chum, au lieu d'essayer de relancer leur vie de couple, elle préfère envenimer la situation en devenant odieuse et intraitable. C'est ce qui s'est passé avec Pagliaro. Au lieu d'aborder franchement avec lui les problèmes qui minaient leur relation, Nanette a décidé d'y mettre un terme en se rendant insupportable, en humiliant Michel à force de s'afficher avec Angelo. Bref, elle a poussé Pagliaro à bout – une tactique qu'elle emploiera à quelques reprises par la suite, quand elle voudra mettre un terme à une relation qui piétine. Comportement immature ? Peut-être. Elle-même semble le penser. Dans une lettre à Beatryce, Nanette avoue : « C'est drôle, des fois je pense comme une personne de cinquante ans, d'autres fois comme une adolescente de quinze ans. *Oh well, this will all pass.* »

Chose certaine : avec Angelo Finaldi, Nanette n'a pas fini de s'ennuyer de Michel Pagliaro.

Pendant l'été 1974, à Montréal et dans les environs, Nanette chante dans des clubs, accompagnée par Angelo Finaldi, Walter Rossi, et Bobby Fisher à la batterie. Leur groupe se produit dans toutes sortes d'établissements, y compris des clubs de danseuses nues. À l'époque, il est courant d'interrompre les performances de ces demoiselles par des présentations d'orchestres de passage. Nanette – qui fait maintenant carrière sous son nom complet, Nanette Workman – chante *Guantanamera*, *Petit homme* et ses autres vieux succès de l'époque yéyé, devant un auditoire qui n'en a rien à foutre. Derrière elle, les musiciens jouent sans se soucier du public. Quand ils en ont assez d'interpréter des vieilleries, Nanette et son groupe servent aux clients, médusés, leur version hard rock de *Poison Ivy*, par exemple. Pas de doute, ça défrise !

Les revenus ne sont pas élevés : par spectacle, Nanette gagne environ cinq cents dollars, et les musiciens se partagent le reste, soit deux cents ou trois cents dollars chacun. Durant leurs tournées, Nanette et Angelo sont accompagnés de leur voisin, qui habite au deuxième étage de la maison du boulevard de l'Acadie. « Monsieur Audet » a toujours rêvé de devenir chanteur d'opéra. En échange de quelques drinks, il déchire les tickets à la porte des clubs, il donne un coup de main avec l'équipement. Quand il est pompette, il adore monter sur scène, parfois, pousser un air d'opéra et faire le clown : perdre son pantalon, qu'il doit rattraper d'une main !

Une période particulièrement déprimante pour Nanette, qui, quelques mois plus tôt, chantait avec Johnny Hallyday sur les plus grandes scènes de France et qui faisait le tour du monde en première classe, de la Polynésie à la Côte-d'Ivoire ! Et pourtant, elle ne se plaint pas. Angelo a redonné à Nanette le goût de chanter et de se produire devant le public. Ça ne lui était pas arrivé depuis sa rupture avec Johnny.

Au début de l'automne, par contre, les affaires ralentissent et les occasions de jouer deviennent rares. Le manque d'argent se fait cruellement sentir, les fins de mois sont de plus en plus problématiques. Nanette et Angelo ont acheté une *minoune*, une vieille Chevy – pour cinquante dollars ! –, afin de pouvoir se trimballer d'un endroit à l'autre. Pendant l'hiver, lors d'une tempête de neige, la Chevy sera remorquée par la Ville. Ils ne prendront même pas la peine d'aller la récupérer, le coût de la contravention étant plus élevé que la valeur de l'auto elle-même !

Leurs relations avec les voisins s'enveniment à cause des deux pékinois de Nanette, qui ont transformé la cour arrière de la maison en une toilette canine à ciel ouvert !

Sans argent, le couple débarque souvent chez la mère d'Angelo, afin de manger un bon repas italien.

Bref, le désastre.

Dans toute cette morosité, une seule lueur à l'horizon : Pierre David. Nanette le connaît depuis les tournées *Musicorama*, dans les années soixante. Il organisait pour la station de radio CJMS des spectacles itinérants à travers le Québec et le Nouveau-Brunswick. Aujourd'hui, Pierre David est producteur de films, et il a un rôle à proposer à Nanette : celui de Barbara, une chanteuse de club canadienne-anglaise, dans le long métrage de Marcel Lefebvre, *Mustang*.

Le tournage a lieu à Saint-Tite pendant le Festival Western, à l'automne 1974. Nanette donne la réplique à Willie Lamothe, Claude Blanchard et Luce Guilbeault. Et elle enregistre une pièce pour la trame sonore du film.

De retour à Montréal, Nanette et Pierre David continuent de se voir régulièrement. Nanette profite de toutes les occasions pour quitter cet appartement déprimant du boulevard de l'Acadie et oublier ses ennuis d'argent. Soupers au restaurant, balades en voiture, sorties en ville…

Angelo Finaldi considère la présence de David comme une intrusion dans sa vie amoureuse, même si les relations entre Nanette et le producteur sont de nature amicale seulement. Nanette prend alors conscience de l'extrême jalousie d'Angelo. Il faut dire que Pierre David tourne le fer dans la plaie. Chaque fois qu'il vient voir Nanette – des fleurs à la main, souvent ! – il s'extasie sur sa beauté, sur son élégance, sans jamais saluer Finaldi. Comme s'il n'existait même pas.

De plus en plus, Nanette éprouve des difficultés à comprendre Angelo, dont les sautes d'humeur sont maintenant fréquentes. Depuis quelques semaines, il ne cesse de déprécier Nanette. Tout ce qu'elle a fait avant sa rencontre avec lui, c'est de la merde ! Un soir, Nanette lui fait entendre les bandes d'enregistrement qu'elle a réalisées avec Peter Frampton. Angelo n'est pas impressionné.

— *It's just a piece of shit !*

Au lieu de l'envoyer promener, Nanette considère sa critique comme valable. Finaldi a tellement de talent, se dit-elle, que ses commentaires ne peuvent qu'être fondés. D'ailleurs, si j'avais vraiment accompli du bon travail, si ce que j'avais enregistré dans le passé était vraiment de qualité, je ne gagnerais pas ma vie, aujourd'hui, à chanter dans des clubs de danseuses !

Les attaques d'Angelo se multiplient. Tout y passe, sa carrière « ratée », ses amis « insignifiants » selon lui – Pierre David, par exemple –, mais aussi son look, son attitude. Son physique, également. Il se moque de ses seins, qu'il juge trop petits.

Des années plus tard, en revenant sur cette période, Angelo confiera qu'il souffrait alors d'un énorme complexe d'insécurité, qu'il reportait sur Nanette, une victime à moitié consentante. Par ses critiques incessantes, tant personnelles que professionnelles, il sapait sa confiance en elle, comme s'il souhaitait qu'elle se retrouve, elle aussi, dans la même galère que lui. Avec les mêmes complexes.

De cela, Nanette – et Angelo, jusqu'à un certain point – n'en prendra conscience que beaucoup plus tard. Pour l'instant, elle est encore obnubilée, aveuglée par l'amour qu'elle porte à Angelo. Ses méchancetés, elle les justifie en se disant : c'est un artiste, un grand artiste, un génie même. Il a certainement raison de me traiter ainsi, je ne vaux pas grand-chose face à lui.

La dureté d'Angelo à l'égard de Nanette prend d'autres formes. Par exemple, Cookie, le pékinois de Nanette, est grièvement blessé. *In extremis*, après beaucoup d'efforts, elle trouve un vétérinaire qui parvient à lui sauver la vie. La réaction d'Angelo :

— T'aurais dû le laisser mourir. C'est juste un chien ! *Just a fucking dog.*

Pour Nanette qui adore les animaux, qui refuse qu'on leur fasse le moindre mal, cette remarque lui donne une nouvelle preuve de l'insensibilité profonde d'Angelo.

Mais un événement tragique viendra bouleverser encore plus les relations entre Nanette et son chum, et ramener la chanteuse à la une des journaux. Un événement qui n'a rien à voir avec la musique.

24

En octobre 1974, Hovaness (Johnny) Hagopian termine une session de travail à Toronto. Le guitariste joue dans l'orchestre de Michel Pagliaro, mais accompagne également plusieurs autres interprètes, comme Nicole Martin ou Pierre Létourneau. C'est un ami de Nanette et d'Angelo, un habitué de l'appartement du boulevard de l'Acadie. Hagopian s'apprête à prendre un taxi pour l'aéroport. Il lui vient alors deux idées saugrenues. La première : compléter sa collection de revues pornographiques. Mais aussi, en passant devant un magasin d'articles de sport : acheter un fusil de chasse.

Hagopian ne connaît rien aux armes à feu, mais arrête son choix sur une carabine de calibre .22, dont on se sert surtout pour chasser le lièvre ou la perdrix. Une activité qu'Hagopian n'a jamais pratiquée de sa vie et pour laquelle il n'a aucun intérêt.

À Dorval, après avoir récupéré l'arme à feu – toujours dans son emballage du magasin –, ses revues porno à la main, Hagopian saute dans un taxi et se rend à l'appartement du boulevard de l'Acadie pour montrer ses achats à Angelo. Nanette s'y trouve, en train de faire du lavage.

— *Hey, Johnny, how you doin'?* s'écrie Angelo quand il voit arriver son ami.

Hagopian lui montre ce qu'il vient d'acheter à Toronto. Les revues, d'abord. *Yesssss!* Et puis il entreprend d'ouvrir la boîte contenant la carabine. Quand elle voit de quoi il s'agit, Nanette éclate :

— *What the fuck are you doing here with that ?*
— *Relax. It's just a gun.*
— Tu connais rien là-dedans, espèce de moron ! Range ça, tout de suite ! réplique Nanette, furieuse.

Au Mississippi, dès son plus jeune âge, Nanette a été mise en contact avec des armes à feu et s'est familiarisée avec les mesures de sécurité. Dans le Sud, des tas de gens possèdent un revolver, on le garde à la maison ou dans le coffre à gants de la voiture. Nanette est donc habituée de voir des armes autour d'elle. Mais entre les mains d'Hagopian, un novice en la matière, Nanette a peur.

— Sors d'ici avec ça ! T'as compris ? *Get the fuck out of here ! And take your porno shit too !*

Hagopian se contente de rigoler.

— Je suis sérieuse, Johnny.

— *All right, all right.*

Croyant qu'Hagopian a compris le message, Nanette saisit une pile de serviettes et pénètre dans les toilettes. Ayant l'intention de prendre un bain, elle verrouille la porte derrière elle.

Dans la cuisine, les deux gars se regardent.

— *Let's try it !* lance Hagopian.

— *Come on, you heard what she said*, réplique Angelo.

— On va aller tirer dans la cour !

Hagopian est déjà en train de charger le fusil.

— *Johnny, give me the fucking gun !*

— *Hey*, attends…

Hagopian n'a pas le temps de terminer sa phrase. Un bruit assourdissant…

Le coup est parti !

Tout va très vite. Trop vite. Alors qu'elle s'étire pour ranger les serviettes, Nanette ressent une douleur intense au côté gauche, comme si elle venait d'être frappée par une masse. Sans comprendre ce qui se passe, elle s'affaisse au pied du lavabo. Un phénomène étrange se produit alors. Comme si elle… sortait de son corps. Nanette ne peut expliquer la sensation. Cette forme étendue sur le carrelage, c'est bien elle, Nanette Workman, mais *elle se voit* de là-haut, comme on observe une autre personne.

Le corps – *son* corps –, là, recroquevillé sous le lavabo, est grièvement blessé. Mais pourquoi ne ressent-elle aucun mal ?

Nanette devine ce qui s'est passé – le coup de feu !

Un mince filet de sang coule maintenant à la commissure de ses lèvres. La vie s'échappe…

Elle va mourir.

Nanette ne connaît rien à la médecine, mais elle a vu suffisamment de westerns et de thrillers à la télé pour savoir qu'un blessé dont le sang s'écoule de la bouche est un mort en sursis ! Mais je ne veux pas mourir, songe Nanette. Elle pense à ses parents, à sa famille. Elle ne veut pas *partir*, pas maintenant. Je veux vivre !

Soudain, elle a l'impression de regagner brutalement son « corps physique » ! Une insoutenable douleur l'assaille. Une sensation de brûlure. De suffocation. Respirant difficilement, Nanette est convaincue que le sang dans sa bouche est en train de l'étouffer. Il se répand en elle et envahit ses poumons… Pourtant, elle reste consciente, et lucide. Malgré la douleur, elle prend la peine d'enlever ses verres de contact…

Nanette entend, en sourdine, la voix d'Hagopian, dans l'autre pièce :

— *Look, Angelo ! There's a hole in the door !*

Des coups à la porte. Pourquoi l'a-t-elle verrouillée ? Puis la voix d'Angelo :

— Nanette, ouvre ! *Stop fucking around. It's not funny !*

Les deux gars défoncent la porte. Voient Nanette à demi inconsciente sous le lavabo. Angelo se précipite sur elle, tente de la soulever, mais y renonce – ses mains sont couvertes de sang !

Au bord de la crise de nerfs, Hagopian court partout dans l'appartement, à la recherche d'alcool pour désinfecter la blessure !

— Qu'est-ce que tu fais ? Appelle la police ! *Call the fucking cops !* répète Angelo.

— *Don't know the number.*

— *Dial zero !*

Hagopian est trop agité, Angelo doit contacter l'opératrice lui-même, qui communique aussitôt avec les services d'urgence. Angelo revient dans la salle de bain. Pendant de longues minutes, Nanette continue de perdre du sang.

— *Don't die on me !* crie Angelo, mais Nanette réagit à peine.

Tout à coup, la sirène d'une ambulance.

Des policiers envahissent l'appartement, avec les ambulanciers. On couche Nanette sur une civière, après lui avoir prodigué des soins d'urgence. Le sergent Ménard, qui dirige les opérations, s'approche de Finaldi, indiquant la carabine, sur la table.

— C'est à toi, ça ?

— On va tout vous expliquer.

Mais Angelo n'a pas le temps de compléter sa phrase.

— On les embarque, ces deux-là. Le *gun* avec !

Les ambulanciers transportent Nanette hors de la salle de bain. Dans le corridor, très faible, elle entrouvre les yeux en passant devant Angelo. Il se souvient de son regard accusateur. « Qu'est-ce que tu m'as encore fait ? » semble-t-elle lui dire. Un peu plus loin, Nanette voit les policiers en train de feuilleter les revues porno d'Hagopian !

Dans l'ambulance qui file à toute vitesse vers l'Hôpital du Sacré-Cœur, boulevard Gouin, Nanette se répète sans arrêt : je ne veux pas mourir…

Pendant ce temps, Finaldi et Hagopian sont emmenés au poste. Ils doivent vider leurs poches, et on les informe du chef d'accusation : tentative de meurtre – si Nanette porte plainte. On les parque dans une cellule.

Deux heures plus tard, le sergent Ménard vient les chercher. Il les conduit dans son bureau. S'assoit en face des deux gars. Les regarde droit dans les yeux, tout en indiquant le téléphone de sa main.

— On attend l'appel de l'hôpital. Pour savoir si elle va survivre.

— C'est… c'est si grave que ça ?

Le détective acquiesce.

— Ils sont encore dans la salle d'opération. Son état s'est détérioré.

Angelo ferme les yeux. Il ne peut croire ce qu'il entend.

Le policier a raison au sujet de la gravité de la blessure. Nanette a perdu beaucoup de sang. En traversant la porte de la salle de bain, la balle s'est aplatie, diminuant ainsi son impact sur le corps de la chanteuse. Le projectile s'est logé près de la colonne vertébrale, après avoir perforé un poumon et fait éclater la rate. Le chirurgien qui l'opère est un spécialiste de premier plan : le docteur Henri Atlas, qui deviendra plus tard le conjoint de Dominique Michel. Après six heures de travail, le médecin parvient à sauver la vie de Nanette, mais sans pouvoir extirper la balle qui s'est logée dans son corps.

Au poste de police, le téléphone sonne, en début de soirée. Le sergent Ménard décroche le combiné devant Finaldi et Hagopian, livides, qui n'ont pas bougé de leur place depuis des heures. En les interrogeant longuement et en vérifiant leur version des faits, le policier en a conclu qu'il s'agit d'un accident bête et non pas d'une tentative de meurtre.

— Oui, oui, hum, hum, oui, je comprends.

Les deux gars se regardent. Qu'est-ce que ça veut dire ?

Finalement, le détective raccroche. Se tourne vers eux.

— Elle est hors de danger.

Soulagement de Finaldi et de Hagopian !

Avant qu'ils quittent le poste, un policier les interpelle :

— Vous oubliez votre carabine !

La nouvelle de l'accident s'est vite répandue. Pierre David, mais aussi les parents d'Angelo, et la mère de Tony Roman, Noëlla D'Ambrosio, se précipitent à l'hôpital. Angelo les rejoint à son tour et leur explique ce qui s'est passé. À Toronto, Billy travaille au nouveau disque de Michel Pagliaro. Le téléphone sonne dans la cabine de mixage, Michel prend l'appel. Pousse un juron. Puis se tourne vers Billy :

— *Your sister's been shot !*

Aussitôt, Billy prend l'avion pour Montréal.

Quand Nanette reprend conscience, elle ne saisit pas encore très bien ce qui vient de lui arriver. Pierre David s'est entendu avec l'hôpital pour que la chanteuse puisse avoir une chambre privée. Il a même embauché deux gardiens de sécurité de l'agence Pinkerton pour faire le guet, à la porte. Malgré l'aveu de Finaldi, le doute plane sur les origines du drame. « L'hypothèse d'un accident nous laisse bien sceptique, s'exclame un journaliste. Toute cette histoire est bizarre. » D'autres tentent de faire un lien avec le crime organisé. Depuis les années soixante, Nanette, comme d'autres artistes, a côtoyé des membres de la mafia montréalaise. Ce qui permet aux journalistes de spéculer : et si on avait essayé de tuer la chanteuse ?

À sa sortie de l'hôpital, Nanette est mal en point. Sa convalescence à la maison, pénible. Deux mois de souffrances, deux mois d'inquiétude. « Je ne sais pas comment je m'en suis sortie ! » avouera-t-elle plus tard. Elle se retrouve dans la dèche, encore une fois. Plus pauvre que jamais. Et pas question de chanter dans les clubs ! Elle ne peut compter sur Angelo, qui quitte la maison pendant de longues périodes, toute la journée, parfois. Nanette, clouée au lit, a besoin d'aide pour manger, pour aller aux toilettes. « À l'époque, j'étais complètement insensible », avouera plus tard Angelo, quand Nanette lui reparlera de cette période difficile.

Un jour qu'elle est incapable de joindre Angelo, Nanette appelle Michel Pagliaro à la rescousse. Dès qu'il arrive à la maison, Michel s'empresse de s'occuper de la convalescente. Il se trouve encore auprès d'elle lorsque Finaldi rapplique, pendant la soirée. Il est furieux de voir chez lui l'ancien chum de Nanette. Angelo pique une – autre ! – crise de jalousie.

— Qu'est-ce que tu fais ici, toi ?

Michel tente de le calmer :

— Elle t'a attendu toute la journée.

— *Where the fuck were you ?* s'écrie Nanette, hors d'elle.

Pour éviter la confrontation, Michel choisit de quitter les lieux. Après son départ, Angelo s'acharne sur Nanette :

— Vous avez repris ensemble, c'est ça ?

— *Where have you been, Angelo ?*

— *He came here to fuck you, that's it !*

— De quoi tu parles ?

— *You're just a whore, you know that ?* T'es juste une pute !

Nanette se tait. Dans ces moments-là, ça ne sert à rien de discuter avec Angelo.

À la violence psychologique s'ajoute la violence physique. Pourquoi est-ce que j'endure une pareille situation, un comportement aussi horrible ? se répète Nanette. L'aspect sexuel de leur relation prime tout le reste. Avec Angelo, l'entente est exceptionnelle. Ils aiment faire l'amour, cette complicité fait oublier leur quotidien chargé d'agressivité. Pour le reste, c'est moins reluisant. « Je croyais pouvoir le changer », dira Nanette plus tard. Une excuse souvent utilisée par les femmes battues qui ne se résignent pas à quitter leur mari. Il est tordu, oui, mais si je l'aime fort, très fort, se dit-elle à ce moment-là, il va s'améliorer, prendre conscience de ses défauts, modifier son comportement à mon égard. Nanette succombe chaque fois aux mea-culpa et aux excuses de son chum, qui revient vers elle la tête basse. Elle ne peut résister à ses grands yeux bruns larmoyants, à ses promesses que « jamais jamais jamais ça ne se reproduira, je te le jure ». Des promesses non tenues, évidemment…

« *I behaved like a fuckin' asshole* », se souvient Angelo, qui condamne son attitude de cette époque. Aujourd'hui remarié et père de famille, il ne se reconnaît plus dans l'image de ce musicien doué mais aux prises avec de terribles problèmes personnels.

Depuis son accident, Nanette est à la recherche d'explications. D'être « sortie de son corps », comme elle dit, après avoir été victime du coup de feu, la fait réfléchir. Que s'est-il passé exactement ? Ce phénomène est-il le fruit de son imagination, les effets secondaires de sa blessure, en quelque sorte, ou s'agit-il d'une manifestation tout à fait normale ? Elle veut en savoir davantage, elle est curieuse de comprendre ce qui lui est vraiment arrivé, ce jour-là.

Dès qu'elle sera rétablie, Nanette s'empressera d'acheter des tas de bouquins sur le phénomène des *out-of-body experiences*, ou décorporation, comme on dit en français. Elle s'initiera également aux philosophies orientales, découvrira une nouvelle façon de percevoir le monde. Cette prise de conscience, c'est à ce moment-là qu'elle a lieu, dans cet appartement du boulevard de l'Acadie où Nanette récupère de sa terrible blessure.

Plus profondément, Nanette cherche des réponses aux questions que la vie lui pose. Pour la première fois depuis toujours, lui semble-t-il, elle doit faire une pause, elle doit s'arrêter, elle ne peut se jeter sur un autre projet, un autre rêve, pour oublier le malheur dans lequel elle se trouve. Quand elle a quitté la France et s'est retrouvée à Rosemont, sans avenir, elle croyait avoir atteint le plus bas de sa carrière. Ce qu'elle a vécu ensuite, la rupture avec Michel, sa relation *fuckée* avec Angelo et maintenant cet accident qui a failli lui coûter la vie, lui confirment que les choses ont empiré et qu'elles continueront de se détériorer si elle ne prend pas les mesures nécessaires pour corriger la situation. Sa convalescence l'oblige à un retour sur elle-même, *en* elle-même, sur ce qui la motive, sur ce qui la fait courir, en fait, depuis qu'elle est toute jeune.

Plaire, peut-être.

À sa mère, d'abord, qui s'est tellement démenée pour elle, qui a sacrifié sa propre carrière pour élever une famille, et qui vit maintenant, par procuration, celle de Nanette. Aux hommes, ensuite, qui se sont succédé auprès d'elle, mais qui l'ont laissée déçue, amère, désenchantée. Est-ce que j'ai déjà été amoureuse, finalement ? se demandera-t-elle plus tard. Je prends les hommes, les séduis, les utilise – sexuellement, entre autres – et puis ils me lassent et je les jette, tout simplement. Ou plutôt, je m'organise pour qu'ils disparaissent de mon existence.

Angelo, c'est différent. Que fait-elle avec un type pareil ? Pourquoi tolère-t-elle dans sa vie un gars qui ne lui cause que du tort, qui la manipule et s'amuse à la diminuer, à la faire douter de ses capacités ? Pourquoi endure-t-elle un individu qui commet des gestes violents à son égard ?

Bref, une remise en question de ses comportements, peu à peu, prend forme dans l'esprit de Nanette. Les résultats ne se feront pas connaître avant plusieurs mois, plusieurs années même, mais la réflexion est amorcée. Dès lors, Nanette n'avance plus à l'aveuglette sur les chemins de la vie. Ou plutôt, elle a pris conscience qu'elle ne voit rien, qu'elle ne comprend rien. Et elle veut absolument y remédier.

Depuis quelques jours, Nanette ressent une douleur dans le dos. Une douleur aiguë. Dès qu'elle est sur pied, elle se précipite chez le médecin. C'est la balle du calibre .22 qui tente de se frayer un chemin à l'extérieur de son corps. Une banale incision permet d'extraire le projectile.

Une première libération…

25

En 1971, le producteur Yves Martin a créé l'étiquette Campus, après avoir connu une éphémère carrière de chanteur, d'abord solo, puis en duo avec Gilles Brown – *Il ne faut pas pleurer*, *Il faut se dire adieu* et quelques autres. En 1974, avec Michel Constantineau – ils se connaissent depuis l'époque des Disques Trans-Canada, où Constantineau travaillait à la promotion et à la mise en marché –, Martin crée l'étiquette Pacha.

Toujours à la recherche de nouveau matériel à adapter, Constantineau consulte régulièrement les bandes sonores que lui font parvenir les compagnies de disques américaines. Un jour, il fait l'écoute d'une nouvelle chanson destinée à l'interprète de rythm'n'blues Patti LaBelle, écrite par le duo Bob Crewe et Kenny Nolan: *Lady Marmelade*. Le producteur de Patti LaBelle veut en faire la chanson titre de son album *Nightbirds*, sur étiquette Epic.

La chanson raconte l'histoire d'une prostituée de La Nouvelle-Orléans qui séduit un homme abordé dans la rue. En français – nous sommes dans le French Quarter! – elle lui demande: «Voulez-vous coucher avec moi, ce soir?»

En entendant la chanson, Constantineau est convaincu qu'il s'agit d'un hit. Il en parle à Yves Martin; les deux associés s'empressent d'en acheter les droits pour la version française, avant même que soit gravé *Nightbirds*. Et ils se mettent à la recherche d'une voix.

Mais qui peut interpréter une chanson qui comporte des paroles aussi audacieuses? Nicole Martin, Mimi Hétu qui font déjà partie du catalogue de Pacha? Pas vraiment. Yves Martin songe alors à Nanette Workman, qui correspond au profil parfait de l'interprète à la réputation sulfureuse.

Quand le téléphone sonne, boulevard de l'Acadie, Nanette se relève à peine de sa convalescence. Elle a recommencé à jouer dans les clubs avec Angelo, Walter Rossi et Bobby Fisher, mais elle en arrache toujours autant financièrement. Yves Martin lui demande de venir à son bureau, il a quelque chose à lui proposer.

En écoutant *Lady Marmelade*, Nanette est du même avis que Martin et Constantineau.

— Ça va faire un hit, ça! Vous avez raison!

Yves Martin ne perd pas de temps. Il signe aussitôt un contrat avec Nanette, avec une clause d'exclusivité, et réserve un studio pour l'enregistrement: celui que le producteur André Perry vient d'ouvrir, à Morin-Heights.

Ancien chanteur de jazz, Perry est devenu au fil des ans une véritable référence dans le domaine de l'enregistrement sonore. En 1969, lorsque John Lennon s'installe à l'hôtel Reine-Elizabeth pour son fameux *bed-in*, c'est Perry qui enregistre *Give Peace a Chance*, directement de la chambre 1742. Après avoir dirigé divers studios à Montréal, Perry s'est établi dans les Laurentides pour y créer des installations ultra-modernes. Au cours des années suivantes, Cat Stevens, David Bowie, Bryan Adams, Keith Richards, de même que les groupes Chicago, The Police, The Bee Gees et plusieurs autres profiteront de l'équipement et du savoir-faire d'André Perry et de ses collègues.

Yves Martin se tourne vers Nanette:

— Ne reste plus qu'à trouver les musiciens.

— Ceux-là, je m'en charge!

Sont recrutés Angelo à la basse, Walter Rossi à la guitare, Denis Lepage à l'orgue et Richard Tate à la batterie. Toute l'équipe prend la route des Laurentides. L'enregistrement comme tel se déroule rapidement: une journée à peine. Pas de temps à perdre, non plus, pour la mise en marché: dès le lendemain du passage en studio, le disque joue à la radio! D'abord discrètement – plusieurs stations sont intimidées par les paroles. Mais elles emboîtent bientôt le pas.

Paru en janvier 1975, *Lady Marmelade* devient rapidement un énorme succès. Même les radios anglophones préfèrent la version de Nanette à celle de Patti LaBelle ! Avec cette chanson, Nanette effectue une véritable renaissance. De *has been* qu'elle était il y a quelques semaines à peine, Nanette renoue avec le palmarès et devient la reine québécoise d'un nouveau genre musical : le disco.

À l'époque de *Lady Marmelade*, le disco est encore relativement marginal. Barry White, Donna Summer, Gloria Gaynor, les Bee Gees, KC and the Sunshine Band et plusieurs autres commencent à enregistrer des chansons au tempo répétitif influencées par les musiques funk, soul et salsa.

Plus tard, la popularité de films comme *Saturday Night Fever* – l'une des bandes sonores les plus vendues dans le monde ! – et *Thank God It's Friday* contribueront à faire du disco un style musical incontournable. Des groupes rock et des chanteurs pop succomberont bientôt au nouvel engouement : les Rolling Stones (*Miss You*), les Wings (*Silly Love Songs*) et même Barbra Streisand qui chantera *No More Tears (Enough is Enough)* en duo avec Donna Summer.

Grâce à la version française de *Lady Marmelade*, Nanette fait alors le plein de nouveaux fans, trop jeunes pour avoir connu sa période yéyé, et qui découvrent ainsi une chanteuse sensuelle, audacieuse, à la voix exceptionnelle, qui ne se contente pas de susurrer des ballades au charme suranné comme plusieurs autres interprètes populaires de l'époque. Quand elle crie « Voulez-vous coucher avec moi, ce soir ? », des milliers de jeunes – et de moins jeunes ! – partout au Québec répondent en chœur : « Oui, oui, oui ! » La nouvelle Nanette est un fantasme d'adolescent, un rêve érotique devenu réalité, un symbole sexuel à la mode disco. Nanette est dorénavant perçue comme la spécialiste de la « chanson osée », qui n'a pas peur de dire tout haut ce que les hommes veulent entendre !

Mais ce n'est pas la vraie Nanette, loin de là. « Je suis timide et je dois jouer un rôle chaque fois que je monte sur scène, confie-t-elle. La *bitch* qui excite le public, ce n'est qu'un personnage. »

N'empêche, à partir de ses premiers succès disco, Nanette traînera une réputation d'« aguicheuse », que d'autres chansons, et des rôles au cinéma, viendront renforcer par la suite.

« Le disque le plus hot dans toute la belle province est sans nul doute *Lady Marmelade* de Nanette, écrit un journaliste. Le disque est tellement *chaud* que les magasins ne peuvent le garder en stock. »

En février 1975, de retour du MIDEM, voulant profiter du succès de *Lady Marmelade*, Yves Martin et Michel Constantineau produisent un autre 45 tours – *Danser danser*, écrit par Nanette et Angelo, adapté par Pierre Létourneau.

Sur le plan créatif, Nanette et Angelo forment une équipe d'enfer ! Leur façon d'opérer est toujours la même : Angelo compose la musique, sur laquelle Nanette écrit des paroles, parfois en collaboration avec son partenaire. Dès qu'ils ont terminé une chanson, ils s'empressent de la faire entendre à Yves Martin, pour connaître son avis. « Il écoutait ce qu'on avait composé et il savait aussitôt si ça allait devenir un hit ou pas », se rappelle Nanette.

En mai, Martin réunit de nouveau Nanette et Angelo Finaldi. Son objectif : regrouper dans un album intitulé *Lady Marmelade* les quatre chansons des 45 tours, mais aussi d'autres pièces disco écrites par Nanette et son chum. Aux médias, Martin affirme qu'il va « mettre le paquet » : il prévoit un budget – très confortable à l'époque – de vingt à vingt-cinq mille dollars pour la production de l'album, dont l'enregistrement a lieu au studio d'André Perry, à Morin-Heights. Nick Blagona y collabore à titre d'ingénieur. Pour la pochette du disque, Nanette fournit l'appartement du boulevard de l'Acadie : Nanette est photographiée dans son salon, déguisée en prostituée de La Nouvelle-Orléans.

Lâche-moi, Super Lady et plusieurs autres pièces sont composées par Nanette et Angelo. Pour une chanson en particulier, ils font appel à un auteur très en demande : Luc Plamondon. Après avoir écrit *Dans ma camaro*, chantée par Steve Fiset – un grand succès –, Plamondon a travaillé avec Monique Leyrac, Renée Claude mais surtout avec Diane Dufresne, sur des compositions de François Cousineau. Plamondon se rend à Morin-Heights et écrit *Pas fou* en une demi-heure !

La sortie de l'album confirme l'engouement du public pour la « nouvelle » Nanette Workman : le disque ne tarde pas à prendre la tête du palmarès.

240

Pour Nanette, ce rythme accéléré de production contraste avec le silence des années passées. Ses dernières chansons la confirment dans son statut de vedette du disco.

De nouveau, Nanette est en demande. Alors qu'auparavant il lui fallait insister pour obtenir une *gig* à rabais, aujourd'hui on la réclame dans toutes les salles de danse du Québec. Non pas pour interpréter son fonds de commerce de l'époque du yéyé, comme l'année précédente, mais pour chanter ses nouveaux succès.

Cependant, malgré les bonnes ventes de *Lady Marmelade*, la première tournée s'avère une expérience pénible : des clubs *cheap* en province, au Lac-Saint-Jean, en Gaspésie, partout… Au cours de l'été, les choses s'améliorent : des émissions de télévision, une nouvelle tournée également – cette fois avec Stéphane Montanaro, et Derek Kendrick comme batteur.

En octobre 1975, enregistrement d'un nouveau simple qui doit d'abord s'intituler *J'ai le goût d'un baiser*, cette fois avec la collaboration de Georges Thurston. Mais, en studio, tout le monde comprend de travers.

— C'est pas plutôt *J'ai le goût de baiser* qu'on entend ? demande Georges.

— Non, non, je dis *d'un* baiser, pas *de* baiser.

— Ouain…

Georges se tourne vers Yves Martin.

— Toi, qu'est-ce que t'entends ?

— *De* baiser.

— O.K., les *boys*. Si c'est ça qui vous excite. Je vais la refaire !

À la même époque, Yves Martin signe avec Jerry Greenberg d'Atlantic Records, « *an exclusive worldwide recording contract* » pour Nanette. *Crying Crying*, la version originale de *Danser danser*, est le premier simple à paraître à la suite de cette entente. Sur l'autre face : *If It Wasn't For the Money*, la version anglaise de *J'ai le goût de baiser*. « Du bon disco… », écrit le journaliste du magazine *Billboard*.

Financièrement, le succès de *Lady Marmelade* et des autres disques produits par la suite permet à Nanette de sortir enfin de la pauvreté. Chaque mois, Yves Martin remet à Nanette un chèque de cinq cents dollars – qui passera bientôt à mille dollars – à titre d'avance sur les recettes futures.

Nanette et Angelo peuvent enfin quitter le boulevard de l'Acadie et emménager dans une maison plus confortable, à Pierrefonds, qu'ils rénovent de fond en comble et garnissent de meubles neufs. D'un parent de Tony Roman, propriétaire d'un magasin à Montréal-Nord, le couple s'achète un lit *king size*. Un immense téléviseur couleur trône dans le milieu du salon. Des T-Bones remplissent le frigo dernier cri.

Malgré cette nouvelle prospérité, la situation s'envenime entre Nanette et Angelo. La chanteuse croyait que leurs ennuis financiers étaient la cause du comportement agressif d'Angelo, mais elle doit maintenant se rendre à l'évidence. Même avec de l'argent, Angelo n'a pas réglé ses problèmes, au contraire. En cours de tournée, et pendant les sessions d'enregistrement, son humeur est changeante. Sur un coup de tête, il peut mettre un musicien à la porte sans avoir songé à lui trouver un remplaçant.

Angelo entre en conflit avec Yves Martin au sujet du matériel que Nanette et lui ont écrit – selon lui, *Crying Crying* n'était pas le bon titre à donner à la version anglaise de *Danser danser*.

Cette attitude a des répercussions sur Nanette, qui doit réparer les pots cassés auprès de la compagnie de disques et auprès des musiciens lésés par Finaldi.

Michel Constantineau se souvient d'avoir vu Nanette et Angelo en spectacle rue Saint-Denis, à Montréal. Un show pitoyable. « Chacun des musiciens jouait sans s'occuper des autres, le plus fort possible, au point d'enterrer la voix de Nanette qu'on entendait à peine. » Le journaliste Normand Cusson témoigne du même malaise : « Dans un coin de la scène, penchée sur ses claviers, Nanette Workman faisait les *back vocals* pendant que son chum Angelo Finaldi occupait l'avant-scène. On aurait dit que c'était lui, la vedette... »

Dans cette entrevue, Nanette affirme qu'elle ne veut plus être une star, comme à l'époque de Tony Roman. Elle souhaite se fondre dans un groupe, disparaître au milieu des autres musiciens.

Très difficile, avec une attitude pareille, de promouvoir l'artiste, comme s'en rendent compte ceux qui côtoient Nanette à cette époque. « Il faut s'attendre à tout avec elle, selon ses humeurs. Ses vrais conseillers, c'est sa gang », confie un de ses collaborateurs à un journaliste.

Lors d'un party de noces à la Sala Della Stella, propriété des parents d'Angelo, Nanette boit un cognac avec son chum et avec une amie de Walter Rossi. Un client s'approche de Nanette et l'invite à danser. Nanette se tourne vers Angelo, pour lui demander la permission. Angelo acquiesce d'un mouvement de la tête. Quand elle revient s'asseoir, quelques instants plus tard, Angelo la regarde avec un sourire.

— *So, did you enjoy it?*

— Quoi?

— Je t'ai vue faire. Tu te collais sur lui.

— *Come on, Angelo.*

— *You're just a fucking whore!*

— Je t'ai demandé la permission, t'étais d'accord!

Angelo lui lance alors son verre de cognac au visage! Nanette n'a pas le temps de fermer les yeux, une douleur intense. Elle se précipite à la salle de bain avec l'aide de l'amie de Walter, pour enlever ses verres de contact.

Une autre fois, le couple s'engueule tellement fort que les voisins, inquiets, appellent la police – ce qu'ils feront plusieurs fois au cours des semaines suivantes! Quand les agents débarquent chez Nanette, ils reconnaissent la vedette disco de l'heure. Ils sont intimidés, mais Nanette est complètement ivre. Elle ne cesse de leur répéter, en montrant Angelo du doigt:

— *This fucking wop, this fucking faggot…*

— Elle est soûle, monsieur l'agent. Faut l'excuser! rétorque Angelo.

Curieusement, malgré son comportement, Nanette aime Angelo. D'autant plus qu'il lui propose un jour de se marier, ce dont elle rêve depuis des années. De tous les hommes qui l'ont aimée, Angelo est sûrement le dernier avec qui le mariage est souhaitable. Mais Nanette se dit qu'une fois marié Angelo va changer d'attitude. S'il est si jaloux, c'est parce qu'il a peur de la perdre. Avec un mariage en bonne et due forme, sa crainte disparaîtra.

Nanette s'y prépare donc avec joie, à ce mariage. Le couple a convenu que la cérémonie aurait lieu à Las Vegas. Nanette achète les billets d'avion, se procure un ensemble de valises. Des parents, des amis leur envoient des cadeaux, qui commencent à s'accumuler dans le salon. Tout est en place pour le départ, mais Angelo change d'idée à la dernière minute ! Il ne se sent pas prêt à franchir le pas, à faire le grand saut ! Il a des doutes, tout à coup. Le mariage, ce n'est pas pour lui, dit-il.

Nanette encaisse, encore une fois.

26

Février 1976, nouvelle offensive d'Yves Martin : *Donne donne* en format 45 tours, et dans un album intitulé simplement *Nanette Workman*. Sur la pochette, Nanette est photographiée au célèbre restaurant Wilensky's, immortalisé par le romancier Mordecai Richler. En mars, Atlantic Records – dont le catalogue comprend, entre autres, Bill Wyman et les groupes Genesis et Led Zeppelin – récidive avec un album intitulé *Nanette Workman*, où l'on trouve les chansons *The Queen, Too Late, Save Me*. « Une belle voix, un style fascinant, commente *Billboard*. Ainsi que la popularité des chanteuses disco Penny McLean et Maxime Nightingale l'indique, une artiste comme Workman a de bonnes chances de réussir », ajoute le journaliste.

En mai de la même année, le simple *Compte sur moi* et *Toutes mes journées défoncées* – aussi avec Georges Thurston. Au mois d'août, *Ce soir on m'invite* et *Quelqu'un qui m'excite* sortent en 45 tours, après être apparues sur l'album du mois de février.

Les liens d'Yves Martin avec Atlantic Records, renforcés par le succès du simple *Save Me,* incitent la compagnie américaine à mousser davantage la carrière de la chanteuse aux États-Unis.

Un jour, Nanette rentre à Pierrefonds et y trouve Angelo en train de jouer de la basse. Il a horreur d'être dérangé quand il répète, mais Nanette ne peut se retenir davantage.

— Paul McCartney ! lance-t-elle, emballée.

— *What ?*

— Sa tournée avec les Wings.

Angelo est étonné.

— T'as trouvé des billets ? Ils viennent même pas à Montréal !

— Mieux que ça, Angelo ! On va faire la première partie. C'est officiel !

Le groupe de Paul McCartney s'apprête à amorcer la portion américaine du *Wings Over the World Tour*, qui a débuté en Grande-Bretagne l'année précédente. Yves Martin a réussi à obtenir d'Atlantic que Nanette et son *band* se produisent en première partie du show, lors d'une des étapes de la tournée.

Angelo se rembrunit. Comme si la nouvelle lui déplaisait.

— Je sais pas… Je suis pas sûr que…

— De quoi tu parles ?

Pour Nanette, voilà enfin la chance de faire connaître son nouveau matériel auprès du public et des médias américains. Qui sait ? La participation de Nanette et de son groupe peut susciter de l'intérêt pour ses chansons. Une tournée solo pourrait être envisagée par la suite, ou d'autres premières parties prestigieuses.

Nanette ne comprend pas l'hésitation de son chum.

— Une occasion en or, Angelo ! On peut pas rater ça !

— Le *band* est pas assez bon.

— Qu'est-ce que tu racontes ? On est les meilleurs !

Nanette voit bien que son hésitation est le résultat de son complexe d'insécurité.

— C'est les Wings qui t'intimident ?

— *Come on…* En 69, j'ai fait la première partie des Doors, au Forum !

Angelo Finaldi était alors membre de La Révolution Française. Le groupe était entré sur scène, interprétant *Québécois* avec fanfare et drapeau du Québec ! Une idée de Tony Roman, leur gérant, histoire de voler la vedette à Jim Morrison…

— Alors, c'est quoi le problème ?

— Le *band* est pas assez bon, je te dis !

Nanette soupire.

— On n'est pas obligés de prendre une décision maintenant. On va dormir là-dessus.

Angelo, peut-être, mais pas Nanette. Toute la nuit, les yeux grands ouverts dans le noir, elle songe à l'impact que pourrait avoir pour elle la possibilité de chanter sur une grande scène, devant des milliers de spectateurs, comme à l'époque de Johnny Hallyday. Après une performance pareille, Atlantic lui demandera peut-être d'enregistrer un nouveau disque. D'un autre côté, si elle refuse l'offre de la compagnie américaine... Nanette ferme les yeux, elle n'ose pas songer aux conséquences.

Le lendemain matin, Nanette espère qu'Angelo cessera d'être négatif au sujet du show des Wings. Au petit-déjeuner, un lourd silence plane dans la pièce. Finalement, Angelo lance :

— J'ai pas changé d'idée. On oublie McCartney !

Furieuse, Nanette court se réfugier dans la chambre, en espérant qu'il revienne sur sa décision. Mais, après un moment, elle entend la porte d'entrée se refermer. Angelo a quitté la maison pour la journée.

Plus tard, le téléphone sonne. C'est Yves Martin.

— Alors, c'est réglé ? Je dois reparler à Atlantic.

— On n'y va pas, Yves.

— Quoi ? répond Martin, complètement abasourdi.

Au lieu d'envoyer promener Angelo et de choisir un autre bassiste, Nanette, encore une fois, accepte la décision de son chum, une décision qu'elle regrettera toute sa vie. La mort dans l'âme, Martin communique sa réponse à Atlantic Records. Le représentant de la compagnie de disques est en colère. On ne refuse pas de faire la première partie des Wings ! Quelques semaines plus tard, Atlantic mettra d'ailleurs un terme à son entente avec Yves Martin.

Après une entrevue à la station CHOM avec le disc-jockey Doug Pringle, Nanette lui propose le boulot de gérant. Pringle connaît bien Nanette, dont il suit de près la carrière depuis son retour au Québec. Il accepte la proposition. Son arrivée auprès de Nanette a lieu à un moment difficile pour la chanteuse.

Sa décision de ne pas faire la première partie du show des Wings a terni ses relations avec Yves Martin. À juste titre, celui-ci se demande à quoi sert de promouvoir un artiste qui lève le nez sur une occasion pareille ! Pourtant, Martin croit encore en Nanette. Il estime qu'il lui est possible de percer sur le marché américain.

Le producteur l'accompagne avec Angelo à Los Angeles aux célèbres studios Record Plant – utilisés notamment par Black Sabbath, Fleetwood Mac et Rod Stewart –, pour l'enregistrement en anglais et en français de ce qui deviendra le « *white album* ».

Nanette et Angelo s'y installent pour un mois, à la fin de 1976. Grâce à Yves Martin, le duo s'entoure de musiciens exceptionnels, ceux de Rufus, l'une des formations funk les plus populaires des années soixante-dix.

Cependant, l'opération est chaotique, du moins selon Michel Constantineau. « Yves avait complètement perdu le contrôle de la situation, se rappelle Constantineau. Nanette et Angelo étaient tout le temps sur le party, les sessions s'éternisaient, les coûts de production grimpaient en flèche. » Une seule solution : mettre fin au dérapage ! Constantineau convainc Martin de poursuivre l'enregistrement au studio d'André Perry, où il sera plus facile de surveiller les dépenses.

Quelques semaines plus tard, avant d'entrer en studio, Nanette remarque un adolescent – Mario Côté – tenant deux chats dans ses mains. Intriguée, Nanette lui demande ce qu'il a l'intention d'en faire.

— Je sais pas. Un fermier voulait les tuer, je les ai récupérés, avec d'autres.

Nanette adopte aussitôt les chats ! La mère de l'adolescent s'occupe de l'entretien du studio d'enregistrement, il lui donne un coup de main, parfois. Au cours des années suivantes, Mario Côté deviendra un ami très proche de Nanette.

De retour à Pierrefonds, celle-ci découvre que les chats sont en fait des chattes, toutes en gestation. Bientôt, elle se retrouve avec vingt-cinq chatons sur les bras ! Il lui faut trois mois pour placer les bébés et leurs mères, mais elle en garde plusieurs.

C'est le début d'une formidable ménagerie !

En ce qui concerne l'album, les choses ne s'améliorent pas. Angelo et Nanette passeront finalement plus de trois mois à Morin-Heights. Depuis le début, les deux artistes ne peuvent se décider sur le type de musique qu'ils veulent faire. Résultat : Finaldi n'apparaît sur aucune des pièces.

L'album ne sera jamais lancé aux États-Unis. Au Québec, son contenu désarçonne complètement les fans de Nanette. « Depuis

Lady Marmelade, Yves Martin et moi avions adopté une formule qui fonctionnait, se souvient Nanette. Des disques au son identifiable, que les fans retrouvaient avec plaisir d'une fois à l'autre. Mais Yves a changé mon style dans le but de percer sur le marché américain. Sa stratégie n'était pas la bonne. Nous avons perdu notre public ici, sans en gagner un nouveau là-bas. »

D'autant plus qu'un autre album de la chanteuse, surgi du passé, celui-là, sort au même moment.

Quelques semaines plus tôt, Yvan Dufresne avait été approché par Lee Hallyday, qui lui avait offert les bandes maîtresses de *Grits and Cornbread*, réalisées à Olympic Studios. Depuis l'enregistrement de 1972, Peter Frampton est devenu une mégastar. Alléché par la proposition, Dufresne s'empresse de sortir l'album au Québec.

Chez les disquaires, c'est la confusion la plus totale ! Le « *white album* », qui marque une rupture par rapport aux disques récents de Nanette, côtoie *Grits and Cornbread*, dans un autre style complètement ! Disco, rock, funk, on dirait que Nanette ne sait plus où se brancher. Pas surprenant que les fans de la chanteuse soient désemparés. Résultat : des ventes négligeables pour les deux albums.

Quelques mois plus tard, Yves Martin et Michel Constantineau mettent fin aux disques Pacha. Constantineau conserve le catalogue qu'il intègre à sa nouvelle société, les Disques Solo. Au cours des années suivantes, Yves Martin continuera d'être actif dans le domaine de la production. Mais le 4 septembre 1980, à l'âge de vingt-neuf ans, victime de graves problèmes financiers, il mettra fin à ses jours.

Déçue par sa maison de disques, aux prises avec une relation amoureuse qui l'empoisonne, Nanette replonge dans la drogue. La coke, surtout, qui lui coûte très cher. Mais aussi des drogues légales : stimulants, antidépresseurs, relaxants de toutes sortes. Pour parvenir à payer sa dépendance, Nanette accepte les contrats les plus divers. Elle est approchée par le producteur George Lagios, qui vient de s'associer à l'ancien disc-jockey Pat Deserio, dans le but de prêter sa voix au nouveau groupe disco Bombers. En réalité, le *band* n'existe pas ! Il s'agit simplement de musiciens réunis en studio autour de Buster Jones pour une session d'enregistrement, à laquelle se joignent également Walter Rossi et Marty Simon. Nanette y chante *The Mexican*, mais elle ne peut être créditée sur le disque, parce que son contrat avec Solo l'en empêche.

Le simple est vendu à West End Records, aux États-Unis, qui veut en faire la promotion dans des salles de danse. L'idée retenue : le groupe ira d'une discothèque à l'autre pour chanter ses hits devant les clients. Lagios demande à Nanette et aux autres musiciens s'ils désirent y participer. Nanette, qui en a déjà assez du disco, refuse. Une autre chanteuse est choisie, qui se contentera de faire du *lip synch* sur la voix de Nanette. Le disque devient rapidement numéro un au palmarès disco, sans qu'on sache que Nanette est l'interprète de ce succès !

L'année suivante, George Lagios fait de nouveau appel à la chanteuse pour un autre groupe « fictif », Bob-a-Rela. Elle y écrit des chansons avec Walter Rossi : *Spend the Night, Why Does it Rain ?* qu'elle interprète sans être créditée, encore une fois. Dans *Billboard*, les critiques sont excellentes et *Spend the Night* se hisse également au sommet du palmarès disco.

N'ayant pas droit à des redevances, Nanette ne peut profiter financièrement de ces succès. Pire encore, créditée nulle part, travaillant dans l'ombre, Nanette est devenue un fantôme…

Georges Thurston, qui arbore maintenant une formidable coupe afro, se fait désormais appeler Boule Noire. Son producteur ? Tony Roman. S'appuyant sur la popularité de la chanson *Aimes-tu la vie ?*, Tony lui fait enregistrer le 45 tours *Aimer d'amour*, pour lequel il demande à Nanette d'être choriste. Mais sur le produit fini, sa participation est beaucoup plus importante. *Aimer d'amour*, c'est un duo entre Nanette et Boule Noire ! Depuis, des centaines de milliers d'exemplaires du 45 tours ont été vendus ! Et pas un sou pour Nanette.

La chanteuse accepte ensuite de maquiller sa voix – tout comme la comédienne Sylvie Boucher – sur l'album *Satin*, une collection de chansons au rythme rétro, que Michel Constantineau lui demande de produire avec un budget de dix mille dollars. Ce sera le dernier disque de Nanette avec Solo. Au total, depuis *Lady Marmelade*, Nanette aura fourni au tandem Martin-Constantineau quatre albums, deux compilations et quinze *singles*.

Ces boulots alimentaires où Nanette, littéralement, « prostitue » sa voix et son talent montrent à quel point la chanteuse a besoin d'argent. Pour la dope, oui, mais pas seulement. Depuis longtemps, elle rêve de déménager à la campagne. La maison de Pierrefonds est déjà l'hôte de toute une ménagerie – quatre chiens, vingt-cinq chats ! En roulant dans la campagne, elle découvre à Ormstown, à soixante-quinze kilomètres au sud-ouest de Montréal, tout près de la frontière américaine, une maison de ferme du XIXᵉ siècle qu'elle adore au premier coup d'œil. Petit problème : le propriétaire exige trente-deux mille dollars pour la maison et la ferme de huit arpents, mais Nanette n'a pas un sou, et aucun dossier de crédit dans aucune banque !

Dès le lendemain, Nanette débarque dans le bureau de Michel Constantineau et lui demande un prêt de quinze mille dollars à titre de paiement initial, afin de lui permettre d'acheter cette « maison de rêve ». Constantineau accepte, et Nanette devient propriétaire pour la première fois de sa vie. Quelques semaines plus tard, en avril 1977, la chanteuse quitte Pierrefonds, sans Angelo Finaldi, cette fois.

Ce déménagement à la campagne donne le coup de grâce à leur relation, qui n'allait nulle part depuis un bon moment. Depuis ce mariage qui n'a pas eu lieu, en fait. De toute façon, Angelo se sent incapable de vivre à la campagne. Leur rupture est difficile pour Angelo, qui tombe en dépression, au point où sa mère demande à Nanette de venir le voir et de se réconcilier avec lui. Nanette s'exécute mais il n'est pas question de reprendre avec le musicien. Angelo, c'est fini pour de bon.

L'emménagement dans sa nouvelle maison occupe Nanette à plein temps. Elle y met beaucoup d'énergie, beaucoup d'argent aussi. Pour la première fois de sa vie adulte, elle sent qu'elle a enfin trouvé un lieu d'ancrage, un lieu permanent, où elle pourra toujours revenir. Et pourtant, la guigne s'acharne sur la chanteuse. En novembre, le feu ravage le deuxième étage, où se trouve sa chambre. Nanette perd des vêtements, des bijoux. La cause de l'incendie ? Un court-circuit provoqué par des rongeurs qui auraient grugé un fil électrique.

Nanette a sauvé l'essentiel, mais elle doit déménager en ville temporairement. À la suggestion de Doug Pringle, elle loue une chambre chez un de ses amis, Martin Melhuish, le temps que les rénovations soient terminées. Quand la maison est prête, Nanette décide de ne l'occuper que les week-ends. Un ami, Michel Lamoureux, et sa copine Manon s'installent à Ormstown dans le but de s'occuper de la maison et des animaux.

Pour célébrer la remise à neuf de sa propriété, Nanette invite son frère à venir fêter Noël chez elle.

— Je peux amener un chum ? rétorque Billy.

— *Of course.*

27

Le soir du 24 décembre 1977, on sonne à la porte. Nanette va ouvrir. « Devant moi, dira-t-elle plus tard, le type le plus beau que j'aie jamais vu de ma vie. Des cheveux noirs, très longs, de grands yeux bleus. On aurait dit un Amérindien. » Il s'agit de Jimmy Ayoub, l'ami de Billy. Pour Nanette, c'est le coup de foudre, encore une fois !

« *One special night, you walked into my life, my eyes lit up like the Christmas tree that wasn't there...* », chantera Nanette.

Dès cet instant, celle-ci jure de faire de cet homme son prochain amoureux. Elle est prête à y mettre tous les efforts nécessaires. *I'm gonna get this guy*, se promet-elle.

— *And this is my wife, Johanne.*

Une jeune femme blonde vient d'apparaître derrière Jimmy. Nanette se sent défaillir. Un autre ménage qu'on l'accusera d'avoir détruit ! Elle fait entrer le couple. Elle réalise alors qu'elle n'est pas habillée pour recevoir ! Une robe toute simple. Elle attendait un ami de Billy, d'accord. Pas l'homme de sa vie ! Après avoir fait diversion en offrant à boire à tout le monde, Nanette file au deuxième se « mettre belle ». Pendant le repas, ensuite, elle ne quitte pas Jimmy des yeux, en s'efforçant de ne pas se montrer trop insistante.

« *I tried not to stare, people everywhere, but I saw only you...* », chantera-t-elle encore.

Jimmy Ayoub, Nanette le connaît déjà de réputation. Son père, le saxophoniste et clarinettiste Nick Ayoub, d'origine libanaise mais né à Trois-Rivières, est une figure importante du milieu québécois de la musique. Il a joué dans les orchestres de Johnny Holmes et Maynard Ferguson, a fait partie du groupe folklorique Les Cailloux, en plus de participer occasionnellement à des concerts de l'Orchestre symphonique de Montréal. Jimmy, lui, s'est orienté vers le hard rock. Dès l'âge de dix-neuf ans, il est le batteur du groupe Mahogany Rush. Depuis le début des années soixante-dix, cette formation, réunie autour du chanteur et guitariste Frank Marino et du bassiste Paul Harwood – de Montréal, tous les deux –, est à l'origine des tubes *Dragonfly*, *Strange Dreams* et *Strange Universe*.

Billy a travaillé à quelques reprises avec Jimmy, il a l'intention de l'embaucher, en plus de Buster Jones et Steve Segal, pour des chansons en anglais que Nanette et lui veulent enregistrer, début janvier, au studio d'André Perry, à Morin-Heights.

Nanette ne peut s'enlever Jimmy de la tête. Pendant leur session de travail, elle en apprend un peu plus au sujet du batteur. D'abord, qu'il a huit ans de moins qu'elle, et qu'il est marié depuis à peine un an et demi – sa femme est institutrice. Mais leur couple va mal, ce qui rassure Nanette. Elle se sent moins coupable de son intérêt pour Jimmy. Ils ne tardent pas à flirter, Jimmy et elle, sachant très bien ce qui les attend au bout de la route. Nanette est déjà follement amoureuse, Jimmy aussi. Elle est convaincue qu'il s'agit – enfin! – de l'homme qu'elle attend depuis toujours, celui avec qui elle vivra le reste de sa vie.

À partir de janvier 1978, Nanette et Jimmy se voient quotidiennement ou presque. Dans les bars, notamment, pour prendre des *silver bullet*, le drink favori de Nanette. Leurs endroits de prédilection: le Night Magic dans le Vieux-Montréal, le Club 1234, rue de la Montagne, ou encore le Gatsby's, boulevard De Maisonneuve, propriété de Joseph Di Maulo, que Nanette a bien connu à l'époque de la Casa Loma. S'y retrouvent de nombreux artistes et plusieurs amis de Nanette: Tony Ianella, Pamela Collyer, Sue Daley, Madeleine Chartrand et Sylvie Boucher.

À la fermeture des clubs, Nanette reconduit Jimmy chez lui, où dort paisiblement Johanne. Dans le salon, incapables de se quitter, ils jouent au backgammon, tout en prenant de la bière et en sniffant de la coke. À quelques reprises, en se levant pour aller travailler,

Johanne découvre Nanette et son mari, *high* tous les deux devant leur jeu de backgammon.

La passion de Nanette pour Jimmy se transforme bientôt en fascination : dans sa chambre chez Martin Melhuish – son pied-à-terre à Montréal –, elle colle aux murs des photos de son nouvel amoureux, qu'elle embrasse à répétition comme si elle était redevenue une adolescente, et Jimmy, une réincarnation de Morgan. C'est le « batteur qui fait battre mon cœur », chantera Nanette dans *Femme à musiciens*.

De toute évidence, la situation entre Jimmy et Johanne ne peut plus durer. Comme prévu, le couple se sépare, un mois à peine après la rencontre entre Nanette et Jimmy, et celui-ci s'installe dans un studio de l'Île-des-Sœurs, où Nanette le rejoint bientôt. Jimmy est un gars de la ville, il n'est pas du tout séduit par la campagne, jamais il n'aurait déménagé à Ormstown. De toute façon, il voyage sans arrêt avec Mahogany Rush. Aux États-Unis, le *band*, devenu un groupe culte pour les amateurs de hard rock, est de plus en plus en demande.

Malgré ses difficultés financières, Nanette vit des moments merveilleux. Elle découvre en Jimmy un être attentionné, généreux, courtois également... Quand elle s'apprête à ouvrir une porte, Jimmy se précipite pour l'ouvrir à sa place. Même chose avec les cigarettes. Dès qu'elle en sort une, Jimmy s'approche, briquet à la main. Un « homme de rêve » qui gâte Nanette sans arrêt. Victime de la relation violente qu'elle a entretenue avec Angelo, Nanette se laisse cajoler et entourer comme elle ne l'a jamais été auparavant.

Au-delà de la musique, Nanette et Jimmy ont une autre chose en commun : la dope. Malgré tous ses défauts, Angelo ne prenait jamais de drogues fortes, ce qui n'est pas le cas de Jimmy. Avec lui, Nanette a trouvé non seulement un partenaire amoureux, mais un complice pour essayer tout ce qui est disponible en matière de drogue. La cocaïne, surtout, dont Nanette fait maintenant un usage quotidien, comme à l'époque de Johnny Hallyday. Elle est incapable de passer la journée sans s'emplir le nez, même chose pour Jimmy. Elle en consomme et elle en vend aussi. Un peu... Au Night Magic, le couple côtoie des chanteurs et des musiciens qui ont les mêmes penchants.

Professionnellement, Nanette est peu active. Lorsque Mahogany Rush est invité – avec Aerosmith, Santana et plusieurs autres – à se produire dans le cadre de la deuxième édition de CalJam, un festival rock dans la tradition de Woodstock, Nanette accompagne Jimmy, mais à titre de « blonde » seulement. Bien sûr, elle fait quelques spectacles – à la fin de l'été, notamment, un concert gratuit à la Place des Nations avec Jimmy, Billy, Steve Segal et un nouveau venu, le bassiste Brian Smith. Il s'agit du premier spectacle entièrement en anglais de Nanette au Québec. Produit par Bernard Picard de la CBC, le show, de type cirque – dont les costumes ont été conçus par le styliste Gilles Gagné –, met en scène « des nains, des mangeurs de feu, des hommes forts et d'autres surprises », rapporte Rob Montgomery dans *The Gazette*. Nanette y interprète dix-huit chansons. Elle rêve toujours de percer aux États-Unis : « *She's again turned to making it big in English, and with her eyes set on her native United States* », écrit le journaliste.

Quelques jours après le spectacle, en effet, Nanette accompagne son frère Billy et Steve Segal en Californie, avec l'intention de former un nouveau groupe : Dual Exhaust. Mais le projet tourne court ; frère et sœur rentrent à Montréal. Dual Exhaust fera la première partie de Murray Head, à la Place des Arts, puis le *band* sera dissous.

De plus en plus, Nanette se sent prisonnière de l'étiquette « *disco queen* » qu'on lui a attribuée. Le disco lui a permis de relancer sa carrière, mais il l'empêche maintenant de faire ce qui lui plaît vraiment : du hard rock. Difficile de sortir du genre musical dans lequel elle est maintenant cantonnée. Aux médias, elle confie qu'elle préfère au disco le rock agressif, un peu dans le style de Janis Joplin. Malheureusement pour elle, quand on l'invite sur scène, c'est pour *Lady Marmelade* et *Danser danser*, et non pas pour le matériel plus funk qu'Angelo et elle ont écrit.

C'est donc sans passion véritable que Nanette interprète ses grands succès. La scène, elle y trouve peu d'intérêt, sinon celui de gagner de l'argent, dont elle a sans cesse un besoin urgent, étant donné ses habitudes de consommation de drogue. La vie de Nanette tourne autour du Night Magic. Tous les soirs, Nanette et Jimmy, quand celui-ci n'est pas sur la route, descendent dans ce bar et d'autres, pour « sniffer de la poudre ».

Un jour, le *pusher* de Nanette se pointe au Night Magic avec une mauvaise nouvelle. La police vient de faire une descente chez plusieurs fournisseurs, impossible de trouver de la coke à Montréal. Nanette et ses amis sont démoralisés.

— Mais je peux vous faire essayer autre chose.

De l'héroïne… Dérivée de la morphine, issue du pavot, l'héroïne est un puissant dépresseur qui crée une dépendance physique et psychique. On peut la prendre par voie intraveineuse, la fumer ou la priser, ce que préfèrent Nanette et Jimmy, ce soir-là. L'effet est fulgurant. Aussitôt, Nanette se précipite aux toilettes pour vomir. Mais ensuite, la sensation est fantastique. Plus de mal, plus de douleur, on se sent capable de tout, un effet euphorique formidable…

Rapidement, l'héroïne devient pour Nanette et Jimmy leur drogue préférée, une drogue indispensable. Afin de lutter contre ses effets dépresseurs, ils la prennent parfois mélangée avec de la cocaïne – ce qu'on appelle un *speedball*.

Nanette se souvient de nuits passées chez Claude Dubois, par exemple, en compagnie de Jimmy, Buster Jones et Georges Thurston. « On restait pendant des heures sans bouger, complètement *stoned*, dans un bien-être irréel. »

Mais ce bien-être a un prix. La dépendance, évidemment, mais aussi des effets secondaires, comme les cauchemars, l'insomnie, et même les maux de dos.

Un jour, Nanette reçoit un appel.

— Nanette ? Ici, Luc Plamondon. J'aimerais te rencontrer. J'ai quelque chose à te proposer.

28

Dans un restaurant de l'avenue Bernard, à Outremont, Luc Plamondon raconte à Nanette l'histoire de Patricia Hearst, la petite-fille du milliardaire William Randolph Hearst. Nanette s'en souvient très bien, de ce fait divers. Kidnappée par un groupe d'extrémistes, Patricia Hearst épousa la cause de ses ravisseurs. À l'automne 1975, explique Plamondon, le compositeur français Michel Berger lui a proposé d'écrire un opéra rock à partir de cette histoire.

— Michel Berger ? Connais pas.

D'abord chanteur, le fils du célèbre médecin Jean Hamburger est devenu directeur artistique chez Pathé-Marconi en 1967, puis producteur aux Disques WEA, où il a travaillé avec Véronique Sanson, Françoise Hardy et France Gall, qui est devenue sa femme en 1976. Il a eu l'idée de s'associer à Plamondon après avoir écouté un album de Diane Dufresne.

Depuis dix-huit mois, les deux créateurs sont à l'œuvre. Plamondon a suggéré de situer l'opéra dans un monde futuriste. Le titre est déjà trouvé : *Starmania.* C'est maintenant le moment de choisir les interprètes. Luc Plamondon a pensé à Nanette pour l'un des rôles.

— Et ça raconte quoi, votre opéra ?

En quelques mots, Plamondon la met au courant. Dans une ville du futur, Monopolis, terrorisée par Johnny Rockfort et sa bande, le milliardaire Zéro Janvier veut devenir président de l'Occident. Il devient l'ennemi mortel de Johnny Rockfort.

— *That's it ?*

— Des conflits amoureux aussi. Zéro Janvier s'amourache du sex-symbol Stella Spotlight. Marie-Jeanne, la serveuse automate, s'éprend de Ziggy, un jeune disquaire androgyne. Et puis Johnny Rockfort, lui, craque pour Cristal, la vedette d'un show télé.

Nanette écoute Plamondon lui raconter avec beaucoup de passion la trame de *Starmania*. Elle est impressionnée par sa verve et son énergie, un peu moins par ce qu'il lui raconte. C'est quoi, ce spectacle-là ?

— Et je ferais quel rôle ? demande Nanette.

— Sadia. Une étudiante de la haute société qui se déguise le soir pour descendre dans des souterrains, où se cachent Johnny Rockfort et sa gang. Elle le rencontre à l'Underground Café.

— C'est sa blonde ?

— Plus que ça. Johnny Rockfort est sous l'emprise de Sadia, qui dirige les Étoiles noires.

Nanette acquiesce, sans trop savoir pourquoi. Ce que Plamondon raconte lui passe par-dessus la tête. Le show l'intéresse, oui, mais surtout le fric qu'elle pourra en tirer. Elle a vraiment besoin d'argent...

— Et les auditions, c'est quand ?

— Il n'y a pas d'audition. Le rôle est pour toi.

Nanette est étonnée, et ravie. Elle ne s'attendait pas à ce que Plamondon lui offre le rôle sur un plateau d'argent ! Elle s'empresse d'accepter. Avant de monter le spectacle, dont la première aura lieu à Paris, un album sera d'abord réalisé. Claude Dubois, Diane Dufresne et Fabienne Thibeault se joindront aux Français Daniel Balavoine, Éric Estève et France Gall.

Enregistré à l'automne 1978, l'album double *Starmania* devient l'un des plus vendus de l'année. *Le blues du businessman*, interprété par Claude Dubois, joue à toutes les radios. Selon les médias, le producteur n'a pas lésiné sur les moyens : l'enregistrement a coûté près de deux cent mille dollars. Déjà, en France, l'album est un très gros vendeur. Pour le spectacle lui-même, on s'attend à y investir deux millions et demi. Après les représentations à Paris, il est prévu que le show prendra l'affiche à Montréal, au Stade olympique. Finalement, c'est le théâtre Saint-Denis qui accueillera l'opéra.

Sur l'album, Nanette interprète, entre autres, les chansons *Quand on arrive en ville* – en duo avec Daniel Balavoine –, *Travesti* et, surtout, *Ce soir on danse à Naziland*. Si elle avait des doutes quant aux chances de succès du projet de Michel Berger et Luc Plamondon, ces doutes ont maintenant disparu !

En mars, Nanette accompagne les autres Québécois à Paris, à l'exception de Claude Dubois, remplacé par le Français Étienne Chicot. Elle descend à l'hôtel Club Méditerranée, boulevard Victor-Hugo, mais déménagera bientôt dans un studio – à mille dollars par mois. L'opéra est mis en scène par l'Américain Tom O'Horgan, qui s'est fait connaître avec *Hair*, un immense succès sur Broadway en 1968. O'Horgan a également signé en 1971 la mise en scène de *Jesus-Christ Superstar*.

Commencées le 8 mars, les répétitions se poursuivent jusqu'à la mi-avril. «Mon personnage est vraiment bien et j'adore le jouer, écrit-elle à ses parents. Je crois que j'ai le meilleur rôle de l'opéra.» Ce qui l'emballe encore plus : elle crée le personnage de Sadia, puisqu'il n'a jamais été joué auparavant. Une chance inouïe ! Nanette est surprise de constater que les interprètes français chantent avec la même voix aiguë. Mais elle s'entend bien avec tout le monde, y compris Tom O'Horgan, «qui est un chic type, *a beautiful person*».

Pourtant, un matin, en se présentant aux répétitions, Nanette a une surprise : la scène est couverte d'énormes svastikas !

— Qu'est-ce que ça veut dire ? C'est quoi, ça ?

L'un des responsables du décor s'approche.

— Pour *Ce soir on danse à Naziland*. C'est *too much*, non ?

Furieuse, Nanette s'écrie :

— Il n'est pas question que je chante avec des croix gammées dans mon dos !

— M'enfin, Nanette...

La chanteuse cherche le metteur en scène du regard.

— *Tom, please. Do something !*

Tom O'Horgan s'approche. Nanette lui réitère son opposition au décor. Finalement, le metteur en scène se range de son côté, les svastikas sont enlevés.

Le 18 mars, Jimmy Ayoub rejoint Nanette à Paris pour quelques semaines. La chanteuse retrouve enfin son chum, mais aussi son partenaire de dope. Depuis son arrivée en France, Nanette n'a pas tardé à trouver un nouveau fournisseur : un ami de Daniel Balavoine, qui lui-même ne prend pas de drogues fortes. Tous les jours, Nanette sniffe de l'héroïne sans que personne autour d'elle soit au courant, à l'exception de Balavoine. « Je ne sais pas comment j'ai pu réussir à m'en tirer », se souvient Nanette. Ses performances sur scène ne paraissent pas en être affectées, heureusement.

Après le départ de Jimmy, visite de l'artiste-peintre Marlene Deutcher, une amie que Nanette a connue à Pierrefonds quand elle y habitait avec Angelo. À l'époque, les deux femmes se voyaient régulièrement pour fumer du pot et se payer du bon temps. « *Marlene and I would laugh a lot and then spend an hour looking for her car keys* », se rappelle Nanette.

À Paris, *stoned* encore une fois, Nanette décide de préparer le lunch. Elle allume le poêle, puis sort sur le patio discuter avec Marlene. Quand elle revient, quelques instants plus tard, le mur près du poêle – où se trouve la boîte électrique – est la proie des flammes !

— *Oh my God* ! s'écrie Nanette, qui juge la situation plutôt loufoque à cause du pot qu'elle a fumé.

Marlene, qui l'a rejointe, est dans le même état d'esprit. Les deux filles s'esclaffent, sans savoir quoi faire. Nanette réussit à éteindre le poêle, mais les flammes ne veulent pas diminuer, au contraire.

— *I'll go get the concierge*, suggère finalement Nanette.

— *You'd better rush* !

Et elles se remettent à rire, toutes les deux.

Quelques instants plus tard, une grosse dame – la concierge – fait son entrée dans l'appartement, découvre la situation. Le feu, maintenant, s'est répandu sur le mur de l'autre côté du poêle.

— Pas encore ! s'écrie la dame, exaspérée, mais surtout de mauvaise humeur d'avoir été arrachée à son tricot.

— Faut appeler les pompiers, non ?

— Les pompiers ? Ça va pas ? Allez me chercher une brosse à dents !

Ça y est, se dit Nanette. Je suis vraiment *stoned*.

Mais elle fait ce qu'on lui demande. La concierge joue dans la boîte électrique avec le manche de la brosse à dents, et les flammes disparaissent comme par enchantement. Sans un mot d'explication, la dame remet la brosse à Nanette et regagne son appartement – et son tricot ! – au rez-de-chaussée. Après son départ, Nanette regarde Marlene.

— *I think we should lay off the stuff for a while...*

— *Good idea.*

— *I'll make a salad !*

En avril, c'est la première au Palais des congrès, à la suite d'une formidable campagne de publicité – on parle même de matraquage médiatique : affiches géantes un peu partout à Paris, spots radio omniprésents, reportages télévisés sur les trois chaînes. Le public est réceptif, sans être enthousiaste. On aime le décor et la musique, que tout le monde connaît déjà, vu le succès de l'album.

La critique, par contre, est mitigée, en France comme au Québec. Nathalie Petrowski du *Devoir* parle d'une « façade sans fond, une idée qui échappe à son auteur et qui le coince entre la concession et l'ironie, entre la récupération et la tragédie ». Pour la journaliste, heureusement, « les trois Québécoises volent et sauvent un *Starmania* paradoxal ». Selon elle, « Dufresne, incorrigible et magnifique, Nanette la grande rockeuse, et Fabienne Thibeault, une voix de velours dans un corps mal à l'aise, vont chercher la foule et les ovations ». Nathalie Petrowski ajoute : « Elles donnent du souffle et de la dimension à l'opéra de carton. » Dans un quotidien français, on est encore plus dur. On s'en prend aux costumes « laids », à la chorégraphie « nulle ». Il faudra le retour triomphal de *Starmania* à Paris, en 1988, pour faire de l'opéra rock de Berger et Plamondon une œuvre culte.

Pour Nanette, sa participation à l'édition originale de *Starmania* est l'une des expériences les plus enrichissantes de sa carrière. La première fois qu'elle remonte sur scène dans un spectacle musical depuis son passage à Broadway. Pour toujours, elle sera reconnaissante à Luc Plamondon de lui avoir permis de vivre ce moment exceptionnel.

Cependant, le retour en France de Nanette n'a pas que des aspects positifs. La chanteuse réalise que sa réputation de l'époque de Johnny Hallyday la suit encore auprès des médias et du public.

Starmania, c'est sa première apparition sur scène depuis *Johnny Circus*. Les journalistes français n'hésitent pas à encenser Fabienne Thibeault, Diane Dufresne et France Gall, par exemple, sans jamais mentionner Nanette. Celle-ci sent que le public français – qui a la mémoire longue ! – ne lui a pas pardonné d'avoir mis en péril le couple Johnny Hallyday et Sylvie Vartan sept ans plus tôt. Nanette est toujours perçue comme la « méchante », la « vilaine fée », la destructrice de foyers. L'expérience positive de *Starmania* est donc assombrie par cette impression qui ne veut plus la quitter : le public français la déteste.

Pourtant, en septembre, Nanette se retrouve de nouveau en France pour deux mois.

Cette fois, avec Robert Charlebois.

Nanette n'a jamais travaillé avec Charlebois, mais accepte de le suivre en tournée. Tout comme avec *Starmania*, elle espère que son association avec l'interprète de *Lindbergh* lui permettra de se défaire une fois pour toutes de l'étiquette disco qui lui colle à la peau. Au mois d'août, pendant deux semaines, les deux artistes répètent leur spectacle au Centre culturel du Lac Masson, dans les Laurentides. De toute évidence, Robert Charlebois pense davantage à s'amuser qu'à faire un show « sérieux ». Pourquoi a-t-il choisi Nanette ? lui demande le journaliste Pierre Beaulieu de *La Presse* : « Parce que c'est la meilleure chanteuse d'ici. » Il ajoute : « Elle a du métier, une voix incomparable, des possibilités inouïes. »

Au début de septembre 1979, Nanette atterrit à Paris et s'installe à l'hôtel Atala. La tournée comme telle doit débuter le 5 octobre, à Douai, pour se terminer le 17 novembre, après un dernier spectacle à Thionville. Mais, d'abord, Charlebois et Nanette sont en vedette pendant trois semaines au Palais des congrès – où a été présenté *Starmania* quelques mois plus tôt. Les honoraires de Nanette ? Cinq cents dollars par représentation, avec un cachet de cent dollars les jours où le spectacle fait relâche.

Bien rodé, le show est réussi. Chaussé de patins, Charlebois apparaît sur une scène couverte de glace artificielle, un bâton de hockey à la main, un chandail du Canadien sur le dos – le numéro 10, celui de Guy Lafleur ! Heureusement, il épargne à Nanette ce type de prouesse : la chanteuse du Mississippi n'a jamais patiné de sa vie ! Les deux chanteurs se complètent bien. Généreux, Charlebois laisse à Nanette beaucoup d'espace sur scène. Résultat : l'accueil du public est formidable – la presse parle d'un « triomphal séjour » – mais, encore une fois, toute l'attention est portée sur Charlebois. Bien entendu, le chanteur est en vedette, mais Nanette sent que sa « mauvaise réputation » continue de lui nuire. Fausse impression ? Paranoïa ? Peut-être. N'empêche, autant de la part des médias que du public, Nanette constate une certaine froideur à son égard, alors que Charlebois est encensé sur toutes les tribunes.

Et pourtant, les commentaires des journaux seront élogieux à l'égard de Nanette. « La silhouette féline, la voix prenante… » lira-t-on dans un quotidien de Narbonne. « Une superbe chanteuse de rock », ajoutera une journaliste de Nancy.

À Paris, Nanette est bientôt rejointe par Jimmy, en congé de Mahogany Rush. Tout comme au printemps précédent, à l'époque de *Starmania*, les deux amants se livrent à leur passion commune pour la drogue, l'héroïne surtout. L'alcool également.

Un soir, Jimmy et elle débarquent au night-club branché L'Élysée Matignon, l'un de ses bars favoris. Assis avec des amis, dans la pénombre, une silhouette qu'elle reconnaît : Johnny Hallyday. Ils ne se sont pas parlé depuis leur rupture dramatique, quelques années plus tôt. Nanette hésite à se joindre à lui, mais leurs regards se croisent.

— *Hello, Johnny… It's been a long time.*
— *Hey, how are you doing ?*
— *Fine. You look great.*
— *You too.*

Pendant toute la soirée, Nanette et Johnny, devant Jimmy, se remémorent des souvenirs de tournée. Ils parlent même de Sylvie, dont Johnny divorcera bientôt, en 1980. Nanette s'attendait à ne rien ressentir pour le rocker, mais elle se rend compte qu'elle est encore amère et triste de ce qui s'est passé entre eux. Johnny lui semble distant et préoccupé. Il boit beaucoup trop, tout comme Nanette et Jimmy, d'ailleurs. Elle a peur que son caractère agressif reprenne le dessus, mais Hallyday s'est assagi. Pendant les silences de la conversation, Nanette ne peut s'empêcher de se rappeler à quel point ils s'aimaient, tous les deux, et comment elle a été affectée par leur rupture. Tout semble maintenant appartenir à une époque si lointaine…

Après le départ du chanteur, Nanette et Jimmy restent sur place. Quand ils sortent, finalement, Nanette – ivre, *stoned* – s'approche d'un taxi.

— Hôtel Washington, s'il vous plaît.

— Vous vous foutez de ma gueule ? C'est à deux pas !

— Je suis fatiguée, monsieur.

— Allez, disparaissez !

— *Fuck you !*

— Quoi, qu'est-ce que vous avez dit ?

— *FUCK YOU !*

Jimmy tente d'éloigner Nanette, en colère. Mais celle-ci revient sur ses pas et se met à frapper à coups de poing sur le capot de la voiture !

— Tu vas nous reconduire, espèce de con !

— Mais arrêtez, vous êtes folle !

— *Stop it, Nanette ! Come on…*

Jimmy tente de la contrôler, de nouveau. Impossible ! Nanette est déchaînée ! Elle enlève sa chaussure et se met à marteler le capot de l'auto. Le chauffeur prend peur, alerte la police, qui rapplique aussitôt.

— Laissez-moi tranquille ! J'ai rien fait !

Nanette est incarcérée pour la nuit, comme on le fait avec les poivrots qu'on ramasse sur la place publique. Jimmy demeure à ses côtés jusqu'au matin.

Pas de doute, sa dépendance à la drogue, à l'héroïne plus particulièrement, domine de plus en plus la vie de Nanette. Physiquement, elle a changé. Son visage est plus maigre, ses yeux, plus creux. Encore quelques mois et elle aura le look des junkies. Son amie Dagmar Lai est étonnée de la découvrir aussi transformée. Les deux filles ne se sont pas revues depuis l'époque de Johnny Hallyday, quelques années plus tôt. Pour Dagmar, le choc est brutal. Elle peut à peine reconnaître Nanette. Dans une longue lettre que la chanteuse recevra quelques jours plus tard, Dagmar parle de l'effet de l'héroïne non seulement sur le physique de son amie mais aussi sur son esprit. Adepte des philosophies orientales, amoureuse de l'Inde où elle voyage souvent, Dagmar explique à Nanette que chaque être humain est entouré d'une aura, une sorte de halo enveloppant le corps. Les drogues dures, comme l'héroïne, créent des trous dans cette aura, par lesquels s'immiscent les âmes des junkies morts.

Depuis son accident, boulevard de l'Acadie, quand elle a failli être tuée par un coup de feu, Nanette est sensible à tout ce qui touche le paranormal. Son *out-of-body experience*, sa décorporation, l'a incitée à se documenter sur ce sujet. Ce que lui dit Dagmar dans sa lettre n'est peut-être qu'un charabia « nouvel-âgiste », mais Nanette, dans l'état d'esprit où elle se trouve, n'est pas insensible aux commentaires de son amie. De toute façon, les aspects négatifs de l'héroïne commencent à l'affecter de plus en plus. L'insomnie, elle connaît déjà, la perte d'appétit aussi, d'où sa maigreur qui a tant surpris Dagmar. En outre, l'utilisation régulière d'héroïne empêche Nanette d'atteindre un orgasme, ce qui complique évidemment ses relations avec Jimmy. Plus globalement, Nanette se sent « sale » à l'intérieur d'elle-même, comme si ses organes – le cœur, le foie, les poumons – étaient couverts d'une cendre noire dont elle ne peut se débarrasser.

Tout au long de la tournée française, Nanette ne cesse de penser aux remarques de Dagmar. D'autant plus qu'elle a du temps pour réfléchir, Nanette : le périple se déroule en mode vacances. Tout ce qui intéresse Charlebois, semble-t-il : les bons restaurants ! À partir de Douai, la tournée se transforme en relais gastronomique : hôtel Ricordeau à Massy, hôtel Massena à Nice, le Domaine des Brousses à Montpellier, la table du chef Michel Guérard à Eugénie-les-Bains (trois étoiles au Michelin), le restaurant des Frères Troisgros, et ainsi de suite. Dommage que Nanette et Jimmy aient perdu l'appétit à cause de l'héroïne.

Le fait d'être sans cesse sur la route complique un peu la vie de junkies de Nanette et Jimmy. D'abord, ils doivent cacher leur dépendance à Charlebois – qui ne consomme pas – et se procurer de la dope dans le fin fond de la France. À défaut d'héroïne, le couple doit parfois se contenter de sniffer de la mescaline ou de la cocaïne mélangée avec des valiums réduits en poudre.

Au final, le résultat est le même : Nanette et Jimmy sont *stoned* tous les soirs. Souvent, Nanette donne sa performance sur le « pilote automatique », sans émotion, mécaniquement. Robert Charlebois ne semble pas s'en rendre compte, ou du moins ne s'inquiète pas de l'état de sa partenaire.

Une nuit de brouillard, Nanette n'arrive pas à dormir. Une autre période d'insomnie. Mais elle a sommeillé, sûrement, parce que son corps semble engourdi, son esprit confus, comme après un sommeil troublé. En tâtonnant, elle se lève sans réveiller Jimmy. Tout lui semble étrange : la couleur et la « texture » de l'obscurité, les bruits de la rue, curieusement étouffés. Est-elle en train de rêver ? Non, pourtant. La chambre est bien réelle. Dans la salle de bain, Nanette doit chercher un instant le commutateur avant de faire la lumière. La pièce se trouve alors plongée dans une sorte de brume, comme si le brouillard qui s'est abattu sur la ville avait pénétré jusqu'ici. Elle redresse la tête et s'approche de la pharmacie. Dans la glace, soudain, un visage. *My God, who the fuck is that ?* se dit-elle. Des traits émaciés, des yeux enfoncés, on dirait un mort vivant, une créature dont la vie s'échappe peu à peu. Elle ne reconnaît plus son propre visage. Nanette a un mouvement de dégoût : comment a-t-elle fait pour en être rendue là ?

Nanette comprend maintenant Dagmar d'avoir été si bouleversée, quelques semaines plus tôt. Je dois arrêter de prendre de l'héroïne, se dit-elle. Dagmar a raison. Il faut que ça cesse… *I've got to stop that shit.* Sur un coup de tête, Nanette s'empare de ce qui lui reste de drogue et jette le tout dans la cuvette des toilettes.

Réveillé, Jimmy, furieux, lui demande ce qui lui a pris.

— J'arrête. Pour moi, c'est fini. Je touche plus à ça.

Nanette respectera sa résolution, jamais elle ne reprendra de l'héroïne par la suite.

Le lendemain, alors qu'elle se promène dans les rues de Paris avec Jimmy, Nanette rencontre par hasard Hubert, un ami qu'elle a connu à l'époque de Johnny Hallyday.

— Tu sais que Mick Jagger est en ville ? Avec Chris Kimsey. Hier on parlait de toi, justement.

— Les Stones sont à Paris ?

— Non, non, juste Mick.

Après leur album à succès *Some Girls*, les Stones se sont retirés aux Bahamas pour enregistrer ce qui deviendra l'album *Emotional Rescue*. Le disque est maintenant prêt, mais certaines pièces doivent être complétées à Paris.

— Jagger est au courant de ta prestation dans *Starmania*, lance Hubert. Ça t'intéresse de participer au disque ? On a besoin d'une choriste.

Le lendemain, quand Nanette arrive au studio avec Jimmy, elle est heureuse de revoir Chris Kimsey, mais remarque à peine le barbu assis derrière la console. Elle croit qu'il s'agit d'un technicien. Après quelques instants, le type s'approche.

— *Hello, Nanette ! You don't remember me ?* Tu te souviens pas de moi ?

Nanette est certaine de ne l'avoir jamais rencontré.

— *It's me. Mick.*

— *Oh, my God !*

Mick Jagger a l'habitude de se déguiser afin de pouvoir se promener incognito !

Nanette éclate de rire.

— *It's good to work with you again, Nanette.*

No Use in Crying, la pièce sur laquelle chantera Nanette, n'apparaîtra pas sur *Emotional Rescue*, mais sur l'album suivant des Stones, *Tattoo You*, sorti au mois d'août 1981.

29

De retour à Montréal, Nanette découvre qu'elle est enceinte, malgré son stérilet. Cette fois, la chanteuse vit en couple ; la décision d'avoir l'enfant ou non, elle veut la prendre avec Jimmy.

— Qu'est-ce qu'on fait ?

Jimmy soupire. La perspective de fonder une famille ne leur a jamais effleuré l'esprit. Centrés tous les deux sur leur carrière, handicapés par leur dépendance à la drogue...

Mais Jimmy dit :

— J'aimerais qu'on le garde.

Nanette ne s'attendait pas à cette réponse.

— Moi aussi, mais... Tu vois bien que c'est impossible.

— *I'd love to have a kid.*

— *Me too. But not this way, not like that.*

Jimmy se renfrogne.

— Regarde les choses en face. On vit dans nos valises, chacun de notre bord. On prend de la dope à longueur de journée. T'es incapable de te passer d'héroïne.

Il se tait. Elle ajoute :

— C'est dans ce genre de famille-là qu'il va venir au monde. *That's what you want ?*

Un long moment de silence. Puis :

— *You're right*, admet Jimmy.

La dernière fois, en France, la panique s'était emparée de Nanette. Une panique à laquelle s'était ajoutée beaucoup de tristesse, comme aujourd'hui. Mais, à ses yeux, Jimmy est davantage affecté. Sa douleur semble plus profonde que la sienne. Nanette le prend tendrement dans ses bras. Sans un mot, ils restent là, longtemps, sans parler, sans bouger. Réunis par la détresse qui les habite tous les deux.

Jimmy accompagne Nanette à la clinique. Il reste auprès d'elle après l'avortement. Il lui tient la main sans parler, en silence.

— On va se reprendre, lance Jimmy, pour l'encourager.

Nanette acquiesce silencieusement, sans y croire. Elle sait bien, déjà, que leur relation n'est plus ce qu'elle était avant Paris, avant son abandon de l'héroïne. Un enfant avec Jimmy ? Non, pas question. Au moment de rompre avec lui l'année suivante, Nanette subira une autre interruption de grossesse. Même Jimmy, cette fois, n'insistera pas pour garder l'enfant. Pourtant, des années plus tard, il confiera à son ancienne amoureuse :

— Tu sais, Nanette, on aurait dû les garder, ces deux enfants-là. Ça aurait peut-être changé les choses entre toi et moi…

Mais Nanette est convaincue d'avoir fait le bon choix. Et rien n'aurait pu sauver leur relation.

De plus en plus, Nanette cherche une réponse à ce qui lui arrive, aux événements qui s'enchaînent autour d'elle, sans qu'elle puisse les maîtriser ni même en comprendre le sens. La vie, *sa* vie, est un mystère pour elle, auquel le judaïsme, tout comme les autres religions, ne peut plus répondre. Beatryce sent bien que sa fille se cherche. Elle tente, de loin, sporadiquement, de la ramener dans son chemin à elle, en vain. Beatryce lui envoie des extraits de sermons entendus à la synagogue, lui conseille de se remettre à la lecture et à l'étude de la Bible, mais Nanette n'écoute pas. Cette voix ne lui parle plus. Cette *voie* ne la guide nulle part.

Au retour de ses voyages en Inde au début des années soixante-dix, son amie Dagmar Lai lui avait parlé du bouddhisme, de la méditation notamment. Nanette sent que cette philosophie pourrait peut-être l'aider, non seulement à réorganiser sa vie, mais aussi à se libérer de la drogue. Pourtant, elle est incapable de s'imaginer en position du lotus, les paumes tournées vers le ciel, dans un silence total. Non, Nanette est une rockeuse, une femme de paroles, souvent chantées à pleins poumons ! Il doit y avoir une forme de méditation qui convient mieux à sa personnalité.

Grâce à Yael, la femme du compositeur Michel Colombier, Nanette se familiarise avec le bouddhisme de Nichiren – un moine japonais du XIIIᵉ siècle –, basé sur l'invocation du mantra *Nam Myoho Renge Kyo*, « qui permet aux gens de manifester la bouddhéité inhérente à leur vie et d'acquérir la force et la sagesse de défier et de surmonter toutes les circonstances défavorables ». Une sorte de méditation active, sonore, qu'on pratique en répétant une série de mots. « Il s'agit d'émettre un son particulier pendant un certain temps devant des écrits japonais spécialement conçus à cet effet », explique Nanette. C'est ce qu'on appelle le *chanting*. Tout comme la méditation traditionnelle, le *chanting* permet « d'atteindre l'illumination et de vivre heureux en ce monde ».

Nanette se sent près d'une telle pratique, qui lui demande cependant courage, persévérance et humilité. Mais aussi beaucoup d'efforts. Il lui faut en effet apprendre de longs passages qu'elle doit réciter par cœur.

Dès qu'elle s'y met, elle constate que ce type de méditation lui convient et lui permet de se « nettoyer intérieurement », comme elle dit. Cette pratique chasse ses angoisses et la libère des mauvaises actions accomplies dans ses vies précédentes. En d'autres termes, Nanette accepte d'évoluer vers « l'humanisme, la non-violence, la bienveillance, la sagesse, la joie d'être en vie ».

À un journaliste, elle confiera : « Quand j'ai mal, je me fais toute petite et j'entre en moi et je m'en vais là où ça fait mal. Une fois rendue, j'accepte la souffrance comme faisant partie de moi. Très souvent alors, la douleur cesse. »

Son amie Pamela Collyer est initiée au *chanting* quand la chanteuse revient de sa tournée avec Robert Charlebois. Nanette lui rapporte un chapelet bouddhiste et un livret de pratique contenant des sûtras, en lui disant : « *Try this, it will change your life.* » Tout comme Daniel Malenfant, un ami de Pamela, lui aussi initié à ce type de bouddhisme, et Sylvie Boucher, que Nanette a connue au Night Magic et qui a joué le rôle de Sadia dans la production québécoise de *Starmania*, Nanette fait *gongyo* matin et soir. Elle récite *Nam Myoho Renge Kyo* – « une prière pour soi et pour les autres » –

et certains passages du Sûtra du Lotus devant le *gohonzon*, l'objet de vénération du bouddhisme de Nichiren.

Tous les vendredis soir, dans un centre communautaire, le *kaikan*, sous la direction d'Aika Wada, leur guide spirituel, les quatre adeptes se réunissent avec d'autres afin d'étudier les principes bouddhiques et leur application dans leur vie quotidienne.

Aux États-Unis et ailleurs dans le monde, le bouddhisme de Nichiren suscite beaucoup d'intérêt, notamment de la part de personnalités du monde de la musique, comme Tina Turner et Herbie Hancock.

Pourtant, la réaction de Nanette à l'égard du *chanting* est ambivalente. D'un côté, elle sait que cette pratique lui est profitable au niveau spirituel, et qu'elle l'aide à s'affranchir de la drogue et à neutraliser ses « démons intérieurs », à changer sa destinée, son karma en fait. Mais, d'un autre côté, Nanette est toujours séduite par les effets euphorisants que lui procurent la drogue et l'alcool, même si elle a abandonné l'héroïne. En d'autres termes, elle adore être « sur le party », mais se rend bien compte que se défoncer ainsi lui est dommageable, physiquement et spirituellement.

En compagnie de Pamela, Nanette entreprend un pèlerinage au Japon, un *tozan*, une étape essentielle dans son évolution spirituelle. C'est un voyage organisé, qui culmine par la pratique du *gongyo* dans le temple où a prié le moine Nichiren. Depuis qu'elle s'intéresse au bouddhisme, Nanette a pris des cours de japonais. « J'aime tout ce qui se rapporte à ce pays, dit-elle dans une interview. Ils possèdent un sens raffiné de l'élégance, et je suis très sensible à cette rigueur, cette simplicité des lignes. »

Le premier soir, après leur arrivée à Tokyo, sans avertir personne, Nanette décide de quitter le groupe et d'aller fêter en ville ! Quand elle revient tard dans la nuit, elle se fait sermonner par le leader, qui explique patiemment à Nanette qu'il s'agit d'un pèlerinage, et non pas d'un prétexte pour s'éclater. Prise en défaut, ne pouvant supporter l'autorité, Nanette fait la moue pour le reste du voyage.

N'empêche, malgré ces erreurs de parcours, la pratique du bouddhisme, ajoutée à l'abandon de l'héroïne, transforment Nanette peu à peu. Du point de vue professionnel, ces changements sont également bénéfiques. Grâce à *Starmania* et à la tournée de Robert Charlebois, Nanette a enfin réussi à prendre ses distances par rapport à la musique disco. Aujourd'hui, elle peut plonger à fond dans le genre de musique qui l'inspire le plus, le rock. Un album, c'est ce que Nanette projette. À trente-quatre ans, son premier disque personnel.

Lorsque Doug Pringle décide de retourner à la radio, Nanette fait appel à Francine Loyer-Hershorn, qui devient sa gérante. Anciennement responsable de la programmation de l'Évêché, la salle de spectacle de l'hôtel Nelson, Francine a travaillé trois ans à Paris dans le domaine du showbiz.

Pour les textes du nouvel album, Nanette recrute nul autre que Luc Plamondon, auréolé depuis *Starmania* du titre de « meilleur parolier de la francophonie ».

La nouvelle popularité de Nanette lui permet également de frapper à la porte des compagnies de disques, qui peuvent maintenant s'appuyer sur une artiste connue, « re-connue » plutôt, non seulement au Québec mais également en France. La maison de disques RCA est intéressée, il s'agit d'une nouvelle étiquette pour Nanette.

Mais de quoi sera fait ce microsillon ? Nanette vise haut. Elle a en tête une sorte d'album concept dans lequel elle pourrait raconter sa vie en chansons. Pendant la tournée avec Robert Charlebois, elle a noté quelques idées au verso de la feuille de route fournie par la production : « *Your picture's been in most of the papers, out to dinner with the big star makers*, a-t-elle écrit, puis, *someday you'll have a radio hit…*, ou encore, *when a singer has some talent, he has fans, an agent and contracts…* »

Le thème de ces débuts de chansons se rapproche de ce qu'écrira plus tard Luc Plamondon : « Dans le tourbillon de la promotion, je me sens comme une marque de savon… » Plusieurs des pièces, dont la musique est composée par Nanette, abordent un épisode de sa carrière. *Femme à musiciens* raconte sa fascination pour les musiciens – y compris son propre père, Ernie ! –, *Maman-Bingo* est dédiée à la mère de Tony Roman, *Les sirènes de New York* décrit la ville qu'elle a connue avant son arrivée au Québec.

Mais la pièce maîtresse de l'album, c'est *Suite rock en rose*, une chanson de dix-sept minutes composée par Nanette sur laquelle des paroles de Luc Plamondon ont été ajoutées. D'abord langou-reuse, tout en finesse, la chanson évolue peu à peu vers un rock plus énergique. Les paroles, qui racontent la journée souvent fastidieuse d'une vedette du rock'n'roll, ne sont pas sans rappeler les thèmes de *Starmania*. Comme si Plamondon avait approfondi avec cette chanson ses préoccupations concernant la gloire, mais aussi la solitude des vedettes du showbiz.

Pour appuyer Nanette, des amis, des complices : son frère Billy d'abord, Steve Segal – tous les deux ont collaboré à la musique avec Nanette, de même qu'Angelo Finaldi –, Buster Jones et Jimmy Ayoub, mais aussi son père, le jazzman Nick Ayoub. Réalisé par Nanette, Nick Blagona et Luc Plamondon, le microsillon est enregistré à Morin-Heights, au cours de l'été 1980.

Lancé le 29 octobre, l'album *Chaude* bénéficie d'une importante mise en marché, comme l'avait souhaité Nanette. Les critiques sont élogieuses. Dans l'hebdomadaire *Dimanche-Matin*, Gaétan Chabot parle des « textes pleins d'humour » et de musiques « tan-tôt énergiques et rythmées, tantôt plus douces ». Il ajoute : « Enfin, un disque comme il y a longtemps qu'on en attendait : un disque qui nous fait découvrir tout le talent de Nanette. » Dans *La Presse*, Pierre Beaulieu annonce : « Après quinze ans d'influence, Nanette devient elle-même. » La chanteuse fait l'éloge de Luc Plamondon : « Un auteur qui me connaît intimement, qui m'a arraché les mots de la bouche… »

Grâce à *Starmania*, Nanette suscite de nouveau l'intérêt en France. Pour cette raison, l'album y sera lancé dès le printemps 1981. Dans la même foulée, Nanette donnera un spectacle unique au Palace, le nouveau temple parisien de la culture underground. En 1979, Diane Dufresne y a remporté son premier grand succès auprès du public français. Secrètement, Nanette espère frapper un grand coup, elle aussi, et se faire remarquer des médias de ce pays.

Mais d'ici là, Nanette et son orchestre partent en tournée pour un mois dans tout le Québec : la Gaspésie, le Saguenay, l'Abitibi… Des salles paroissiales, des sous-sols d'églises… Vingt-trois specta-cles en trente jours ! Pour terminer, un détour du côté de la Floride. Nanette se produit à l'hôtel Sheldon de Hollywood pendant les fêtes. Autres invités : Gilles Girard et ses Super Classels, Michel Stax et

Jenny Rock. Nanette se considère en vacances, tout comme Francine Loyer-Hershorn, qui a décidé d'accompagner le groupe.

Même si les journalistes ont parlé des « mélodies plus douces » de l'album *Chaude*, en spectacle les musiciens préfèrent interpréter les morceaux *heavy*. Dans *The Gazette*, John Griffin souligne que Nanette et son *band* en font trop, « *too much of everything* ». Il estime que Nanette et son orchestre, des artistes de talent, auraient avantage à « adopter une approche plus subtile sans pour autant perdre leur sens du rock'n'roll ».

Ce soir-là, les musiciens jouent tellement fort que les voisins se plaignent et avertissent la police. Une descente a lieu à l'hôtel mais quand les policiers arrivent, Nanette et son *band* ont déjà terminé leur numéro. Les Super Classels ont pris la relève et font chanter *Aline* à la foule. Croyant qu'il est responsable de tout ce bruit, les agents interpellent Gilles Girard, qui proteste de son innocence, en vain. Les policiers sont convaincus de sa culpabilité. Une contravention est émise…

Le passage de Nanette au Palace, le 3 avril, est bien couvert par la presse parisienne. Dans les médias, les critiques de *Chaude* sont élogieuses. « Nanette Workman, toutes griffes dehors », titre *France Soir Magazine*. La « tigresse de charme », comme on la décrit, « laisse libre cours à son sens du rythme et à sa sensualité ». À Michèle Dokan, Nanette évoque sa relation avec Johnny Hallyday : « Un bon souvenir pour moi. Mais j'ai mauvaise réputation ! » Ailleurs, on dit : « Son album est de ceux qui frappent à l'estomac. » Le magazine *Rock & Folk* vante le « charisme mi-sauvage, mi-domestique de cette fille » qui parle « kébékois avec accent *french* ». Chez les professionnels, *Chaude* impressionne. Jacques Higelin et Coluche se pâment pour l'album, qu'ils qualifient de grande réussite.

Au Palace, Nanette et sa formation « cassent la baraque » et remportent un franc succès. Comme au Québec, leur show est plus hard rock que le contenu du disque. Ce qui semble plaire au public du Palace. Les jeunes, debout, exaltés, tapent sur les dossiers des banquettes en guise d'applaudissements. Le bassiste Brian Smith est surpris de voir les spectateurs des premières rangées se frapper littéralement la tête sur la scène, au rythme de la musique. Nous sommes en pleine période punk, ces débordements sont de mise ! « C'est la première fois que je voyais du *head-banging* », se rappelle Brian Smith.

D'autres spectacles sont prévus, mais le type de rock joué par l'orchestre de Nanette effraie les gérants de salles. Même la radio refuse de diffuser l'album *Chaude*, qu'on juge trop *heavy* pour les auditeurs français ! À l'époque – avril 1981 –, la radio est la chasse gardée du service public. Il faudra attendre l'élection de François Mitterrand, en mai, pour libéraliser les ondes et permettre l'éclosion de nombreuses stations indépendantes, comme en Amérique du Nord.

Le spectacle du Palace a été un succès, mais il n'aura pas de suite. Nanette est déçue de la réaction des radios. « Ils n'ont pas apprécié ce qu'on a fait, on était trop underground pour eux », conclura-t-elle.

La chanteuse refuse de baisser les bras. Avec Francine Loyer-Hershorn, Nanette met sur pied une tournée pancanadienne de six semaines, qui l'amènera jusqu'en Colombie-Britannique, en passant par Toronto, Winnipeg, Regina et Calgary. Une semaine de concerts dans chaque ville. Pour l'accompagner : les Broken Toys, le nom que se sont donnés Steve Segal, Marko Bradac, Brian Smith et Jimmy Ayoub. Les anglophones vont enfin découvrir de quel bois se chauffe Nanette Workman !

Pourtant, l'entreprise s'avère un désastre. Nanette est à peu près inconnue au Canada anglais – à la devanture d'un club, on annonce : *Tonight, Net Workman & The Broken Toys !* –, ce qui l'oblige à se produire dans des salles minables, sans mise en marché préalable. Au Sahara Nights de Regina, par exemple, Nanette chante pendant que le public se sert dans un bar à salade placé juste devant la scène. Ailleurs, le look libanais de Jimmy Ayoub confond certains clients, qui le prennent pour un Amérindien. Une bagarre vient près d'éclater. Un autre soir, au Manitoba, le groupe est pris à partie par une bande d'Amérindiens, justement, habitués de se soûler avec les orchestres de passage, qu'ils soient d'accord ou non.

Ce qui n'empêche pas les Broken Toys de maintenir le cap, à chacune de leurs escales : du rock *heavy*, sans aucun compromis. À Calgary, après un spectacle, Jimmy est obligé de se rendre à l'hôpital pour des problèmes respiratoires. Assis près de lui dans la salle d'attente, un type lui dit, sans le reconnaître :

— J'arrive d'un show où l'orchestre jouait tellement fort que je me suis enfoncé des filtres de cigarette dans les oreilles. Maintenant, je ne peux plus les sortir de là !

Les Broken Toys, bien sûr.

Nanette se rend compte que les clubs où elle chante sont remplis de Québécois en exil, ou de francophones des autres provinces qui la connaissent déjà. À Calgary, un soir, elle demande aux gens de la ville de lever la main. Personne ne se manifeste ! Tout le monde vient du Québec, des Maritimes ou du nord de l'Ontario ! De toute évidence, ce n'est pas cette tournée qui va permettre à Nanette de pénétrer le marché canadien-anglais.

En plus, le voyage coûte cher – Nanette a laissé tomber l'héroïne, mais pas la coke ! À un moment donné, les musiciens doivent investir leurs propres cachets pour mettre de l'essence dans le véhicule ou tout simplement se payer de quoi manger. Brian Smith raconte qu'un jour, sans le sou, les membres des Broken Toys découvrent, dans la cave de la maison que le patron d'un cabaret leur a permis d'occuper, un amoncellement de bouteilles vides. Ils s'empressent de les ramasser et d'aller les vendre à l'épicerie du coin. Trois heures de travail pour un « délicieux » festin chez Kentucky Fried Chicken !

Au cours du voyage, les relations entre Nanette et Jimmy Ayoub se détériorent. La chanteuse est d'humeur changeante – elle tente d'arrêter de fumer, elle s'est mise au jogging, et même au tricot ! « Le plus dur quand on veut cesser de fumer, dit-elle, c'est de s'habituer à ne plus tenir de cigarette à la main. D'où l'utilité des aiguilles à tricoter… » Bientôt, le couple fait chambre à part. Sur scène, Nanette ne jette jamais un regard vers le batteur. Au Manitoba, elle se permet même un flirt avec un joueur de hockey des Red Wings de Detroit de passage en ville, histoire d'agrémenter ses fins de soirée.

À Cranbrook, en Colombie-Britannique, pendant que les membres du groupe dorment dans la camionnette, Nanette et Brian Smith pénètrent dans le club où ils doivent donner leur show ce soir-là. Au mur, des roues de chariots, des bottes de cow-boys, des faux cactus…

— Nanette, c'est un club western ! s'écrie Brian.

— *Shit*.

— On joue pas du western, nous autres ! Qu'est-ce qu'on fait ?

Nanette commence à en avoir assez de cette tournée mal foutue. Et si elle se met à chanter du hard rock devant un public de cow-boys, la situation risque de déraper. D'autant plus que Jimmy, avec son look de chef indien…

— *Let's go back to Montreal. That's enough !*

— *We can't do that.*

— *Sure we can !*

— *I don't know.*

— *Give me a cigarette, Brian, and let me handle it !*

Sans rien dire au propriétaire du cabaret, Nanette et son groupe quittent les lieux en vitesse. Après une escale à Calgary, pour engueuler l'agent qui les a bookés dans un club western, ils filent sur Montréal. Trois jours et trois nuits à rouler sans arrêt ! Brian Smith se souvient que Nanette conduisait de longues heures, sans s'arrêter, faisant son *gongyo* les deux mains sur le volant, récitant *Nam Myoho Renge Kyo.* L'aventure canadienne-anglaise de Nanette et de ses Broken Toys est terminée.

L'échec de la tournée est ressenti durement par Nanette. Mais ce qui la peine encore plus, c'est la fin de sa relation avec Jimmy Ayoub. Pourtant, Nanette n'a pas le choix. « C'était impossible pour moi de continuer à vivre avec un junkie, avouera-t-elle. Il aurait fallu que nous arrêtions tous les deux, mais Jimmy a persisté. » Encore aujourd'hui, Nanette estime que Jimmy était l'homme de sa vie. La drogue, l'héroïne en particulier, en a décidé autrement.

30

Quand elle entend la voix de Luc Plamondon au bout du fil, Nanette a l'impression qu'une lumière vient d'apparaître au fond du trou noir dans lequel elle est plongée depuis sa rupture avec Jimmy.

— Comment vas-tu, Nanette? T'es occupée en ce moment?

La dernière fois que Plamondon l'a appelée ainsi, c'était à l'époque de *Starmania*. Comme aujourd'hui, Nanette tournait en rond. Sa carrière n'allait nulle part. *Starmania* l'a libérée du disco, mais elle n'a pas su profiter de la chance que lui offrait sa nouvelle notoriété.

Nanette a tenté le tout pour le tout avec un album audacieux, de grande qualité, mais qui s'est avéré un échec commercial. Résultat : la compagnie RCA l'a laissée tomber comme artiste.

Pas de doute, l'approche *heavy rock* qu'elle privilégie depuis quelques années agit comme repoussoir. Les fans adorent Nanette quand elle interprète du disco ou les tubes de *Starmania*, mais ils sont déroutés par son orchestre de rockers.

Au terme de sa tournée pancanadienne, Nanette a été approchée par Jean-Marc Cerrone, l'une des plus grandes vedettes du disco en France. Elle s'y est rendue pour enregistrer avec lui une reprise de son succès *Supernature* – plus de huit millions d'albums vendus à travers le monde en 1973 ! Du travail alimentaire, encore une fois.

Mais les choses vont bientôt changer...

Au téléphone, Luc Plamondon lui dit :

— J'ai écrit une chanson, Germain Gauthier en a fait la musique. J'aimerais te la faire entendre. Ça s'appelle *Call-girl*.

Nanette camoufle sa déception. Encore une chanson de prostituée ! Depuis *Lady Marmelade*, on pense toujours à elle dès qu'on a ce genre de texte entre les mains. Et même avant : *Honky Tonk Women* met également en scène une pute ! Elle ne s'en sortira donc jamais, de son personnage de *hooker*. On lui a même suggéré qu'elle avait probablement été prostituée dans une vie antérieure !

Cette nouvelle chanson, Nanette l'apprendra plus tard, Plamondon l'a déjà proposée à Diane Tell, qui a décliné, puis à Diane Dufresne. Celle-ci s'est montrée intéressée mais, se sentant mal à l'aise avec le personnage, elle voulait l'interpréter sur le ton de la satire. Plamondon et Gauthier ont refusé.

Nanette n'est pas très emballée, mais Francine Loyer-Hershorn lui suggère d'accepter. Pour l'argent. Nanette est dans la dèche, encore une fois.

— T'as besoin d'un hit, Nanette.

La chanteuse se rend chez Luc Plamondon, qui lui fait écouter la pièce. Il a raison, c'est une chanson entraînante, bien écrite, qui a beaucoup de potentiel au niveau commercial. Nanette accepte.

L'enregistrement se déroule au studio Saint-Charles, à Longueuil, en une seule session, comme pour *Lady Marmelade*. Germain Gauthier, le compositeur de *Call-girl*, lui-même bassiste, assume la réalisation avec Luc Plamondon et Richard Bélanger. Appuyé par des synthétiseurs, Gauthier se charge de tous les instruments, à l'exception de la batterie. Nanette enregistre les voix en moins de deux heures. La production du disque, mixage compris, nécessite à peine quinze heures de studio !

Le lancement du 45 tours – distribué par Kébec Disc – a lieu le 16 novembre 1982, à la discothèque Gatsby's de son ami Joseph Di Maulo. On en profite pour célébrer l'anniversaire de la chanteuse, qui a maintenant trente-sept ans. Comme le raconte Pierre Leroux du *Journal de Montréal*, « Nanette a troqué ses cuissardes contre une robe de soirée ».

Au journaliste, la chanteuse fait état de la dissolution du groupe Broken Toys. Plus question d'être enterrée par la musique d'un *band*, affirme-t-elle. Elle veut s'aligner sur un « rock moins tonitruant », comme c'était le cas pour *Starmania* et *Lady Marmelade*.

Plus tard, elle confiera à Manon Guilbert, également du *Journal de Montréal* : « Je n'en pouvais plus de faire la compétition à cinq mille watts de guitare. » De toute évidence, l'échec de la percée en France et de la tournée pancanadienne a fait réfléchir Nanette. *Call-girl*, c'est un nouveau départ.

Comme prévu, la chanson devient vite un succès. En quelques semaines, comme ce fut le cas avec *Lady Marmelade*, la pièce joue à toutes les chaînes de radio, même si certaines d'entre elles sont d'abord réticentes à cause de son contenu audacieux, ce qui suscitera la grogne de la chanteuse. Des organisateurs de galas et de congrès où se produit habituellement Nanette refusent maintenant de l'engager. « Surtout des congrès qui comptent une clientèle de féministes », explique un journaliste. N'empêche, *Call-girl* restera au palmarès pendant plusieurs mois. Nanette est redevenue la vedette de l'heure.

Du 7 mai au 12 juillet 1982, la chanteuse participe à la tournée *Supermusique O'Keefe*, une trentaine de villes dans tout le Québec, en compagnie de Plastic Bertrand – le chanteur belge s'amuse à faire croire à une idylle entre eux ! –, Daniel Hétu, Martine St-Clair et la jeune Céline Dion, qui vient de se faire connaître par l'album *La voix du bon Dieu*.

« Ma première tournée, je l'ai faite avec Nanette, confiera Céline Dion à *La Presse* plusieurs années plus tard. J'étais en bas de la scène, j'attendais mon tour et je voyais Nanette, avec ses six pieds quatre pouces de jambes. C'était mon idole… »

Quelques semaines plus tard, CBS sort *Call-girl* en France. Il est prévu qu'une version anglaise sera distribuée à l'automne aux États-Unis et dans d'autres marchés.

En septembre, *Call-girl*, déjà disque d'or depuis un moment, devient disque de platine : cent mille exemplaires vendus, le 45 tours le plus populaire de l'année. Au final, plus de cent cinquante mille exemplaires du disque seront écoulés au Québec ! Selon Luc Plamondon, il s'agira du dernier *single* à atteindre cette marque, avant la disparition du format quelques années plus tard. Des résultats exceptionnels, compte tenu du fait que l'industrie vit une période difficile. Au Gala de l'ADISQ, le 3 octobre, Nanette – « statuesque dans sa robe noire décolletée » – reçoit le Félix du 45 tours le plus vendu.

Depuis la sortie de *Call-girl*, Nanette est redevenue une chanteuse pop, dont les engagements se multiplient. Avec l'argent gagné au cours des derniers mois, Nanette peut échanger sa « vieille » Buick 1972 pour une Trans Am décapotable. À fond de train, elle sillonne le Québec avec son nouveau succès. Au cours des deux années suivantes, Nanette gagnera littéralement sa vie avec *Call-girl*, qu'elle interprétera partout, y compris au cinéma.

Dans le long métrage *Scandale* réalisé par George Mihalka, un ami de Tony Roman – également compositeur de la musique du film –, Nanette n'apparaît que dans une scène, pour chanter le succès de l'heure. Même si Nanette adore son expérience, il s'agit d'un film plutôt insipide, du *soft porn*, en fait.

Retour sur les plateaux avec le film d'horreur *Evil Judgement*, produit et réalisé par Claude Castravelli. Nanette y joue le rôle d'une… prostituée qui se fait trancher la gorge ! En vedette, son amie Pamela Collyer. C'est elle qui a suggéré au producteur d'engager Nanette.

Accepterait-elle de jouer nue ? lui demande un journaliste. Non, répond-elle. « Pour moi, ce n'est pas une question de morale, mais de timidité. Je suis très gênée. »

À la sortie de *Scandale*, Nanette envoie à Beatryce la publicité parue dans les journaux, avec la mention : « *Look, ma'*. Je joue dans un film porno. Mais ne t'inquiète pas, on me reconnaît facilement, je suis la seule qui a gardé ses vêtements ! »

Pour se protéger des voleurs éventuels après les spectacles – elle transporte souvent les recettes de la soirée sur elle – et parce qu'elle vit seule à la campagne, Nanette décide d'acquérir un Smith & Wesson. Au Mississippi, le revolver est un outil domestique au même titre que les ciseaux ou le couteau à pain. On se le procure avec une facilité déconcertante, on peut même en commander par la poste. Au Québec, la situation est tout à fait différente. Pour avoir le droit d'utiliser son Smith & Wesson, Nanette doit s'inscrire au Club de tir l'Acadie, à Saint-Jean-sur-Richelieu.

Elle y fait la connaissance de plusieurs agents de la GRC et de la Sûreté du Québec, et prend goût au tir de précision. Son intérêt pour les armes à feu date de son enfance, quand elle regardait des westerns au retour de l'école. Nanette prenait toujours pour les Indiens, mais était néanmoins fascinée par ces grands cow-boys qui dégainaient leur *gun* à tout moment. Adolescente, elle était « amoureuse » de Roy Rogers !

Après quelques mois d'entraînement, Nanette s'inscrit à une compétition de l'International Handgun Metallic Silhouette Association, tenue à Lac-Mégantic, à l'automne 1982. À l'époque, Nanette s'est amourachée d'un joueur de football universitaire, qui suggère de profiter de l'occasion pour faire un peu de camping. Pour Nanette, l'expérience est désagréable. Il fait tellement froid dans cette région des Appalaches qu'elle abandonne son copain et se réfugie dans la Trans Am pour dormir le chauffage allumé !

Le lendemain matin, le joueur de football est encore empêtré dans son matériel lorsque Nanette se dirige vers le lieu de la compétition. Aussitôt, elle est attirée par un beau grand gars qui ressemble aux cow-boys de son enfance : chapeau à larges rebords, manteau de suède élimé, un revolver à la taille. En plus, c'est un tireur extraordinaire ! Ce cow-boy, il faut absolument que je fasse sa connaissance, se dit Nanette.

Il s'appelle David Bradshaw. Originaire de New York, il habite North Troy, au Vermont. À dix ans, installé à Washington avec sa famille, il s'est lié d'amitié avec un jeune Noir qui lui a montré à fabriquer un pistolet artisanal. Devenu tireur professionnel et spécialiste en explosifs, Bradshaw est aussi un poète et un artiste ! En 1969, ses *dynamite sculptures*, comme il les décrit, attirent l'attention de l'écrivain William Burroughs, l'un des chefs de file de la *Beat Generation*, avec Allen Ginsberg et Jack Kerouac. Bradshaw et Burroughs – lui aussi un amateur de tir : en 1951, ivre, il a tué sa femme par mégarde en jouant à Guillaume Tell ! – deviennent des amis et collaborent à différentes œuvres artistiques, des collages notamment.

David Bradshaw a une chose en commun avec Nanette : le Mississippi. Au milieu des années soixante, David Bradshaw faisait partie des Freedom Riders, venus au Mississippi conscientiser les Noirs, et surtout les inciter à s'inscrire sur les listes électorales. Bradshaw agissait comme garde du corps des antiségrégationnistes.

Nanette est fascinée par la vie hors de l'ordinaire de cet homme séduisant. Bientôt, devenus amants, ils participent ensemble à des compétitions de tir. Mais, peu de temps après avoir rencontré David, Nanette s'éprend de Gary Henning, un jeune culturiste de vingt-deux ans, qu'elle rencontre sur le plateau d'une émission de télé où elle chante *Call-girl*.

Après quelques mois de fréquentations, il est question de mariage, comme ce fut le cas avec Jimmy Ayoub et plusieurs autres. Gary lui offre même une bague de fiançailles pour témoigner de son sérieux.

Pourtant, David Bradshaw est toujours dans le décor, même s'il se doute que Nanette est déjà passée à un autre cow-boy ! « *He was a drifter, he would never settle down* », dira Nanette, pour expliquer son faible intérêt à poursuivre leur relation. En janvier 1983, Nanette se rend en Floride avec David pour participer à une compétition de tir sur des « silhouettes animales », où elle remporte un premier prix ! À cette occasion, le couple loge chez des amis de ce dernier, Jim et Yannick Pierce, en banlieue de Tampa. Jim est également un adepte du tir de précision. Ce soir-là, Nanette s'amuse avec la fillette du couple, Mary, sans se douter qu'un jour elle deviendra une grande star du tennis.

À leur retour de Floride, David voit bien que sa liaison avec Nanette n'a pas d'avenir. Elle lui avoue, finalement, qu'elle a rencontré un autre homme.

Au début de 1983, Nanette annonce aux médias qu'elle s'est fiancée à Noël avec Gary Henning, beaucoup plus jeune qu'elle. Et non, la différence d'âge ne l'inquiète pas ! Mais le projet de mariage est rapidement abandonné et Gary Henning disparaît de l'écran radar, tout comme David Bradshaw avant lui.

Ces deux hommes, très différents, ont peu de choses en commun avec Nanette. Adepte d'une vie saine, sportif, Gary représente un modèle pour Nanette, qui vient d'arrêter de fumer pour de bon. David répond à d'autres besoins, à d'autres valeurs. Son attirance pour les armes à feu, notamment.

Paradoxalement, Nanette est une femme pacifique, qui ne cherche pas le « trouble ». « Je suis contre la chasse, la violence me répugne », dit-elle à qui veut l'entendre. Le tir au revolver n'est qu'un sport pour elle, et un moyen de défense. « On me demande souvent pourquoi je possède une arme, dit-elle. Je préfère en avoir une sous la main et ne pas avoir à l'utiliser que d'en avoir besoin et ne pas l'avoir avec moi. »

Le photographe Jean-Claude Lussier raconte qu'un jour, au début des années quatre-vingt, alors qu'il faisait du stop avec un ami, Nanette s'est arrêtée pour les faire monter. Elle ne les connaissait pas, elle voulait rendre service, tout simplement. Lussier s'est étonné de voir que la chanteuse n'avait pas peur de voyager avec des inconnus.

— Pourquoi j'aurais peur ?

Nanette s'est penchée et a retiré son Smith & Wesson, sous la banquette. Elle a souri aux deux gars, éberlués.

— *With this baby here, I ain't afraid of nothing !*

Nanette au cœur du *Swinging London*. « J'ai été plus heureuse ici depuis les six derniers mois qu'au cours des trois années précédentes. »

À Londres, après les quartiers Sussex Gardens et Kensington, Nanette s'installe dans Harley Street, où elle fait l'acquisition de Goliath, un yorkshire terrier.

Dans le magazine *Flair*, en avril 1969. « *The soft touch for spring...* » Les photos de Nanette se retrouvent dans plusieurs publications, et même sur les murs du métro de Londres.

Nanette est de nouveau amoureuse !
L'objet de sa passion : Michel Pagliaro.
« C'est un type formidable qui fera
un excellent mari », écrit-elle à sa
mère.

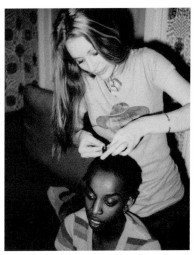

« J'étais l'une des premières à porter les fameux *hot pants*, très *fashion* à
l'époque ! »

Pourquoi s'embarrasser d'une coif-
feuse ? Nanette peut très bien faire
le boulot ! Pendant la tournée *Johnny
Circus*, son amie et choriste Madeline
Bell n'a pas l'air de s'en plaindre…

Nanette et Johnny Hallyday. «J'ai utilisé tous les trucs possibles pour le séduire. Il n'y avait rien ni personne au monde qui pouvait m'empêcher de lui mettre le grappin dessus!»

Johnny Hallyday est ébloui par Nanette. « C'est un génie musical à l'état brut, un mélange de Piaf et de Tina Turner. »

Johnny et Nanette à leur entrée au Palais des Festivals, à Cannes, pour la présentation de *J'ai tout donné*, le documentaire de François Reichenbach sur la vie du rocker.

Dans ses temps libres, entre deux tournées avec Johnny, Nanette compose de nouvelles chansons.

Avec Richard Tate, au retour de Paris à l'été 1973. Malgré quelques apparitions à la télé, Nanette est considérée comme une *has been*.

Avec Angelo Finaldi. Une relation difficile...

Au comptoir du restaurant Wilensky's, les musiciens Walter Rossi, Angelo Finaldi et Johnny Hagopian.

le journal de montréal

le no 1 du matin

A domicile 7 jours $1.50   20¢

VOL. XI / NO 131 / 96 pages   MONTRÉAL, MERCREDI 23 OCTOBRE 1974

BOBBY BONDS PASSE AUX YANKEES

Page 84

COUP DE FEU SUR NANETTE

Page 3

COJO: PAS DE PROBLÈME

Page 93

(Photo: Le Journal — Jean-Claude Angers)

...e cadet David Malcolm a été le dernier ...vivant a toucher a la grenade avant ...u'elle n'explose. Les deux derniers à qui l'avait remise sont morts, déchiquetés. ...tient ici dans sa main une grenade de ...rpe semblable.

Le dernier vivant à toucher à la funeste grenade de Valcartier

Page 2

La chanteuse Nanette a été atteinte d'une balle de calibre 22 hier et repose actuellement à l'hôpital Sacré-Coeur de Cartierville. Le coup de feu serait accidentel.

Depuis les années soixante, Nanette, comme d'autres artistes, a côtoyé des membres de la mafia montréalaise. Ce qui permet aux journalistes de spéculer : et si on avait essayé de tuer la chanteuse ?

Avec Jimmy Ayoub, en 1979. « *One special night, you walked into my life, my eyes lit up like the Christmas tree that wasn't there…* »

Les vedettes de la première édition de *Starmania* en France : Diane Dufresne, France Gall, Fabienne Thibeault et Nanette.

Avec Georges Thurston/Boule Noire, à l'époque d'*Aimer d'amour*, en 1979. N'ayant pas droit à des redevances, Nanette ne peut profiter financièrement de ce succès. À travailler dans l'ombre, elle est devenue un fantôme...

Avec Donald Lautrec et Luc Plamondon. Au Gala de l'ADISQ 1983, Nanette – « statuesque dans sa robe noire décolletée » – reçoit le Félix du 45 tours le plus vendu pour *Call-girl*.

Compétition de tir, juin 1981. En vignette, David Bradshaw, son amoureux de l'époque.

Été 1978. Nanette totalement hard rock à la Place des Nations de l'île Sainte-Hélène. On est très loin de la chanteuse yéyé des années soixante !

« J'aurais aimé rester enceinte toute ma vie ! Je me voyais belle, ultra-féminine et même sexy. J'avais l'impression de pouvoir remuer des montagnes. »

André Gagnon et son fils Jesse. « Peu importe ta décision, je vais être d'accord. Et je serai toujours là, avec toi. Je ne te laisserai jamais tomber. »

Avec Serge Fiori et sa mère, au lancement de l'album *Changement d'adresse*, à l'été 1990. « Je suis amoureuse de ce disque-là, des paroles, des chansons, de tout le feeling qui l'entoure. »

Jesse, quatre ans. « C'est toi qui m'as donné la vie, mon enfant... », chante Nanette.

Au Métropolis, le 23 avril 1993, l'enregistrement d'un concert intitulé *Nanette Workman: Start Again*, qui sera diffusé au réseau CTV.

Avec son mari, Frédéric Gilles. Le jeune homme écrit des chansons, joue au théâtre et excelle au hockey !

La légende de Jimmy, au théâtre Mogador, à Paris. Nanette dans le rôle d'Angelica, inspiré par l'actrice Pier Angeli, dont James Dean était amoureux au moment de sa mort.

Janvier 1995, sur les lieux de l'incendie de sa maison. Envahie par la douleur, en état de choc, Nanette est soutenue par son amie Sharon et son frère Billy.

Une perte totale. Le lendemain, dans le sous-sol, Nanette retrouvera les corps calcinés de ses douze chats.

Billy, Nanette, Beatryce et Jesse dans la nouvelle maison d'Ormstown. Un grand absent : Ernie, disparu quelques mois plus tôt.

Jesse et Nanette, à la campagne, photographiés par Martine Doucet pour sa série documentaire *Portrait de famille*. « Depuis sa naissance, Jesse est devenu le centre de mon univers. »

31

Comme elle a fait après *Starmania*, Nanette veut profiter de sa popularité retrouvée grâce à *Call-girl* pour mousser ses propres projets. Elle rêve d'un autre album concept, sur le modèle de *Chaude*. Pour composer une partie de la musique, Francine Loyer-Hershorn suggère de faire appel à Angelo Finaldi. La chanteuse n'est pas emballée à l'idée de travailler avec son ancien chum, qui lui rappelle tant de mauvais souvenirs. Mais Francine insiste:

— Sur *Chaude*, il a composé une chanson.

— Oui, mais de là à créer un album avec lui...

— C'est un musicien exceptionnel. Vous avez obtenu plusieurs succès ensemble.

Nanette finit par accepter l'idée de sa gérante. Les retrouvailles sont plus décontractées que Nanette l'anticipait. Depuis qu'elle a rompu avec Angelo, leurs relations se sont assainies. Le couple se met à l'œuvre. John McDiarmid aux claviers, Denis Violetti aux guitares et Terry Martel à la batterie se joignent au duo. Une entente est conclue avec Kébec Disc: la sortie de *Nanette Workman* est annoncée pour février 1983.

L'album ne suscite pas d'engouement, comme ce fut le cas avec *Chaude*. Cette fois, pas question de se rendre à Paris pour la promotion. Les Français ne semblent plus intéressés par la rockeuse. De nouveau, Nanette a l'impression d'avoir gaspillé la conjoncture favorable que lui avait procurée le succès de *Call-girl*. Sans rejeter le blâme de son échec sur Francine Loyer-Hershorn, elle juge qu'il est temps de se séparer de son imprésario. La rupture crée une brouille entre les deux femmes, qui durera pendant des années.

Seule à gérer sa carrière, Nanette devient négligente, son caractère est instable, comme si elle voulait inciter les décideurs de l'industrie à la laisser tranquille. Parfois, quand on l'invite à des émissions de télé, Nanette ne s'y présente pas. Ou alors elle annule des spectacles à la dernière minute. Dans le milieu, tout le monde sait qu'elle est cokée du matin au soir. On n'ose plus lui faire confiance, on a peur qu'elle ne soit pas en mesure d'honorer ses engagements.

Nanette dérape, peu à peu. Elle estime toujours qu'elle maîtrise la situation, mais ce n'est qu'une illusion. Elle a perdu confiance en elle en tant qu'artiste. Et en tant qu'être humain, tout simplement.

Pourtant, Nanette poursuit sa pratique du *chanting* avec une assiduité étonnante, comme s'il s'agissait du seul moyen à sa disposition pour ne pas perdre le contrôle de sa vie. Elle n'abandonne pas non plus les compétitions de tir de précision. Dès qu'elle a un moment de libre, Nanette descend aux États-Unis pour y participer. Dans ces deux activités, une constante : l'apprentissage, ou plutôt la redécouverte d'une discipline personnelle. Le bouddhisme, tout comme le tir de précision – le tir à l'arc était l'une des spécialités de Siddhârtha ! – exige un sérieux et une application que Nanette a négligés au cours des dernières années, à l'égard de son propre travail de chanteuse et de musicienne. L'usage des drogues fortes lui a fait perdre le sens et le goût de la discipline et de l'effort, essentiels à tout créateur. Du point de vue personnel comme professionnel, Nanette se contentait de se laisser guider par ses instincts. La pratique du bouddhisme lui permet de remettre de l'ordre dans sa vie.

« Y a rien que je n'ai pas essayé, confie-t-elle. Je vivais la nuit, je voulais tout vivre. J'étais partout, je ne mettais pas de limite, je ne m'écoutais pas. Je n'étais pas intérieure. J'étais extérieure à 100 %. »

Un soir, au Blues Bar, rue de la Montagne, Nanette retrouve le guitariste Steve Segal, qui fait partie de ses *bands* depuis quelques années. Entre ses engagements comme musicien, Steve travaille au magasin Richard's Music, rue Sherbrooke. Sa spécialité : transformer des vieilles guitares en des instruments impeccables, à la sonorité exceptionnelle. Steve aime aussi remonter les motos. Depuis des mois, il rafistole une vieille Harley-Davidson. À l'époque de sa liaison avec Jimmy Ayoub, pendant les nombreuses absences de celui-ci pour cause de tournées avec Mahogany Rush, Nanette se rendait au magasin pour prendre des nouvelles de Steve et discuter avec lui. C'est ainsi qu'ils sont devenus de bons amis.

À la fermeture du Blues Bar, Nanette, ivre, ne peut conduire son auto.

— *You wanna come to my place?*

— *Sure, why not.*

Nanette et Steve font l'amour. Le lendemain matin, quand Nanette se réveille, elle découvre Steve qui la regarde droit dans les yeux. Un drôle de sourire plaqué sur son visage.

— *What?*

— *Let's try it for a while.*

— *Try what?*

— *You and I together.*

Steve déménage à Ormstown, à l'automne 1983, avec ses guitares, son aquarium et sa vieille Harley-Davidson. Financièrement, Nanette se retrouve de nouveau au point zéro. L'effet *Call-girl* s'est dissipé, l'agenda de la chanteuse est de plus en plus dégarni. Sans engagements, sans *band*, sans possibilité de faire un autre disque, les maigres économies de Nanette fondent à vue d'œil. La Trans Am décapotable fait place à une vieille Chevy. Steve se retrouve sans emploi également. Sa seule occupation : retaper sa Harley-Davidson à longueur de journée.

Une période difficile pour le couple. Durant l'hiver, Steve est engagé pour déglacer les toits, à Ville LaSalle. Tous les matins, pendant quatre mois, Nanette le conduit à son boulot, puis vient le rechercher à la fin de la journée. Dans la maison de campagne d'Ormstown, le téléphone ne sonne plus. Ou presque. En désespoir de cause, Nanette songe même à devenir… chauffeur de taxi !

Quand les temps sont trop durs, Nanette et Steve se font inviter chez les parents du guitariste. La mère de Steve est une formidable cuisinière. Nanette dira : « Le point commun de tous mes chums : des mamans qui font bien à manger ! Celles de Tony, Angelo, Jimmy et

Steve étaient de vrais cordons-bleus et je ne me suis pas gênée pour en profiter ! » Nanette est convaincue que cet environnement familial lui a permis de survivre à ses années de drogue et d'alcool.

Peu à peu, les sentiments de Nanette évoluent à l'égard de Steve. Ils font même des projets à long terme. C'est vrai qu'ils ont beaucoup de choses en commun, tous les deux. En plus de leur passion pour la musique, ils sont issus de familles juives solides et unies. Nanette estime qu'en poursuivant sa relation avec Steve, elle profitera d'une vie normale, une vie comme elle le souhaite depuis longtemps, mais qu'aucun homme ne lui a donnée.

Nanette se surprend donc, encore une fois, à envisager le mariage avec son amoureux. Elle est certaine que Beatryce va sauter de joie quand elle apprendra la nouvelle. Enfin, un mari juif pour sa fille !

Un matin, alors qu'ils sont encore au lit, Nanette se tourne vers Steve et lui demande :

— *Steve, why don't we get married?*

Il lui répond calmement :

— *Why don't you wait until I ask you?* Attends que je te le demande, veux-tu…

Surprise par sa réaction, Nanette ne réplique rien. Mais dès lors, elle voit bien que ses beaux projets ne tiennent pas la route. Sa relation avec Steve ne s'en remettra jamais.

C'est alors que Daniel Malenfant, qui a appris que Nanette s'était séparée de Francine Loyer-Hershorn, approche la chanteuse et lui propose de devenir son gérant. Daniel, Nanette le connaît bien, puisqu'elle partage avec lui la même passion pour le bouddhisme. C'est un fan de Nanette depuis longtemps, depuis *Jeunesse d'aujourd'hui*, en fait, quand elle chantait *Et maintenant*. « Ma mère était une admiratrice de Nanette, se rappelle Daniel. Enfant, j'écoutais *Guantanamera* et ses autres succès assis par terre dans le salon. Ce qui m'a séduit : son accent et ses longs cheveux bruns ! »

Au moment où il s'intéresse professionnellement à Nanette, Daniel s'occupe déjà de la carrière de France Castel, Sylvie Boucher et Georges Thurston.

— J'ai pas besoin d'un imprésario, rétorque Nanette. Je gère moi-même ma carrière.

— Mais Francine ?

— Francine, c'est fini. J'ai plus besoin de personne.

Daniel soupire. Il connaît déjà la réputation de Nanette dans le milieu. On la perçoit comme intransigeante, difficile à vivre. Et en plus, orgueilleuse. Daniel s'en rendra compte bientôt : Nanette refuse d'appeler qui que ce soit pour des engagements. Elle attend que le téléphone sonne. « Ils savent qui je suis, où je suis. Ils ont juste à m'appeler s'ils veulent m'avoir. »

Un jour, Luc Plamondon a lancé à Malenfant :

— Tu devrais lui proposer tes services. Elle charge pas assez cher.

Plus que jamais, en écoutant Nanette parler, Daniel est convaincu que Nanette a besoin d'un gérant, même si elle n'aime pas le terme.

— Appelle ça comme tu voudras, dit-il. Mais t'as besoin de quelqu'un auprès de toi au niveau professionnel. Pour négocier tes contrats. Pour te booker un peu partout. Pour s'occuper des médias…

Nanette accepte de faire un bout de chemin avec Daniel. « Au début, c'était pas évident, raconte-t-il. Quand j'appelais à la télé, par exemple, je me faisais souvent répondre que Nanette n'était pas fiable, qu'elle pouvait très bien décider de ne pas se présenter à l'émission, sans avertir au préalable. » Mais la présence du nouveau gérant rassure le milieu. « Tout le monde savait que les artistes dont je m'occupais, je les suivais pas à pas. Je les amenais par la main, s'il le fallait. Ils ne manquaient aucun rendez-vous. Au fil des mois, la réputation de Nanette s'est rétablie. »

À l'automne 1984, Nanette se joint à Louise Portal et à Marie-Claire Séguin pour participer à la tournée *Du gramophone au laser*, un spectacle conçu et mis en scène par Jean-Pierre Ferland. Dans ce survol des cinquante dernières années de la chanson québécoise, Nanette interprète *Je ne suis qu'une chanson* de Diane Juster – dont la finale, *a cappella*, en laisse plusieurs « pantois et frissonnants d'émotion », comme le rapporte Louis Quintal dans *La scène musicale*. Nanette adore son expérience. « Tout le monde s'amuse, ce n'est pas vraiment du travail », confie-t-elle à une journaliste.

En avril 1985, tout en poursuivant la tournée *Du gramophone au laser*, Nanette tourne au Limelight un vidéoclip afin d'illustrer la chanson *Bad Boy*, qu'elle a coécrite avec Luc Plamondon, sur une musique de Steve Segal. Le clip est destiné à l'émission *Lautrec 85*, qui diffuse ce nouveau format, tout comme la chaîne Much Music, en ondes depuis août 1984. Le réalisateur s'appelle Christian Duguay, alors au début de sa carrière. Dès qu'elle le rencontre au restaurant Witloof pour discuter de son concept, Nanette est séduite par le jeune homme. Sans tarder, elle lui fait des avances. Tous les deux se fréquentent pendant un moment, en cachette de Steve. Une liaison qui dure le temps d'une photo dans *Échos Vedettes*. Contrairement à Nanette, Christian n'est pas habitué de voir étaler sa vie privée dans les « journaux à potins », alors que les moindres faits et gestes de la chanteuse s'y retrouvent sans cesse. Ce qui crée un malaise dans le couple.

Pendant des semaines, Nanette et Christian sont traqués par les journalistes, et ils font tout pour les éviter. C'est comme un jeu. Mais Nanette se lasse vite de ces enfantillages. De toute façon, elle n'a jamais songé sérieusement à avoir une relation à long terme avec le réalisateur. Si elle s'est intéressée à lui, c'est en réaction à l'attitude de Steve lors de sa demande en mariage.

Le guitariste n'est pas au courant des rumeurs que colportent les journaux artistiques, qu'il ne lit pas, mais il se doute que Nanette lui est infidèle. Un jour, il débarque chez Christian et le surprend avec Nanette, qui avait raconté à Steve qu'elle se trouvait… ailleurs ! Nanette doit avouer ce qui se passe. Steve se contente de tourner les talons et de rentrer à Ormstown. Le jour même, sans rien dire, blessé, trompé, il fait ses bagages, récupère ses guitares, son aquarium, ses poissons tropicaux, et quitte la maison une fois pour toutes.

La fin de cette relation affecte Nanette profondément. Pendant trois jours, les rideaux fermés, elle reste prostrée sur le canapé du salon, incapable de bouger. Elle pleure sans arrêt, elle se méprise, elle se déteste. Elle se sent coupable de ce qu'elle a fait endurer à Steve. Elle est convaincue d'avoir elle-même provoqué son départ. De s'être jetée dans les bras de Christian pour inciter Steve à quitter les lieux, incapable qu'elle était d'affronter avec lui les problèmes de leur vie de couple. Sous des dehors frondeurs, Nanette est une grande timide qui préfère voir les problèmes se résoudre d'eux-mêmes plutôt que de les affronter franchement.

Dans le passé de Nanette, une longue liste d'amoureux qu'elle a fait souffrir, dont elle s'est servie tour à tour. Pourquoi agit-elle ainsi ? Qu'est-ce qui la motive à refuser le bonheur ? Pourquoi est-elle incapable de garder un homme à ses côtés ? Pourquoi faut-il toujours qu'elle bousille ses chances d'être heureuse ? Est-elle capable d'aimer, enfin, de ressentir autre chose que de la passion ?

Ces questions ne cessent de la tracasser. Du point de vue personnel comme du point de vue professionnel, sa vie ne va nulle part. Nanette tourne en rond, oui, plus que jamais. À trente-neuf ans, elle sent qu'elle doit changer d'existence. Ces échecs, elle les attribue à sa nature autodestructrice. D'autres personnes iraient chercher à l'extérieur, auprès d'un psychologue par exemple, des solutions à leurs malheurs, à leur malaise, mais Nanette veut régler ses problèmes elle-même. Je suis assez forte, se dit-elle, pour passer à travers, je vais m'en sortir.

Mais dans le fond d'elle-même, Nanette a peur.

Ce soir-là, elle saisit le téléphone et compose un numéro qu'elle a obtenu de sa mère, quelques jours plus tôt.

— *Morgan ?*

— *Speaking…*

— *It's Nanette… Nanette Workman. You remember me ?*

Un long silence. Puis :

— *Yes, of course.*

Nanette n'a pas revu Morgan, pas plus qu'elle ne lui a reparlé depuis 1965, depuis leur rupture, en fait. Elle trouve étrange d'entendre de nouveau la voix de son amour d'adolescence, vingt ans plus tard. En quelques mots, elle lui résume sa carrière. Il lui parle de sa vie à lui. Nanette apprend qu'une femme partage son existence, mais qu'il n'est pas marié et n'a pas d'enfant, lui non plus.

— *It's good to talk to you, Morgan…*

— *Good to talk to you too.*

— *We'll stay in touch. I'll send you my records…*

32

Printemps, 1986. La chanteuse relève la tête. Recommence à se battre. Elle enregistre le clip *Les années Woodstock*, une chanson coécrite par son frère Billy et Luc Plamondon, parue quelques mois auparavant. Le disque a été bien accueilli et tourne beaucoup à la radio, mais l'album annoncé – composé entièrement de chansons en anglais – ne verra pas le jour. Nanette revient également au cinéma. Après les décevants *Scandale* et *Evil Judgement*, elle est approchée par William Friedkin, qui a réalisé *The Exorcist* et *The French Connection*, pour jouer dans le thriller *C.A.T. Squad*, destiné au réseau NBC. Son rôle? Celui d'une prostituée, évidemment!

Le disque *Les années Woodstock*, le long métrage de William Friedkin, les différentes prestations de Nanette à la télé et sur scène lui redonnent confiance. Après la période creuse qu'elle vient de vivre, Nanette sent que le vent tourne, enfin.

La société Spectra Scène l'approche pour tenir le rôle principal dans la comédie musicale *1926*, qui se déroule à l'époque de la prohibition. Le spectacle est mis en scène par Louis Saïa et présenté au Spectrum dans le cadre du Festival international de jazz de Montréal. Au programme, des chansons de Jean-Claude Marsan – le guitariste des Mauvais Compagnons, le groupe de Plume Latraverse –, Alain Jodoin et Richard Lord, mais aussi de Claude Robert, l'auteur du livret. Les arrangements sont de Vic Vogel.

La mise en œuvre de ce spectacle exige beaucoup de travail de tous les artisans – une soixantaine de personnes – et en particulier de Nanette. Elle se lève à l'aube, nourrit ses animaux et file à Montréal où, pendant douze heures, elle répète son rôle, celui de Victoria, « la tenancière du Silver Coffin, un salon mortuaire qui sert de façade au plus chic *speakeasy* de Chicago ». Une femme aux mœurs légères, encore une fois! La chanteuse est entourée, entre autres, de Breen LeBoeuf, Sylvie Choquette et Jean-Claude Marsan.

L'approche de l'équipe de production est inusitée. Le spectacle incorpore des scènes tournées en 35 mm, présentées sur un écran de cinéma. En ouverture, une séquence de dix-sept minutes dans laquelle joue Nanette. Pendant une réunion de production pour la mise en œuvre de ce concept, la chanteuse est attirée par un grand gars, taciturne, qui travaille avec Louis Saïa à la réalisation et au tournage des séquences filmées.

— Je te présente le directeur photo André Gagnon, lui dit Saïa.

André Gagnon lui sourit. Pas de doute, elle est séduite par ses yeux bleus, son gabarit d'athlète – il fait du jogging tous les jours. Nanette le trouve à son goût. Le sentiment est réciproque. Pendant le tournage, les deux se jaugent, s'examinent, sans rien provoquer.

À la fin de la semaine, André tente sa chance :

— Écoute, Nanette… T'es libre, ce soir? Ça te tente de sortir?

— Ben oui.

Nanette a envie de prendre un verre, de se détendre après ses longues heures de boulot.

— Le salon de thé, rue Saint-Denis, suggère André. Tu connais?

Nanette s'interroge. Un salon de thé? *What's that?* Elle n'a jamais mis les pieds dans un endroit pareil. Quand on l'invite à sortir en ville, d'habitude, c'est pour se défoncer au Night Magic!

Mais elle accepte l'invitation.

Dans un coin de la pièce, une table minuscule recouverte d'une nappe fleurie. Au mur, des aquarelles. De la musique classique en sourdine. Une atmosphère feutrée, qui incite au calme et à la détente. Nanette se sent mal à l'aise. Autour d'elle, tout le monde parle à voix basse. Cet endroit, ce n'est pas du tout la place d'une rockeuse ! Habituée aux bars enfumés et bruyants, Nanette se sent mal à l'aise. Heureusement qu'elle a pris de la coke avant de quitter la maison !

— Verveine, citronnelle, camomille…

La serveuse, une dame rondouillette au regard engageant, attend sa réponse. Nanette a l'impression d'avoir atterri sur une autre planète.

Devant elle, André Gagnon la regarde en souriant. Il lui raconte qu'après avoir travaillé dans le domaine de la télévision pendant quelques années, il a tout quitté pour fonder deux cabarets avec des partenaires, le Pleine Lune et le Club Soda, avenue du Parc. Deux endroits où Nanette a déjà chanté, mais n'y a pas côtoyé André. Fatigué de la vie de clubs, André a décidé de revenir à son ancien métier, en acceptant l'offre de son ami Louis Saïa de coréaliser les segments filmés de 1926.

Au contact d'André, Nanette se sent bien. Un homme doux, qui parle bas, elle n'a jamais connu ça. Mais autre chose la séduit, Nanette s'en rend compte rapidement : André est attentif, il écoute avec intérêt ce qu'elle raconte. Dès leur première sortie ensemble, Nanette constate qu'il est différent des autres, celui-là. Contraire- ment aux « gars d'orchestre » qui sniffent de la coke, se couchent aux aurores et adorent se défoncer, André est un intellectuel, un lève-tôt qui ne touche pas à la drogue. Une bouffée d'air frais dans le monde de Nanette. Il vient d'un autre univers, littéralement. En plus, il a à peu près son âge. Pour Nanette, qui s'intéresse depuis quelques années à des hommes plus jeunes, c'est une nouveauté ! Bref, André représente exactement ce dont elle a besoin à ce moment précis de sa vie.

La fascination d'André pour la chanteuse remonte à plusieurs années. La première fois qu'il a vu Nanette, c'était au centre Paul-Sauvé, à l'époque où elle chantait avec Tony Roman. « Pendant que Tony gesticulait, j'étais fasciné par la beauté et le calme de cette grande Américaine, dira André. J'étais loin de deviner que nos chemins allaient un jour se croiser. » Des années plus tard, André a revu Nanette dans le cadre du tournage d'une publicité pour Amnistie Internationale – il tournait des spots avec Leonard Cohen, notamment.

Quand elle quitte le salon de thé, ce soir-là – pas trop tard! –, Nanette se sent envahie par un bien-être inhabituel. André est séduit, lui aussi. Bientôt ils commencent à sortir ensemble. Toutefois, leur nouvelle relation est assombrie par l'accueil négatif des médias et du public à l'égard de *1926*. On parle d'un scénario confus, d'une histoire qui manque de crédibilité, de personnages mal esquissés. Même si on n'attaque pas directement les interprètes, on estime qu'ils ne sont pas utilisés à leur juste valeur. « Nanette perd dans ce décor d'une autre époque tout son bagout, écrit Manon Guilbert du *Journal de Montréal*. Dans les tenues les plus excentriques, elle n'a pas cette sensualité qu'on souhaiterait. Retenue, à l'étroit dans sa guêpière, elle interprète des chansons qui aussitôt chantées sont oubliées », ajoute la journaliste. Même impression dans *La Presse* : « Nanette est à la hauteur de son personnage, sans plus. »

Les producteurs avaient songé à une tournée à la grandeur du Québec, ce qui ne se concrétisera pas. Nanette s'empresse de ranger ce spectacle au rayon des « rendez-vous manqués » avec les médias et le public. Ce qui la passionne davantage : sa nouvelle relation avec André. Au fil de leurs contacts, sa première impression du réalisateur se confirme. Voilà un type bien, affectueux, avec qui elle a envie de faire un bout de chemin. Entre elle et lui, des différences, mais aussi des points de similitude : le bouddhisme, par exemple. André est un adepte de la méditation, mais le bouddhisme qu'il pratique est d'inspiration tibétaine.

À l'automne, par une soirée pluvieuse, André quitte son logement montréalais et vient s'installer à Ormstown. Le 20 novembre, pour fêter l'anniversaire de Nanette, il l'invite dans un restaurant de son choix.

— J'en connais un, avenue du Parc, suggère-t-elle. L'endroit est célèbre pour ses poissons frais.

— Super.

— Mais à une condition. Tu vas prendre une ligne de coke avec moi!

André tolère le fait que Nanette se drogue régulièrement – c'est sa vie, ce n'est pas la sienne, pas question qu'il lui fasse la morale. Même s'il n'est pas très chaud à l'idée de participer à son trip, il accepte la demande de Nanette.

Après le repas, bien arrosé, Nanette et André se déplacent dans un bar du centre-ville. Le couple est accueilli par l'un des serveurs, que Nanette connaît bien. Une fois qu'ils sont installés, Nanette s'étire vers André et chuchote :

— C'est le meilleur dealer de Montréal. De la coke presque pure, *you understand? Very good stuff!*

Sourire d'André.

— Je comprends pourquoi t'as choisi cet endroit !

Comme promis, André partage une ligne de coke avec Nanette, qui s'éclate comme jamais. C'est son anniversaire après tout ! De retour à Ormstown, au petit matin, Nanette s'endort aussitôt.

Soudain, au milieu de la nuit, elle est réveillée par une douleur atroce à l'abdomen.

— André…

André se réveille à son tour. Assise sur le bord du lit, Nanette est pliée en deux, en train de gémir.

— *Help me… please…*

— Qu'est-ce qui se passe ? Qu'est-ce que t'as ?

— *It hurts so bad, I can't move.*

André transporte Nanette dans ses bras jusqu'à la salle de bain. Il l'installe devant la cuvette de toilettes, d'où elle ne bougera presque pas pendant trois jours, en proie à de violentes crampes. Incapable de se déplacer, de manger, incapable de dormir, elle restera ainsi prostrée pendant des heures, terrifiée, chacun des muscles de son corps lui causant une douleur insupportable, pendant qu'André s'occupe de tout dans la maison.

— Comment ça va ?

— *Worst. It's that coke, I'm sure*, gémit-elle.

— Tu veux que je t'emmène chez le médecin ?

— *I know what I have, I don't need a fuckin' doctor to tell me.*

— C'est peut-être un empoisonnement alimentaire.

— *But we ate the same thing!*

Au moment le plus sombre de cette agonie – elle est sûre de mourir –, Nanette se fait une promesse à elle-même, et à Dieu. Si je survis, jure-t-elle, jamais je ne toucherai à une ligne de coke pour le reste de mes jours. Jamais !

— *Do you hear me, God ? I will never touch coke again, I swear !*

Peu à peu, comme par enchantement, Nanette retrouve la forme. Lentement, doucement. André prend soin d'elle, il ne la quitte pas un seul instant.

Sa promesse, la chanteuse l'a respectée, et la respectera jusqu'à sa mort. Finies les drogues dures pour Nanette !

Quelques semaines après cet épisode, Nanette et André roulent en direction de Montréal. Depuis leur départ, André lui trouve un drôle d'air.

— J'attends un enfant, lui dit-elle, alors que la voiture traverse Châteauguay.

Nanette vient de faire un test de grossesse. Estimant qu'à son âge les risques de tomber enceinte étaient faibles, elle n'avait pas renouvelé son stérilet depuis deux ans.

Un long moment de silence. Nanette s'inquiète de la réaction d'André. Ils se connaissent depuis peu. Ils n'ont couché ensemble qu'à quelques reprises.

André se tait. Nanette ajoute :

— Si je voulais garder le bébé, qu'est-ce que tu dirais ? demande-t-elle.

Nanette a maintenant quarante et un ans. Elle a déjà eu trois avortements, l'un en France, en 1973, deux autres à Montréal pendant sa relation avec Jimmy Ayoub. Il s'agit de sa dernière chance d'avoir un enfant, selon elle. Mais André a déjà un fils d'une relation précédente – Olivier, maintenant âgé de dix ans. Il vient souvent à Ormstown, Nanette s'entend bien avec lui.

André se tourne vers Nanette :

— Peu importe ta décision, je vais être d'accord. Et je serai toujours là, avec toi. Je ne te laisserai jamais tomber.

Nanette, soulagée, bénit le ciel d'avoir mis un homme pareil sur sa route, à un moment comme celui-ci.

— *Listen*, André… Peu importe ce qui arrive entre nous… Si on se sépare, si on va chacun de notre bord, j'accepte de m'occuper de l'enfant. Ce sera ma responsabilité. Il ne deviendra jamais une charge pour toi.

André acquiesce.

Nanette est heureuse.

Le même jour, elle place un appel à Jackson.

— *Ma', I'm gonna have a kid !*

— *Great ! You've decided to adopt André's child.*

— *No, no… I'm pregnant !*

— *Are you crazy ? You're too old !*

Quatrième partie

POKER EN SOLITAIRE

33

Pour Nanette, cet enfant annoncé est une autre étape de sa « guérison », entreprise plusieurs années plus tôt avec la pratique du bouddhisme. Cette overdose – ou cet empoisonnement alimentaire – est survenue alors que Nanette était déjà enceinte. Son supplice de trois jours, sa décision d'arrêter la coke est donc arrivée au moment opportun. Lentement, mais irrémédiablement, Nanette devient une autre personne. Sa décision de faire disparaître les drogues dures de sa vie, de garder l'enfant qu'elle attend, met fin à quinze ans de défonce.

Ses rapports avec ses chums de l'époque du Night Magic, par contre, sont maintenus, mais ceux-ci cessent d'être au centre de son existence. En d'autres termes, Nanette ferme la porte à sa vie antérieure, mais pas aux amitiés qu'elle y a nouées.

Nanette adore être enceinte ! « Je me voyais belle, ultra-féminine et même sexy », révélera-t-elle. Elle se permet de porter des décolletés : « Pour la première fois de ma vie, j'avais une poitrine opulente ! » Elle mange n'importe quoi, ne se prive de rien, elle prendra une dizaine de kilos qui disparaîtront rapidement après l'accouchement. Une grossesse merveilleuse, dira Nanette. « Pas de nausées matinales, ni de malaises inconfortables. J'avais l'impression de pouvoir remuer des montagnes. » Elle lance à son gynécologue, un jour : « J'aimerais rester enceinte toute ma vie ! » Ses exercices prénataux, elle les accomplit religieusement, on lui a assuré qu'ils faciliteraient son accouchement le moment venu.

De plus, Nanette peut compter sur la présence d'André, qui est aux petits soins pour elle : massages à l'huile d'amande douce et autres délicatesses ! Alors qu'il s'était montré un peu détaché au moment de l'annonce de sa grossesse, André devient de plus en plus enthousiaste au fil des semaines. Pas de doute, cet enfant, il le désire maintenant autant que Nanette.

À plusieurs reprises, celle-ci s'inquiète de ses talents de mère. Elle demande souvent à André :

— *Do you really think I'll be a good mom ? I don't know what to do !* J'ai peur de ne pas être à la hauteur !

Chaque fois, André la rassure.

La future maman se rend compte, cependant, que son nouvel état exige des ajustements au niveau professionnel. Bien qu'elle soit en super forme, elle doit bientôt arrêter de travailler, pas question de chanter dans des clubs enfumés et de courir les routes du Québec pour gagner des sous. Nanette fait quelques apparitions à la télé ou sur scène, mais de façon occasionnelle. Ce qui lui sauve la vie : le chèque de redevances de l'album *Starmania* qu'elle trouve de temps en temps dans sa boîte aux lettres.

Malgré sa vie et son attitude « rock'n'roll », Nanette est une personne anxieuse sur le plan financier. L'absence de travail, les dettes qui s'accumulent, les échéances à respecter l'angoissent et minent sa vie quotidienne. La situation est empirée par le fait qu'André, lui aussi, éprouve des difficultés à joindre les deux bouts. Les contrats se font rares. D'autant plus qu'après son expérience avec le Club Soda, s'étant éloigné du milieu, André a perdu ses contacts. Tous les jours, il quitte la maison pour tenter de trouver du travail à Montréal. Sans succès. Pour survivre, André devra se résigner, l'été suivant, à travailler sur une ferme des environs pour cinq dollars de l'heure. Nanette est heureuse d'être enceinte, mais regrette d'imposer une vie pareille à son nouveau chum.

Et pourtant, ils s'entendent bien, tous les deux, malgré leurs problèmes d'argent.

Côté musique, Nanette se retrouve encore une fois dans une sorte de cul-de-sac. Le hard rock l'a éloignée de son public mais ses tentatives de retour, après *Starmania*, après *Call-girl*, n'ont pas entraîné les résultats escomptés. Nanette est déçue par le manque d'intérêt du public et de l'industrie à son égard. Elle n'a plus de *band* depuis un moment, et même si elle avait un groupe, elle ignore le type de musique qu'elle voudrait lui faire jouer. Elle désire changer de style, de direction, orienter sa carrière différemment, mais ne sait comment. Chose certaine : elle veut réaliser un autre album. Elle souhaite trouver un producteur, ou un musicien avec qui elle pourrait écrire et composer de nouvelles chansons.

Ayant déjà travaillé à plusieurs reprises avec Walter Rossi, Nanette amorce une collaboration avec le guitariste, qui implique également Louise Portal, sa conjointe. Mais les choses n'aboutissent pas. Malgré le grand talent de Walter, Nanette sent que la direction musicale que celui-ci préconise ne lui convient pas. Elle décide de se retirer du projet.

— Regarde ce que je t'ai apporté, lui dit André, au retour d'une journée – infructueuse – de recherche d'emploi à Montréal.

Nanette regarde la pochette du disque, sans comprendre.

— L'album solo de Serge Fiori, précise André.

— *So ?*

— Harmonium ! C'était son groupe. T'as jamais entendu parler d'Harmonium ?

— Un peu, mais...

— Écoute ça. Je suis certain que tu vas accrocher.

Au moment de la renaissance du phénomène des groupes au milieu des années soixante-dix – Harmonium, Beau Dommage, Octobre, Offenbach et les autres –, Nanette était déjà de retour au Québec après son séjour en Europe. Mais elle appartenait à un courant différent. Ses contacts musicaux, c'était Angelo Finaldi, Walter Rossi, Richard Tate, Steve Segal – des anglophones, surtout. À l'exception de sa tournée avec Charlebois et de sa participation à *Starmania*, Nanette s'est retrouvée en marge de la chanson franco-phone de cette époque. Normal dans un tel contexte que Nanette soit peu familière avec le travail de Serge Fiori.

Depuis le premier disque d'Harmonium, en 1974, en trois albums seulement, le groupe est devenu un incontournable de la scène musicale québécoise, et Fiori, le pilier de la forma-tion, une super-vedette. En 1978, Harmonium se sépare, Fiori travaille avec Richard Séguin, puis se retire progressivement de l'industrie, avant d'effectuer un retour avec son album solo – *Fiori*, sur étiquette Polydor.

Séduite, Nanette l'écoute et le réécoute sans cesse. Synthétiseurs, percussions électroniques, mais aussi un souffle musical unique, tout à fait nouveau pour Nanette. Voilà exactement le genre de son qu'elle recherche.

André a déjà rencontré brièvement Serge Fiori alors qu'il développait avec Louis Saïa un projet qui ne s'est pas concrétisé. Serge, lui, se souvient d'André pour l'avoir vu plusieurs fois au bar Chez Swann, rue Prince-Arthur. Fin janvier 1987, André renoue contact avec Serge et organise un rendez-vous avec Nanette dans un restaurant chinois du quartier Notre-Dame-de-Grâce, où habite Serge à cette époque. André et elle sont à peine installés à une table lorsque le compositeur fait son entrée dans l'établissement – en pleine tempête de neige ! « J'ai été ébloui, raconte Serge. Je suis tombé amoureux de Nanette instantanément ! »

Serge a découvert la chanteuse à l'époque du yéyé, à la télé. Plus jeune, il a développé une véritable fascination pour elle : « Quand je m'assoyais devant *Jeunesse d'aujourd'hui*, j'attendais son arrivée avec impatience. Si elle ne participait pas à l'émission ce soir-là, j'éteignais la télé ! »

En quelques mots, au cours du repas, Nanette fait part à Serge de son appréciation de son dernier album, et du type de musique qu'elle entend faire sur son prochain disque. Serge écoute attentivement – en réalité, il est complètement obnubilé par la chanteuse ! Ce qu'elle lui propose semble intéressant, ils conviennent de travailler ensemble, d'explorer de nouvelles avenues. En ce qui concerne le studio, c'est facile : Serge dispose de l'équipement nécessaire à la maison.

Dès la semaine suivante, emballée par la rencontre et les idées de Fiori, Nanette se rend chez lui. Au fil des jours, leur collaboration se précise. La rencontre de ces deux talents est quand même inusitée. « Les goûts musicaux de Serge vont de la musique classique au jazz cosmique, alors que moi je suis *middle of the road*, tendance *heavy metal* », confiera-t-elle. Au contact de Serge, sans perdre son originalité, Nanette en vient à privilégier des ballades, souvent rythmées, oui, mais très loin du disco. Une musique plus sage, qui témoigne des changements récents dans sa vie. De son côté, Serge souhaite que Nanette puisse se servir de sa voix différemment, une voix exceptionnelle, qu'il n'est pas nécessaire de pousser au maximum comme font beaucoup de chanteuses, un travers auquel succombe parfois Nanette.

Celle-ci écrit les paroles anglaises de quelques chansons, avec la participation de Serge, qui sera responsable des pièces en français. Tous les deux composent également la musique. Par la suite, Serge Locat, anciennement d'Harmonium, se joindra au duo comme musicien.

En mars 1987, alors qu'elle est enceinte de quatre mois, Nanette participe à l'émission *Escale à Memphis*, animée par René Simard. Elle chante deux titres, dont *Chanson pour Elvis*, écrit par Luc Plamondon et interprété à l'origine par Diane Dufresne. C'est l'occasion également pour la chanteuse de retrouver Tony Roman, maintenant installé à Los Angeles. Les deux anciennes idoles du yéyé interprètent un pot-pourri de leurs succès, devant Ernie et Beatryce venus de Jackson spécialement pour l'occasion.

De retour à Montréal, Nanette continue sa collaboration avec Serge Fiori. Il approche Vito Luprano de CBS Records – qui sera bientôt acquise par Sony – et lui fait entendre ce qu'ils ont enregistré. Luprano est intéressé. Un contrat avec CBS Records sera d'ailleurs signé le 1ᵉʳ janvier 1989.

Mais pour l'heure, les deux collaborateurs se remettent au travail. À l'exception de l'album *Chaude*, c'est la première fois que Nanette consacre son énergie à des chansons qui témoignent vraiment de ce qu'elle ressent. Des chansons qui la touchent personnellement.

Depuis leur rencontre initiale dans ce restaurant de Notre-Dame-de-Grâce, la relation entre Serge et Nanette a évolué. Serge, en couple lui aussi, est déjà amoureux depuis le premier jour, Nanette le devient à son tour, tout en se sentant coupable de ce qu'elle ressent. Elle aime André, elle attend un enfant de lui, et voilà qu'elle est en train de s'éprendre d'un autre homme ! Serge se sent également mal à l'aise de la situation. Tous les deux n'osent pas s'en parler, mais ils sont habités par cette passion qu'ils ressentent bientôt l'un pour l'autre.

André ne se doute de rien, mais se sent exclu de leur complicité de musiciens. « Ça se passait à ce niveau-là, au début, raconte-t-il. Leur relation était d'ordre artistique. N'étant pas musicien moi-même, je me suis vu coupé de leur monde, de leurs préoccupations. »

Au fur et à mesure de leurs rencontres, Nanette et Serge se découvrent beaucoup de choses en commun. Au niveau familial, d'abord. Ils sont issus de familles de musiciens, tous les deux. Quand ils étaient enfants, bébés même, leurs parents les ont emmenés avec eux en tournée. Plus tard, Nanette et Serge ont joué de la musique et chanté avec leurs parents.

Les déplacements quotidiens de Nanette – deux heures de route, aller-retour ! – font maintenant partie de sa vie. Ce trajet, d'abord jusqu'à Notre-Dame-de-Grâce, puis à Longueuil après le déménagement de Fiori, Nanette le fera jusqu'à la toute fin de sa grossesse, alors que son ventre énorme frottera contre le volant de sa voiture ! Parfois, André l'accompagne. Elle le laisse en ville, où il cherche du travail, puis le ramène le soir, avant de rentrer à Ormstown.

Chaque jour, Serge attend la chanteuse. Elle est fidèle au rendez-vous, peu importe la température. Tempête de neige ou non. « Elle arrivait avec ses beignes et son café de chez Dunkin' Donuts, se rappelle Serge. Enceinte jusqu'au cou ! » Ils font de la musique, oui, mais aussi se contentent d'être ensemble, de discuter ou de jouer aux cartes. Dans son studio, Serge fignole ses compositions, il fait traîner les choses, afin de multiplier les occasions de revoir Nanette !

Pour Serge, cette passion ne peut qu'être destructrice à long terme, mais il est incapable d'y résister. Nanette non plus.

Passer ses journées à Longueuil permet au moins à la chanteuse d'oublier la situation difficile à laquelle André et elle sont confrontés, à Ormstown. Un soir, le couple est invité par Joseph Di Maulo à l'ouverture du cabaret L'Arnaque, rue Viau, dans l'est de Montréal. Depuis l'époque de la Casa Loma, Joseph et Nanette ne se sont jamais perdus de vue. Ils sont même devenus de bons amis. C'est maintenant une habitude : chaque fois que Di Maulo ouvre un nouveau club, il envoie une invitation à la chanteuse !

Ce soir-là, Joseph s'approche de Nanette, assise au fond de la salle avec André.

— Eh, Nanette, comment ça va ?

— *Fine.*

— Tu aimes la place ?

— *Yes, it's beautiful. Very high class !*

Joseph regarde le ventre de Nanette.

— *How are you doing ?*

— *Great*, répond-elle sans conviction.

Nanette s'efforce de sourire. Mais Joseph se rend bien compte que les choses ne vont pas aussi bien qu'elle le prétend. Il glisse la main dans sa poche et en ressort une pile de billets de banque – plus de cinq cents dollars ! –, qu'il tend à Nanette, surprise.

— Pour toi, et pour le bébé.

— *Oh no… You don't have to do that !*

Et pourtant, Nanette est incapable de refuser. André et elle ont tellement besoin d'argent ! Finalement, elle se jette dans les bras de Di Maulo et lui chuchote à l'oreille :

— *Thank you, Joseph. I'll never forget this.*

Sa frustration de ne pas pouvoir consommer son amour pour Serge, Nanette la transpose dans l'interprétation de leurs compositions, dans l'émotion qu'elle leur transmet. Chaque chanson symbolise leur passion l'un pour l'autre. « Je ne suis qu'un reflet que tu gardes en retrait… chante-t-elle. Et toujours tu me glisses entre les mains. » En même temps, Nanette se sent fautive à l'égard d'André, qu'elle aime encore profondément. Elle a honte de ses sentiments, de ce qu'elle fait subir au père de son futur enfant.

La nuit, Nanette se réveille et regarde André dormir près d'elle et se met à pleurer. Pourquoi est-ce que je fais une telle chose à un homme aussi bon, aussi doux ? se demande-t-elle. Pourquoi je me comporte ainsi ? Peut-on aimer deux hommes à la fois, sans trahir ni l'un, ni l'autre ? Ces questions, Nanette les ressasse sans arrêt. L'enfant, André, Serge, l'album… Tout se bouscule dans sa tête. Certains jours, elle a l'impression de devenir folle.

Pendant des semaines, Nanette s'est convaincue que son attirance pour Serge relevait de leur complicité de créateurs. Même si elle pense à Serge continuellement, elle s'efforce de croire qu'elle aime toujours André.

Ces sentiments contradictoires imprègnent la création de l'album et colorent le contenu de toutes les chansons. Une nouvelle rencontre avec Vito Luprano oblige cependant Nanette et Serge à modifier leur projet. CBS désire maintenant un disque en français uniquement. Ce qui embête Nanette. Mais Serge la rassure : les paroles en français, il s'en occupe. De toute façon, ils doivent maintenant interrompre leur collaboration. Nanette est sur le point d'accoucher.

34

Au début du mois d'août 1987, Nanette reçoit chez elle ses amis et sa famille – Ernie et Beatryce, maintenant retraités, ont fait le voyage de Jackson pour l'accouchement. Vu la situation financière précaire du couple, les parents Workman fournissent les vêtements et autres accessoires du bébé à venir. Un formidable *shower* est organisé dans la cour de la maison d'Ormstown, pour compléter le trousseau de la petite famille.

— *And how are you gonna call the baby ?* demande Beatryce.

— *Jessica, if it's a girl. Jesse otherwise.*

Nanette veut ainsi honorer la mémoire de Jessie Lee Hicks, la gouvernante qui s'est occupée de sa famille pendant toute son enfance. Elle désire aussi témoigner de son affection pour Jesse Harvey, son oncle, le demi-frère d'Ernie, qui a vécu longtemps avec les Workman dans la maison d'Arbor Hill Drive.

L'amniocentèse que Nanette subit au cours de sa grossesse révèle cependant qu'elle attend un garçon, ce qui la réjouit. « Avec une fille, je serais devenue trop possessive, trop protectrice. Et en plus, je m'entends bien avec les hommes ! » avoue-t-elle.

Afin de s'occuper de ses parents pendant leur séjour à Ormstown, Nanette donne un coup de fil à son ami Roch Saumure. Originaire de Maniwaki, Roch est un admirateur inconditionnel de la chanteuse. En 1985, à l'âge de quinze ans, il lui a écrit pour lui demander la permission de fonder un fan club après l'avoir vu chanter *Call-girl* à la télé. À sa grande surprise, Nanette lui a répondu.

Et lui a même donné son numéro de téléphone ! Entre les deux, une amitié s'est développée. Un jour, Roch convainc ses parents de lui laisser faire le voyage à Ormstown pour enfin rencontrer la chanteuse. Ses parents hésitent – avec ses chansons provocantes, Nanette a mauvaise réputation ! Mais, à force d'insister, Roch obtient gain de cause, à condition qu'il loge chez sa tante de Valleyfield. Quelques jours plus tard, l'adolescent sonne à la porte de la maison d'Ormstown. Dans la fenêtre, une femme, qu'il croit être la femme de ménage, lui fait signe d'entrer par la porte de côté.

— Euh, j'ai rendez-vous avec Nanette Workman, balbutie le jeune homme.

— Roch ? C'est moi, Nanette !

L'adolescent est surpris, et un peu – beaucoup – déçu. La Nanette qu'il connaît et apprécie grâce à la télé, celle qui le fait rêver depuis des mois, ce n'est pas cette dame mal peignée, mal fagotée, qui porte des grosses lunettes et se traîne les pieds dans des pantoufles !

Au cours du souper qu'il prend en compagnie de Nanette et de Steve Segal, avec qui la chanteuse vivait à ce moment-là, Roch ne cesse de fixer son idole, en essayant de comprendre ce qui se passe. N'y tenant plus, Nanette lève les yeux vers lui :

— Pourquoi tu me regardes comme ça ?

— Ben, je…

— *Yes ?*

— C'est que… Tu ressembles pas à Nanette !

La chanteuse sourit. Après le repas, elle ordonne à Roch d'aller écouter un enregistrement qu'elle vient de faire avec Steve.

— Donne-moi dix minutes, veux-tu ? J'ai une surprise pour toi.

Nanette disparaît dans sa chambre, puis réapparaît quelques instants plus tard. Coiffée, maquillée, habillée sexy, Nanette est redevenue… Nanette.

Roch est ébloui !

En avril 1985, en compagnie de son gérant Daniel Malenfant, Nanette se rendra à Maniwaki pour rencontrer ses fans. Roch reviendra souvent à Ormstown. Leur amitié se développera davantage.

À la fin de la grossesse de Nanette, Roch s'installe donc à Ormstown. Il s'occupe des parents de la chanteuse, qui apprécient sa maturité et son dévouement.

Le soir du 22 août, sous les regards inquiets d'Ernie, Beatryce et Roch, André s'empare de la valise déjà prête depuis plusieurs jours et aide Nanette à monter dans son pick-up. Il pleut des cordes. Sur la route, la vitesse est réduite. Une heure plus tard, à l'Hôpital général juif, à Montréal, Nanette est transportée dans une chambre triste et grise de la maternité. Elle s'attendait à quelque chose d'un peu plus joyeux, compte tenu des circonstances. De l'autre côté du mur, Nanette entend les hurlements d'une femme qui semble souffrir atrocement. Elle demande à André :

— Qu'est-ce qui lui arrive, à celle-là ?

— Elle est sur le point d'accoucher, j'imagine.

— *It can't be that bad !*

Pas sûr…

Dans cette chambre déprimante, le travail commence. Nanette en aura pour vingt-quatre heures de souffrance, à jurer comme un charretier. « J'aurais jamais cru pouvoir supporter tant de douleur », confiera-t-elle.

— Mon gynéco, il est où ? demande-t-elle à André.

— Je lui ai laissé un message. Il va arriver bientôt.

— *I don't want a stranger to deliver the baby !*

— *Don't worry, relax.*

Mais le gynécologue ne semble pas prendre ses messages très souvent ! À la place, une infirmière ou un infirmier – différent chaque fois – surgit dans la pièce et enfonce la main dans son vagin, pour évaluer la progression de la dilatation du col. « *Shit ! How much more humiliated could they make you feel ?* » se rappelle Nanette.

— *I WANT MY FUCKIN' DOCTOR ! I WANT HIM NOW !* hurle-t-elle, sans résultat.

Tôt le matin du 23 août, Nanette sent que le bébé, enfin, veut sortir. À la place du gynécologue, toujours absent, une femme surgit dans la pièce. Une costaude qui se jette sur Nanette en lui criant :

— *Push, Lanelle, push !*

Nanette se tourne vers André :

— *Who is Lanelle ?*

Elle réalise alors que cette inconnue s'adresse à elle.

— *Not Lanelle, Nanette,* corrige-t-elle. *Nanette…*

— *Come on, Lanelle, push hard !*

— *MY NAME IS NANETTE ! NOT FUCKIN' LANELLE ! YOU DEAF, FOR CHRIST SAKE !*

— *Calm down, Lanelle, calm down.*

À un moment donné, au plus fort de ses souffrances, elle crie à cette femme de s'en aller, de la laisser toute seule ! « *Leave me alone, leave him in there, I wanna go home !* » Nanette a l'impression qu'on essaie de lui faire sortir du corps une boule de quilles couverte de crampons acérés ! Les exercices prénataux ? « *A fuckin' waste of time !* » On doit même lui faire une épidurale afin de la calmer et de lui permettre de se reposer un peu. Son problème ? Elle est trop tendue, trop effrayée. Elle a peur de mettre au monde un enfant qui ne survivra pas. « Ils avaient de la difficulté à entendre le cœur du bébé. Rien pour me rassurer ! » racontera-t-elle plus tard.

Ses efforts donnent des résultats, cependant. À trois heures trente-quatre, Nanette donne naissance à Jesse Alexandre, un garçon de sept livres et treize onces. Quand on lui montre le poupon, elle s'écrie :

— *Oh my baby ! My little boy ! He's so beautiful !*

— *He's got your eyes, Lanelle…*

Épuisée, Nanette tombe aussitôt dans les pommes. Quand elle se réveille, quelques heures plus tard, elle aperçoit Bela Lugosi – l'acteur qui jouait Dracula dans les films en noir et blanc de son enfance. Il s'avance vers elle, dents pointues, le visage blanc comme un drap.

— *Who are you ?*

— Je suis ton gynécologue, Nanette. Tu me reconnais pas ?

L'effet des médicaments qu'on lui a fait prendre, sûrement !

— *How was it ?* demande le vampire, avec un grand sourire.

— *GET OUT OF HERE, YOU BLOOD SUCKER !*

De retour à la maison, Nanette ne cesse de regarder et d'admirer son bébé. Elle chantera plus tard, dans *Une à une* : « Un jour, j'ai quitté la ville et j'ai fait naître un ange… » Nanette s'initie au rôle de maman, avec l'aide d'André, qui s'occupe de faire à manger, notamment. De son côté, Beatryce lui montre comment changer les couches.

— *Stay aside, Nanette, I'll show you how to do it.*

— Mais t'as pas changé de couches depuis des années !

— *Nanette, please. Now watch closely.*

C'est alors que Jesse lui fait pipi en plein visage !

Le rire d'Ernie se fait entendre, plus loin. Beatryce se tourne vers son mari.

— *That's not funny !*

Mais elle éclate de rire à son tour !

Ernie et Beatryce rentrent au Mississippi mais reviennent quelques semaines plus tard. Durant cette période, les parents de Nanette passeront la voir au moins une fois par mois. Roch reste sur place, à la suite de la recommandation des parents de Nanette, qui ont beaucoup apprécié son aide durant leur séjour. Sur place également : Olivier, le fils d'André. Nanette, habituée à mener seule sa barque, se retrouve au milieu d'un véritable clan, sans parler de la ménagerie : douze chats, trois chiens et deux tourterelles rieuses…

L'arrivée de Jesse chambarde les habitudes de la chanteuse. D'oiseau de nuit, habituée à se coucher aux petites heures, elle se transforme en lève-tôt. Son existence de *party animal* est bien finie, mais Nanette ne le regrette pas, au contraire. « Jesse m'a sauvé la vie », dira-t-elle plus tard.

Un mois après son accouchement, Nanette est de retour au studio de Serge Fiori. Au cours des dernières semaines, Serge s'était réfugié dans le Maine, voulant s'éloigner de Nanette pendant cette période très intime de sa vie. Malgré cette pause, leur passion ne s'est pas démentie. Nanette se sent prise dans une situation inextricable, qui la fait souffrir. À Ormstown, sa relation avec André, qui ne se doute toujours de rien, est affectée par son mensonge. Compliqué par les difficultés financières qui continuent d'accabler le couple, leur amour s'étiole.

Devenu le confident de Nanette, Roch partage avec elle les mêmes intérêts, entre autres pour le paranormal et la parapsychologie. Ils ont l'impression, tous les deux, de mieux se comprendre, d'être sur la même longueur d'ondes. À cette époque, Nanette vient de cesser le *chanting*, au bout de sept ans de pratique. Un jour, à la fin d'une session au centre communautaire Nichiren, elle a demandé à son guide spirituel :

— *Is the Nichiren buddhism the only way to enlightenment ?* La seule voie possible pour atteindre l'illumination ?

— *Yes.*

Nanette ne peut accepter ce sectarisme, dans le bouddhisme ou ailleurs. Il n'y a pas une seule voie, mais plusieurs. Elle cesse de pratiquer, mais ne se débarrasse pas de son *gohonzon*, qui trône toujours dans un coin de sa chambre. Après cette rupture, Nanette s'intéresse de près aux idées et aux bouquins de Shirley MacLaine – *Out on a Limb*, plus particulièrement, publié en 1983. Sa curiosité l'entraîne du côté de JZ Knight, qui affirme être « canalisée » par l'entité Ramtha, un esprit vieux de trente-cinq mille ans. Nanette dévore ses livres, se passionne pour le *channelling*, la communication avec des entités spirituelles. En compagnie de son amie Sylvie Boucher, qui a laissé tomber le bouddhisme de Nichiren elle aussi, Nanette se rend à Atlanta rencontrer JZ Knight, cette star du paranormal, la fondatrice de la Ramtha's School of Enlightenment.

Devant la ferveur de Nanette à ce sujet, André se contente de sourire. Il ne croit à rien de tout ce charabia.

Roch devient le témoin involontaire des bouleversements qui affectent Nanette et André. Il est témoin également de la passion – non consommée – que ressent Nanette pour Serge. Parfois, le jeune homme accompagne Nanette à Longueuil et s'occupe de Jesse, pendant que les deux artistes travaillent en studio. Pour lui aussi, la situation est compliquée. Il aime bien André, il sait que Nanette a beaucoup d'affection pour lui. Il s'entend à merveille avec Serge. Il ne souhaite que leur bonheur, à ces trois-là.

Un jour, faisant croire à André qu'elle va visiter ses parents, à Jackson, Nanette rejoint Serge au condo que ses parents louent en Floride. Loin de Montréal, Nanette et Serge ne sentent plus le besoin de se cacher, comme ils l'ont fait si souvent dans le passé. À plusieurs reprises, ils se donnaient rendez-vous dans des restaurants de la banlieue, en craignant chaque fois de se faire voir par des fans ou, pire encore, par des connaissances. Ils passaient de longs moments, les yeux dans les yeux, se tenant par la main, sans rien se dire, comme des adolescents à leurs premiers rendez-vous. Après s'être embrassés sur le parking, chacun repartait dans son monde.

Ce climat de clandestinité, la peur de se faire surprendre, mais surtout la culpabilité qui les assaille rendent leur liaison insoutenable. La naissance de Jesse a enlevé le dernier obstacle à l'expression de ce qu'ils ressentent l'un pour l'autre. Plus rien ne les empêche maintenant de franchir le dernier pas : faire l'amour. Nanette se dit qu'en couchant avec Serge, sa passion pour lui s'évanouira et elle pourra revenir à André, tout naturellement. Mais c'est l'inverse qui se produit, ce qui accroît le malaise du couple. En Floride, au lieu d'apprécier la compagnie de Serge, Nanette passe quatre jours à se sentir honteuse de trahir André. Nanette et Serge sont conscients de faire du mal à des gens à qui ils tiennent mais, fous d'amour, ils ne peuvent s'en empêcher.

Les deux artistes peaufinent leur nouvel album pendant l'automne et l'hiver 1987. Et durant l'année suivante. Tous les jours, c'est au tour de Serge et de son ingénieur du son, Rob Heaney, de faire le voyage à Ormstown pour des enregistrements. Serge et Nanette prennent leur temps, comme si la fin de leur collaboration allait mettre un terme à leur relation amoureuse. Jesse est maintenant en âge de fréquenter la garderie, Nanette l'y conduit deux jours par semaine. Le reste du temps, une gardienne remplace Roch, qui s'est trouvé du travail à Montréal.

À l'été 1989, avec Rob Heaney, Nanette et Serge réunissent un chœur d'enfants de Valleyfield sur le terrain de la maison d'Ormstown, afin d'enregistrer les voix de *Pays blanc*, chanson dédiée à l'ancien premier ministre René Lévesque, décédé en 1987. Des chants d'oiseaux captés sur place et d'autres effets sonores viendront enrichir la trame musicale. Le titre de l'album est maintenant confirmé : *Changement d'adresse*, tout à fait symbolique des bouleversements récents dans la vie de la chanteuse.

Nanette est emballée par le résultat. À son avis, il s'agit de son meilleur travail en vingt ans. « Je suis amoureuse de ce disque-là, des paroles, des chansons, de tout le feeling qui l'entoure », confie-t-elle. Parmi les pièces dont elle est particulièrement fière, *Ballons percés*, qu'elle interprète en duo avec Serge. « Ce disque est plus romantique et plus travaillé au niveau des textes que ce que je faisais avant », conclut-elle.

Au début du mois d'août, Nanette se joint à Dominique Michel et d'autres vedettes pour participer à l'enregistrement d'une émission de télévision en République dominicaine. Pour ce voyage, le petit Jesse l'accompagne. Un peu plus tard, Serge Fiori les retrouve tous les deux. Au fil des mois, Serge s'est pris d'affection pour l'enfant, qu'il considère presque comme son propre fils.

En vacances, le couple s'efforce de relaxer. De longues balades sur la plage, des soupers aux chandelles avec vue sur la mer. Comme un couple normal, en voyage dans le Sud.

Mais la République dominicaine est un endroit fréquenté par plusieurs touristes québécois. Un jour qu'ils se promènent avec Jesse, Nanette tombe sur une connaissance, elle aussi en vacances. L'amie en question ne se doute de rien – elle croit que Nanette et Serge forment un couple… officiel. Quelques semaines plus tard, de retour au Québec, cette amie téléphone à Ormstown. André répond que Nanette est absente, il lui fera le message…

— Et toi, *Serge*, comment tu vas ? demande la dame. C'était le *fun* de vous voir, tous les deux, en République !

Déçu, meurtri, André raccroche le combiné. Ce dont il se doutait depuis quelques semaines est maintenant confirmé. De toute façon, rien n'allait plus entre Nanette et lui. Quand elle rentre à la maison, André lui fait part du téléphone qu'il vient de recevoir. Nanette comprend elle aussi que tout est maintenant fini entre eux.

Nanette est triste de ce dénouement, d'autant plus que la relation avec André s'est toujours déroulée dans le respect mutuel. « Je ne me souviens pas qu'on se soit disputés, rappellera André. Même quand j'ai appris qu'entre Serge et elle c'était sérieux. » Résultat : au fil des ans, leur amour se transformera en amitié profonde. À l'égard de l'éducation de Jesse, par exemple, jamais Nanette et André n'entreront en conflit. Pas de doute, malgré leur séparation, Nanette ne pouvait pas espérer de meilleur père pour son fils.

Pendant qu'André se met à la recherche d'un logement à Montréal, Nanette se prépare à la promotion de *Changement d'adresse*.

Un jour de juillet, le téléphone sonne de nouveau, à Ormstown.

— Nanette ? Ici Luc Plamondon. J'ai quelque chose à te proposer.

35

Lorsque Luc Plamondon lui fait part de son nouveau projet avec Michel Berger, Nanette est emballée : James Dean, c'est une de ses idoles ! Les deux créateurs n'ont pas travaillé ensemble depuis *Starmania*, dont ils ont fait la mise en scène lors de sa reprise à Paris, en 1988. C'est à ce moment-là qu'ils ont songé à un autre opéra rock.

Nanette voit tout de suite un show rythmé, tout en musique, à la manière du film *American Graffiti*.

— Tu serais excellente pour jouer Angelica, la diva déchue, le grand amour de James Dean.

Le rôle avait d'abord été écrit pour une chanteuse d'opéra, mais Plamondon a suggéré de le confier à une rockeuse. La seule qui peut faire le boulot, selon lui : Nanette.

— Et elle fait quoi, cette Angelica ? demande Nanette.

— Elle est morte.

— *Dead ?*

— Ça s'appelle *La légende de Jimmy*. L'histoire se passe dans un cimetière.

Nanette a un mouvement de recul.

Luc Plamondon lui explique : sur la tombe de James Dean, à Fairmount en Indiana, deux jeunes se rencontrent : Jimmy, qui ressemble à James Dean, et Virginie, une groupie inconsolable de la mort de son idole.

— Et mon personnage là-dedans ? demande Nanette, un peu inquiète.

— J'y arrive. Pendant la nuit, deux fantômes apparaissent aux adolescents. Un pasteur, le révérend J.W., qui a agi comme père substitut pour James Dean, et son ancienne blonde, Angelica, la diva.

— Je joue le rôle d'un fantôme ?

— D'une certaine façon…

— En tout cas, ça change des personnages de putes !

Mais Nanette est perplexe quant au caractère morbide du sujet. On est loin d'*American Graffiti* ! Pourtant, elle fait confiance à Luc. La dernière fois, elle n'a pas été déçue malgré son scepticisme pour les aventures futuristes de Johnny Rockfort. D'autant plus qu'avec James Dean elle se trouve en terrain connu : au Mississippi, comme partout en Amérique, James Dean était l'idole des jeunes. C'est d'ailleurs son style «James Dean» qui l'a d'abord séduite chez Morgan Guy, son amour d'adolescence.

— Et vous allez faire un disque avant, comme avec *Starmania* ?

— On commence direct avec le show. Le disque va sortir en même temps.

Le spectacle sera présenté à Paris en septembre. Puis à Montréal, un peu plus tard.

— Ça fait juste deux mois de répétition !

Luc acquiesce. C'est serré, mais l'équipe est solide. Nanette se trouve aux prises avec un dilemme déchirant. Si elle accepte la proposition de Plamondon, elle devra renoncer à faire la promotion de *Changement d'adresse*, l'album sur lequel elle travaille depuis trois ans. L'album qui lui tient le plus à cœur depuis le début de sa carrière. D'un autre côté, Nanette est complètement lessivée au niveau financier, elle est endettée jusqu'au cou, il lui faut absolument gagner de l'argent, et vite. Avec Jesse, elle ne peut plus se permettre de prendre des risques comme avant. Les privations qu'elle a endurées, pas question qu'elle les fasse subir à son enfant. Son rôle dans l'opéra rock lui permettrait de souffler – un gros salaire, six mois à Paris ! –, surtout qu'on songe également à elle pour l'édition montréalaise du spectacle.

Nanette demande à Luc quelques jours pour y penser.

Plamondon accepte.

Tout de suite après sa rencontre, Nanette donne un coup de fil à Serge Fiori et lui demande de passer à Ormstown. Elle lui fait part de l'offre de Luc Plamondon. Serge est très déçu, mais il comprend la situation dans laquelle se trouve Nanette. D'autant plus que Michel Berger est l'une de ses idoles. « Elle a eu raison d'accepter, elle ne pouvait pas dire non. »

— On peut demander à la maison de disques de retarder la commercialisation de l'album, suggère Nanette.

— Tout est prêt pour le lancement. On en a déjà parlé dans les journaux.

— Six mois de plus ou de moins, ça ne fera pas une grande différence.

Contrairement à la plupart de ses autres albums, *Changement d'adresse* ne s'appuie pas sur une mode, qu'elle soit yéyé, disco ou autre. Il s'agit de chansons faites pour durer. Rien ne sert de bousculer la mise en marché d'un tel disque.

— T'as raison. Je vais voir ce qu'on peut faire.

Mais CBS Records refuse ce que les deux artistes proposent. Nanette insiste, mais ne peut faire changer d'avis les responsables de la distribution. Tout repose entre les mains de Nanette. Cette nuit-là, elle ne peut dormir, ni les autres nuits. Elle ne peut se résigner à abandonner *Changement d'adresse* à un moment pareil. D'un autre côté, il y a la proposition de Luc Plamondon, il y a aussi Jesse.

Nanette n'a pas encore pris sa décision lorsqu'elle rencontre Serge dans un café de Longueuil. Depuis la naissance de Jesse, et surtout depuis qu'André a découvert que Nanette entretenait une liaison avec Serge, André et Nanette ont pris leurs distances. Ils vivent encore ensemble, mais comme de bons copains, c'est tout.

— Écoute, Serge. Il est possible que je sois enceinte. Je suis en retard de plusieurs jours.

Nanette est radieuse. Depuis la naissance de Jesse, elle songe à avoir un autre enfant.

Serge lève les yeux vers elle et, après un moment, il lui dit :

— Es-tu sûre qu'il est de moi ?

Nanette a un mouvement de recul. D'abord, elle ignore si Serge est sérieux. Mais c'est le cas. Nanette ressent comme un coup de couteau en plein cœur. Cette réplique de mauvais film, elle ne croyait pas l'entendre un jour, à son sujet. Surtout, Nanette est déçue de Serge. Elle croyait que la situation était claire depuis l'annonce de sa rupture avec André. Et voilà que Serge laisse entendre que Nanette fait encore l'amour avec son ex, qu'elle continue de jouer sur les deux tableaux, en fait.

Quand elle quitte Serge, ce jour-là, quelque chose s'est brisé. À partir de ce moment, plus rien ne sera pareil entre eux. Leur relation durera encore quelques semaines, mais la passion que Nanette éprouvait à l'égard de Serge ne reviendra jamais. Le feu s'éteindra, petit à petit.

De retour à Ormstown, Nanette découvre qu'elle a ses règles. Fausse alerte…

Nanette communique avec Luc Plamondon.

— C'est d'accord, Luc. J'embarque !

Tirée de l'album *Changement d'adresse*, une première chanson est lancée durant l'été, *Ballons percés*, que Nanette interprète en duo avec Serge. Nanette se trouve encore au Québec, elle peut donc en faire la promotion. À propos de son album à venir, elle répète aux médias qu'il s'agit de son meilleur travail à vie. « Aujourd'hui, à quarante-quatre ans, je chante mieux que jamais et ça, c'est grâce à Serge. » *Ballons percés* joue beaucoup à la radio. Mais pour *Le soir tombe*, la chanteuse est déjà rendue en France. Comme elle ne peut faire le tour des studios de radio et des plateaux de télé, la promotion du disque s'en ressent. De même que l'album, commercialisé quelques semaines plus tard. Tel que prévu, les ventes sont insatisfaisantes. Dans la vie professionnelle de Nanette, le rendez-vous manqué de *Changement d'adresse* est sa plus grande déception.

Nanette ne comprend pas l'attitude du distributeur dans cette affaire. Après avoir été si patient et compréhensif pendant tout ce temps, il s'est mis en mode urgence, pour complètement louper, finalement, la sortie de *Changement d'adresse*. Bien entendu, si Nanette avait été disponible, le résultat aurait pu être différent. Elle accepte de prendre une partie du blâme pour l'échec de ce disque, mais la désinvolture avec laquelle le distributeur a traité l'album l'attriste.

Au cours de l'été 1990, Nanette continue de voir Serge, tout en préparant son départ pour l'Europe. Elle a demandé à Roch

Saumure de la suivre en France, pour prendre soin de Jesse. De son côté, Billy s'occupera de la maison – et de la ménagerie ! – pendant l'absence de la propriétaire. Au début du mois d'août, alors qu'André et Olivier déménagent à Montréal, Nanette et Jesse, accompagnés de Roch, prennent l'avion pour Paris. Serge Fiori lui a promis de venir la voir dans quelques semaines – un voyage en Europe est déjà prévu avec sa mère.

Nanette est heureuse de pouvoir remonter sur scène, surtout dans un opéra écrit par Luc Plamondon et mis en musique par Michel Berger – c'est grâce aux retombées de *Starmania* si elle a pu survivre dans ses moments difficiles. Mais la chanteuse est triste à l'idée de ce qu'elle laisse derrière elle : sa relation ratée avec André, une relation escamotée, qu'elle n'a pas eu la chance de faire évoluer ; Serge, également, toujours amoureux d'elle, même si, de son côté, la flamme vacille de plus en plus. Nanette se dit qu'à Paris ils auront l'occasion, peut-être, de reconstruire leur couple.

La petite famille s'installe dans un magnifique appartement meublé – trois mille dollars par mois ! – avec vue sur la tour Eiffel, que Nanette a sous-loué d'un chanteur d'opéra. Elle aurait pu choisir quelque chose de plus modeste, mais elle désire ce qu'il y a de mieux pour son jeune fils. Elle se sent coupable d'avoir arraché Jesse à son père, pour l'entraîner dans un pays étranger, loin de chez lui. D'ailleurs, l'enfant ne semble avoir qu'un seul mot à la bouche : cadeau. « Chaque jour, se rappelle Roch Saumure, Nanette me donnait cent francs – environ vingt dollars – pour que j'apporte un cadeau différent à son fils ! » Ou alors, c'est Nanette, en fin de journée, qui apporte le cadeau en question. « Jesse était très impatient de me voir rentrer, se souvient Nanette, mais je pense que c'était davantage pour le cadeau que pour moi ! »

Les répétitions se déroulent au théâtre Mogador, dans le 9e arrondissement, là où aura lieu la première, en septembre. Nanette y fait la connaissance des autres comédiens, la Québécoise Diane Tell et les Français Renaud Hantson et Tom Novembre. Hantson a joué le rôle de Ziggy dans le *Starmania* monté par Plamondon et Berger, au théâtre Marigny. Tom Novembre a joué sur scène et au cinéma à plusieurs reprises, en plus de mener lui aussi une carrière d'interprète. À ce noyau s'ajoutent une vingtaine de chanteurs, danseurs, figurants. Pour la mise en scène, le duo Plamondon-Berger a confié le travail à Jérôme Savary. Directeur du Théâtre national de Chaillot, fondateur du Grand Magic Circus dans les années soixante-dix, il vient de connaître le succès avec *Cabaret* présenté dans ce même théâtre Mogador. La comédie musicale y est restée à l'affiche pendant deux ans.

Contrairement à *Starmania*, en 1979, Nanette commence les répétitions dans une forme splendide. Elle ne fume plus la cigarette depuis quelques années, et elle a abandonné toutes les drogues, sauf un joint de marijuana de temps en temps. Les répétitions intensives, à raison de huit heures par jour, ne lui font pas peur. De plus, Nanette s'entend merveilleusement avec les danseurs. Mais, cette fois, après les répétitions, au lieu de les accompagner dans un bistro près du théâtre, elle file à l'appartement retrouver Jesse et Roch.

Au départ, Nanette aime bien l'attitude de Jérôme Savary. Ce qu'il a l'intention de faire avec l'opéra lui plaît, et avec le personnage d'Angelica également. Il veut monter *La légende de Jimmy* « comme une course de taureaux. La mort rôde dans le spectacle, mais pas une mort grise et cafardeuse », dira-t-il. Ce metteur en scène a de bonnes idées et il connaît son métier à fond. Nanette sent qu'il pourra l'aider à construire et, par la suite, à bien jouer son personnage, comme l'avait fait Tom O'Horgan avec *Starmania*. Le nouveau projet s'appuie davantage sur le travail de groupe, au contraire de ce dernier spectacle, qui donnait l'impression d'une succession de performances individuelles réunies pour les besoins de l'opéra. D'ailleurs, Luc Plamondon précise : « Il y aura moins de solos que dans *Starmania*, les chansons seront mieux intégrées à l'histoire et il y aura plus de liaisons chantées. » Bref, tout augure bien pour *La légende de Jimmy*.

Luc Plamondon et Michel Berger n'ont d'ailleurs pas lésiné sur la qualité visuelle et artistique du spectacle. Les médias affirment que *La légende de Jimmy* coûtera cinq millions de dollars. La couverture de presse est excellente : les télévisions françaises, canadiennes, italiennes et allemandes débarquent au Mogador capter des images des répétitions ; des reportages sont diffusés sur toutes les chaînes françaises ; le spectacle fait même la une de *France Soir*.

Mais un matin, quelques jours après le début des répétitions, Diane Tell apparaît sur scène avec le pull-over le plus décolleté qu'on puisse imaginer !

— Jérôme, tu me dis où je dois me placer.

Quand Savary aperçoit la chanteuse, il en a le souffle coupé ! Pendant un moment, il reste figé, incapable de bouger.

Ça y est, mon chien est mort, se dit Nanette.

À partir de ce jour, Savary devient obsédé par Diane Tell. Obnubilé, même. Sa mise en scène n'a qu'un seul but, désormais : mettre en évidence le talent de l'interprète !

— Tu étais superbe, Diane ! Tout à fait merveilleuse ! Les autres, par contre… Ah là là… Allez, allez, un peu de nerf, tout le monde… Et que ça saute ! Et que ça remue… Non, non, pas toi, Diane.

L'ambiance des répétitions change du tout au tout. Nanette n'est pas la seule à remarquer la nouvelle dynamique qui vient de s'installer. Jérôme Savary se révèle également un metteur en scène plutôt dur, qui ne se gêne pas pour imposer son autorité, allant jusqu'à humilier certains membres de la troupe. Tout le contraire de Tom O'Horgan à l'époque de *Starmania* !

— Mais où avez-vous appris à danser, bande d'abrutis ? Chez les culs-de-jatte ? Et vous autres, vous chantez comme des casseroles ! Allez, allez, on reprend… Non, non, pas toi, Diane. Tu étais for-mi-da-ble !

De plus, le spectacle est loin d'être au point. L'œuvre est composée au fur et à mesure que se déroulent les répétitions, ce qui donne la possibilité à Savary de mettre son grain de sel et, surtout, d'avantager Diane Tell. Chaque scène est repensée afin d'accorder encore plus d'espace à la chanteuse québécoise. Nanette laisse faire, tout comme les autres membres de l'équipe. Elle a tellement besoin de ce contrat, ce n'est pas le moment de se montrer difficile.

Pendant plusieurs jours, elle pile sur son orgueil, elle encaisse toutes les remarques de Savary, sans broncher.

— Allons, Nanette ! Un peu de classe, tout de même. Fais au moins un effort. Regarde Diane…

Savary a du pouvoir, il se plaît à en abuser. À un point tel que des danseurs demandent à Nanette pourquoi elle ne se plaint pas. Nanette hausse les épaules et répète, sans conviction :

— L'important, c'est le show.

Laissée à elle-même, ne pouvant compter sur l'appui du metteur en scène, qui l'humilie ou l'ignore totalement, Nanette se bat avec le rôle d'Angelica, plutôt triste et déprimant. Le personnage est inspiré par l'actrice d'origine italienne Pier Angeli, qui a eu une liaison avec James Dean juste avant sa mort, malgré l'opposition de sa famille. Après la disparition de Dean, elle sombre dans la drogue, sabote ainsi sa carrière et meurt d'une overdose de médicaments en 1971, à l'âge de trente-neuf ans – peu de temps après que Francis Ford Coppola lui eut promis un rôle dans *The Godfather*. Un rôle qui lui aurait peut-être permis de redémarrer sa carrière du bon pied.

Bref, rien de rigolo !

Nanette a trois scènes majeures dans le spectacle. La première est particulièrement évocatrice : lorsque le rideau se lève, le public découvre la diva assise sur la tombe de James Dean. Nanette chante alors : « Il avait hérité de la beauté, de la beauté du diable, il jouait son poker en solitaire les cartes sous la table... »

— STOP !

Nanette arrête de chanter. Se tourne vers Jérôme Savary, qui s'approche en se frottant les mains.

— J'ai une meilleure idée, Nanette.

Enfin, se dit la chanteuse. Il s'est remis à la mise en scène, celui-là.

— Au lieu d'ouvrir avec toi sur la tombe, tu vas interpréter la chanson devant le rideau fermé.

— *Devant* le rideau ?

— Quand tu auras terminé, le rideau s'ouvrira alors sur...

— Diane, évidemment.

— Voilà, t'as tout compris ! Allez, tout le monde en place, on reprend !

Cette fois, c'en est trop ! Sa meilleure scène, Nanette vient de se la faire réduire à... pas grand-chose. Savary a encore trouvé le moyen d'avantager Diane Tell. Maîtrisant difficilement sa colère, Nanette file vers sa loge.

— Nanette, que se passe-t-il ? s'écrie Savary.

Fuck him, se dit Nanette, qui l'ignore.

Assise devant le miroir, Nanette fulmine. Je rentre à Montréal, se dit-elle. J'ai besoin d'argent, mais pas à ce point-là.

— Nanette ?

Brigitte, l'assistante de Luc Plamondon, pénètre dans la pièce.

— Je démissionne, Brigitte. Je fais mes bagages. Je suis pas capable de travailler avec ce *fuckin' asshole* !

— Inquiète-toi pas. Je vais parler à Luc. Ça se passera pas comme ça.

Plamondon intervient auprès de Savary, qui doit revenir à la mise en scène originale. Mais désormais, Nanette se tient sur ses gardes. Jérôme Savary, elle s'en méfie plus que jamais !

36

Quand Serge Fiori arrive à Paris avec sa mère, il découvre une Nanette survoltée, débordée. Entre le théâtre et Jesse, elle ne sait plus où donner de la tête. Dès le départ, les rapports se raidissent entre Serge et elle. Le jour même de son arrivée, Nanette sort toute la soirée avec le producteur du show, laissant Serge en plan! Les jours suivants, la situation ne s'améliore pas. Serge est toujours aussi affectueux envers Nanette mais, depuis sa fameuse réplique dans ce café de Longueuil – « Es-tu sûre qu'il est de moi ? » –, l'attitude de Nanette à son égard est plus distante. Nanette, qui souhaitait se rapprocher de Serge au cours de son séjour à Paris, doit se rendre à l'évidence : sa passion pour lui a complètement disparu, alors que Serge semble plus amoureux que jamais !

Roch Saumure est témoin des tensions dans le couple, comme il avait été témoin, quelques mois plus tôt, de la détérioration des rapports entre Nanette et André.

La mère de Serge s'efforce de le distraire en visitant Paris avec lui. Mais Serge est incapable de se changer les idées. Il voit bien qu'il est de trop, mais il se dit que tout va s'arranger. Pourtant, il ne peut jamais se retrouver seul avec Nanette, occupée par un tas de choses. Les seuls moments où il peut la voir, c'est aux répétitions, au milieu de tout le monde.

Un jour, alors que Serge, sa mère, Roch et un ami l'aident à faire le lavage dans une buanderie, Nanette cherche Jesse du regard. L'enfant a disparu !

— Jesse !

Pendant de longues et douloureuses minutes, Nanette ne peut plus bouger, elle est figée sur place. La perte de son enfant, c'est ce qui peut lui arriver de pire.

— Il doit pas être loin ! s'écrie Serge.

Roch et les autres sortent dans la rue et se mettent à chercher dans toutes les directions. Hystérique, Nanette crie le nom du petit, en vain. Jesse a disparu ! Il a été kidnappé, peut-être ?

— Jesse !

Elle se traîne avec peine à l'extérieur de la buanderie. Dans la rue, personne. Elle hurle :

— JESSE !

Au tournant d'une rue, la mère de Serge aperçoit enfin le petit garçon. Il marche calmement sur le trottoir en direction de l'appartement. Fatigué d'avoir à attendre après les adultes, il a décidé de rentrer seul ! À trois ans…

Dès que Nanette l'aperçoit, elle se précipite vers lui. Le serre très fort dans ses bras. Elle respire de nouveau, le cauchemar est terminé.

— Me fais plus jamais ça, tu entends ? Jamais !

Le bambin se tait, surpris par l'émotion de sa mère.

— T'as compris ? demande Nanette.

Jesse sourit.

— Cadeau !

Pas de doute, le rôle difficile que Nanette répète a un impact sur son comportement. Elle veut se montrer fidèle au personnage de la diva, elle tente de se mettre dans la peau de cette actrice qui a ruiné sa vie par amour pour James Dean. Nanette trouve des similitudes entre son existence et celle de cette malheureuse, elle ne réussit pas toujours à faire la part des choses entre le rôle à jouer et sa vie personnelle. Ceux qui l'entourent écopent de son attitude, victimes eux aussi de son empathie pour le personnage.

Quand la chanteuse, épuisée, se réfugie dans sa chambre après sa longue journée de travail, Serge et Roch discutent ensemble pendant des heures au restaurant ou dans un bar des environs. Serge cherche à comprendre ce qui se passe. Il y a quelques mois, le couple était inséparable. Aujourd'hui, c'est à peine s'ils s'adressent la parole. Chaque fois que Serge risque une caresse, Nanette se dégage brusquement, comme si elle se trouvait devant un étranger. Chaque fois que Serge veut prendre Jesse dans ses bras, Nanette accourt pour lui enlever l'enfant. À quoi ça rime, tout ça?

« La priorité de Nanette était son travail, et non sa relation, se rappelle Roch. Elle ne comprenait pas pourquoi Serge n'acceptait pas son attitude. »

Sans le savoir, Serge se fait servir la même médecine que les autres hommes qui l'ont précédé dans le cœur de la chanteuse. Au lieu d'aborder directement le problème avec son chum, Nanette se rend désagréable, afin de le pousser à bout et l'inciter à faire ses bagages. Ne pouvant se résoudre à mettre un homme à la porte, elle s'arrange pour qu'il « disparaisse » de lui-même.

Paradoxalement, Nanette déteste être congédiée d'une relation. C'est arrivé une seule fois, d'ailleurs, avec Johnny Hallyday. Résultat: six heures de coma dans un hôpital parisien. Avec tous les autres, Nanette a été l'instigatrice de la rupture.

Serge rentrera à Montréal avec sa mère quelques semaines plus tard. Il reviendra à Paris, seul, pendant les représentations de *La légende de Jimmy*, mais sa relation avec Nanette ne s'améliorera pas, au contraire. Entre eux, c'est fini, même si la rupture officielle n'a pas encore eu lieu.

Nanette a pris l'habitude de faire le trajet à pied de son appartement au théâtre Mogador. Tous les matins, elle croise une mère avec son bébé, installés en face d'un magasin. Assise par terre, son enfant dans les bras, elle tend la main pour quelques pièces de monnaie. Le soir, quand Nanette sort du théâtre, la femme est encore là. Le soleil plombe sur la tête du bébé, couverte de pustules. Nanette juge cette scène insupportable. Elle donne de l'argent à la dame matin et soir, tout en la blâmant intérieurement de traiter ainsi son enfant. Elle ne peut souffrir les mauvais traitements qu'on inflige aux petits, par pauvreté, stupidité ou pour toute autre raison.

Un soir, la dame lui demande de garder le bambin pendant qu'elle va aux toilettes à l'intérieur du magasin. La première pensée qui traverse l'esprit de Nanette? Fuir avec l'enfant, pour le libérer d'une mère aussi indigne. Quand celle-ci revient, Nanette l'invite à entrer au Mogador. À l'intérieur, au milieu des employés du théâtre, elle demande à Brigitte d'appeler un médecin, il faut absolument soigner ce petit garçon. Tout le monde la regarde comme si elle était devenue folle.

— Ce sont des Tsiganes, explique un employé du théâtre. Quêter, c'est leur spécialité. Ils utilisent leurs enfants pour attirer la sympathie.

— Je m'en fous. Je veux un médecin !

Brigitte entre en contact avec un médecin canadien, installé à Paris, qui accepte d'examiner le petit. Et les autres membres de la famille ! Un mari et deux autres bambins profitent des largesses de Nanette. Celle-ci est dévastée par la situation déplorable de ces Roms, originaires de Roumanie. Elle prend leur sort à cœur. Elle envisage même de les faire immigrer au Canada, où elle pourra leur trouver du travail – et même les accueillir chez elle ! Elle demande à Roch de faire les démarches nécessaires auprès de l'ambassade.

La famille tsigane a compris qu'elle vient de rencontrer un bon – très bon ! – Samaritain. Chaque fois que Nanette sort du théâtre, on s'attache à elle, on lui réclame des sous, que la chanteuse ne peut refuser de donner. La situation dégénère et nuit à la performance de Nanette sur scène. Roch décide de prendre les choses en main. Il entre en contact avec un prêtre roumain, qui ordonne à la famille tsigane de cesser d'importuner Nanette. Un matin, quand elle arrive au théâtre, les Roms ont disparu.

Au fur et à mesure que progressent les répétitions, la production prend du retard, ce qui ajoute à la tension entre les membres de la troupe. Mais les médias, qui avaient boudé *Starmania* à sa sortie, en 1979, encensent cette fois le travail du duo Plamondon-Berger au moment de la première, le 22 septembre 1990. *France Soir* parle du « très beau lyrisme » de la musique de Michel Berger, sur des textes de Luc Plamondon, « qui jonglent divinement entre réalisme et onirisme avec une tendre acuité ». Au sujet de Nanette, le quotidien vante sa voix « ample et séduisante ». On souligne également la mise en scène « dynamique et spirituelle » de Jérôme

Savary. Pas de doute, on s'attend à un succès aussi grand, au moins, que celui de *Starmania*.

Cependant, malgré l'accueil chaleureux des médias, les spectateurs sont étonnés par le côté sombre de l'opéra. La présence de la mort semble déconcerter le public parisien, qui vit dans la crainte des attentats suscités par le début de la guerre du Golfe : Saddam Hussein a envahi le Koweït le 2 août. À Paris, l'armée française est partout présente, devant les ambassades, les ministères, sur les grands boulevards. Un climat de guerre alourdit l'atmosphère de la capitale. Dans les rues, les gens ne parlent que du conflit.

Autre problème : les spectateurs n'ont pas eu l'occasion de se familiariser avec les chansons du spectacle, comme ce fut le cas avec *Starmania*. Tel que prévu, le disque est lancé au moment de la création de l'opéra sur scène. De toute évidence, ce nouveau spectacle ne remportera pas le succès du précédent.

Soir après soir, Nanette interprète le rôle de la diva, qu'elle en vient à aimer, finalement. Mais les failles de *La légende de Jimmy* lui apparaissent de plus en plus flagrantes, au fur et à mesure des représentations. Si les paroles de Luc Plamondon sont à la hauteur de sa réputation, Nanette estime que la musique de Michel Berger, par contre, est loin d'atteindre le niveau de *Starmania*. Elle a l'impression que le compositeur, débordé de travail, n'a pas accordé l'attention nécessaire à l'ensemble des pièces qui composent l'opéra.

En ce qui a trait aux critiques, Nanette est la grande ignorée des médias français. À l'époque de *Starmania*, les journalistes n'en avaient que pour Fabienne Thibeault, aujourd'hui Diane Tell a la cote. Sans nier le grand talent de ces interprètes, Nanette se rend compte, encore une fois, qu'elle est victime du mauvais souvenir qu'elle a laissé aux Français à l'époque de Johnny Hallyday. Sauf en de rares occasions, la « briseuse de couple » doit se contenter d'entrefilets dans les journaux, parfois on oublie même de mentionner sa participation au spectacle.

Quelques jours après le début des représentations, Roch rentre au Canada. Afin de le remplacer, Michel Berger et France Gall proposent à Nanette d'engager leur ancienne nounou, une jeune fille très compétente, selon eux. Un matin, Nanette voit apparaître à l'appartement une bonne vêtue de façon traditionnelle : robe noire très sévère, tablier blanc, les cheveux en chignon, recouverts d'une coiffe. «Oui, madame, non madame», ne cesse de répéter la nouvelle venue, d'une voix doucereuse. Nanette ne peut supporter d'avoir ce «cliché ambulant» sous les yeux à longueur de journée!

— Tu vas me faire plaisir, veux-tu? Habille-toi comme tout le monde.

— Ce n'est pas l'usage, madame.

— *Fuck* l'usage! Je veux te voir en jeans et en tee-shirt!

— Dans mon métier...

— On dirait que tu sors d'un mauvais film français. Quand je te vois déguisée comme ça, j'ai juste envie de changer de poste...

— On dit chaîne, en France.

— *Get out of here!*

La bonne acquiesce à la demande, abandonne son costume de cinéma, mais se montre trop sévère pour Jesse, le «petit roi», et se révèle une horrible cuisinière! Chaque fois qu'elle apporte le potage à table, Jesse pique une véritable crise de nerfs.

— Ça suffit! Mange ta soupe! s'écrie Nanette, impatientée.

Sa cuiller à la main, Jesse refuse de bouger.

Nanette tente la manière douce. Elle goûte à la soupe, pour donner l'exemple à son fils. Il a raison: c'est infect!

— Jesse, *please*. Pour faire plaisir à maman...

— Cadeau!

37

Comme il lui arrive souvent au théâtre – ce fut le cas avec *How to Succeed in Business Without Really Trying* –, Nanette se lasse, après un certain nombre de représentations, de rejouer toujours les mêmes scènes, de réinterpréter sans cesse les mêmes chansons. Au bout de trois ou quatre mois, ses performances s'en ressentent. Elle ne joue plus avec la même spontanéité, elle est certaine que le public s'en rend compte. Avec *Starmania*, Nanette ne s'est pas ennuyée une minute. Ici, elle commence à trouver le temps long.

Depuis le début des répétitions, Nanette a remarqué un jeune homme qui ne cesse de l'observer à partir des coulisses. Chaque soir, il vient faire son tour. Il semble fasciné par son costume, par sa voix aussi. Et surtout par la chanteuse elle-même ! Il ne la quitte pas des yeux. Cet inconnu, Nanette l'a déjà vu circuler dans le théâtre. On lui a dit qu'il y travaillait. Grand, blond, les yeux bleus, il commence à l'obséder dangereusement ! Chaque fois qu'elle monte sur scène, elle s'attend à le voir apparaître, et il n'y manque jamais.

Un soir, alors qu'il pénètre dans son bureau, le jeune homme surprend Nanette en train de se changer derrière la porte.

— Oh, je suis désolé.

— Pas de quoi, *darling*. Je devrais aller dans ma loge, de toute façon. Mais ici, c'est plus court.

Le type reste là, figé. Il ne cesse d'observer la chanteuse.

— Moi, c'est Nanette.

— Je sais, je… Frédéric Gilles.

Sourires.

Et nouveau silence.

— Entre, lance Nanette. C'est ton bureau après tout ! Fais comme si j'existais pas.

Bien entendu, Frédéric continue d'observer Nanette, qui s'amuse de son intérêt.

— Si c'est pour rester planté là, tu peux peut-être me donner ma chemise.

— Euh…

— Ma chemise, juste là !

Frédéric s'exécute.

— *Well*, c'était ben le fun de te rencontrer. À la prochaine…

Nanette sort de la pièce, laissant Frédéric abasourdi.

Âgé de vingt-huit ans, Frédéric Gilles a eu une enfance difficile, passée au milieu des voyous. S'il a réussi à se sortir de la délinquance, comme il l'expliquera plus tard à Nanette, c'est grâce à sa sœur, propriétaire de Coquelicot, une importante entreprise de produits pour salles de spectacle – tee-shirts, disques et autres gadgets. Le théâtre Mogador est l'un de ses clients. Du bureau que Nanette a utilisé comme loge, Frédéric s'assure que les produits sont disponibles, et de renouveler les stocks, si nécessaire.

Mais ce boulot, c'est un travail alimentaire. Le jeune homme écrit des chansons, joue au théâtre et est un excellent joueur de hockey ! Il a même fait partie de l'équipe olympique de France. Il veut devenir comédien professionnel ; il aimerait aussi faire une carrière de chanteur.

De jour en jour, Nanette ne manque pas de saluer Frédéric, qu'elle voit rougir comme un adolescent depuis leur rencontre impromptue. De toute évidence, Nanette s'intéresse à lui. Ce qui l'empêche de faire les premiers pas et de s'engager davantage : la différence d'âge. Frédéric a dix-sept ans de moins qu'elle !

Le jeune homme n'a pas les mêmes réticences, même s'il avouera plus tard avoir eu « peur de passer pour un gigolo ». Un soir, il prend son courage à deux mains malgré sa timidité et invite la chanteuse à venir boire un verre au China Club, un bar situé tout près du théâtre, après la représentation.

Nanette accepte. Le beau Frédéric, elle l'a déjà dans la peau !

Le lendemain, le jeune homme retrouve Nanette dans sa loge, avant le spectacle. Il lui remet le texte d'une chanson dont il lui a parlé la veille. Elle lui fait la bise pour le remercier. Frédéric s'écarte et la regarde droit dans les yeux, puis :

— *Why don't you give me a real kiss this time ?*

Surprise de Nanette. Il n'est pas si timide après tout, ce jeune homme !

Dès lors, le couple est inséparable. Le premier Français avec qui Nanette noue une relation depuis Johnny Hallyday. Un matin, à son appartement, quand Nanette ouvre les yeux, elle aperçoit le petit Jesse debout à la porte de la chambre. À ses côtés, dans le même lit, Frédéric se réveille aussi. Jesse s'avance, il n'a jamais vu cet homme dans le lit de sa mère.

— Jesse, je te présente Frédéric, lance Nanette.

Un long moment, Jesse observe Frédéric, puis il détale vers sa chambre. Il en revient quelques instants plus tard, les bras remplis de jouets, qu'il veut montrer au nouvel ami de sa mère !

— T'as eu de beaux cadeaux, s'exclame Frédéric.

— Prononce jamais ce mot-là devant lui, réplique Nanette, sinon t'es dans le trouble !

À Noël, pendant la relâche, Nanette, Jesse et Frédéric sont invités chez Brigitte, à la campagne. Durant la soirée, les amoureux ne se quittent pas un seul instant, ignorant les gens autour d'eux. À un moment donné, Jesse s'approche, saisit les têtes de sa mère et de son nouvel amant et... les réunit ! Un bon présage pour Nanette et Frédéric.

À la fin des représentations, au début de 1991, Nanette rentre à Montréal avec Jesse. Elle appelle Serge Fiori et lui demande de venir les chercher à l'aéroport. Depuis les deux désastreuses visites de Fiori à Paris, le couple a gardé contact, surtout par lettres – des lettres de plus en plus « froides ». Mais après Noël, alors que Nanette tombait follement amoureuse de Frédéric, les lettres ont cessé. Serge s'est mis à se douter, avec raison, que Nanette avait rencontré quelqu'un d'autre.

Serge retrouve une Nanette transformée : avec ses cheveux courts, elle a un look tout à fait différent. Pour lui, ses doutes sont confirmés : il y a un autre homme dans sa vie.

Quelques jours plus tard, Nanette débarque à Longueuil, en route vers un studio de télé pour l'enregistrement d'une émission. Elle demande à Serge de venir la rejoindre dans son auto, dans le parking de sa maison.

— J'ai pas le temps de descendre. Mais il faut qu'on se parle, toi et moi...

Dans la voiture, Nanette lui confie qu'il vaut mieux mettre un terme à leur relation.

— J'ai l'intention d'aller vivre à Paris.

— Ah bon ? s'étonne Serge.

Mais Nanette ne donne pas d'explications sur son amour soudain pour la France.

— Et puis, ajoute Nanette, on est rendus tellement différents, toi et moi. Vaut mieux en rester là.

— Comment ça, *on* ? C'est toi qui as changé ! Moi, je suis toujours le même.

Blessé, désemparé, Serge descend de l'auto et rentre à la maison. Il a l'impression que Nanette se débarrasse de lui comme s'il n'avait jamais compté pour elle. Serge est perplexe face à son attitude. Au cours des mois suivants, il s'enferme dans le silence et la tristesse.

Se sentant coupable, Nanette tente à plusieurs reprises de lui téléphoner, mais Serge refusera de reprendre contact. Ses messages téléphoniques, jamais il ne les retournera. Ses lettres, jamais il n'y répondra.

Un jour, Nanette réussit à joindre la mère de Serge, qui lui fait clairement entendre que son fils ne veut plus rien savoir d'elle. Inutile d'insister... Serge a l'impression d'avoir été trahi. Une blessure dont il ne pourra guérir avant plusieurs années.

Il est prévu que Frédéric ira visiter Nanette dans quelques semaines. Tous les jours, et parfois même deux fois par jour, les amoureux se parlent au téléphone. Des conversations qui s'éternisent, et qui leur coûtent le prix de quelques voyages en Europe ! Au cours du printemps, Nanette tente de reprendre la promotion de *Changement d'adresse*, qu'elle a dû interrompre au moment de son départ pour la France. Elle s'appuie sur la chanson *Je t'emmène*, qui tourne beaucoup à la radio. Mais cette fois, elle ne peut compter sur Serge Fiori pour l'épauler.

En avril 1991, Nanette retourne à Paris passer deux semaines avec Frédéric. Ce qu'elle a avoué à Serge, c'est la vérité : elle ne souhaite pas rester au Québec en permanence. Son dernier séjour lui a redonné le goût de la France. Même si elle juge avoir obtenu moins de couverture médiatique que les autres vedettes de *La légende de Jimmy*, elle estime qu'il s'agit du bon moment pour tenter d'y relancer sa carrière solo et de se faire connaître dans d'autres secteurs. Grâce à Frédéric et à sa sœur, qui ont leurs entrées à Paris, Nanette a eu des offres pour jouer dans un film. Elle a d'ailleurs passé une audition pour un rôle important. Nanette est également en pourparlers avec un producteur de disques. L'important, c'est d'être sur place, afin d'éviter d'être oubliée par le public, ce qui est arrivé chaque fois qu'elle a quitté la France. Malheureusement, aucun de ces projets ne se matérialisera.

Au terme de son séjour, voyant qu'elle n'a pas d'autre choix que de rentrer au Québec, Nanette est triste de partir toute seule. D'être encore une fois séparée de son amoureux.

Un soir, Nanette et Frédéric jouent au billard. Nanette s'écrie :

— Et si on faisait un pari ?

— Quel genre ?

— Si je gagne la partie, tu me fais un enfant, lance Nanette.

Frédéric sourit.

— D'accord. Mais si c'est moi qui gagne, on se marie.

— *All right*, rétorque Nanette en rigolant.

Frédéric gagne la partie !

En juin, *Hebdo Vedettes* annonce à la une : « Un jeune amant français pour Nanette Workman. » C'est ainsi que Serge Fiori obtient confirmation de la véritable raison qui a provoqué la rupture entre Nanette et lui. Déçu, il lui enverra une longue lettre quelques mois plus tard, pour lui dire, encore une fois, à quel point il l'a aimée et l'aime encore, malgré tout ce qu'elle lui a fait. Il ne cesse de penser à elle et à Jesse, et il leur souhaite tout le bonheur possible, même si ce bonheur l'exclut.

Quand elle reçoit la lettre, Nanette est envahie par la tristesse. Elle se sent encore une fois coupable d'avoir tout bousillé. De s'être comportée aussi durement. Ce n'était pas nécessaire d'agir ainsi avec Serge, avec qui elle a tant partagé. Mais il y a maintenant Frédéric, pour qui bat son cœur.

En 1988, peu après la naissance de Jesse, Nanette avait acheté un bar, à Howick, tout près d'Ormstown – La Diligence –, en s'associant à deux autres partenaires, un couple propriétaire d'une ferme dans les environs. L'objectif de Nanette, à l'époque : se renflouer – elle était dans la dèche, encore une fois. Pour réunir les fonds nécessaires, Nanette avait hypothéqué sa maison de nouveau, ce qui lui avait permis d'investir trente mille dollars dans l'entreprise. Le reste de l'argent venait de ses partenaires, et de la banque qui s'était engagée dans l'affaire.

Dès le début, Nanette prend goût à l'aventure. Elle se rend à La Diligence deux ou trois fois par semaine. Elle y chante parfois le week-end, avec des amis musiciens, devant une clientèle de fermiers. Mais après quelques mois, le projet tourne au désastre. Ses deux associés, qui détiennent à eux seuls la majorité des parts, refusent de souscrire aux projets de rénovation de la chanteuse, destinés à rendre le bar plus attrayant. De plus, ils décident de réinvestir tous les profits dans le remboursement du prêt bancaire obtenu pour l'ouverture de l'établissement. Résultat : Nanette se voit priver des sources de revenus qu'elle anticipait.

Peu après son retour de Paris avec Frédéric, sans emploi encore une fois, Nanette essaie de faire entendre raison à ses partenaires. Elle a besoin d'argent, elle veut récupérer une partie des profits qui lui reviennent de droit. Ses associés refusent mais lui proposent une solution de rechange : pourquoi ne travaillerait-elle pas comme serveuse au bar ? Nanette est furieuse. Elle a mis des milliers de dollars dans l'opération, et la voilà obligée de jouer les barmaids dans son propre commerce pour joindre les deux bouts ! Néanmoins, elle n'a pas le choix.

Le matin, Nanette se lève tôt pour conduire Jesse à la garderie, puis elle se rend à La Diligence faire l'inventaire et se préparer à accueillir les premiers clients – plutôt rares... Le bar est plus ou moins populaire. Les villages environnants sont surtout anglophones, on ne connaît pas Nanette, la chanteuse vedette. Régulièrement, elle se trouve aux prises avec une bande d'ivrognes. Roch Saumure, qui lui rend visite avec Frédéric Gilles, la trouve très courageuse de faire un tel travail. Et pour si peu d'argent. Ses revenus dépassent à peine le salaire minimum, et ils servent entièrement à payer les frais de gardienne et le remboursement de sa fameuse hypothèque.

Afin d'accroître l'achalandage, les partenaires de Nanette décident alors de transformer l'établissement en restaurant et d'y servir des repas toute la journée. S'efforçant de garder le sourire auprès de la clientèle, Nanette rage. Elle a consacré sa vie à la musique pour en être réduite à travailler comme serveuse. Elle se dit qu'on a abusé de sa crédulité, de sa méconnaissance du monde des affaires. C'est sa maison qu'elle risque de perdre, maintenant, dans cette opération commerciale catastrophique. Cette fois, elle a l'impression d'avoir vraiment atteint le fond du baril, d'autant plus que Frédéric est incapable de l'aider. Sans permis de travail, il ne peut trouver de boulot.

Découragée, talonnée par la banque qu'elle ne peut rembourser, Nanette fait venir ses deux partenaires chez elle. Elle a une proposition à leur soumettre. Elle leur demande – les supplie ! – de racheter ses parts afin qu'elle puisse être libérée de son investissement. Au bord de la crise de nerfs, Nanette attend la réponse de ses associés. Mais ils refusent, sans même sourciller. Nanette éclate en sanglots. Elle est prise au piège.

Après leur départ, Frédéric tente de consoler Nanette.

— Ils ont le droit d'agir ainsi ?

— C'est de ma faute. J'aurais jamais dû leur faire confiance !

— Je peux demander à ma sœur de t'avancer un peu de fric.

— Non, non.

Nanette soupire. Mais une idée germe dans sa tête.

Vendre la maison ? Déclarer faillite ?

Il y a une meilleure solution. Mais elle demande beaucoup de cran, beaucoup d'audace.

Nanette ne cesse d'y songer pendant le souper.

Oui, pourquoi pas?

Tard ce soir-là, une fois Frédéric au lit, Nanette compose le numéro de téléphone de ses partenaires. D'une voix résignée, elle dit:

— Je m'excuse de vous déranger si tard. Vous vous en êtes rendu compte, je me sens pas à l'aise dans le monde de la restauration. *I don't understand this business.* Alors, je préfère me retirer…

— Pas question! On en a discuté cet après-midi. Un *deal*, c'est un *deal*.

— *Wait*… J'ai parlé à un de mes amis, à Montréal. Je lui ai proposé de lui vendre 51 % de mes parts afin qu'il puisse contrôler mon investissement. Il est d'accord.

Les associés de Nanette ne sont pas très enthousiastes. Mais si ce changement ne modifie en rien leurs projets à l'égard du bar, pourquoi pas?

— Et c'est qui, l'ami en question?

— *Oh, a wonderful guy.* Il s'appelle Joseph Di Maulo. Vous avez peut-être déjà entendu parler de lui? Il a une longue expérience des bars et des night-clubs. Il est vraiment emballé par l'idée d'investir en région.

Un long, très long silence à l'autre bout de la ligne.

Pas de doute, la réputation de Di Maulo s'est rendue jusqu'à Howick!

Nanette entend un toussotement. Puis:

— Finalement, à bien y penser, ce serait préférable qu'on s'arrange entre nous.

— Tout à l'heure, vous avez dit que…

— Oui, oui, mais… On a changé d'idée.

Nanette raccroche. *Yesssss!*

Bien entendu, Nanette n'a jamais parlé à Di Maulo de ses ennuis. N'empêche, un peu de *name dropping* de temps en temps ne peut pas faire de tort! Dès le lendemain, Nanette a récupéré tout l'argent investi dans l'aventure – sans les intérêts, par contre. Elle s'empresse de rembourser son hypothèque à la banque. Retour à la case départ, mais au moins, grâce à son subterfuge, ses dettes sont effacées.

38

Beatryce raccroche le combiné et se tourne vers Ernie. Bien installé devant le téléviseur, il regarde la fin du bulletin de nouvelles. Les Américains et leurs alliés viennent de gagner la guerre du Golfe. Ils hésitent à s'aventurer plus loin en Irak pour déloger Saddam Hussein. À l'écran, des puits de pétrole flambent.

— *Believe it or not, your daughter's getting married!* Notre fille va se marier !

— *Again?*

Depuis vingt-cinq ans, Nanette a annoncé – et même préparé ! – son mariage à plusieurs reprises. C'est presque devenu un *running gag* chez les Workman.

— *This time, it's for real, she says.*

— Plus tard, Beatryce. Je regarde les nouvelles.

Cette noce, Beatryce et Ernie y croient si peu qu'ils renonceront à se rendre à Ormstown pour l'événement. Quand le mariage avec Angelo a été annulé à la dernière minute, en 1976, ils avaient déjà acheté et fait parvenir les cadeaux à Pierrefonds. Si ça se trouve, le nouveau fiancé va prendre peur, lui aussi. Pas question de tomber dans le panneau encore une fois !

— *Who's that guy, again?*

— *Some French man.*

— *Oh, well…*

Finalement, Ernie et Beatryce enverront un chèque de mille dollars à leur fille, avec une lettre qui se termine par : « *Good luck,*

Nanette ! » Ses parents savent bien qu'au cours de sa vie Nanette n'a jamais été capable de garder un homme plus longtemps que deux ans. Marié ou pas, ça ne fera pas de différence, selon eux.

Nanette désire que Frédéric se sente à l'aise à l'idée de se marier.

— Tu sais, Fred… C'était juste un pari. *If you want*, on peut se contenter de vivre ensemble.

— Non, non. Je t'aime. Je veux me marier avec toi.

Le mariage a lieu le 27 juin 1991, au palais de justice de Valleyfield. Cérémonie intime à laquelle les médias ne sont pas conviés, suivie d'une réception dans un hôtel de Châteauguay. Nanette est vêtue d'une jolie robe rose pâle. Frédéric, lui, porte un veston de style cowboy et des mocassins indiens. Malgré la pluie qui ternit la cérémonie, Nanette est heureuse. À quarante-cinq ans, elle accomplit enfin ce dont elle a rêvé toute sa vie : épouser l'homme qu'elle aime.

Aux médias qui s'interrogent sur leur différence d'âge, Frédéric rétorque : « Il faut savoir casser des frontières et des préjugés. Tu dois vivre ta vie et faire ce dont tu as envie. C'est ce que j'ai fait. » Nanette ajoute que Jesse a joué un rôle important dans leur décision. « Pour mon fils de quatre ans, Fred c'est comme un grand frère ou un ami. Il sait qu'il n'est pas son père et leur relation est très bonne. Ils s'apprécient tous les deux et ils ont beaucoup de plaisir ensemble. »

Leur vie à tous les trois est qualifiée de « paisible » par Nanette. « Ils s'aiment simplement et sans complication », rapporte un journaliste. Frédéric, qui vient d'obtenir son permis de travail, tente de percer dans le milieu québécois du cinéma et de la télévision. Il fait un peu de publicité, de la figuration également, dans des émissions comme *L'or du temps* et *Scoop*. Plus tard, il obtiendra un rôle majeur dans *15 février 1839* de Pierre Falardeau. Il n'a pas abandonné la chanson : trois de ses compositions se retrouvent sur le premier album de Stephanie Biddle.

Cette période marque une pause pour Nanette. Le métier de chanteuse ne semble plus être une priorité. L'arrivée de Jesse et la présence de Frédéric à ses côtés lui donnent de nouveaux champs d'intérêt. Quand on l'interviewe, c'est davantage pour parler de son expérience de mère, de l'éducation de son enfant, de son abandon des drogues, que de ses projets dans le domaine de la musique. Ce ne sont plus uniquement les médias artistiques qui s'intéressent à elle, mais la presse dite féminine pour qui Nanette représente un modèle, un exemple, mais aussi un « fantasme » : elle vit et s'est mariée avec un homme beaucoup plus jeune, elle est devenue mère sur le tard, sans compromettre son indépendance, sans trahir sa *rock'n'roll attitude*.

Jesse grandit peu à peu. Au début, Nanette passait des nuits blanches, non pas parce qu'il réclamait son attention, mais simplement pour le regarder dormir et admirer ce petit être qu'elle avait conçu. Comme toutes les mamans, elle s'émerveille de ses mots d'enfant, de ses réactions naïves au monde qu'il découvre. Il s'exprime en anglais avec sa mère, mais tient à parler français avec son père. Au retour de France, Jesse donne même à André des leçons de vocabulaire : « On ne dit pas fille, mais gonzesse ! » Nanette songe-t-elle à l'intéresser, éventuellement, à une carrière artistique ? Peut-être, mais Jesse n'est pas très chaud à l'idée. À cinq ans, il veut devenir dentiste ! « Merci mon Dieu, réplique sa mère, en riant. Ça va me coûter moins cher. J'ai passé la moitié de ma vie dans les cabinets de soins dentaires ! »

La maison d'Ormstown devient pour Nanette le centre de son univers, son refuge, non seulement pour son mari, son fils et elle-même, mais aussi pour tous les animaux qu'elle recueille, les chats surtout – dont plusieurs sont les descendants des chats que lui a remis Mario Côté, plusieurs années plus tôt. « Chaque automne, dit-elle, je soupçonne mes chats de faire du recrutement auprès des autres chats du coin, en les incitant à venir hiberner chez moi, où il fait chaud et où on mange à sa faim. » La chanteuse ne se contente pas de les nourrir et de leur offrir un toit. Quand ils sont malades ou blessés, elle les emmène chez le vétérinaire.

Pour les chiens, c'est différent. Jesse est allergique, alors Duchess, son Rottweiller – 60 kg ! – et Wiley, un « surprenant mélange de chien et de coyote » blessé par une voiture et que Billy a récupéré, vivent sous le porche, à l'entrée de la maison, dans une immense niche.

Cet amour inconditionnel des animaux, Nanette le nourrit depuis des années, depuis qu'elle est toute jeune, en fait. Depuis Rebel, le premier de la liste, il y a toujours eu des chiens dans la maison d'Arbor Hill Drive. À une certaine époque, Nanette songeait même à devenir vétérinaire. Sa vie s'est orientée autrement, mais Nanette a toujours conservé son attitude protectrice à l'égard des animaux.

André Gagnon raconte qu'un jour, en voiture avec lui, Nanette aperçoit un chat mort sur le bord de la route, qui avait probablement été heurté par une auto. Sans rien dire, Nanette immobilise sa voiture. Ouvre le coffre arrière. Et en retire une petite valise, dans laquelle se trouve une paire de gants, qu'elle enfile, et un sac de plastique. Nanette s'approche du chat, le prend dans ses mains et le glisse dans le sac. Elle le referme et le dépose dans le coffre de la voiture.

— Peux-tu m'expliquer ce que tu fais? demande André, intrigué, quand Nanette s'assoit de nouveau derrière le volant.

— Même les chats ont droit à une sépulture décente.

Ce n'est pas la première fois que Nanette se livre à un tel exercice. La valise toute prête indique bien qu'elle a l'habitude de recueillir les animaux morts sur le bord des routes…

Quelques instants plus tard, au fond de son terrain, Nanette creuse la tombe du chat.

— Il y en a combien comme ça, autour de la maison? demande André.

Elle sourit.

— Je ne sais pas. J'ai arrêté de compter.

Nanette pousse très loin son amour des animaux. Un jour, elle achète une chèvre à Jesse. La bête s'installe dans la maison, avec eux, comme s'il s'agissait d'un animal domestique! La cohabitation ne peut durer très longtemps, évidemment. Obligés de confier la chèvre à un fermier des environs, Nanette et Jesse retournent la voir, un jour. Soudain, sans prévenir, la chèvre charge Jesse, qu'elle projette dans les airs. Nanette réagit aussitôt! Après s'être assurée que Jesse n'est pas blessé, elle… charge la chèvre à son tour et se met à la frapper à coups de poing! On ne touche pas à Jesse!

Cette existence champêtre sans histoire, banale, presque, n'est pas tout à fait le reflet de la réalité. Encore une fois, les problèmes d'argent se font cruellement sentir. Les quelques contrats obtenus par Frédéric ne permettent pas à la famille de s'en sortir. Les économies accumulées par Nanette lors de son séjour en Europe sont épuisées depuis longtemps. Côté musique, c'est le calme plat même si, au printemps 1992, Nanette est choisie pour interpréter avec Dan Bigras la chanson thème du 350e anniversaire de Montréal, *Un bateau dans une bouteille*, écrite par le poète et romancier Christian Mistral.

Découvert par le rocker Gerry Boulet en 1983, Dan Bigras a enregistré en 1990 son premier album *Ange animal*, et s'apprête à récidiver avec *Tue-moi*, sur lequel Nanette sera choriste en compagnie, entre autres, de Luce Dufault et Isabelle Boulay. Une participation amicale de la chanteuse. Dan Bigras devra « user de stratagèmes » pour l'obliger à accepter d'être payée, même si sa situation financière est précaire.

En lisant le journal local, un matin, Nanette apprend qu'on cherche une vendeuse d'équipements agricoles dans un magasin de Huntingdon. Pourquoi pas ? Nanette s'y pointe sans trop se faire d'illusions, mais elle affirme au propriétaire du commerce qu'elle s'y connaît dans le domaine de la vente – elle a été barmaid dans son propre établissement, à Howick. Le propriétaire l'engage aussitôt et voilà Nanette vendeuse de semences, d'outils aratoires, d'articles de jardin et autre matériel agricole, même si elle ne connaît rien à ce domaine ! Étant donné que la clientèle du magasin est surtout anglophone, peu de gens la reconnaissent ! Mais, parfois, des clients s'étonnent :

— Vous ressemblez à la chanteuse, là, c'est quoi son nom, déjà ?

— Nanette Workman…

— C'est ça ! Vous avez la même voix, en plus. On a dû vous le dire souvent.

— Tous les jours, madame.

Ce métier permet à Nanette de joindre les deux bouts, comme on dit, mais elle n'a pas mis de côté sa carrière d'interprète. En novembre 1992, Nanette remonte sur scène pour la version montréalaise de *La légende de Jimmy*, présentée à la Place des Arts. La première québécoise du show a lieu quelques mois après la mort de Michel Berger, à Ramatuelle, le 2 août.

Cette fois, la distribution est entièrement québécoise : Nanette se joint à Bruno Pelletier, Luce Dufault et Yves Jacques. Contrairement à son expérience parisienne, la préparation de cette nouvelle édition de l'opéra s'est déroulée de façon harmonieuse. « Je ne fais pas juste jouer sur scène avec d'autres chanteurs, nous sommes vraiment devenus des amis », déclare-t-elle. À la fin de la première, Luc Plamondon rend hommage à Michel Berger en apparaissant sur scène alors qu'une photo géante du compositeur est projetée derrière lui.

L'accueil du public et des critiques est élogieux. Pour Manon Guilbert du *Journal de Montréal*, les quatre personnages « étonnent par leur aisance à rendre si efficacement la portée dramatique ». La journaliste encense particulièrement Nanette et Yves Jacques, « qui réussissent à faire des liens sublimes ». « Éblouissant ! » s'exclame sa collègue Denise Martel. *La Presse* est du même avis. Le spectacle est meilleur qu'en France, grâce notamment à une mise en scène plus fluide, mais surtout à la performance des interprètes, en particulier Nanette. « Il faut admettre que Nanette Workman est excellente, rien de moins, écrit Marie-France Léger. La voix rauque qu'on lui connaît, les pauses, tout dans son allure colle merveilleusement au personnage du véritable amour de James Dean. Nanette est la plus à l'aise et celle qui a la complicité de la salle. » La journaliste Francine Julien, du *Soleil*, parle de « régal pour les oreilles et pour les yeux ». Elle ajoute : « Sans vouloir porter ombrage aux deux jeunes premiers, Nanette Workman et Yves Jacques sont les vraies vedettes du show. »

Le spectacle voyage ensuite dans le reste du Québec, pour une trentaine de représentations au total. Nanette renoue avec le public, mais la fin de la tournée la met de nouveau aux prises avec son avenir professionnel. Pourtant, c'est sur le plan personnel que les choses se précipitent. Frédéric s'absente du Québec régulièrement pour retourner travailler en France, et ce, pour des séjours qui se prolongent de plus en plus. Pas de doute, la relation de Nanette avec le jeune Français n'est plus aussi passionnée qu'à ses débuts. Alors qu'à l'époque de leur mariage, la différence d'âge n'était pas un facteur déterminant, aujourd'hui Nanette trouve difficile de vivre avec un homme aussi jeune, parfois immature dans son comportement. Dans la maison, il agit comme un adolescent à qui il faut dire de se grouiller, de se ramasser, de baisser le son de la télé... Quelques mois à peine après son mariage, Nanette s'est surprise à penser : qu'est-ce que j'ai fait là ?

Frédéric aimerait chanter, faire carrière lui aussi. Il croyait que Nanette pourrait l'aider à percer dans le milieu québécois de la musique. Mais ses efforts ne donnent rien. Pourtant, le jeune Français ne désespère pas. De l'intérieur de la maison, Nanette le voit répéter des chansons dans l'auto, magnétophone à la main. Devant tant d'acharnement, elle n'a pas le courage de lui dire de renoncer, de se concentrer plutôt sur son charisme d'acteur, sur ses talents de comédien. Nanette se rend compte qu'elle s'est mariée avec un beau rêveur.

À cette époque, la chanteuse tente de développer un projet d'émission à caractère musical, dont le concept est le suivant : réunir à l'écran, une fois par mois, des vedettes québécoises et du Canada anglais. Une émission consacrée à tour de rôle à divers genres de musique : rock, folk, jazz, classique, etc. Le titre suggéré : *Sans frontières*. Radio-Canada est intéressée par l'idée.

Un matin, un producteur téléphone à Nanette et lui propose de la rencontrer pour en discuter. Après avoir raccroché, elle monte au deuxième étage de sa maison, où Frédéric, toujours sans emploi, suit un match de hockey à la télé.

— Tu veux me rendre un service, Fred ?

— Hum hum, répond-il, un peu blasé.

— J'aimerais ça que tu gardes Jesse. Je dois aller à Radio-Canada pour un rendez-vous.

Aucune réponse de Frédéric.

— Fred ?

— Ouais, ouais... dit-il, exaspéré, en levant les yeux, comme s'il s'agissait de la pire des corvées !

Cette réaction d'agacement, Nanette ne peut la pardonner à Frédéric. Elle a l'impression qu'il n'en a rien à faire de Jesse. Le service qu'elle lui demande, il s'en fout royalement. Pour Nanette, c'est le moment de rupture, celui qui marque la fin de leur relation. Le mariage annulé à la dernière minute par Angelo, la question inappropriée de Serge, la réplique de Steve à sa demande en mariage… Chaque fois, ces réactions inattendues, surprenantes, indiquent à Nanette qu'il est temps de mettre un terme à la relation.

Nanette redescend l'escalier sans rien dire, prend Jesse par la main et l'emmène chez deux amies, à Ormstown. Frédéric, c'est fini. Leur amour est mort ce jour-là.

Peu de temps après, Frédéric rentre en France reprendre son boulot chez Coquelicot, avec sa sœur. Le divorce sera prononcé cinq ans plus tard.

Comme il lui est arrivé quelques années plus tôt, cette nouvelle rupture incite Nanette à regarder derrière elle, à revenir sur les relations qui ont jalonné sa vie. Et plus particulièrement sa liaison avec Morgan. De tous ses anciens chums, c'est le seul avec qui elle éprouve des difficultés à maintenir des liens – en plus de Serge Fiori. Depuis qu'elle a mis la main sur son numéro de téléphone, elle lui a parlé à quelques reprises et lui a fait parvenir ses disques. Morgan a répondu de temps à autre – notamment pour lui révéler qu'il était de nouveau célibataire – mais il n'a jamais pris l'initiative de l'appeler et de lui donner de ses nouvelles. Si Nanette ne faisait pas les démarches, elle n'aurait aucun contact avec son ancien amoureux.

Peu après le départ définitif de Frédéric, Nanette se risque de nouveau.

— *Hey, Morgan, this is Nanette.*

— *Yes…*

Nanette dénote une certaine froideur dans sa voix. Elle appelle à un mauvais moment, peut-être.

— *No, no, it's all right…*

Elle lui demande s'il a reçu son dernier disque, celui de *La légende de Jimmy*, « *a show I was part of, in France* ».

— *I guess it's around here somewhere*, réplique-t-il, d'une voix indifférente, un peu ennuyé.

Un long silence, comme s'il attendait qu'elle raccroche. Mais Nanette lance :

— *Why do you treat me like this, Morgan ?*

— *You know why, you broke my heart.* Tu m'as brisé le cœur.

— *That was so many years ago !*

— *It still hurts every time you call me.*

De toute évidence, Morgan n'a toujours pas pardonné à Nanette d'avoir préféré New York et une carrière professionnelle à la vie de famille qu'il lui proposait. Il est toujours en peine d'amour, plus de vingt-cinq ans après la rupture! Nanette, c'était la femme de sa vie, et il ne peut accepter le fait qu'elle ait choisi de vivre la sienne loin de lui.

Après un long silence, il ajoute:

— *Don't call me again, Nanette. Please...*

39

Au grand désappointement de Nanette, son projet d'émission de variétés ne verra jamais le jour à Radio-Canada, mais Peter Au, producteur et réalisateur au réseau CTV, approche la chanteuse pour lui proposer d'être la tête d'affiche d'un spécial d'une heure : *Nanette Workman : Start Again*. Enregistrée au Métropolis le 23 avril 1993, diffusée le 30 juin, l'émission fait un survol de la carrière de l'artiste, du Mississippi jusqu'au Québec, en passant par Londres et la France. Au programme, des chansons récentes mais aussi des extraits de *Starmania* et de *La légende de Jimmy*. Autour de Nanette, Billy, bien sûr, Scott Price, Jimmy Tanaka, Sylvain Bolduc, Pierre Hébert – des vétérans de la tournée de *La légende de Jimmy*.

Du 16 juin au 18 septembre, Nanette revient à Saint-Tite, où a été tourné *Mustang*, pour jouer dans la comédie musicale *Western fatal* aux côtés de Marc Gélinas. Avec France Castel, Michel Rivard, Gildor Roy et plusieurs autres, elle participe également à l'enregistrement d'un album hommage à Jacques Brel pour le quinzième anniversaire de sa mort. Nanette y interprète *Ne me quitte pas*.

Ce sont des contrats ponctuels, qui rapportent peu. Au fil des semaines, attendant vainement que sonne le téléphone, la chanteuse constate qu'elle a perdu le goût non pas de la musique, mais de ce qui gravite autour : la business et ses exigences. Après tant d'années dans l'industrie, revoilà Nanette encore une fois sans argent. Et sans perspectives d'avenir. Elle a maintenant quarante-sept ans. Et si c'était le moment de changer de vie, de tout reprendre autrement ? se dit-elle.

Afin de pouvoir honorer ses engagements pour la tournée de *La légende de Jimmy*, Nanette a dû abandonner son travail de vendeuse de matériel agricole. Cette fois, par le biais d'une amie – Lise Cardinal – chez Re/Max, à Valleyfield, Nanette s'intéresse au courtage immobilier. À l'été 1993, elle s'inscrit dans une école spécialisée, à Montréal, suit les cours requis et obtient ensuite sa licence d'agent immobilier. À l'automne, Nanette loue un espace aux bureaux de Re/Max à Valleyfield et se met à la chasse aux clients. Bientôt, devant quelques maisons à vendre des environs d'Ormstown et Howick, Nanette plante la pancarte habituelle, avec sa photo. Nanette, souriante, confiante, invite les acheteurs potentiels à lui téléphoner.

L'un des premiers à se manifester : Normand Brathwaite, à la recherche d'une maison dans les environs. Ce sera le premier contrat de Nanette, son premier *deal*. Brathwaite répétera par la suite à son émission de radio qu'il a acheté une maison de Lady Marmelade !

Le boulot d'agent immobilier n'est pas de tout repos, Nanette ne tarde pas à s'en rendre compte. Il lui faut travailler à des heures inhabituelles, se montrer toujours disponible, être au bout du fil chaque fois qu'on a besoin de ses services. Nanette n'a plus de temps à consacrer à Jesse. Et puis, ses dépenses sont élevées : coûts de location du bureau, papeterie, publicité, essence… Mais Nanette s'engage à fond dans ce nouveau métier. À un certain moment, elle s'occupe d'une trentaine de propriétés.

Un jour, un couple entre en contact avec Nanette. Un homme et une femme dans la cinquantaine, qui désirent mettre leur maison en vente. Elle est trop grande, trop difficile à entretenir. Nanette comprend leurs préoccupations, et elle les rassure : il s'agit d'une propriété de qualité, située dans un endroit calme, près de tous les services. Ils n'auront aucun problème à trouver un acheteur rapidement. Au cours de l'après-midi, Nanette discute avec le couple des différents aspects de la transaction à venir. Un travail fastidieux, qui implique la préparation de nombreux documents. Elle visite l'endroit en détail, prend les mesures des pièces. À la fin de la journée, quand vient le temps de signer son contrat, Nanette remarque tout à coup les réticences du couple. Qu'est-ce qui se passe ?

— Vous ne voulez plus vendre ?

— On aimerait y penser…

— Y penser ?

— On n'est pas sûrs, vous comprenez.

— Mais pourquoi m'avoir fait remplir tous ces papiers ? lance Nanette, en dissimulant mal sa frustration.

Un long silence.

Après un moment, la femme avoue, l'air coupable :

— On voulait seulement passer l'après-midi avec Nanette Workman.

Depuis quelques semaines, dans son bureau d'agent immobilier, en attendant que se pointent les clients, Nanette songe à un projet qui lui tient à cœur : réenregistrer ses grands succès avec de nouveaux arrangements, à la façon ZZ Top, l'un de ses groupes préférés. Et de Jesse aussi. À six ans, il se passionne pour la musique rock, en particulier pour celle de Jimi Hendrix ! Jesse a commencé l'école. Tous les jours, Nanette l'y conduit, avant de se rendre au boulot à Valleyfield.

Ce projet d'album ne cesse de lui trotter dans la tête. Tout en leur gardant un rythme entraînant, Nanette veut dépouiller ses anciennes chansons de leur sonorité disco. Transformer *Compte sur moi* ou *Donne donne*, par exemple, en chansons rock.

Une approche qui pourrait peut-être désarçonner ses fans, se dit-elle. Mais Nanette n'a plus rien à perdre. Malgré les efforts de Daniel Malenfant, tout le monde semble l'avoir oubliée, ou du moins la considérer comme une artiste finie, une *has been*. Si je dois terminer ma carrière ainsi, aussi bien le faire en m'amusant, se dit-elle. Ce nouvel album, c'est la dernière chance qu'elle se donne dans l'industrie de la musique.

En 1983, au moment de la sortie de *Call-girl*, Nanette a fait la connaissance de Pierre Tremblay, qui s'occupait de promotion. Elle a voyagé avec lui à la grandeur du Québec pour promouvoir le disque, elle a été impressionnée par la qualité de son travail. Depuis,

Tremblay s'est lancé en production en créant Disques Double. On lui doit *Rendez-vous doux* de Gerry Boulet – près de 400 000 exemplaires vendus ! – et *Dans la peau* de Marie Carmen, dont l'adaptation de *L'aigle noir* de Barbara connaît un grand succès.

Nanette lui donne un coup de fil.

— Pierre, je veux faire un disque avec toi.

Quand la chanteuse lui explique son concept, Tremblay est emballé. « Pierre est un rocker, explique Nanette. Je savais qu'en lui confiant le projet, il pourrait le mener à terme, parce qu'il aime ce genre de musique. » L'album, Nanette le réalise avec une vieille connaissance : Johnny Hagopian, qui a heureusement renoncé au tir à la carabine ! Malgré les moments douloureux qu'il lui rappelle, Nanette considère Hagopian comme un excellent musicien. Elle recrute également Billy à la guitare, le bassiste Jack August Geisinger, Serge Gratton à la batterie, mais aussi Mara Tremblay au violon. En 1993, Nanette a été touchée par sa prestation avec les Colocs à l'ouverture du Gala de l'ADISQ, où Nanette était présente pour recevoir un Félix au nom de l'équipe de *La légende de Jimmy*.

Le titre de l'album est déjà choisi : *Rock & Romance*. Il ne comporte qu'une seule chanson inédite – *Pretty Boy* – et neuf anciennes « modernisées », adaptées au goût du jour. « Ce disque, je l'ai fait pour me plaire à moi », dira Nanette.

Après le lancement de *Rock & Romance*, Nanette participe à l'émission *Sonia Benezra*, entre autres pour en faire la promotion. Entourant la chanteuse, son frère Billy et plusieurs autres musiciens qui ont travaillé avec elle, mais aussi Luc Plamondon et Tony Roman, rentré de Los Angeles pour l'occasion.

Le *buzz* est bon, comme on dit, mais le public suivra-t-il ?

Au mois de mai, Nanette se produit pendant quatre soirs au Club Soda, avec cinq musiciens et deux choristes. « Toute de noir vêtue, jeans moulant et chandail à effet tatouage, elle bouge et se déplace sur scène comme à l'époque où elle était la reine du disco », raconte la journaliste Marie-Ève Adam. Pendant la première partie du show, le public est attentif, un peu trop calme, peut-être même sceptique. Mais Nanette ne tarde pas à convaincre tout le monde de la qualité et de la pertinence de son travail. Se succèdent *Lady*

Marmelade, *Danser danser* et d'autres succès. Bientôt, les spectateurs se trémoussent sur leurs sièges, conquis par l'énergie de la chanteuse et de son *band*! La salle se transforme en une vaste piste de danse. «Un rock qui déménage, une voix qui envoûte et des mélodies intemporelles qui nous ramènent en arrière tout en nous projetant en avant», ajoute la journaliste. «Notre Tina Turner à nous! s'exclame Marie-Christine Blais dans *La Presse*. Tout comme Tina, Nanette a une classe folle, une aristocratie naturelle, un port de reine du rock.»

Pour plusieurs, ce que Nanette livre au public, devant des salles combles, c'est le plus beau show de rock qu'ait connu le Club Soda depuis la prestation de Gerry Boulet en 1989.

Le soir de la première, Tony Roman est sur place. Il se précipite vers Nanette pour la féliciter.

— Qu'est-ce que tu dirais si on allait en ville, fêter ça? Comme dans le temps!

— *Sorry, Tony, I can't*, répond Nanette. Faut que je me lève de bonne heure pour aller reconduire Jesse à l'école!

Surprise de Tony, qui doit s'incliner. Dorénavant, dans la vie de Nanette, Jesse est la priorité.

Devant le succès de ces spectacles, après un autre show au Spectrum en juin, Nanette démarre une tournée qui durera plusieurs mois. C'est le «rocktour de Nanette Workman», clame la publicité. Partout au Québec, on accueille l'artiste avec chaleur. Pas de doute, on avait hâte de revoir la chanteuse! «La scène lui appartient d'un bout à l'autre. Elle est heureuse d'y être et son plaisir se communique», commente le journaliste Didier Debusschère, après le passage de Nanette au Capitole, à Québec.

Mais la tournée n'est pas de tout repos pour Daniel Malenfant. De plus en plus, Nanette attire les motards, qui craquent pour la belle Américaine. À chacun des shows, ils se pressent au pied de la scène. Loin de les décourager, Nanette s'amuse de leur engouement à son égard. D'autant plus que la chanteuse adore les motos. Elle a été porte-parole du dernier Salon de la moto, au Stade olympique, elle ne cache pas sa fascination pour les longues balades en Harley-Davidson. Et les motards savent qu'elle aime les *guns* et qu'elle adore tirer. Nanette fait partie de leur gang!

« Un soir, raconte Daniel, le propriétaire d'un magasin de motos s'est installé pour dormir devant la porte de la chambre de Nanette. Il y a passé toute la nuit, afin d'être près de son idole et de la protéger, si nécessaire ! »

Le retour de Nanette sur disque – longtemps attendu, lui aussi – est également bien accueilli par la critique et le public. La nouvelle version de *Donne donne* se hissera à la huitième place du palmarès francophone. Et *Ce soir on m'invite*, en douzième position. Mais CKOI hésite à faire jouer les chansons de Nanette ! Selon Pierre Tremblay, de Disques Double, qui dénonce la situation, CKOI trouve que Nanette est trop rock'n'roll et pourrait provoquer des… accidents !

Au Gala de l'ADISQ 1994, *Rock & Romance* obtient le Félix du meilleur album rock de l'année. Lors de la présentation d'un autre Félix, celui remis à Francis Cabrel, Luc Plamondon en profite pour rendre hommage à Nanette, suscitant une formidable ovation de l'auditoire. Nanette dira : « Ce trophée confirme que les Québécois sont des vrais, des rockers comme chez nous dans le sud des États-Unis. C'est pour ça que je suis restée ici. »

Une chose est sûre : avec *Rock & Romance*, Nanette a comblé ses fans !

Le soir du 21 janvier 1995, au retour de Québec, Nanette roule en direction de Montréal, où elle doit rencontrer Johnny Hagopian à son appartement de Ville LaSalle. Depuis deux semaines, à la suite d'un court séjour à Jackson, Nanette a repris la route avec *Rock & Romance*. La veille, avant son spectacle, elle a téléphoné à Jesse chez son père juste avant d'entrer en scène, pour lui souhaiter bonne nuit. Une fois le show terminé, au lieu de rentrer à Ormstown, elle a pris un verre avec les musiciens, puis elle a gagné sa chambre d'hôtel. Nanette a peu dormi, cette nuit-là, comme c'est le cas chaque fois qu'elle se trouve loin de Jesse. Maintenant, elle a hâte de rentrer à la maison, où elle a déménagé son bureau d'agent immobilier afin de réduire ses dépenses – elle a conservé quelques dossiers malgré la reprise de sa carrière de chanteuse. Après avoir vu Hagopian, Nanette ira récupérer son fils chez André et le ramènera à la maison.

Sur l'autoroute, près de Montréal, son portable sonne. C'est son voisin, Doug Lang.

— *Hi, Doug! What's up?*

— *I've got bad news for you*, dit-il d'une voix qu'il s'efforce de garder calme.

Inquiète, Nanette attend la suite.

— *Your house is on fire!*

40

Cette épaisse fumée qui s'échappe de sa maison, Nanette l'aperçoit de la route principale. Dans le chemin de campagne qui mène chez elle, c'est l'enfer. Même les flammes sont visibles de loin. Les pompiers aussi, qui s'affairent à maîtriser l'incendie. Voisins et badauds se sont approchés. C'est la deuxième fois que la maison de Nanette flambe. Et cette fois c'est la pire, à en juger par l'épaisseur de la fumée et le nombre de pompiers à l'œuvre.

Bouleversée, Nanette stoppe sa voiture. Doug Lang s'approche. C'est lui qui a découvert l'incendie et alerté les pompiers. À ses côtés, Jean-Luc Bergevin, le fils d'un autre voisin. À chaque absence de Nanette, Jean-Luc vient passer la nuit à la maison pour s'occuper des chiens et des chats et s'assurer que tout est en ordre. Jamais Nanette ne laisse la maison vide quand elle s'absente. Secoué, l'adolescent baisse les yeux.

— Les animaux, balbutie Nanette. Duchess, Wiley...

Ses douze chats, ses deux chiens.

— Où sont-ils ?

Duchess, la femelle rottweiler, a réussi à s'échapper du brasier, elle n'a aucune blessure. Wiley n'a pas eu cette chance : handicapé au bassin et à la patte, son pelage était à moitié brûlé quand Doug l'a sorti de son enclos. Billy – qui est accouru peu après le début du sinistre – et Roch Saumure – il habite tout près, maintenant, dans le village d'Ormstown – se trouvent chez le vétérinaire, avec

Wiley et un chat que Doug a aussi réussi à sauver. Mais le vétérinaire devra provoquer la mort de ces deux animaux pour leur éviter de souffrir davantage.

Nanette se dirige vers la maison comme un zombie. La charpente est encore debout, mais l'intérieur n'est qu'un amas de poutres brûlées et de briques noircies.

— *Nanette, stop! Don't go there…* s'écrie un pompier.

La chanteuse l'ignore. Elle ne pense qu'à une chose : ses autres animaux, les autres chats. Un deuxième pompier s'approche, il veut l'empêcher d'avancer davantage. Doug Lang la rejoint.

— *We couldn't save the cats. It's too late, now…*

Nanette retrouvera leurs corps calcinés le lendemain, dans la cave.

La maison qu'elle habite depuis 1977 est une perte totale. Disparus, les vêtements et les objets personnels de Nanette, et ceux de Jesse. Des lettres, des photos, de précieux souvenirs accumulés au fil des ans. Ses instruments de musique, des enregistrements – les bandes maîtresses de *Changement d'adresse*, entre autres. Tout le contenu de son bureau Re/Max également. Ce qui n'a pas été détruit par l'incendie l'a été par l'eau. Ne fut épargné qu'un petit espace, dans la chambre à coucher, où se trouve le *gohonzon*, l'autel bouddhiste que Nanette utilisait pour son *chanting*. Située juste à côté de la maison, la grange n'a pas subi de dommages non plus, grâce à l'intervention rapide des pompiers.

Devant l'ampleur du désastre, Nanette fond en larmes. C'est ainsi que Billy et Roch la découvrent quelques instants plus tard, au retour de chez le vétérinaire. Ils tentent de la consoler, de l'encourager, mais Nanette ne réagit pas. Assaillie par la douleur, en état de choc, elle s'est enfermée dans son monde, d'où elle ne sortira pas avant plusieurs heures.

Quand les pompiers sont sur le point de se retirer, il ne reste plus de la maison que des ruines, d'où s'échappe encore de la fumée. Roch s'approche de Nanette.

— Y a plus rien à faire. Inutile de rester ici.

Mais Nanette ne veut pas quitter les lieux.

— Viens, Nanette. Tu peux dormir chez moi.

Nanette n'écoute pas, n'écoute plus. Quand tout le monde prend congé, finalement, Nanette reste seule devant le désastre. Elle monte dans sa voiture, démarre le moteur, mais ne se résigne pas à partir.

À Montréal, son amie Sylvie Boucher reçoit son appel en pleine nuit.

— Ma maison a brûlé, Sylvie. Il reste plus rien !

— Oh, non... T'es où ?

— Dans mon auto, dans la cour.

— C'est insensé ! Faut pas rester là !

Nanette ignore son conseil, le même que tous ses proches lui donnent quand elle les appelle pour leur apprendre la triste nouvelle. Au cours de la nuit, un ami de Roch Saumure vient lui porter du chocolat et la supplier de rentrer dormir... Mais Nanette refuse de bouger. Au petit matin, elle est toujours recroquevillée dans son auto, devant les ruines de sa maison qu'elle aimait tant.

Quelques semaines plus tard, une fois l'enquête terminée, le chef des pompiers apprendra à Nanette la cause de l'incendie. La même que la fois précédente : un problème électrique, peut-être suscité par l'action d'un rongeur qui se serait attaqué à l'enveloppe d'un fil. Jean-Luc racontera à Nanette qu'en quittant la maison, ce matin-là, il a laissé dans le salon une lampe allumée, afin que Nanette ne trouve pas la maison dans le noir à son retour. Il est possible qu'un des chats ait renversé la lampe en question, placée à l'endroit même où se sont déclarées les flammes, selon le chef des pompiers – ce qui aurait pu causer l'incendie. Une scène que Nanette avait vue en rêve quelques nuits auparavant.

Les jours suivants, Nanette doit parer au plus pressé : trouver un endroit pour s'installer temporairement. Les parents de Jean-Luc louent à Nanette une maison dans le village voisin de Saint-Pierre, où Jesse pourra prendre l'autobus scolaire tous les matins.

Nanette ne peut retenir ses larmes chaque fois qu'elle passe devant les ruines de sa maison, en ramenant Jesse de l'école. Un jour, son fils lui dit :

— Arrête de pleurer, *mom*. C'est juste des choses qu'on a perdues.

Jesse a raison. À part les animaux, les dommages ne sont que matériels. Et le matériel, ça se remplace. Même si la prime d'assurance se révèle insuffisante en regard des pertes encourues, Nanette peut amorcer la construction de sa nouvelle demeure. André Gagnon lui réfère un ami architecte, qui en dessine les plans. Afin de pouvoir conserver le souvenir de son ancienne maison, Nanette récupère plusieurs briques noircies par l'incendie, les nettoie et les utilise pour le mur de la pièce principale. Au mois d'août 1995, le rez-de-chaussée est terminé, Nanette et Jesse peuvent enfin y emménager.

Ses amis n'ont pas oublié Nanette. La peintre Marlene Deutcher lui offre des tableaux qu'elle pourra utiliser pour la décoration de sa nouvelle maison. Mario Côté lui donne un chat, un magnifique mau égyptien « qui n'a peur de rien ». Jackie Marcil, du refuge pour animaux Shangri-La, lui remet un bobtail japonais « qui a une drôle de queue ». Nanette ajoute : « C'est la première fois que j'ai des chats de race et je les adore ! » Par des dons similaires, les autres amis de Nanette l'aident à repartir à neuf.

À l'été 1995, alors qu'elle habite encore à Saint-Pierre, pendant qu'on termine la reconstruction de sa maison, Nanette prend une décision majeure : avoir recours à la chirurgie esthétique. Elle y pense depuis plusieurs mois, sans jamais avoir osé franchir le pas. « Je ferai ce métier tant et aussi longtemps que j'en retirerai du plaisir, a-t-elle souvent répété à ses proches. Mais si un jour l'image que je projette ne me plaît plus, je vais arrêter. » Depuis un bon moment, Nanette n'aime pas se voir à la télé et craint les photos prises sur le vif. « Certaines d'entre elles étaient si horribles que j'aurais voulu fuir la ville sur-le-champ ! » confiera-t-elle. Elle se dit : si j'ai réellement l'air de *ça*, j'arrête aussitôt !

Or, Nanette n'a pas l'intention d'abandonner sa carrière. Elle affirme que l'opinion des autres n'est pas un facteur déterminant dans son choix d'avoir recours à la chirurgie, mais depuis quelque temps elle en a assez de se faire demander : « T'es sûre que ça va, t'as l'air fatiguée, es-tu malade ? » Pourtant, à la base, c'est pour elle, pour son propre bien-être, qu'elle a recours au lifting. « Je veux continuer de chanter, je ne veux pas renoncer au métier, pas tout de suite. »

L'incendie qui vient de ravager sa maison est également un élément important dans sa décision. Ce drame l'oblige à faire table rase du passé et à tout reprendre. « *Start again, we pick up the pieces, and we start again* », chante-t-elle.

Une amie lui refile le nom de son chirurgien, le docteur Robert Taché, qui l'examine. Nanette a hérité de son père Ernie un visage osseux. Pour cette raison, la chirurgie ne sera nécessaire que dans le bas du visage et dans le cou, lui dit le médecin. « C'est le premier endroit qui tombe chez la femme – à part les seins, mais ça j'en ai pas », précisera Nanette en riant. Par la même occasion, Nanette a décidé aussi de se faire enlever les poches sous les yeux.

Quelques jours avant l'intervention, Nanette a cependant des doutes. « Et si je ne me ressemble plus ? s'inquiète-t-elle. Et si l'opération tourne mal ? » Roch Saumure et Mario Côté tentent de la rassurer. Cette chirurgie, elle en parle depuis des semaines. Elle s'est documentée, elle s'y est préparée mentalement. Elle a confiance en son médecin. Maintenant, il faut foncer.

Roch la conduit à la clinique, où elle passera la nuit. Nanette est très nerveuse, on lui administre des calmants afin de la préparer au lifting.

Mais tout se déroule sans anicroche.

Le lendemain de l'opération, quand elle se réveille de l'anesthésie et qu'on lui retire les bandages, Nanette a un choc : sa peau est marquée, le contour de ses yeux est noirci, comme si elle avait reçu un coup. Mais, surtout, elle ne se ressemble pas ! Son visage est étiré, en plus d'être rigide au toucher… Nanette se sent défaillir.

— C'est tout à fait normal, lui explique le docteur Taché. Il vous faut du temps, maintenant, pour récupérer. Dans un mois, votre visage sera parfait, il n'y aura plus aucune trace de l'opération.

— Vous êtes certain ?

Le médecin la sécurise : elle a une peau qui cicatrise facilement, idéale pour le genre d'intervention qu'elle vient de subir. Dans quelques semaines, la peau de son visage aura retrouvé sa souplesse.

Le docteur Taché a raison. Au cours de sa convalescence, que Nanette passe à l'abri du public et des médias, les marques de l'opération s'estompent. Quand elle reprend le boulot, ensuite, les réactions sont d'abord discrètes : Nanette a l'air reposé, plus en forme, comme si elle revenait de vacances.

Le docteur Taché lui a conseillé des exercices.

— Chanter, par exemple. Chanter fort. Du rock'n'roll…

— Ça permet de garder fermes les muscles du visage ?

— Eh oui !

Les premiers mois, Nanette garde le secret au sujet de l'intervention chirurgicale. Mais, bientôt, les médias commencent à « spéculer » sur le visage de Nanette. On s'interroge publiquement : a-t-elle, oui ou non, subi un lifting ? Des photos « avant » et « après » sont publiées. La réaction de Nanette : continuer de nier. Mais à sa deuxième intervention chirurgicale – il y en aura trois en tout –, elle doit se faire une raison : impossible de cacher la vérité. Les gens ne sont pas naïfs, lui rappelle Roch Saumure. Ce qui risque de se produire chez son public : qu'on la traite de menteuse, comme ces vedettes américaines qui nient l'évidence jusqu'à en être ridicules. Finalement, Nanette décide d'être franche à ce sujet. Elle n'ira pas au-devant des questions, mais ne les évitera pas non plus.

Au cours des années suivantes, elle ne cachera jamais son recours au Botox et autres produits. « Mon dermatologue, le docteur Alain Dansereau, me donne des traitements au Botox trois fois par année, pour faire disparaître les plis sur mon front et sur les côtés de mes yeux », confiera-t-elle à plusieurs journalistes, féminins surtout, fascinées par son « éternelle jeunesse ». Le docteur Dansereau lui prescrit également du Restylane, pour atténuer les plis de chaque côté de la bouche. Nanette a aussi recours au photorajeunissement, une méthode qui permet d'améliorer la texture, la qualité et le tonus de l'épiderme grâce à des lampes flash qui agissent sur la couleur et l'épaisseur de la peau. Nanette précise : « Le but, ce n'est pas de paraître trop jeune. Je veux juste avoir l'air en forme, reposée. »

Un an plus tard, Nanette subit une nouvelle opération, une liposuccion des hanches cette fois. Elle explique : « Ç'a été douloureux pendant une semaine, mais on s'en fout. Avoir un enfant, c'est douloureux, mais ça ne nous arrête pas. » Une troisième intervention aura lieu en 2006, toujours avec le docteur Robert Taché.

Curieusement, Nanette ne se soucie pas de son apparence dans sa vie de tous les jours. Roch Saumure a raconté comment elle l'avait accueilli à Ormstown, la première fois. Et comment elle s'était transformée en « Nanette Workman » pour lui faire plaisir. Mario Côté raconte qu'un jour il est sorti magasiner avec Nanette, qui s'était habillée « relax », loin de l'image qu'elle donne à la télé ou sur scène. Au moment de payer, la jeune vendeuse, qui ne l'a pas reconnue, s'exclame en regardant sa carte de crédit :

— C'est drôle, vous portez le même nom que la chanteuse.

Mario Côté lui jette un regard, l'air de dire : c'est effectivement *la* chanteuse...

La jeune fille, confuse, rougit. Nanette s'empresse de la mettre à l'aise. Tout en signant sa carte de crédit, elle lance :

— C'est incroyable, mademoiselle, ce que ça peut faire, du *make-up* !

Satisfaite de son travail avec Pierre Tremblay sur *Rock & Romance*, Nanette décide de poursuivre sa collaboration avec lui. Cette fois, elle a envie d'un album entièrement en français, composé de pièces originales, écrites lors d'un séjour à Paris au début de l'année. Mais elle souhaite également dénicher de nouveaux textes, découvrir de nouvelles mélodies. Maintenant âgée de quarante-neuf ans, Nanette cherche à se renouveler – ce qu'elle a fait toute sa vie, c'est le fil conducteur de sa carrière, finalement.

Un jour, Pierre Tremblay lui fait entendre une chanson – *Le temps de m'y faire* – d'un auteur-compositeur français, Gildas Arzel. Originaire d'Alsace, Arzel s'est joint au Marseillais Érick Benzi avec qui il a créé le groupe Canada, avant de s'associer à Jean-Jacques Goldman. Mais Arzel est surtout connu comme parolier : Florent Pagny, Roch Voisine – *Jean Johnny Jean* sur son album *Coup de tête* – et même Johnny Hallyday ont interprété ses chansons.

Emballée par la pièce d'Arzel, Nanette demande à Pierre Tremblay d'entrer en contact avec l'auteur-compositeur, qui se montre ravi de pouvoir collaborer à un disque de Nanette. « Quand elle m'a demandé de faire un album, j'étais vachement content, dira Arzel ; c'est la plus grande chanteuse rock du monde ! »

Gildas Arzel, Érick Benzi et Jacques Veneruso écrivent la plupart des chansons du disque *Une à une*, à partir des souvenirs, des impressions, des feelings de Nanette. Celle-ci passe une semaine avec les trois paroliers, qui transposent en poésie, en chanson et en musique les grands moments de sa vie. Le contact avec les trois Français est excellent. *Dans mes yeux noirs* – « mon sang est plus rouge que le tien », chante Nanette – est inspirée de son ascendance amérindienne, *Une à une* – « J'ai bien connu des soirs de folie » – raconte sa vision des différentes étapes de sa vie. Et *Jesse*, bien sûr, parle de son fils adoré : « C'est toi qui m'as donné la vie, mon enfant… »

Réalisé par Érick Benzi, le disque est enregistré à Paris. Autour de Nanette, l'équipe de musiciens de l'album *D'eux*, de Céline Dion, pour lequel Benzi a aussi écrit une chanson. Nanette et Gildas Arzel se payent également un duo, *Sauve-moi*, dont le compositeur français dira : « Deux voix plus éraillées, tu meurs… »

Pierre Tremblay suggère à Nanette d'engager à titre de gérant l'avocat Pierre Rodrigue, qui deviendra l'année suivante président de l'ADISQ. Nanette est désolée de devoir se séparer de Daniel Malenfant avec qui elle a travaillé plusieurs années, mais elle accepte la suggestion. D'après Tremblay, Rodrigue a des contacts en Europe. Si Nanette veut y promouvoir sa carrière, Rodrigue est l'homme de la situation.

Le disque est lancé en février 1996. « Le nouveau Nanette, dit-on dans le communiqué de presse, a la finesse et la robustesse des chansons fortes en bouche et douces à l'oreille. »

Les médias sont unanimes : il s'agit d'un excellent cru. Le public suit, entiché par trois chansons de l'album, *Une à une*, *Celui que je veux* et *Le temps de m'y faire*, qui devient pendant un an l'une des chansons francophones les plus jouées au Canada. En Europe également, *Le temps de m'y faire* séduit, on entend la chanson partout. À certains endroits, elle est même plus populaire que celles de Céline Dion.

Nanette est certaine de faire un peu de fric, cette fois, mais Pierre Tremblay la ramène sur terre. Les coûts de production ont été élevés. Le disque ayant été enregistré en France, les frais de déplacement et de location de studios sont plus importants que d'habitude.

— Attends, s'indigne la chanteuse. Ça veut dire que tout le monde qui a voyagé entre Montréal et Paris l'a fait à mes frais ?

— Écoute, Nanette…

— Oui ou non ?

— Dans ton contrat, c'est clair : tu commences à toucher des redevances après la récupération complète des coûts de production.

Bref, le refrain habituel. Faute d'avoir prêté une attention plus grande au libellé de son contrat, Nanette – qui regrette de ne pas avoir gardé Daniel Malenfant à ses côtés ! – réalise que le producteur avait la liberté totale de dépenser, sans qu'elle ait son mot à dire.

— Pour produire un disque de cette qualité, il a fallu y mettre le prix.

— Mais il a joué partout en Europe !

— Les ventes ont pas suivi. Tu fais pas d'argent, moi non plus.

Encore une fois, comme ce fut le cas si souvent au cours de sa carrière, Nanette est obligée de reprendre la route pour mettre à profit la popularité de son nouvel album. Mais elle voyage la rage au cœur. De nouveau, l'industrie du disque lui apparaît comme un immense piège, une cage en fait, où les artistes ressemblent à des hamsters qui font tourner la roue pour des *peanuts*.

Cette impression compromet la suite de sa collaboration avec Gildas Arzel. Celui-ci est intéressé à réaliser un autre album avec Nanette, à condition qu'elle vienne s'installer en France pour deux ans. Selon lui, c'est la seule façon d'être connue là-bas, la seule façon de s'assurer du succès commercial de son prochain disque. André Gagnon, à qui Nanette parle de cette proposition, est d'accord avec Arzel. Pour percer en France, il faut s'y installer, Arzel a raison – c'est ce que Jean-Pierre Ferland, des années plus tôt, avait conseillé à Tony et à Nanette lors de leur passage à Paris. Mais Nanette n'est pas prête à tout quitter pour tenter l'aventure.

— Tu es connue là-bas, lui rappelle André. Le public t'apprécie.

— Sauf celui de Sylvie Vartan !

— C'est de l'histoire ancienne. Donne-toi une chance, Nanette. Une *vraie* chance.

— Paris m'énerve. Les villes en général, de toute façon.

— Alors installe-toi à la campagne. Avec le TGV, tu peux gagner facilement la capitale.

Mais la chanteuse refuse. Elle ne peut se résigner à abandonner la quiétude d'Ormstown. Selon Serge Fiori, Nanette a peur du succès, tout simplement : « Chaque fois qu'un projet, qu'un disque, par exemple, est sur le point de marcher et de devenir très gros, Nanette a le réflexe de changer de direction. » Daniel Malenfant partage son avis : « De toutes les chanteuses dont je me suis occupé, c'est la seule qui n'est pas affamée de succès. Elle adore chanter, oui, mais elle ne veut faire aucun compromis dans le but d'avoir une carrière internationale. »

« Tout le monde rêve Nanette, soutient André Gagnon. On veut toujours la voir plus grande, plus célèbre qu'elle est réellement. On projette en elle nos propres espoirs, nos propres aspirations, nos propres intérêts musicaux. On aimerait qu'elle soit devenue autre chose que ce qu'elle est aujourd'hui. »

Peu importent les raisons, quand elle prend la route avec *Une à une*, Nanette jure que cette fois-ci, c'est la dernière. On ne l'y reprendra plus, à accepter les yeux fermés ce qu'on lui raconte. Depuis le début de sa carrière, Nanette a été victime de sa bonne foi, maintenant c'est fini.

Nanette prend également une décision : si jamais elle refait un autre disque, ce sera en anglais.

Pourtant, l'année 1996 marque le début d'une intense activité pour Nanette. Âgée maintenant de cinquante ans, jamais elle n'a autant travaillé depuis le début de sa carrière. Aux journalistes qui lui demandent la raison de cette boulimie, Nanette explique qu'elle n'a pas d'homme dans sa vie pour la première fois depuis des années. À part Jesse, elle est seule, elle s'absorbe dans le travail afin d'oublier sa solitude. Curieusement, à un âge où on commence à « ralentir la machine », Nanette accélère la cadence.

Un soir, le téléphone sonne à Ormstown.

— Nanette ? J'aimerais te rencontrer. J'ai quelque chose à te proposer.

Luc Plamondon ?

Tony Roman, plutôt !

— *Hey, Tony, how you doin'* ?

— *I'm a film producer, now.*

41

Revenu une fois pour toutes de Los Angeles après avoir travaillé à des musiques de films de série B – dont les thrillers *Smoothtalker* et *Double Obsession* avec Margaux Hemingway – et au développement de scénarios qui n'ont jamais vu le jour, Tony Roman s'est associé au producteur de films René Malo. À Los Angeles, Tony a eu l'idée d'un scénario intitulé *Ladies Room*, qui sera réécrit par plusieurs auteurs. L'origine du projet est nébuleuse. Tony a pondu une première version, mais l'idée de base, affirme-t-il à Nanette au téléphone, aurait ensuite fait l'objet d'une « tentative de vol » par Aaron Spelling, l'un des producteurs de télévision les plus importants de Hollywood – *Dynasty*, *The Love Boat*, *Charlie's Angels*...

— C'est pas plutôt l'inverse ? demande Nanette, sceptique.

— J'ai jamais rien volé à personne !

— *Come on, Tony...*

— *Anyway*, quand Spelling a voulu aller de l'avant avec son show basé sur *mon* idée, je l'ai averti que je le traînerais en cour. Spelling a pris peur.

— *Tony, please. Cut the crap...*

— Ça t'intéresse, oui ou non ?

— Si c'est pour jouer une pute, *forget it* !

— Mieux que ça. Une actrice lesbienne.

Nanette soupire.

— Et ça raconte quoi, ton film ?

377

Avant d'entrer en scène, lui raconte Tony, une star de Broadway est obligée de se préparer dans les toilettes des femmes parce que sa loge est inondée. Elle y retrouve sa jeune partenaire, qui rêve de la remplacer, non seulement dans la pièce, mais aussi dans le cœur de son mari... La star est jouée par Lorraine Bracco, sa partenaire par Greta Scacchi. Dans le rôle d'un millionnaire italien : John Malkovich, mais il n'intervient que dans la deuxième moitié du film, qui raconte une tout autre histoire.

Nanette ne suit pas très bien, mais avec Tony, elle a l'habitude !

Au cours de sa carrière, les expériences de Nanette au cinéma se sont révélées décevantes. Dans ce domaine comme ailleurs, sa naïveté lui a joué de mauvais tours. Mais elle adore le métier de comédienne et ne refuse aucune offre « décente ». Depuis quelques mois, elle suit des ateliers de jeu avec Warren Robertson, un émule de Lee Strasberg. En 1996, Nanette a été approchée par Claude Fournier lors de la mise en œuvre de la comédie *J'en suis*, mettant en vedette Roy Dupuis et Patrick Huard. Nanette y a joué le rôle de Sandy Klein, au milieu d'une brochette d'autres acteurs, dont Charlotte Laurier, Albert Millaire, France Castel et Arielle Dombasle.

Tony continue de décrire son film :

— Pour parler *fancy*, précise-t-il, *Ladies Room,* c'est une sorte de comédie romantique qui plonge au cœur de la féminité.

Nanette ne peut s'empêcher de sourire.

— T'es sûr que t'as vraiment écrit ça ?

— Voyons, Nanette... J'écris dix heures par jour. J'arrête pas une minute.

Décidément, se dit Nanette, il ne changera jamais, celui-là !

Coproduction avec la Grande-Bretagne, la réalisation de *Ladies Room* a été confiée à Gabriella Cristiani, collaboratrice de Bernardo Bertolucci à titre de monteuse depuis plusieurs années. Cristiani a d'ailleurs remporté un Oscar en 1987 pour le montage du film *The Last Emperor*. À la production, Tony est entouré de René Malo, Claude Léger et Jonathan Vanger.

— Alors, ça t'intéresse ? demande Tony.

— Je vais lire, je vais voir.

— Par contre, je veux pas imposer mes choix à Gabriella. T'es d'accord pour passer une audition ?

Pourquoi pas ?

— À propos, s'écrie Nanette, j'ai toujours voulu te demander : qu'est-ce que t'as fait au juste à Los Angeles pendant toutes ces années ?

— Je te l'ai déjà dit : de la production, de la musique, j'écrivais des scénarios.

— Y en a qui racontent que tu tournais des films porno.

— C'est Yvan Dufresne, ça, j'en suis certain !

Nanette éclate de rire.

Pour le rôle de Ricki, la réalisatrice et les producteurs – sauf Tony ! – ont déjà fait leur choix : Dorothée Berryman, auréolée de son succès dans *Le déclin de l'empire américain*. Mais Tony, à l'insu de Nanette, fait des pressions et impose la chanteuse.

— Je lui ai dit que tu étais prête à te faire couper les cheveux très court. Ça l'a convaincue.

— C'est quoi cette histoire-là ?

— Pour une lesbienne, les cheveux courts, c'est naturel.

— Arrête de dire des niaiseries.

— Le veux-tu, le rôle, oui ou non ?

Nanette soupire.

— *All right.*

Ces cheveux courts, qu'elle teindra en blond par la suite, jamais elle ne s'y habituera.

Le tournage est pénible. Gabriella Cristiani prend Nanette en grippe et lui adresse à peine la parole. D'ailleurs, la réalisatrice ne s'intéresse à aucun des acteurs canadiens.

Après quelques semaines de « torture », les prises de vue sont complétées.

— Bon débarras, se dit Nanette en quittant le plateau pour la dernière fois.

Ladies Room est présenté au Festival des films du monde à l'automne 1999, mais ne sortira jamais au Canada « faute de distributeur et à cause d'une vague histoire de poursuite », expliquera Tony. Une menace d'Aaron Spelling, peut-être ?

Même si le cinéma ou la télé ne la détourneront jamais de ce qu'elle préfère : composer et interpréter des chansons, en studio ou devant le public, Nanette participera à d'autres films – notamment

Bon cop, Bad cop, réalisé par Érik Canuel en 2006, où elle jouera le rôle d'un professeur de ballet. En 2001, pour le téléroman *Rivière-des-Jérémie* écrit par Jean-Paul LeBourhis, Nanette donnera la réplique à Raymond Cloutier, en interprétant le personnage de Sarah Blacksmith. On la verra également dans la sitcom *Catherine*. En 2007, la réalisatrice Micheline Lanctôt lui fait jouer le rôle d'une croupière, ce qu'elle réussit sans effort. Nanette adore le poker...

N'empêche, l'industrie du cinéma et de la télévision n'a jamais donné à Nanette la chance qu'elle méritait, la cantonnant dans de petits rôles. Pourtant, selon André Gagnon, « Nanette est une très bonne actrice, qui joue de façon naturelle, sans aucun effort ». La comédienne Sylvie Boucher est du même avis : « Je l'ai aidée à se préparer pour les ateliers de jeu avec Warren Robertson, j'ai vu à quel point elle jouait juste et pouvait être émouvante. »

Peu de temps après le tournage de *Ladies Room*, Nanette participe à l'émission *Le Point J*, à TVA, où elle retrouve Tony Roman et chante avec lui *Honky Tonk Women*. Nanette apparaît dans d'autres émissions, se produit parfois sur scène lors d'occasions spéciales, mais elle est réticente à remettre un nouveau disque en marche, sachant très bien que, même s'il se vend à plusieurs milliers d'exemplaires, elle n'en tirera à peu près aucun revenu. Mais elle veut absolument retourner devant le public, d'autant plus qu'à la suite de la tournée *Une à une*, on s'intéresse de nouveau à la chanteuse, dont on souligne chaque fois le parcours exceptionnel dans le monde du showbiz.

Seul problème : la lourdeur de l'entreprise l'inquiète. Elle craint de ne pas avoir les moyens de soutenir financièrement un *band*, des *roadies*, l'infrastructure d'une tournée.

À la même époque, le chanteur Daniel Lavoie est à la recherche d'une maison de campagne dans les environs. Il donne un coup de fil à Nanette, les deux se rencontrent, discutent d'immobilier, mais surtout de leurs projets. Nanette lui fait part de son hésitation à reformer un *band*.

— Pourquoi tu ne chanterais pas dans les maisons de la culture ? suggère Lavoie. De petites salles, partout en province. Les cachets ne sont pas élevés mais avec un seul musicien, tu peux t'en tirer.

— Un show intime…

— Pourquoi pas ?

L'idée fait son chemin dans la tête de Nanette. Quelques semaines plus tard, elle renoue avec Yvon Bellemare, un excellent musicien avec qui elle a travaillé sur l'album *Changement d'adresse*. Yvon est également professeur de musique, à Trois-Rivières et à Sherbrooke. Elle communique aussi avec Roch Saumure, et lui demande s'il est intéressé à s'occuper des aspects pratiques de cette nouvelle tournée – conduire le minivan, réserver les chambres d'hôtel, etc. Roch accepte. Il n'a jamais fait ce boulot, mais il a envie d'apprendre.

Avec Yvon aux claviers et Roch à la logistique, Nanette reprend la route et fait le tour des maisons de la culture et des petites salles de province. C'est une première pour Nanette. Jusqu'à maintenant, ses spectacles en région se déroulaient dans de grandes salles, des arénas, par exemple, ou sur les scènes extérieures d'un festival, ou encore dans un bar enfumé, où la chanteuse devait captiver un public souvent distrait ou carrément ivre ! Au cours de cette tournée, Nanette redécouvre son public, dans un certain sens. Les gens qui viennent la voir ont payé leur billet, ils ne sont pas sur place parce qu'il fait beau ou pour prendre une bière, ou encore pour être « sur le party ». Ce contact intime avec ses fans, Nanette l'avait perdu au fil des ans. Elle est ravie de pouvoir le retrouver. On peut donc émouvoir les gens, les toucher, sans avoir recours à une quincaillerie lourde et coûteuse.

Son répertoire est également différent. Pendant la première partie du show, Nanette interprète ses grands succès – *Danser danser* et autres – mais la deuxième partie prend la forme d'une histoire d'amour, illustrée par des chansons de jazz. Au programme : George Gershwin, Nat King Cole, Louis Armstrong, Judy Garland et Ella Fitzgerald.

De retour de tournée, voyant que Roch s'est très bien acquitté de son boulot de *road manager*, elle lui propose de continuer de travailler avec elle à titre de gérant. Roch accepte.

La tournée « minimaliste » qu'elle vient d'accomplir fait réfléchir Nanette sur l'orientation à donner à la suite de sa carrière. Pendant plusieurs semaines, elle a mis de côté une partie de son répertoire rock pour chanter des classiques plus *soft*, au grand plaisir de l'auditoire. Le jazz lui va très bien, le public le lui a fait savoir, et ce genre de musique l'inspire. Nanette aimerait explorer un style musical qui lui rappelle le Mississippi, ses origines, les airs qu'elle chantait avec Jessie Lee Hicks, la gouvernante de la famille Workman. Nostalgique ? Pourquoi pas ? « Il ne faut pas vivre dans le passé, dit-elle, mais c'est bien d'y revenir parfois. »

C'est alors que le téléphone sonne, à Ormstown.

— *Nanette… Your father…*

À l'autre bout de la ligne, Beatryce, dévastée. Le père de Nanette vient d'être admis à l'hôpital.

Âgé de quatre-vingt-six ans, Ernie porte un défibrillateur cardiaque depuis plusieurs années. Au cours des derniers mois, aux prises avec de graves difficultés respiratoires, il a perdu son entrain habituel. En visite à Las Vegas, récemment, il a préféré rester dans sa chambre d'hôtel plutôt que de suivre Nanette et Beatryce aux tables de poker, comme il le faisait normalement. « Chaque fois que nous entrions dans un casino, à Las Vegas ou ailleurs, se rappelle Nanette, mon père lançait, très fort : *Here come the losers!* » C'est d'ailleurs Ernie qui a insufflé à Nanette et à toute la famille le goût du poker. André Gagnon se rappelle les joyeuses parties que les Workman jouaient chez Nanette, quand Ernie et Beatryce étaient de passage à Ormstown. Le reste du monde n'existait plus, dans ces moments-là !

Nanette prend le premier avion pour Jackson, où Billy la rejoint. De toute évidence, Ernie sent venir la fin. Inconsolable, Beatryce se prépare à l'inévitable, épaulée par ses deux enfants. La situation est d'autant plus difficile pour Beatryce que sa sœur Shirley est tombée malade, elle aussi ; mais elle se rétablira, heureusement. Nanette reste près de son père jusqu'à la fin. « Je voulais profiter de ces derniers moments, si précieux, dira-t-elle. Une partie de ma vie disparaissait avec lui. »

Au cours de son séjour, bouleversée par l'état de son père, et voulant se changer les idées, Nanette se surprend à faire un détour du côté de Provine High School et de la station WLBT. Alors que dans les années soixante le poste de télé se faisait le porte-parole des éléments réactionnaires du Mississippi, aujourd'hui WLBT est une station progressiste, une preuve supplémentaire de l'évolution des mentalités dans cet État du Sud.

Au cours de ces promenades solitaires, Nanette revoit le magasin Werlein's où travaillait sa mère, le théâtre Capitol où elle a chanté pour la première fois devant public. Le centre-ville de Jackson où Jean Ann Bishop, Judy Warren et les autres filles de sa classe reluquaient les garçons. Elle repense à Morgan Guy, qu'elle n'a jamais tout à fait oublié.

Ernie décède le 12 juillet 1999. Beatryce est sous le choc. Pendant l'année qui suivra, même si elle est entourée d'amies qui la réconfortent et lui rendent visite régulièrement, Beatryce vivra de longues périodes de déprime. Après toutes ces années avec Ernie, sa disparition marque un vide insupportable, qui lui rappelle la fragilité de sa propre vie. Beatryce a perdu un mari exceptionnel. Entre eux, une entente extraordinaire qui aura duré cinquante-cinq ans.

Nanette se rapproche de sa mère. Au lieu de lui parler au téléphone chaque semaine, comme auparavant – Beatryce appelait sa fille tous les dimanches matin, systématiquement –, Nanette prend de ses nouvelles tous les jours. Et elle multiplie les voyages à Jackson.

Entre les deux femmes, le souvenir d'Ernie.

« Lorsque je pense à mon père, raconte Nanette, c'est toujours avec le sourire. Ça ne me rend pas triste, car c'était un bon vivant, un homme très jovial. »

Son sens de l'humour était formidable. Un sens de l'ironie, une façon décontractée d'aborder l'existence. Vivre et laisser vivre était sa devise, se rappelle Nanette. « Face au caractère expansif et contrôlant de Beatryce, mon père avait développé une attitude détachée, empreinte de bonne humeur », précise-t-elle.

Dans *Grits and Cornbread*, la dernière partie de la chanson est consacrée à Ernie : « *He plays his trumpet, Louis Armstrong number two, happy memories for ever, all my yesterdays come through, all the things I took for granted, now the things I'm longing for…* »

Un être remarquable, dont la disparition laisse un grand vide au sein de sa famille.

m^{lle} age tendre

JOHNNY:
"JE VOUS PRESENTE
NANETTE!"
(VOIR PAGE 59.)

thalie delon
ande vedette
72?

kualité:
née difficile...

t eastwood
poster géant!

Mensuel/Juin 1972/N° 91/2,50 F; Belgique, 30 fb; Suisse, 2,50 fs; Canada, 60 cts. Esp, 35 pras; Allemagne, 2,50 dm

« Nous aimons la nuit, la sincérité, les voyages, écouter des disques, les westerns et l'amitié. Les défauts de Johnny ? Aucun. Quand j'aime quelqu'un, je ne remarque que ses qualités. »

1

Nanette, à Londres, au début de 1970. La pochette du premier 45 tours tiré de l'album enregistré avec Norman Newell.

Nanette au restaurant Wilensky's, en 1976. La pochette de son deuxième album disco produit par Yves Martin.

La photo de l'album *Lady Marmelade* a été prise dans l'appartement de Nanette, boulevard de l'Acadie, là où, quelques mois plus tôt, elle a failli être tuée…

De passage à Paris avec Jimmy Ayoub, Nanette retrouve Bill Wyman des Rolling Stones.

Avec Peter Frampton, à Olympic Studios, à Londres, pour l'enregistrement de l'album *Grits and Cornbread*. « *Don't worry, Peter, your guitar solo will be better next time !* »

« Un jour, j'ai quitté la ville et j'ai fait naître un ange… »

Nanette et Roch Saumure, le jeune président de son fan club devenu ensuite son *road manager* et son gérant.

Nanette et Daniel Malenfant, qui s'est occupé de sa carrière pendant quelques années, et avec qui elle a partagé sa passion pour le bouddhisme.

Au lancement de *Roots'n'Blues*, le 2 mai 2001. « Après toutes ces années, après tout ce que j'ai vécu, *I've earned the right to sing the blues...* »

Éléments essentiels de la *rock'n'roll attitude* : blouson de cuir et Harley-Davidson...

Août 2005, le spectacle *Femmes* au Casino de Montréal. Céline Dion y fait une apparition surprise pour chanter en duo avec Nanette.

Nanette en compagnie de Jacynthe René, Pascal Beausoleil et John Paul Jones de Led Zeppelin, lors de retrouvailles organisées sur les ondes de MusiMax.

Tony et Nanette, en 2005. « Tu te souviens de notre première tournée au Saguenay ? Tu te demandais dans quel pays t'étais tombée ! — *I didn't care, I was with you.* »

Avec son frère, en 2001. Nanette a pu compter sur la participation de Billy pour plusieurs de ses albums, y compris *Roots'n'Blues*.

« Nous changeons sans cesse, nous évoluons sans arrêt, nous sommes toujours différents. Il m'arrive de penser que ma vie n'a été qu'un rêve. »

42

Quand elle rentre à Montréal, Nanette cherche à concrétiser son projet de « retour aux sources », mais elle a peu de temps à y consacrer, son horaire est de nouveau très chargé. À la suite du succès de l'album *Une à une*, un documentaire sur la chanteuse est produit dans le cadre de l'émission *Musicographie*, à MusiMax. Nanette y parle de son enfance, de ses débuts professionnels, de son expérience européenne. À la même époque, elle accorde également une entrevue au journaliste Pascal Beausoleil. Cette rencontre, bien qu'elle l'ignore à ce moment-là, aura d'importantes répercussions dans sa vie personnelle.

Durant l'été 2000, Nanette fait de nouveau le tour du Québec avec son spectacle « intimiste », pendant que sont réédités ses vieux succès du yéyé et de la période disco. La nostalgie, encore une fois...

Dans le cadre des FrancoFolies, Nanette participe à la soirée hommage à Gerry Boulet en compagnie de Claude Dubois et d'Éric Lapointe. Celui-ci n'hésite pas à dire que Nanette l'a inspiré depuis qu'il est tout jeune. « Quand j'étais adolescent, c'était mon fantasme », déclarera-t-il à plusieurs reprises.

Nanette lui retourne le compliment : « J'ai un peu l'impression de retrouver une version masculine de moi-même. Je comprends très bien sa folie parce que j'ai vécu exactement la même. » Un aveu qui n'est pas sans rappeler le commentaire que Johnny Hallyday avait fait au sujet de Nanette, au début des années soixante-dix.

Même si elle adore Éric Lapointe, ce n'est pas vers ce type de musique que Nanette souhaite se diriger. Dans le domaine du rock, elle a l'impression d'avoir exploré toutes les possibilités. Elle cherche autre chose.

Un jour, André Gagnon lui parle du bluesman Steve Hill, qui se produit au Club Soda. Le jeune homme suscite beaucoup d'intérêt depuis quelques années. Né à Trois-Rivières en 1975, Hill s'est joint à Bob Harrison comme guitariste à l'âge de dix-huit ans. Depuis 1995, il mène une carrière solo. Son premier disque, sorti en 1997, a remporté le prix du meilleur album de blues au Canada.

— Faut que tu entendes ce gars-là, lui conseille André. Je pense que tu vas aimer ça.

Nanette assiste à son show et – André a vu juste – elle est emballée par la performance du chanteur. «*This is me, this is who I am, that's what I wanna sing*», répétera-t-elle à André après le spectacle. Elle ajoute: «*This kid has an old soul in a young body…*» Nanette veut absolument travailler avec le bluesman. Il est intéressé lui aussi à développer des projets avec elle. Tout naturellement, l'idée d'un disque de blues fait son chemin.

Comme Steve Hill est associé aux Productions Bros, Nanette entre en contact avec René Moisan, qui se spécialise dans ce genre de musique. Son catalogue comprend Bob Walsh, Stephen Barry et Vann Walls, des noms qui n'ont jamais été associés à Nanette. Après le yéyé, le disco et le hard rock, voilà la chanteuse sur un nouveau terrain !

René Moisan hésite :

— Steve a beaucoup de talent, vous seriez formidables ensemble, mais…

— Mais quoi ?

— Écoute, je vais être franc. Ta réputation, c'est de changer de style à chaque disque ou presque. J'ai peur que ton intérêt pour le blues soit passager, une parenthèse dans ta carrière. Je ne veux pas mettre toute mon énergie dans un seul album.

Nanette le rassure. Lui parle de ce qu'elle vient de vivre au Mississippi, de sa volonté de renouer avec ses racines.

Peu à peu, Moisan se laisse convaincre.

Dans ce nouveau projet, la chanteuse est prête à risquer le tout pour le tout, y compris « décontenancer » son public habituel, mais pas à n'importe quelles conditions. Nanette désire avoir son mot à dire sur la production de l'album.

— Ce disque, propose-t-elle à René Moisan, on va le produire ensemble, cinquante-cinquante. On partage les dépenses, mais également les profits.

Moisan acquiesce à sa demande. Pour la première fois de sa carrière, Nanette travaille d'égale à égal avec un producteur, elle est partie prenante de toutes les décisions. Loin de se sentir menacé, René Moisan prend la peine d'expliquer à Nanette le fonctionnement de l'industrie, et tout ce qu'il sait de son métier de producteur. Nanette est impressionnée. « René est l'une des personnes les plus honnêtes avec qui j'ai travaillé depuis le début de ma carrière », affirme-t-elle.

Au guitariste Steve Hill s'ajoutent, en plus de Billy Workman, Rick Haworth, Stephen Barry et Rob Lutes. Mais aussi l'harmoniciste Guy Bélanger. Des pièces originales, toutes en anglais cette fois, composent l'album : *Belly Achin' Blues*, *So Hard to Do* et *Just Another Night*, notamment. Nanette se fait plaisir en interprétant aussi des chansons d'Etta James – *Breaking Up Somebody's Home* – et de Leonard Cohen – *Hallelujah*. En studio, Hill est aussi formidable qu'en spectacle, aussi spontané et inspiré que sur scène.

Le lancement de *Roots'n'Blues* a lieu à la salle de spectacle Le Medley, le 2 mai 2001. S'y trouvent Jesse, maintenant âgé de quatorze ans, Billy, Steve Hill et ses amis du milieu artistique, y compris Tony Roman, mais également Beatryce que Nanette a ramenée du Mississippi pour l'occasion, dans sa Cadillac flambant neuve ! La présence de sa mère est symbolique, encore une fois, de la volonté de Nanette de retourner à ses sources, aux origines de sa carrière de chanteuse. « Le blues est la base de la musique populaire, confie-t-elle. Tout ce que j'ai chanté, du rock au disco, remonte à ça. » Elle ajoute : « J'ai grandi avec le blues. »

Durant la soirée, Nanette – enthousiaste ! – interprète quelques chansons de son nouveau disque, après avoir été présentée par Normand Brathwaite comme la « star des stars » du Québec !

Parmi la foule, ce soir-là : Pascal Beausoleil. Après son interview avec Nanette l'année précédente, l'animateur de radio est resté en contact avec Roch Saumure, qui l'a tenu au courant de l'évolution de la carrière de la chanteuse. Pascal s'est éloigné du domaine de la musique. Il vient de publier un recueil humoristique, *Les Chrétienneries*, qui recense les perles du premier ministre du Canada, Jean Chrétien, à partir des discours qui ont émaillé sa carrière politique.

Roch a appelé Pascal, la veille, pour l'inviter au lancement du dernier disque de Nanette.

— Ça me tente pas, tu sais que je déteste les lancements, a-t-il répondu.

Mais le soir même, quand il voit Nanette à la télé à l'émission *Le grand blond avec un show sournois*, il tombe sous le choc. Cette femme, il la trouve « étincelante, pétillante », avec un sens de l'humour formidable. Il veut la revoir absolument et décide de se rendre au Medley.

Occupée avec les médias, Nanette n'a pas beaucoup de temps à consacrer à ses amis qui se bousculent à son lancement. Mais elle rayonne. Elle sait que son disque est bon, elle est heureuse du travail accompli. Il n'y a plus qu'à attendre les réactions des critiques et du public.

Tout à coup, un jeune homme s'approche d'elle, lui tend une fleur. Nanette reconnaît Pascal Beausoleil. Celui-ci la félicite pour son disque. Elle n'est pas insensible au compliment... D'autant plus que Pascal lui tombe dans l'œil. Le lendemain, elle le rappelle chez lui.

— On n'a pas eu le temps de parler, c'est dommage.

Ils conviennent de se revoir. Ils mangent au restaurant. Toute la soirée, Nanette retrouve en elle une sensation qu'elle n'a pas connue depuis... dix ans ! Elle est en train de tomber amoureuse, de nouveau. Pendant toutes ces années, elle « s'était endormie physiquement et affectivement », comme elle le dit si bien. C'est la première fois depuis une éternité qu'elle désire un homme et le veut près d'elle.

Nanette et Pascal se reverront à plusieurs reprises au cours des semaines suivantes. Au contact de Pascal, Nanette se sent rajeunir.

Elle dira : « Il est plein d'énergie, d'enthousiasme, *with him I feel like a kid again.* » De son côté, Pascal, habitué aux filles de son âge ou plus jeunes que lui, est séduit par la maturité de Nanette, par son expérience de vie. « Sa personnalité m'a stimulé et m'a enrichi intérieurement. Ce qui n'avait pas été le cas avec les autres filles que j'avais fréquentées auparavant. »

La différence d'âge entre Nanette et Pascal est en effet considérable : trois décennies les séparent ! Mais cette situation n'est pas unique : René Angelil, Woody Allen, Bill Wyman et la styliste Vivienne Westwood, par exemple, se sont épris de partenaires beaucoup plus jeunes. Dès le début, pourtant, le couple choisit de ne pas publiciser cette nouvelle relation. Chaque fois que Nanette participe à des activités où sont présents les médias, Pascal préfère se tenir à l'écart. Les seules personnes au courant du nouvel amour de Nanette, ce sont ses proches, ses amis depuis toujours.

Même si la carrière de la chanteuse appartient à une autre époque que la sienne, Pascal est fasciné par la richesse de son parcours personnel et professionnel. Nanette trouve chez Pascal un amoureux, un conseiller mais aussi un… motivateur. Quelqu'un qui l'incite à mettre en marche des projets les plus divers, et à les mener à bout. Tout naturellement, le jeune homme s'intègre à l'univers intime de l'artiste, auprès d'autres amis comme Mario Côté, Sylvie Boucher ou encore Anne Boudreault, son adjointe.

Pourtant, peu à peu, même si Pascal ne s'y attarde pas, leur grande différence d'âge inspire à Nanette de plus en plus de craintes et d'inquiétudes. Elle a peur de s'investir à fond dans une liaison qui sera forcément temporaire. Cependant, plutôt que de se terminer par une rupture, sa relation avec Pascal se transformera en amitié. Au fil des ans, Pascal deviendra pour Nanette un ami proche. Entre eux, une complicité ne cessera de grandir.

Le virage « blues » de Nanette est bien accueilli. Les critiques sont impressionnés par le nouveau disque. « Une belle surprise », écrit Gilles Tremblay du journal *Voir*. « [Avec ce] formidable album de *roots'n'blues* qu'on lui souhaitait depuis des millénaires, Nanette est puissamment soutenue par les meilleurs bluesmen locaux », s'exclame Sylvain Cormier. Il ajoute : « *Roots'n'Blues* fait un bien énorme à Nanette Workman. » Sur les ondes de Radio-Canada, Valérie Letarte partage l'opinion de ses deux collègues. Pour elle, *Roots'n'Blues* est « l'album surprise du printemps ». Les anglophones ne sont pas en reste. Dans *The Gazette*, Mary Lamey s'enflamme : « *She's been out of sight for a while, but Nanette has never sounded tougher.* »

Dès sa sortie, *Roots'n'Blues* prend la tête du palmarès « non francophone » Archambault, devant Cesaria Evora et Janet Jackson ! De toute évidence, ce nouvel opus de Nanette est bien accueilli par ses fans, et pique la curiosité des amateurs de blues.

Les mois suivants sont très occupés pour Nanette. Au cours de l'été, accompagnée des musiciens du Steve Hill Band, la chanteuse parcourt les festivals avec son nouveau répertoire. L'accueil chaleureux qu'elle reçoit partout au Québec confirme à l'artiste que son changement musical est bien accepté. Chose certaine, le fait de chanter en anglais ne la prive pas de son public habituel.

En septembre, on retrouve Nanette au Cabaret du Casino de Montréal, dans une série de spectacles intitulée *Mississippi Queen*, avec Jimmy James et Breen LeBoeuf. Produit par André Gagnon, sous la direction artistique de Mouffe, le show rend hommage à la musique du sud des États-Unis. Les chanteurs et musiciens interprètent des succès de Creedence Clearwater Revival, Johnny Winter et, bien sûr, du groupe ZZ Top – des choix musicaux suggérés par André lui-même.

Nanette a travaillé pour la première fois avec Breen dans le cadre de *1926*, et leur réunion montre à quel point ils se complètent bien musicalement. Excellent guitariste, Jimmy James livre également une performance remarquable. Le public est fidèle à Nanette. Le spectacle sera aussi présenté à Québec, sur les plaines d'Abraham, devant plusieurs milliers de personnes.

À la même époque, à la demande de Pierre Marchand, de MusiMax, Nanette prend le relais de Pierre Lalonde, l'animateur de la série *Génération 60*, devenue *Génération 70*. L'objectif de cette deuxième série d'épisodes : faire découvrir la musique de cette décennie dans le contexte sociopolitique de l'époque. On entend aussi Nanette à COOL-FM, où elle anime une émission quotidienne de rock.

Le 29 janvier 2002, Nanette participe aux Maple Blues Awards, à Toronto, où *Roots'n'Blues* est en lice pour l'« Album de l'année ». Nanette elle-même est finaliste à titre d'« Artiste féminine de l'année ». Au Gala de l'ADISQ, elle avait été en nomination pour le prix de l'« Artiste s'étant le plus illustré dans une langue autre que le français ».

Au cours des mois suivants, encouragée par le succès de son album, Nanette poursuit dans la même veine. Ce sera *Vanilla Blues Café*, qu'elle enregistre au début de 2003, alors que *Roots'n'Blues* sort en France. Elle y écrit plusieurs chansons et reprend le succès de Jean Leloup, *I Lost My Baby*, en plus d'interpréter *Rock Steady* de Bryan Adams en duo avec Éric Lapointe. L'harmoniciste Jim Zeller, dont la collaboration avec Nanette remonte à sa période disco, participe également au disque.

Celui-ci est lancé le 27 mai 2003. L'album confirme l'engagement soutenu de Nanette envers le blues. « L'enthousiasme et le professionnalisme dont fait preuve la "Mississippi Queen" du Québec resplendissent tout au long de l'album », lit-on dans *Maple Blues*, le magazine de la Toronto Blues Society.

On retrouve ensuite la chanteuse dans le spectacle *Nanette à l'extrême*, présenté dans plusieurs salles du Québec, où elle interprète ses plus grands succès. Jimmy James l'accompagne de nouveau, de même que Steve Segal à la guitare et Brian Smith à la basse. À la fin de cette série de shows, Nanette participe à la revue musicale *Femmes* au Cabaret du Casino de Montréal.

Au début de 2005, Nanette retourne en studio pour la mise en œuvre d'un troisième album de blues, son vingtième disque, retrouvant Serge Fiori, avec qui elle n'a pas travaillé depuis *Changement d'adresse*. À la demande de Nanette, Serge écrit *About Loving You*. La chanteuse fait appel à Jimmy James, qui signe *Addicted To You*, Guy Bélanger et Breen LeBoeuf, avec qui elle reprend en version blues *Les années Woodstock*. L'album inclut également des reprises de Willie Dixon et de Bob Dylan. Réalisé par Nanette et René Moisan, *Mississippi Rolling Stone* est lancé le 29 novembre 2005 au Medley, où la chanteuse est présentée aux invités par... Tony Roman.

Ce lancement a lieu quelques jours après le soixantième anniversaire de la chanteuse, fêté en grande pompe, gracieuseté de son ami Joseph Di Maulo. Une occasion spéciale, où amis, parents, relations d'aujourd'hui et d'autrefois se réunissent pour lui rendre hommage. En plus de Tony Roman, plusieurs anciens amoureux de Nanette sont sur place.

Mais pas Morgan Guy.

43

Dès que Nanette descend de l'avion à l'aéroport de Jackson, elle retrouve avec plaisir l'air chaud et humide du sud des États-Unis. C'est ce qui lui manque le plus au Québec. Au cours des dernières années, Nanette a multiplié les voyages au Mississippi. D'abord pour visiter et prendre soin de sa mère, qui habite maintenant seule dans sa maison devenue trop grande depuis le décès d'Ernie, mais aussi pour participer à différentes manifestations culturelles. Après la mort tragique de Frank Hains, en 1975, peu d'articles ont été écrits sur Nanette dans les journaux de Jackson. Alors qu'elle est devenue célèbre au Québec et au Canada français, la chanteuse est restée pratiquement inconnue du public du Mississippi. Mais l'industrie de la musique ne l'a pas oubliée.

Le 2 avril 2000, Nanette a été intronisée au Mississippi Music Hall of Fame, aux côtés d'autres « expatriés » de l'État, comme Elvis Presley, B.B. King, John Lee Hooker, Leontyne Price et Jerry Lee Lewis. Dans la grande salle du Hilton, Noirs et Blancs se côtoyaient. Ils étaient honorés ensemble, sur un pied d'égalité, une chose impensable quarante ans plus tôt. Nanette a été émue et touchée par l'honneur qu'on lui a fait.

Au cours des dernières années, Nanette s'est aussi impliquée dans la création de la Nanette Workman French House, à la Mississippi State University, une résidence destinée aux étudiants qui souhaitent vivre en français sur le campus. L'initiative vient du professeur Bob Raymond, originaire de Chicago, qui a découvert

Nanette lors de son passage au Québec, quelques années plus tôt. Apprenant que cette chanteuse du Mississippi était devenue une grande vedette au Québec, il a proposé qu'on donne son nom à la nouvelle résidence, ce que les autorités de l'université et Nanette, bien sûr, ont accepté avec plaisir.

Cette fois, en revenant de Jackson, Nanette s'arrête à Atlanta, où vit Morgan depuis quelques mois. Sa nouvelle adresse, qu'il ne lui a pas fait parvenir, elle l'a trouvée après plusieurs heures de recherche sur Internet. À sa descente d'avion, Nanette loue une voiture et se rend à l'endroit où habite son ancien amoureux. Elle est nerveuse à l'idée de le revoir, et un peu inquiète de sa réaction. Morgan n'est pas au courant de sa visite. Depuis leur dernière conversation quelques années plus tôt, quand il lui a demandé de ne plus chercher à le joindre, Nanette s'est pliée à cette exigence. Sans cesser, cependant, de lui envoyer des exemplaires de ses albums. Jamais Morgan n'a donné suite à ces envois. Aujourd'hui, c'est pour régler son histoire avec Morgan, y mettre un terme, enfin, que Nanette a décidé de reprendre contact avec lui. De le revoir, après toutes ces années.

Une maison modeste dans un quartier résidentiel d'Atlanta. Une rue paisible, déserte à cette heure de la journée. De toute évidence, des gens sont partis travailler. Aucune voiture dans le parking, et la maison de Morgan semble inoccupée. Plantée dans la pelouse, une pancarte d'agent immobilier. La propriété est à vendre. Il a donc l'intention de déménager de nouveau ? Nanette descend de l'auto et sonne à la porte : aucune réponse. Mais par la fenêtre, elle voit que la maison est encore habitée. Nanette donne un coup de fil à l'agent immobilier, qui ne peut rien lui dire des allées et venues du propriétaire.

Nanette choisit de rester sur place un moment et d'attendre son retour. Dans l'auto, tout en écoutant la radio, elle tente de s'imaginer vivant à cet endroit, avec Morgan. Essaie de se représenter ce qu'aurait pu être sa vie si, ce jour-là, il y a si longtemps, elle avait accepté son offre de quitter New York et de se marier avec lui.

En début de soirée, Morgan n'est toujours pas rentré. Quand la nuit tombe, non plus. L'avion de Nanette pour Montréal décollera dans un peu plus d'une heure. Elle descend de son auto et revient à la maison; elle dépose devant la porte une lettre et un exemplaire de son dernier album. Elle attend encore quelques instants avant de reprendre la route de l'aéroport. Jusqu'au dernier moment, elle espère voir apparaître Morgan au coin de la rue, exactement comme il était quand elle l'a connu quarante ans plus tôt, avec son look à la James Dean et son regard ravageur.

Mais Morgan demeure invisible.

Elle n'entendra plus jamais parler de lui.

Aujourd'hui, Nanette ignore où il habite, où il a déménagé.

Au cours des dernières années, Nanette a côtoyé Tony Roman à quelques reprises. Depuis *Ladies Room*, ils n'ont jamais travaillé ensemble, mais se sont croisés sur les plateaux de télé ou lors de lancements de disques. Malgré leurs différends, ils sont restés de bons amis. Un soir de 2007, Nanette croise Tony dans un cocktail. Il semble fatigué, épuisé en fait, même s'il tente de faire croire le contraire.

— Ça va pas fort fort, lance-t-il avec un sourire résigné.

Ce manque d'entrain ne ressemble pas à Tony. Quelques semaines plus tard, Nanette apprend qu'il est atteint d'un cancer du foie. Et qu'il a peu de chance de s'en tirer. Pourtant, quand Nanette lui rend visite à l'Hôpital Saint-Luc, dès qu'elle entre dans sa chambre, Tony l'apostrophe, une lettre à la main:

— Tu sais ce qu'ils font, Nanette? Ils volent mes chansons pour faire des pubs avec! *Doo Wha Diddy*... Ils ont pas le droit! J'vais les traîner en cour toute la gang!

— *Nice to see you too.*

Tony sourit. Malgré sa bonne humeur, Nanette le trouve encore plus amaigri que la dernière fois. Près de lui, un plateau-repas à peine entamé...

Le téléphone sonne, Tony répond.

— *I can't talk to you, I'm in a meeting.*

Il raccroche aussitôt. Sourit à Nanette:

— C'est mon avocat. Pas moyen d'être malade tranquille!

Puis:

— J'ai écouté tes derniers disques, j'aime ça. Pas aussi bon que dans le temps de Canusa, mais ça s'en vient.

— *Thanks, I'm glad you like them.*

— Je t'ai vue à la télé, l'autre jour. *You were dynamite!* Même à soixante et un ans, quand tu chantes *Call-girl*, on y croit.

Nanette éclate de rire.

Jamais elle n'aurait pensé, plus jeune, continuer de monter sur scène à son âge, et y trouver autant de plaisir qu'auparavant, sinon davantage. Ce qui l'encourage à continuer : l'appui de ses admirateurs. Nanette sait qu'on vient l'entendre parce qu'elle donne un bon show, et non par nostalgie, même si ses fans appartiennent à plusieurs générations…

— Tu te souviens de notre première tournée, avec la van de mon oncle ?

— Au Saguenay.

— T'étais complètement perdue, tu te demandais dans quel pays t'étais tombée !

— *I didn't care. I was with you.*

Tony détourne le regard.

— *I was so much in love…*

— *I loved you too.*

Un long moment de silence.

— Quand je vais sortir de l'hôpital, on devrait retravailler ensemble. Faire un film, un *record*, je sais pas.

— C'est une bonne idée, Tony.

— Si je suis pas ruiné d'ici là ! Tu vois ce qu'ils font avec *Doo Wha Diddy*. Sais-tu qui est en arrière de ça, j'en mettrais ma main au feu ? Yvan Dufresne !

Nanette ne peut s'empêcher de sourire.

Elle sort bouleversée de sa visite. Malgré son air crâneur, malgré son bagout, Tony ne peut – cette fois – cacher la vérité : il n'en a plus que pour quelques semaines à vivre.

Quand Nanette retourne le voir, Tony est immobilisé dans son lit, il a toutes les peines du monde à respirer. Ses yeux seuls s'agitent. Dernier soupçon d'énergie dans ce corps émacié dont la vie s'efface peu à peu. Nanette s'est jurée de ne pas pleurer, elle y parvient, mais ça lui demande un effort énorme. Devant elle, Tony est méconnaissable. Sauf pour ses yeux, encore une fois…

Elle le prend par la main, une main molle, froide, privée de vie déjà, qu'elle réchauffe doucement dans la sienne. Tony la regarde sans rien dire, dans un silence inhabituel, qui ne correspond pas du tout à son caractère. Depuis qu'elle le connaît, il n'a jamais cessé de parler.

Selon le médecin avec qui Nanette a discuté, Tony en a pour quelques jours, tout au plus. C'est le moment ou jamais de lui révéler le sentiment qu'elle garde en elle depuis des années, qu'elle n'a jamais eu l'occasion de lui avouer.

Tout en serrant sa main, Nanette dit :

— *You know, Tony. There's something I never told you... I always wanted to thank you for bringing me to Quebec.*

Tony acquiesce du regard, l'air de dire : « C'était la chose à faire. »

— Je serais allée au bout du monde si tu me l'avais demandé.

Il sourit en guise de réponse : « *Yes, I know.* »

Deux jours plus tard, Tony Roman s'éteint.

ÉPILOGUE
par Nanette Workman

J e suis convaincue que ma vie est la conséquence directe de mes choix, conscients ou inconscients. À plusieurs reprises ces dernières années, je me suis fait demander par des amis, ou même par des gens qui ne me connaissent pas intimement, pourquoi je ne suis pas devenue une vedette internationale, compte tenu des occasions qui se sont présentées, et pourquoi je vis encore au Québec.

Au cours de l'écriture de ce livre, en revenant sur les principaux événements de mon existence, en me remémorant les personnes que j'ai rencontrées, que j'ai aimées, parfois douloureusement, j'ai l'impression que cette histoire – mon histoire – est celle de quelqu'un d'autre. Avec raison, peut-être. Nous changeons sans cesse, nous évoluons sans arrêt, nous sommes toujours différents. Il m'arrive de penser que ma vie n'a été qu'un rêve.

À ceux qui s'interrogent sur les routes que j'ai prises au cours de ma carrière, je réponds : je n'ai jamais voulu être une grande vedette dont on s'arrache les disques partout dans le monde. Bien sûr, dans ma jeunesse, j'avais des ambitions. Mais j'ai toujours pensé qu'être amoureuse était plus important que de devenir une star. Mes choix de carrière, je les ai faits en fonction des hommes que j'ai aimés, en fonction de la passion que j'avais pour eux. À quoi bon devenir une idole de la chanson si je ne peux partager ce succès avec un homme que j'aime ?

La personne que je suis aujourd'hui s'est formée au contact de tous les gens que j'ai croisés, peu importe l'influence qu'ils ont eue sur mon existence. Ils se sont trouvés sur mon passage parce que j'ai été là pour eux. *If I hadn't allowed it, it wouldn't have been...*

Aujourd'hui je chante encore, avec la même énergie qu'auparavant. C'est le plus important, je pense. Je suis une femme de passion, et ma passion pour la musique et pour la vie est toujours intacte...

Discographie

Nanette (1967) Canusa – CLJ-33-100
Je me rétracte (1967) Canusa – CLJ-33-105
Fleurs d'amour, fleurs d'amitié (1968) Canusa – CLJ-33-602
Nanette (1970) EMI – SCX 6398
Grits and Cornbread (1972, 1977) Telson – AF.2500
Lady Marmelade (1975) Pacha – PAC-11201
Nanette Workman (1976) Pacha – PAC-11203
Nanette Workman (1976) Big Tree Records (Atlantic) – BT 89514
Nanette Workman (1977) Pacha – PAC-11205
Chaude (1980) RCA Victor – KKL1-0381
Nanette Workman (1983) Kébec Disc – KD-570
Changement d'adresse (1989) CBS – PFC 80143
Rock & Romance (1994) Disques Double – DOCD-30027
Une à une (1996) Disques Double – DOCD-30039
Roots'n'Blues (2001) Disques Bros – BROS-11001
Vanilla Blues Café (2003) Disques Bros – BROS-13001
Mississippi Rolling Stone (2005) Disques Bros – BROS-15002

Discographie non signée

Bob-a-Rela (1979) Channel – CLP 1002
Satin (1979) Solo – SO-25516
Back Track 8 (face B, avec Jean-Marc Cerrone) 1982 Malligator –
    ZL 37588

Crédits photos

Index

405

Remerciements

Nanette Workman et Mario Bolduc désirent remercier les personnes suivantes pour l'aide qu'elles ont apportée à l'écriture de *Rock'n'Romance* : Zayn Adams, Jimmy Ayoub, Pascal Beausoleil, Madeline Bell, Jean Ann Bishop, Sylvie Boucher, David Bradshaw, Jean-Marc Cerrone, Pamela Collyer, Michel Constantineau, Vic Coppersmith-Heaven, Mario Côté, Sue Daley, Marlene Deutcher, Yvan Dufresne, Connie « Tootsie » Esposito, Angelo Finaldi, Serge Fiori, Tony Frank, André Gagnon, Frédéric Gilles, Gilles Girard, George Lagios, Dagmar Lai, Jean-Claude Lussier, Daniel Malenfant, Marie-Claire Martin, Michel Pagliaro, Bob Raymond, Tony Roman, Roch Saumure, Brian Smith, Richard Tate, Beatryce et Ernest Workman, Billy Workman et Jesse Workman-Gagnon.

Cet ouvrage a bénéficié également de l'apport de Dorian Berman, Anne Boudreault, Alexandre Deslauriers, Francine Landry, Valérie Lemay, Marc Perron et du Dr Gilles Truffy.

Merci aussi à toute l'équipe de Libre Expression, plus particulièrement à André Bastien, Johanne Guay, Jean Baril et à l'éditrice Monique H. Messier.

Table des matières

Cet ouvrage a été composé en ITC Berkeley Oldstyle 12/14,298
et achevé d'imprimer en octobre 2008 sur les presses de
Quebecor World Saint-Romuald, Canada.

certifié   procédé   100 % post-   archives   énergie
                  sans chlore   consommation   permanentes   biogaz

Imprimé sur du papier Quebecor Enviro 100 % postconsommation,
traité sans chlore, accrédité Éco-Logo et fait à partir de biogaz.